Hansdieter Körbl

Einblick in die Finanzwirtschaft zur Zeit Leopolds I.

Berichte an den Kaiser über den Zustand seiner Länder im Jahr 1679

ÖSTERREICHISCHE AKADEMIE DER WISSENSCHAFTEN
PHILOSOPHISCH-HISTORISCHE KLASSE
INSTITUT FÜR DIE ERFORSCHUNG DER HABSBURGERMONARCHIE UND DES BALKANRAUMES

FONTES RERUM AUSTRIACARUM

ÖSTERREICHISCHE GESCHICHTSQUELLEN

ZWEITE ABTEILUNG

DIPLOMATARIA ET ACTA

99. BAND

Hansdieter Körbl

Einblick in die Finanzwirtschaft zur Zeit Leopolds I.

Berichte an den Kaiser über den Zustand seiner Länder im Jahr 1679

VERLAG DER
ÖSTERREICHISCHEN
AKADEMIE DER

Gefördert durch das Land Niederösterreich

KULTUR NIEDERÖSTERREICH

Bibliografische Information der Deutschen Nationalbibliothek
Die Deutsche Nationalbibliothek verzeichnet diese Publikation in der Deutschen Nationalbibliografie,
detaillierte bibliografische Daten sind im Internet über http://dnb.d-nb.de abrufbar.

Diese Publikation wurde einem anonymen,
internationalen Begutachtungsverfahren unterzogen.

Die verwendete Papiersorte in dieser Publikation ist DIN EN ISO 9706 zertifiziert und erfüllt die
Voraussetzung für eine dauerhafte Archivierung von schriftlichem Kulturgut.

Wien 2022
ISBN 978-3-7001-8559-8

Lektorat: Susanne Lamm, Graz
Satz: Hapra GmbH, Puchenau
Druck: Prime Rate, Budapest

https://epub.oeaw.ac.at/8559-8
https://verlag.oeaw.ac.at
Made in Europe

Inhaltsverzeichnis

Einführung

Vorbemerkung

Die Edition von Quellentexten ist gewöhnlich kein eigenes Forschungsziel, sondern der Plan dazu entsteht oft als Folge eines inhaltlich orientierten Forschungsprojekts. So war das auch in diesem Fall:

Im Rahmen meiner Diplomarbeit habe ich mich mit der Geschichte der Hofkammer beschäftigt ein solches Thema bietet sich an, wenn man im Laufe des eigenen Berufslebens mit Finanzangelegenheiten und Organisationsfragen befasst war. Im Zuge der Quellenrecherche für ein so weites Gebiet tauchte in den Aktenfaszikeln des Jahres 1680 ein gesondertes Konvolut von zusammengehörigen Schriften auf, die sich auf den bisher nicht erforschten Prozess gegen den Hofkammerpräsidenten Georg Ludwig Sinzendorf bezogen. Nach Abschluss der Diplomarbeit lag es damit nahe, sich mit diesem Prozess genauer zu beschäftigen. Dieses Vorhaben wurde durch einen Bestand aus den persönlichen Unterlagen Sinzendorfs möglich, aus dem sich schließlich ein schlüssiges Bild des Prozesses entwickelte. Das oben erwähnte Aktenkonvolut spielte dabei eine Rolle, enthielt es doch, ebenso wie ein weiteres, an anderer Stelle überliefertes Aktenstück, Berichte an den Kaiser über den Zustand seiner Länder und die Tätigkeit der Hofkammer. Sie bildeten schließlich eine Grundlage für die Eröffnung des Verfahrens durch Kaiser Leopold I. im Jahr 1680.

Natürlich habe ich mich im Zuge der Dissertation in erster Linie mit den Grundlagen und den Konsequenzen des Verfahrens befasst. Aber sehr eindrucksvoll schien sich mir aus den erwähnten Unterlagen ein Bild der finanziellen und organisatorischen Verhältnisse der habsburgischen Länder zu ergeben, welches ich allerdings im Rahmen der Dissertation nicht detailliert behandeln konnte. Das Interesse an dieser ungewöhnlich umfassenden und detaillierten Zusammenstellung blieb jedoch erhalten, und bei der weiteren Beschäftigung damit reifte der Entschluss, die Quellen zumindest für künftige Forschungen aufzubereiten. Das Ergebnis dieser jahrelangen Beschäftigung mit der Hofkammer und ihren Akten ist nun die vorliegende Edition, die zudem die erwähnte Studie zum Hofkammerpräsidenten in spezifischer Weise ergänzt.

Öffentliche Finanzen in der Forschung

Überblicksdarstellungen zu den öffentlichen Finanzen großer Länderkomplexe, wie es die habsburgischen Länder waren, werden in der Forschung eher selten vorgelegt. Finanzen und deren Verwaltung bleiben meist ein Teilaspekt und stehen im Allgemeinen im Hintergrund. Das mag damit zusammenhängen, dass zwar große Mengen an Quellen vorhanden sind, aber deren Aufbereitung langwierig und methodisch aufwändig ist. Doch zweifellos besteht ein Bedürfnis nach solchen Übersichten für historische Länder oder Landeskomplexe jenseits von Detailangaben.

Dieser Umstand wird schnell sichtbar, wenn man versucht, sich einen Überblick zur jüngeren Forschung öffentlicher Finanzen innerhalb des deutschen Sprachraums[1] zu verschaffen. Dabei ist zunächst Werner Buchholz[2] zu erwähnen. Seine Arbeit bietet durch ihren Aufbau einen guten Einstieg in das Thema. Sie besteht im Wesentlichen aus zwei Teilen: einer knappen und präzisen geschichtlichen Übersicht zur Theorie öffentlicher Finanzwirtschaft, verbunden mit einer kurzgefassten Darstellung der Entwicklung des Steuerstaats und der Strukturelemente der öffentlichen Finanzen. Diese wird durch eine umfassende Bibliographie der gesamten Literatur zu diesem Thema ergänzt (über 3100 Titel etwa bis zur Jahrtausendwende), die mit Hilfe eines Sach- und Personenregisters gut erschließbar ist.

Für die Länder außerhalb der habsburgischen Territorien ist daneben vor allem auf die Studie von Uwe Schirmer zu verweisen, der sich eingehend mit Kursachsen befasst hat.[3] Dieses umfangreiche Werk, die Habilitationsschrift des Verfassers, wurde aus eigenen Quellenforschungen entwickelt, enthält umfangreiche Tabellen und kann derzeit als beispielhaft für eine Analyse frühneuzeitlicher Staatsfinanzen gelten.

Von Kersten Krüger liegt eine Untersuchung über die Staatsfinanzen von Hessen im Zeitraum von 1500 bis 1567 vor.[4] Das Interesse Krügers galt aber in erster Linie dem Prozess der Staatsbildung, bei dem die Finanzen allerdings eine entscheidende Rolle spielten. Der „Finanzstaat“, ein von Gerhard Oestreich geprägter Begriff, stellte in diesem Prozess eine Übergangsphase von der Domänenwirtschaft zum „Steuerstaat“ dar,[5] in der die Geldwirtschaft an Bedeutung gewann. Der Finanzstaat (*fiscal state*) entwickelte sich durch die Notwendigkeit, die Bedürfnisse der jeweiligen Hofhaltungen durch die Einhebung von Steuern zu befriedigen. Aus diesen mussten die laufenden Ausgaben und die dazu notwendigen Kredite abgedeckt werden. Doch mit der Herausbildung eines stehenden Heeres und dem Wandel in der Kriegführung der Staaten reichten diese finanziellen Mittel immer weniger aus. Es war daher notwendig, in massivem Umfang auf Darlehen zurückzugreifen – aus dem *fiscal state* war der *fiscal-military state* geworden.[6] Diesen Prozess

---

1 Nicht berücksichtigt werden kann hierbei die stadtgeschichtliche Forschung, siehe etwa die Edition von Margret und Arend Mihm, Stadtrechnungen. Außerdem sind als Beispiel Kreil, Stadthaushalt und Körner, Staatsfinanzen zu erwähnen.

2 Buchholz, Geschichte.

3 Schirmer, Kursächsische Staatsfinanzen. Ausgehend von diesen Forschungen werden in Aufsätzen Teilgebiete behandelt. Siehe dazu Ders., Umfang; Ders., Finanzen der Kurfürsten; Ders., Wirtschaften; Ders., Finanzen im Kurfürstentum.

4 Krüger, Finanzstaat.

5 Schumpeter (Die Krise des Steuerstaats) prägte die Begriffe Domänenwirtschaft und Steuerstaat; Krüger, Oestreich.

6 Zum Paradigma des *fiscal* state als wesentliches Element für die Ausbildung eines modernen Staates sind eine Reihe von Publikationen erschienen. Hinzuweisen ist in diesem Zusammenhang auf die Sammelbände von Bonney (The Rise of the Fiscal State in Europe: c. 1200–1815) und von Yun-Casalilla–O'Brien (The Rise of Fiscal State: A Global History 1500–1914), die einen guten Überblick zu dieser Entwicklung bieten. Der Begriff des *fiscal-military state* wurde von Brewer in seiner Analyse über Großbritannien (The Sinews of Power) geprägt. Er hat sich

der Entstehung des *fiscal state* verfolgte Krüger am Beispiel Hessens und verband seine Darlegungen mit einer Einführung in die Finanztheorie der Frühen Neuzeit. Daran anschließend beschrieb er anhand umfangreichen Quellenmaterials, das in einem Anhang ausgebreitet ist, die Stufen der Entwicklung dieses Territoriums von der Domänenwirtschaft zum Finanz- und Steuerstaat. Bemerkenswert ist, dass Krüger abschließend eine Gesamtrechnung des Domänen- und Steuerstaats dieser Periode präsentierte.

Für Bayern existiert eine Untersuchung von Walter ZIEGLER, die sich mit dem Herzogtum Niederbayern befasst.[7] Auch diese Darstellung ebenso wie jene von Schirmer stellt ein hervorragendes Beispiel einer Überblicksdarstellung eines Landes dar. ZIEGLER verwendete umfangreiches Quellenmaterial, das er bis in Details der einzelnen Rentämter analysierte. Außerdem bietet seine Studie einleitend einen profunden Einblick in die ältere Forschung, die hier nicht näher behandelt werden soll.

ZIEGLER ging in seiner Einführung sowie in einem Aufsatz aus jüngerer Zeit auch auf die Frage ein, welchen Wert die verfügbaren Quellen haben.[8] Dazu stellt er fest: „*Wenn man zuerst den Staatshaushalt betrachtet und ihn berechnen will, so muss man sich immer wieder ins Gedächtnis rufen, dass die Vielzahl der damaligen Rechnungen nicht zur rationalen Einsicht in die Struktur und Größe eines Haushalts diente, sondern zur Kontrolle der Finanzbeamten und zur Kenntnis der konkret erzielten Gelder der Einnahmestellen, also ihrer Nettoeinkünfte nach Abzug der Ausgaben. Das bedeutet, dass an der zentralen Stelle im Fürstentum, also für den Haushalt des Staates insgesamt, Nachweise nicht nötig waren: für die Zentrale war nur wichtig, dass möglichst viel Geld da war und niemand solches hinterzogen hatte*.“ Ähnlich sah dies Mark MERSIOWSKY.[9] Er stellte fest, dass das (spätmittelalterliche) Verwaltungshandeln darauf ausgerichtet war, die Amtsträger zu kontrollieren. Überblicksdarstellungen entstanden nur dann, wenn ein spezifischer Anlass dazu gegeben war, wie zum Beispiel bei Landesteilungen oder Gemeinschaftsregierungen. Diese für den Einzelfall entwickelten Übersichten, die als Quellen auf uns gekommen sind, befriedigen allerdings nicht das Bedürfnis nach einem systematischen Überblick über ganze Territorien.[10]

Aus der jüngeren Forschung ist weiters Manuela SISSAKIS hier zu nennen, die sich für Braunschweig-Wolfenbüttel quellenkritisch mit den Rechnungen der Amtsträger beschäftigt hat.[11] Obwohl das Volumen der Daten im Vergleich zu größeren Ländern nicht unüberschaubar ist, stellten sich für sie die wechselseitigen Verflechtungen im Finanzsystem als Folge der Verweisungspraxis als Problem dar. Ihre Darstellung konzentriert sich dabei auf einzelne Amtsträger. In Braunschweig-Wolfenbüttel kam es zu einem Prozess gegen den Kanzler Johann Pein, der Schwierigkeiten hatte, seine Abrechnungen vorzulegen und deren Korrektheit nachzuweisen. Das ist einer der wenigen Fälle, die eine gewisse Analogie zu dem Prozess gegen den Wiener Hofkammerpräsidenten Georg Ludwig Sinzendorf auf-

---

inzwischen weitgehend durchgesetzt. Jan GLETE verwendete ihn in seiner Studie (War and the state), allerdings mit dem Aspekt, dass Organisationsfragen in einem solchen Staat zusätzlich von Bedeutung waren.

7 ZIEGLER, Studien.

8 ZIEGLER, Niederbayern.

9 MERSIOWSKY, Finanzverwaltung.

10 DERS., Rechnungslegung.

11 SISSAKIS, Territoriale Rechnungslegung.

weisen, wurden hohe Amtsträger doch eher selten wegen finanzieller Unregelmäßigkeiten prozessual verfolgt.

Einen ähnlichen Aspekt behandelte Michael CRAMER-FÜRTIG wiederum für Bayern[12], wobei es sich in seinem Fall um eine Darstellung der Entwicklung der Normen des Abrechnungswesens in der Finanzverwaltung handelt. Es war ein organisatorisch fast moderner Ansatz der frühneuzeitlichen Verwaltung, der angesichts der zunehmenden Bürokratisierung eine Entlastung bieten sollte.

Die Normen und die Praxis des territorialen Rechnungswesens orientierten sich dabei stark an den lokalen Bedürfnissen des jeweiligen Landes. Wenn man zwischen Ländern vergleichen will, stößt man auf spezielle Probleme, da jedes Land seinen eigenen Gesetzmäßigkeiten folgte. Dieser Problematik sahen sich auch Kamil Kıvanç KARAMAN und Şevket PAMUK gegenüber, die in ihrer Arbeit einen Vergleich von neun europäischen Ländern mit dem Osmanischen Reich über einen Zeitraum von 1500 bis 1789 versuchten.[13] In diesem Fall ging es also nicht nur um die Quellen eines Landes, die für sich selbst schon schwierig über längere Perioden zu vergleichen sind, es mussten zusätzlich noch unterschiedliche Rechnungssysteme und Währungen aufeinander abgestimmt werden. Das Ziel ihrer Arbeit war, die Entwicklung der Finanzen des Osmanischen Reichs vom 16. bis zum 19. Jahrhundert nachzuzeichnen und diese Erkenntnisse durch einen Vergleich mit europäischen Staaten zu relativieren. Das Ergebnis ist angesichts der Schwierigkeiten jedenfalls beeindruckend und wird unter anderem in neun Grafiken anschaulich dargestellt.

Für den Norden Europas hat Werner BUCHHOLZ bereits vor seinem eingangs erwähnten Überblick Studien vorgelegt, die sich mit Schweden und Pommern, das mit Schweden in Personalunion verbunden war, beschäftigten, vor allem mit der Darstellung und Analyse der finanzwirtschaftlichen Strukturen Schwedens im 17. Jahrhundert.[14] Allerdings stand dabei das gesellschaftliche Gefüge, der Hochadel und sein Gegensatz zu Krone, Geistlichkeit, Bürgern und Bauern im Vordergrund. Zum Teil konnte Buchholz auf älteren Quellenforschungen aufbauen.[15] Buchholz' Arbeit zu Schwedisch-Pommern ist, wie schon dem Titel zu entnehmen ist, exemplarisch angelegt. Sie bezieht sich auf den Zeitraum von 1720 bis 1820 und beinhaltet einen detaillierten Überblick über alle Aspekte eines kleinen frühmodernen Staates, wobei die Finanzverwaltung der Stände und des Landesherrn einschließlich Kontrolle, Verfügungsmacht und Verwendung der finanziellen Mittel behandelt werden. Buchholz betonte in seiner Einleitung zu diesem Werk, dass er die Finanzgeschichte *„nicht als eigenständige Disziplin oder reinen Selbstzweck sieht, sondern zur Erhellung von Verlauf und Ursachen der Entwicklung gesellschaftlicher und politischer Kräfteverhältnisse*" betrachtete[16], eine Auffassung, der auch hier gefolgt wird. Kersten KRÜGER ergänzte mit seinen Untersuchungen über Schweden einen Vergleich der Strukturen der Staatsfinanzen Schwedens und Dänemarks einer früheren Periode.[17] Dabei setzte er sich mit der Frage auseinander, was die Ursache der unterschiedlichen Erfolge dieser beiden Königreiche im Dreißigjährigen Krieg war, aus dem Schweden als europä-

[12] CRAMER-FÜRTIG, Finanzkontrolle.
[13] KARAMAN–PAMUK, Staatsfinanzen.
[14] BUCHHOLZ, Adelsregiment; DERS., Öffentliche Finanzen.
[15] BRÄNNMAN, Frälseköpen.
[16] BUCHHOLZ, Öffentliche Finanzen, 57.
[17] KRÜGER, Staatsfinanzen.

ische Großmacht hervorgegangen ist. Als Ursache benannte er einerseits die unterschiedlichen Wirtschaftsstrukturen der beiden Länder und andererseits die von Schweden seit der Trennung der beiden Länder in die Wege geleiteten Reformen wirtschaftlicher und verwaltungsorganisatorischer Art, die besser in der Lage waren, die durch eine militärisch gestützte Außenpolitik entstandenen, finanziellen Bedürfnisse des Landes zu bedienen. Diese Entwicklung vollzog sich vor allem im Zuge der Reformation zu Beginn des 16. Jahrhunderts und war mit dem Einzug von Kirchengut verbunden.

Für die habsburgischen Erbländer ist nach wie vor die umfassende Darstellung von Jean Bérenger zu erwähnen, die anhand umfangreicher Quellenarbeit einen ausgezeichneten Überblick zur finanziellen Lage der Habsburgermonarchie unter Leopold I. gibt.[18] Die Darstellung geht aber weit über die finanziellen Aspekte hinaus, bietet sie doch zugleich einen Einblick in die Struktur des Hofes und die Verwaltung der Länder. Auch auf die Studie von Peter G. M. Dickson zur Zeit Maria Theresias muss hingewiesen werden. Vor allem der zweite Band seines Werks enthält eine differenzierte Behandlung finanziell-militärischer Probleme, mit denen die Kaiserin konfrontiert war und die sie auf unterschiedliche Weise löste. Besonders wertvoll ist dabei das umfangreiche Zahlenmaterial im Text und in vielen Tabellen, wobei Dickson weitgehend direkt Quellen ausgewertet hat. Diese und die verwendete Literatur werden in einem eigenen Anhang kritisch beleuchtet.[19]

Während sich Bérenger mit der Zeit Leopolds I. beschäftigte und breite, über die Finanzen hinausgehende Informationen bietet, verfolgt die neue Arbeit von William D. Godsey ein anderes Ziel.[20] Godsey konzentriert sich auf das habsburgische Kernland Niederösterreich und überprüft das Konzept des *fiscal-military state* angesichts des riesigen Finanzierungsbedarfs als Folge der militärischen Bedrohungen und der dadurch bedingten hohen Militärausgaben. Dabei steht die Frage im Zentrum, wie es möglich war, die dafür nötigen finanziellen Mittel aufzubringen. Eine wesentlich Rolle spielten dabei nach seinen Erkenntnissen die Stände, die in der Lage waren, entsprechende Kredite bereitzustellen, die zur Vorfinanzierung der Kontributionen dienten, welche sich von anlassbezogenen Unterstützungen des Landesfürsten durch die „Landleute" in Fällen der Not zu regelmäßigen Steuerleistungen entwickelten. Dabei arbeitete er – entgegen der lange verbreiteten Auffassung vom Dualismus zwischen Fürst und Ständen – heraus, in welchem Maße beide Seiten zum gegenseitigen Vorteil bei der Finanzierung kooperierten.

Unter den Arbeiten zur Habsburgermonarchie ist auch Peter Rauscher mit seiner Untersuchung der Finanzen Ferdinands I. und Maximilians II. hervorzuheben.[21] Sie bringt in vielen Tabellen umfangreiches Quellenmaterial fast aller Länder der Monarchie, das sehr detailliert und übersichtlich vorgestellt wird. Darüber hinaus bietet das Werk eine systematische und klare Übersicht der territorialen Verwaltungsstrukturen und eine Analyse der finanzpolitischen Möglichkeiten und ihrer Ausnützung durch den Kaiser. Schließlich hat sich auch Renate Pieper mit der Habsburgermonarchie beschäftigt. Ihre Studie über den Zeitraum 1650–1848 ist ein prägnanter Überblick der Struktur des Finanzwesens und der finanziellen Verhältnisse dieser Ländergruppe.[22]

---

18 Bérenger, Finances; Ders., Habsbourg; Ders., Ouvrage.

19 Dickson, Finance.

20 Godsey, Sinews.

21 Rauscher, Ständen.

22 Pieper, Financing.

Für die Länder der böhmischen Krone ist nach wie vor Anton GINDELY zu nennen,[23] der in seiner Denkschrift für die kaiserliche Akademie einen Überblick der Steuereinnahmen des Königs bietet. Was die Ausgaben betrifft kann nur aus einigen Positionen geschlossen werden, dass die bedeutendsten Beträge für Kriegszwecke verwendet wurden. Diese Untersuchung endet allerdings mit dem Beginn des Dreißigjährigen Kriegs. Gindely begründet diese Einschränkung damit, dass die sich daraus ergebenden, einschneidenden Veränderungen dazu führten, dass die Landesfinanzgeschichte mit der Finanzgeschichte der Gesamtmonarchie zusammenfloss. Für Mähren bietet Christian D'ELVERT[24] einen detailreichen Überblick, allerdings ebenfalls nur bis 1618. Unter der jüngeren Literatur ist auf die Analyse der Staatseinnahmen von Mähren durch Bronislaw CHOCHOLÁČ und Tomáš STERNECK[25] zu verweisen.

Für das Königreich Ungarn konzentrierte sich die Forschung vor allem auf den Zeitraum der zweiten Hälfte des 16. Jahrhunderts. Dies steht zweifellos im Zusammenhang mit der osmanischen Expansion und dem Übergang der ungarischen Krone auf die Habsburger. Ferdinand I. hatte mit der Konsolidierung seiner Herrschaft und der Abwehr der Osmanen schwierige Aufgaben übernommen, die zwangsläufig auch strukturelle Änderungen der Verwaltung notwendig machten. So entstand neben der Ungarischen Kammer aus Gründen der Zweckmäßigkeit auch eine eigene Kammer für Oberungarn. Dabei war ein Zusammenwirken mit der Hofkammer unentbehrlich. Diese Entwicklungen hatten unter anderem im Finanzwesen Auswirkungen auf die Aussagekraft der Einnahmen und Ausgaben für die Länder der ungarischen Krone. Ab der Mitte des 16. Jahrhunderts stabilisierten sich die Verhältnisse und erleichterten eine Analyse der Berichterstattungen. Győző EMBER bietet über eine Periode von acht Jahren eine grundlegende Untersuchung zu den finanziellen Verhältnissen zur Zeit Ferdinands I.[26] Jüngere Arbeiten, vor allem von István KENYERES, ergänzen und erweitern diese Erkenntnisse bis zum Ende des Langen Türkenkriegs, wobei er auch das einzig erhaltene Abrechnungsbuch des Hofkriegszahlamts in seine Forschung einbezieht.[27]

Schließlich soll noch die Studie von Angelika WIESFLECKER zur Innsbrucker Kammer erwähnt werden, vor allem, weil sie in ihrer Arbeit einen Quellenbestand verwendete, der mit 34 Bänden eine längere Zeitreihe abdeckt.[28] Dies bietet die Möglichkeit, detailliert die Entwicklung der Ausgaben sowohl der Kammer als auch des Landesfürsten zu verfolgen.

Eine eher ungewöhnliche und seltene Ausnahme unter den bisher erwähnten Länderdarstellungen stellt die von Friedrich HARTL und anderen zuletzt edierte Unterrichtsunterlage für Kronprinz Joseph (II.) dar.[29] Es handelt sich dabei um einen Lehrbehelf betreffend die Länder Österreich unter und ob der Enns, ergänzt durch Bemerkungen des Staatssekretärs Johann Christoph Bartenstein vom 15. April 1760. Das Skriptum bietet einen umfassenden Überblick über die beiden österreichischen Länder mit Geographie, politi-

---

23 GINDELY, Finanzen.

24 D'ELVERT, Finanz-Geschichte.

25 CHOCHOLÁČ–STERNECK, Mähren.

26 EMBER, Kammer.

27 KENYERES, Einkünfte und Reformen; DERS., Finanzen; DERS., Kriegsausgaben; DERS., Türkenabwehr.

28 WIESFLECKER, Kammerraitbücher.

29 HARTL (Hg.)– BUSCH–REISINGER (Mitarb.), Niederösterreich.

scher Verfassung, Verwaltung, Justiz, vor allem aber auch Finanz- und Steuerfragen. Die Quelle ist zwar rund 90 Jahre jünger als die hier edierten Berichte, aber gerade durch den zeitlichen Abstand lassen sich zweifellos interessante Veränderungen oder auch Parallelen erkennen. Für weitere Forschungen weist Hartl dankenswerterweise auch die Signaturen von ähnlichen, bisher noch nicht edierten Archivalien betreffend andere habsburgische Länder aus.[30]

Diese Darstellungen über Länder und Ländergruppen der Habsburgermonarchie ergänzt und erweitert das kürzlich von Hochedlinger–Mat'a–Winkelbauer herausgegebenen Handbuch zur Verwaltungsgeschichte der Habsburgermonarchie. Auf die detaillierten Aussagen zur Finanzverwaltung und damit auch Finanzgeschichte dort kann hier nur hingewiesen werden.[31] Im Zusammenhang mit der vorliegenden Edition ist vor allem bedeutsam, dass es neben einer ausführlichen Behördengeschichte einen umfangreichen Abschnitt über das landesfürstliche Finanzwesen enthält, der praktisch in jedem seiner Teilabschnitte einen aktuellen Überblick zur Quellenlage und zum Forschungsstand aufweist.

Angesichts der Vielfalt von Arbeiten über öffentliche Finanzen fällt umso mehr ins Auge, dass zu diesem Thema kaum Editionen vorliegen, obwohl sie die Forschung durch die Aufbereitung der Quellen deutlich unterstützen und vergleichendes Arbeiten anregen können. So wären beispielsweise die Abrechnungen der Hofzahlmeister des Kaisers dafür eine Fundgrube. Peter Rauscher hat diesbezüglich Pionierarbeit geleistet. Er beschäftigte sich mit der Auswertung der Hofzahlamtsbücher in sechs jeweils fünfjährigen Perioden innerhalb des Zeitraums ab der Mitte des 16. Jahrhunderts bis 1704 und entwickelt daraus eine Analyse der Finanzierung des Kaiserhofs.[32] Vor dem Hintergrund einer (wenn auch nur eingeschränkten) Edition dieser Quellen wäre auch die systematische Durchforstung der „Gedenkbücher" des Finanz- und Hofkammerarchivs eine lohnende Aufgabe für die Forschung. Aber die Mühen, diese Quellen in ihrer Breite so bereitzustellen, dass man die dahinter liegenden Sachverhalte kritisch durchleuchten und auswerten kann, übersteigt offenbar schnell die Möglichkeiten eines einzelnen Forschers. In diesem Sinne kann die hier vorgelegte Edition zumindest einen Beitrag dazu leisten, die gerade für das 17. Jahrhundert und die Zeit Leopolds I. noch eher wenig ausgeprägte Forschung zur Finanzgeschichte zu unterstützen.

---

30 Österreich unter und ob der Enns (bereits ediert) – ÖNB, Cod. Ser.n. 12.041; Anmerkungen Bartensteins dazu ÖNB, Cod. 15.291 Innerösterreichische Länder – ÖNB, Cod. Ser.n.12.038; Tirol – ÖNB, Cod. Ser.n.12.042; Böhmische Länder – ÖNB, Cod. Ser.n. 12.040.

31 Hochedlinger–Mat'a–Winkelbauer, Verwaltungsgeschichte, Bd. 1/2, Abschnitt VIII, 765–981.

32 Die Abrechnungen der Hofzahlamtsmeister umfassen 156 Bände, fast geschlossen die Jahre 1542 bis 1714 betreffend, zu denen sich die Kameralzahlämter mit 81 Bänden (1715–1762) gesellen. Vom Kriegszahlamt ist leider nur ein einziger Band über das Jahr 1623 erhalten. Rauscher (Finanzierung des Kaiserhofs) liefert dazu sechs Querschnitte mit vielen Details. Als mit der Zeit Kaiser Leopolds befasster Forscher kann auch auf die prosopographische Untersuchung über den Wiener Hof dieser Zeit verwiesen werden (siehe dazu die vom Österreichischen Staatsarchiv unter http://www.oesta.gv.at/site/6662/default.aspx [15.3.2018] veröffentlichen Datenbanken), deren Ergebnisse für die Forschung eine bedeutende Erleichterung bringt.

Die Quellen in ihrer Zeit

Der politische Rahmen

Das gesamte 17. Jahrhundert war von Kriegen geprägt, unter denen der Dreißigjährige Krieg eine besondere Rolle spielte. In den Kriegen der zweiten Hälfte des 17. Jahrhunderts ging es nicht mehr um konfessionelle Konflikte im Reich oder die Schwächung des Kaisers, sondern in erster Linie um die Hegemonie in Europa. Es waren Konflikte zwischen dem Frankreich Ludwigs XIV. und den beiden Linien des Hauses Habsburg, an denen sich die anderen europäische Mächte in wechselnden Rollen und mit unterschiedlichen Zielsetzungen beteiligten.[33] Aus der Perspektive Ludwigs XIV. war Frankreich von Spanien, dem Heiligen Römischen Reich und den spanischen Niederlanden „umzingelt", eine Lage, die für den ehrgeizigen König inakzeptabel war. Von Seiten Frankreichs wurden daher politische und militärische Schritte gesetzt, diesen Zustand zu beenden.

Unter Berufung auf zweifelhafte Erbansprüche seiner spanischen Gattin Maria Teresa im Zusammenhang mit der im Pyrenäenfrieden vereinbarten, aber nicht bezahlten Mitgift zog Ludwig XIV. zunächst in den Norden gegen die spanischen Niederlande. Dieser sogenannte Devolutionskrieg war zwar nicht so erfolgreich wie von Frankreich angestrebt, doch im Frieden von Aachen im Jahr 1668 gelang es dem König, einige Städte und Grenzfestungen zu erlangen. Für das Reich erforderte die aggressive Haltung Frankreichs gegen ein Reichsterritorium jedenfalls ein Einschreiten, was vom Kaiser auch im Interesse der spanischen Verwandten in die Tat umgesetzt worden war. Der bald darauf folgende Holländische Krieg setzte diesen Konflikt fort und es gelang 1678/79 mit Mühe, im Frieden von Nijmegen/Nimwegen diese Krise beizulegen.

Eine neuerliche Front gegen Frankreich entstand durch die sogenannten Reunionen ab 1679. Ludwig XIV. setzte Sondergerichte ein, die alte Besitzansprüche auf Metz, Toul und Verdun, sowie auf die Franche Comté prüfen sollten. Deren Entscheidung lieferte den Anlass, diese Ansprüche mit militärischer Gewalt durchzusetzen. In diesem Fall war es ein direkter Krieg gegen das Heilige Römische Reich, der sich auch auf Lothringen und das Elsass ausweitete, da seitens Frankreichs eine Grenzziehung am Rhein angestrebt wurde, zu der auch Festungen am rechten Rheinufer wie Breisach und Philippsburg gehören sollten. Im Elsass war der Kaiser auch als Landesfürst direkt betroffen. Diese militärische Auseinandersetzung war ebenfalls langwierig und führte unter anderem 1681 zur Besetzung Straßburgs durch die Franzosen im Zusammenwirken mit dem Bischof Franz Egon von Fürstenberg und letzten Endes zur Annexion dieser Reichsstadt. Der Kaiser konnte Straßburg nicht schützen, da er selbst von den Osmanen bedroht war und militärische Kräfte durch den Kuruzzenaufstand unter der Führung von Imre Thököly gebunden waren.

Die Auseinandersetzungen mit Ludwig XIV. erreichten schließlich einen neuen Höhepunkt, als dieser – Erbansprüche seiner Schwägerin Liselotte von der Pfalz vorschützend – den Pfälzischen Krieg eröffnete, der von 1688 bis 1697 besonders im Süden des Reichs große Verwüstungen mit sich brachte.

[33] An dieser Stelle soll nur ein grober Überblick zur politischen Entwicklung in der zweiten Hälfte des 17. Jahrhunderts gegeben werden. Eine umfassende Darstellung über die innen- und außenpolitischen Probleme des Kaisers in dieser Zeit bietet Winkelbauer, Ständefreiheit 394–407.

Ein nicht kriegerisch ausgetragener Konflikt war dagegen der Versuch des französischen Königs, in Polen Fuß zu fassen. Er präsentierte 1664 dem Kaiser den französischen Herzog von Enghien aus dem Hause Bourbon zur Belehnung mit den beiden schlesischen Fürstentümern Oppeln und Ratibor.[34] Damit wäre dieser ein möglicher polnischer Thronprätendent geworden und der Kaiser als König von Böhmen wäre im Norden unter Druck geraten. Die Vorgeschichte und das Ereignis selbst sind hier nicht von Bedeutung, sondern die Tatsache, dass die Abwehr dieses politischen Vorhabens über 1 Million Gulden kostete, die außerordentlich schwer aufzubringen waren.[35]

Diese militärischen Konflikte im Westen waren für sich schon sehr belastend, doch zur gleichen Zeit war Kaiser Leopold I. gezwungen, dem Expansionsdrang der Osmanen entgegenzutreten. Nach dem Vorstoß der Osmanen mit Einnahme der Festung Neuhäusl 1663 gelang es zwar Raimondo Montecuccoli in St. Gotthard/Mogersdorf, deren weiteres Vordringen zu unterbinden; in der Folge erwartete man sich in Ungarn aber eine Gegenoffensive der kaiserlichen Seite. Der 1664 geschlossene Friede von Vasvár wurde deshalb von führenden adeligen Politikern in Ungarn abgelehnt und war eine der Ursachen des bekannten Magnatenaufstands, der im Jahr 1671 niedergeschlagen wurde. Dies und die militärische Auseinandersetzung mit den aufständischen Kuruzzen zeigte die labile Situation, in der sich Kaiser Leopold I. in den Erblanden befand. An eine offensive Kriegsführung war in Anbetracht des Zweifrontenkriegs und der damit verbundenen finanziellen Knappheit nicht zu denken. Nicht zuletzt deshalb konnten die Osmanen ihre Expansionspläne weitertreiben, was schließlich zur Belagerung Wiens im Jahr 1683 führte. Wie bekannt, stellte ihre Niederlage hier dann allerdings einen Wendepunkt dar, da es in der Folge gelang, die Osmanen im Großen Türkenkrieg bis 1699 (Friede von Karlovici/Karlowitz) zurückzudrängen und große Teile Ungarns der habsburgischen Regierung zu unterstellen.

Diese stichwortartige Skizze kann nur den politisch-militärischen Rahmen andeuten, in dem der Kaiser als Reichsoberhaupt und Landesfürst finanzielle Probleme zu lösen hatte. Denn nach dem sowohl Raimondo Montecuccoli wie Prinz Eugen von Savoyen zugeschriebenen Ausspruch benötigte man zur Kriegführung drei Dinge: Geld, Geld und nochmals Geld. Und gerade an dem fehlte es.

Die Struktur der Finanzverwaltung

Für die Bereitstellung der finanziellen Mittel zur Deckung der Notwendigkeiten des „Staates" war die Hofkammer verantwortlich.[36] Sie war die oberste Finanzbehörde, so wie der Hofkriegsrat, die Kanzleien (böhmische und österreichische Hofkanzlei, Reichskanzlei) und der Reichshofrat Zentralstellen anderer Tätigkeitsfelder der habsburgischen

34 Archives Nationales Paris, Série K (Monuments Historiques), Titre IX (Histoire Étrangère – Négociations), Pologne 1440–XVIIIe s., K 1312, Nr. 27, Ludwig XIV. an Kaiser Leopold I., 4. Feber 1664.

35 Siehe dazu Körbl, Hofkammer; Bérenger, Public Loans, 658–664. In ihren Gutachten gingen Selb (pag. 62) und Jörger (fol. 318^{v}) darauf ein.

36 Hier wird nur eine knappe Darstellung zur Hofkammer mit dem Schwerpunkt Zahlungsverkehr und Finanzierung gegeben, die für das Verständnis der Quellen unabdingbar ist. Für ergänzende und differenziertere Informationen siehe Hochedlinger–Mat'a–Winkelbauer, Verwaltungsgeschichte 825–855 und Körbl, Hofkammer.

Verwaltung waren. Ihre Aufgaben umfassten die Finanzierung des Hofes wie des Kriegswesens, die auf zwei unterschiedlichen Systemen basierte.

Die Zivilverwaltung sollte aus dem „Camerale" finanziert werden. Zur Zeit Leopolds I. bestand das Camerale aus den Einkünften landesfürstlicher Herrschaften, aus Monopolen, Verbrauchsabgaben auf Fleisch, Getränke etc. aus Mauten und Zöllen und ähnlichen Abgaben oder Ämtern. Für diese Einnahmen war ein Hofzahlamt eingerichtet, das allerdings nur einen eingeschränkten Wirkungsbereich hatte, da es keine zentrale Kassenführung gab. Die Einnahmen wurden auf den untersten Stellen, den Herrschaften, Ämtern, Zoll- und Mautstellen oder Montanbetrieben, eingehoben und davon zunächst die an diesen Stellen anfallenden Zahlungsverpflichtungen, wie lokale Besoldungen, Mieten und Erhaltungsausgaben, abgezogen. Der verbleibende Überschuss wurde in der Ämterhierarchie weitergeleitet und dort jeweils das gleiche Verfahren angewendet. Nach Abzug dieser Ausgaben landete nur ein sehr kleiner Teil der Nettoeinnahmen im Hofzahlamt. Da aber zentrale Ausgaben zu bezahlen waren, die nicht durch diese Resteinnahmen bewältigt werden konnten, wurden die Gläubiger auf die Ämter der hierarchischen Vorstufen verwiesen, die entsprechende Mittel aufweisen konnten. Dies galt sinngemäß auch für die Bedienung und Tilgung von Krediten und Darlehen. Angesichts dieser Struktur ist naheliegend, dass ein Überblick über den gesamten Zahlungsverkehr kaum zu erreichen war. Ein striktes Berichtswesen war zwar vorgesehen, es war jedoch äußerst mangelhaft und nie aktuell.

Zur Finanzierung der Kriegsführung war das „Contributionale" vorgesehen, eine Art von Steuer, die auf dem Einkommen der Herrschaftsinhaber basierte. Auf den Landtagen wurde das Contributionale vom Landesfürsten eingefordert, verhandelt und von den Ständen bewilligt. Dabei hatte die Hofkammer eine aktive Rolle. Sie bereitete die Forderungen an die Stände (Postulat) vor und war bei den Verhandlungen am Landtag durch eigene Kommissare vertreten. Allerdings hatte die Hofkanzlei durch ihre Aufgabe als Kommunikationsstelle mit den Ländern eine Schlüsselfunktion.

Für die Verwaltung dieser Mittel gab es ein Hofkriegszahlamt, in das aber ebenfalls – so wie beim Hofzahlamt – nur ein Teil der Beträge aus dem Contributionale einging. Denn ein nicht unbeträchtlicher Teil der bewilligten Summen wurde lokal als Naturalleistung verbraucht, wenn Truppen in den betroffenen Ländern zu besolden oder zu versorgen waren. Für die Hofkammer war es dann äußerst schwierig nachzuvollziehen, ob die bewilligten Zahlungen tatsächlich geleistet worden waren. Die Länder waren eher unwillig, die korrekte Verwendung dieser Summen überprüfen zu lassen und wurden durch die Hofkanzlei dabei meist subtil unterstützt. Man muss dazu bedenken, dass in den Hofkanzleien die Adeligen jener Länder vertreten waren, die kontrolliert werden sollten.

Die Einnahmen des Kaisers als Reichsoberhaupt waren gering, weshalb im Kriegsfall der Kaiser auf die Bereitstellung von Truppen durch die „armierten" Reichsstände angewiesen war. Als Landesfürst war er auch verpflichtet, eigene Truppen beizustellen, was freilich den eigenen Haushalt belastete. Doch muss erwähnt werden, dass mit dem Kaiser verbundene Mächte je nach ihren politischen Interessen teils beachtliche Subsidien (Unterstützungszahlungen) für die Kriegsführung bereitstellten.

Mangels ausreichender Mittel des Hofkriegszahlamts wurden auch Zahlungen für militärische Zwecke vom Hofzahlamt geleistet oder auch generell vom Hofzahlamt übernommen. Darauf wies im hier edierten Bericht etwa Johann Gabriel Selb hin und schlug Änderungen vor. Dies traf umgekehrt auch für die dem Militär gewidmeten Einnahmen zu, die gelegentlich in das Hofzahlamt einflossen. Diese notwendigerweise grobe Skizze soll nur oberflächlich die Strukturen an der Spitze der habsburgischen Finanzverwaltung andeuten, in deren Rahmen sich die finanziellen Transaktionen bewegten. Die ganze Komplexität des Systems lassen die Beiträge in dem bereits erwähnten Handbuch der Verwaltungsgeschichte erkennen – ihre genauere Darstellung würde angesichts der außerordentlichen Vielfalt den Umfang dieser Einleitung sprengen.[37]

Die Verwaltung der Hofkammer schien jedenfalls auch den Zeitgenossen verbesserungswürdig, wie wir von Johann Joachim Becher und Johann Quintin Jörger wissen. Becher hatte ein Gutachten über die Aufgaben der Hofkammer und deren schlechter Administration erstellt, wobei er sich mit den herrschenden Mängeln – *Unverstand, Unfleiß, Unordnung und Untreu* – befasste.[38] Das Gutachten Jörgers war die Folge eines Befehls des Kaisers.[39] Er ging im Unterschied zu Becher viel mehr auf Sachthemen ein, verwies jedoch in dem Abschnitt *Remedium Personale* sehr deutlich auf die notwendigen Eigenschaften eines Hofkammerpräsidenten (die er bei Georg Ludwig Sinzendorf als nicht gegeben sah). Abschließend empfahl er: *Wurde nicht unthunlich seyn / wann Euer Kayserliche Mayestät von allen Dero Hof-Cammer-Räthen / weilen doch einer allein mit seiner Wissenschaft molem camerae schwärlich fassen / und begreiffen kann / ein gleichförmiges Gutachten per decretum abfordern zu lassen* / und hierauß *vernehmen möchten / wohin ein jeder derselben ziele / auch wie weit sich sein talentum erstrecke / cum prima Principis virtus sit, nosce suos.*[40] Diese Empfehlung war dann der Anlass, dass ein Fragenkatalog erarbeitete wurde, aus dessen Antworten die hier edierten Quellen stammen.

Angesichts der eben geschilderten Strukturen kann ein Budget oder eine mehr oder weniger geschlossene Übersicht zu den Staatsfinanzen in der zweiten Hälfte des 17. Jahrhunderts nicht erwartet werden. Für die Kriegsführung waren nur Schätzungen notwendig und wurden auch vorbereitet , sie gingen aber über die Feldzüge des nächsten Jahres meist nicht hinaus. Damit war und ist auch heute eine Beurteilung des Gesamtbedarfs schwierig. Jean Bérenger versuchte aus den Ergebnissen seiner Forschungen und deren Zusammenführung eine Gesamtdarstellung möglicher Überblickszahlen zu liefern.[41] Daraus ergibt sich, dass die Militärausgaben bei weitem die Ausgaben für die Zivilverwaltung übertrafen und äußert stark anstiegen. Von ihrem Anteil von etwa 50 Prozent der Gesamtausgaben um die Mitte des 17. Jahrhunderts erreichten sie ab 1690 um die 90 Prozent. In der zweiten Hälfte des 17. Jahrhunderts lagen die Ausgaben daher regelmäßig über den Einnahmen

37 Hochedlinger–Mat'a–Winkelbauer, Verwaltungsgeschichte. Darin werden die Finanzverwaltung und wirtschaftlich-finanzielle Aspekte behandelt und lassen deren Vielschichtigkeit, vor allem in den Abschnitten über die Länderkammern und Kammergüter (856–928), erkennen. In Ungarn ist noch zusätzlich die durch die osmanische Besetzung eines Großteils des Landes verwirrende Struktur der Finanzverwaltung zu bedenken (vgl. dazu Oross, Kammern).

38 Becher, Politischer discurs, 889–908.

39 Jörger hatte den Kaiser in einer kurzen Denkschrift vom 20. März 1678 auf die Notwendigkeit von Reformen im Finanz- und Kriegswesen hingewiesen. Das veranlasste den Kaiser zu verlangen, die Mängel näher auszuführen und Maßnahmen zur Behebung zu nennen. Daraus entstand das hier genannte ausführliche Gutachten vom 14. April 1679. Beide Berichte sind veröffentlicht (Jörger, Unterschiedliche Motiven).

40 Gutachten Johann Quintin Jörgers vom 14. April 1679, XVII, in: Ders., Motiven.

41 Bérenger, Ouvrage, Tabelle auf Seite 228.

und es ergab sich daraus ein Haushaltsdefizit von 10 bis 20 Prozent, das sich in Spitzenjahren auf 40 bis 50 Prozent erhöhte.

Die Konsequenz dieser Situation war die Finanzierung dieses Defizits durch meist nur kurzfristige Darlehen. In Anbetracht des Risikos einer immer wieder drohenden Zahlungsunfähigkeit waren die Zinsen dafür außerordentlich hoch. Bei einem damals weitgehend üblichen Zinsniveau von 6 Prozent mussten vom Kaiser nicht selten 10 Prozent und während der Türkenkriege Leopolds I. vielfach 18 bis 25 Prozent bezahlt werden.[42] Dieser Zinsendienst schlug sich naturgemäß in den erwähnten Ausgaben nieder. Doch mussten die Darlehen auch zurückgezahlt werden. Zu diesem Zweck wurden Einkunftsquellen verpfändet oder zur Abstattung der Schulden veräußert. Das verringerte wieder die Einnahmen – ein circulus vitiosus.

Zur Entstehung der edierten Schriften

Für die Finanzsituation der Länder des Kaisers in ihrer Gesamtheit hat die Forschung bisher wenig Interesse gezeigt, wie eingangs schon ausgeführt wurde. Doch existieren Quellen, die für einen Einblick in die Verwaltungsstrukturen des „Staates“ und dessen finanzielle Aspekte von Wichtigkeit sind. So gibt es aus der Zeit um 1657, also ziemlich genau zur Zeit der Regierungsübernahme Kaiser Leopolds I., ein „Handbuch für einen Hofkammerrat“ in mehreren Fassungen als Schulungsunterlage für neu bestellte Räte der Hofkammer, die bereits ediert ist.[43]

Im Zuge der Forschungen zum Prozess gegen den Hofkammerpräsidenten Georg Ludwig Sinzendorf im Jahr 1680 wurden vergleichbare Aktenstücke aufgefunden, von denen ein Teil nun Gegenstand dieser Edition ist. Diese Materialien bieten aber noch mehr, denn beispielsweise geht der Bericht des Hofkammerrats Johann Gabriel Selb über die nüchternen Zahlen hinaus, er liefert eine kritische Beurteilung zu den zahlenmäßigen Angaben. Es handelt sich jedenfalls um eine ungewöhnliche Quelle, weil sie eine zeitgenössische Beurteilung der (finanziellen) Zustände aus der Zeit Kaiser Leopolds I. enthält. Als Ergänzung dazu wurden die Berichte von Johann Quintin Jörger und Johann Sebastian Pötting in die vorliegende Edition aufgenommen. Ziel aller drei Berichte war freilich nicht ein finanzieller Überblick über die Gesamtheit der Territorien und deren Verwaltung. Die Antworten auf die Fragen des Kaisers waren sozusagen als Beweismittel im Rahmen eines Prozesses gedacht.[44] Nach vielen und über lange Jahre erhobenen Anschuldigungen gegen den Hofkammerpräsidenten Georg Ludwig Sinzendorf kam es im Jahr 1679 zur Anordnung eines gerichtlichen Verfahrens durch ein iudicium delegatum, ein Sondergericht. Dazu gibt es eine Vorgeschichte, auf die kurz eingegangen werden soll.

Die Hofkammer wurde von Georg Ludwig Sinzendorf geleitet. Sie war, wie eben ausgeführt, das oberste Organ der Finanzverwaltung für alle Länder des Kaisers und musste für die Finanzierung des Hofes sorgen; für das Militär hatte die Hofkammer

[42] Winkelbauer, Ständefreiheit, 516.

[43] Körbl, Hofkammer, 371–441.

[44] Zum Prozess gegen den Hofkammerpräsidenten siehe Körbl, Hofkammer; Ders., Neue Funde.

ein Mitwirkungs- und Kontrollrecht. Die Erfüllung dieser Aufgaben bedingte eine umfassende Kenntnis der finanziellen Verhältnisse aller Länder, Herrschaften, Regalien und der sonstigen Einkunftsquellen des Kaisers. Entsprechend ihrem Auftrag war von der Hofkammer alles zu unternehmen, um die Interessen des Kaisers zu wahren und Nachteile zu verhindern.[45] Das bedeutete eine Überwachung der Amtsträger, Erstattung von Vorschlägen zu organisatorischen und personellen Maßnahmen, insbesondere wenn Missstände auftraten, und überhaupt eine engagierte Haltung bei Durchführung dieser Aufgaben.

Aufgrund von Anschuldigungen hinsichtlich schlechter Führung und Verwaltung der Hofkammer wurde 1671/1672 eine Kommission ins Leben gerufen, die sich mit der Frage auseinandersetzen sollte, *ob nemblich die unzulanglichkeit der mittel zu denen vielfeltigen ausgaben von ermelter kaiserlichen hoffcammer schlechter oeconomia (welches zwar ihre kayserliche mayestät nicht glauben wollen) oder aber von der unerklecklichkeit der mittel selbsten und des empfanges gegen denen so geheüfften militarischen, politischen und cameral ausgaben herrühre.*[46] In dieser Kommission unter der Leitung des Obersthofmeisters Wenzel Eusebius Lobkowitz waren Spitzenfunktionäre des Hofes tätig und – nach seinen eigenen Aussagen – auch der Hofkammerrat Johann Gabriel Selb. Damals wurden Zahlen erarbeitet, auf die sich Selb später bezog. Diese Tatsache erklärt einen Teil der Differenzen seiner Zahlen zu jenen der Kollegen. Die Ergebnisse dieser Kommission verliefen allerdings zunächst im Sande, unter anderem, weil sich die finanzielle Lage gebessert hatte.

Bevor es 1679 zu dem Prozess kam, wurde auf Anregung des Vizepräsidenten der Hofkammer, Johann Quintin Jörger, vom Kaiser an alle Hofkammerräte separat ein Fragenkatalog übermittelt, der vom Geheimen Sekretär und Vertrauten des Kaisers, Christoph Abele, ausgearbeitet worden war. Das Ziel dieser Maßnahme war, die Arbeit der Hofkammer und damit auch des Hofkammerpräsidenten aus der Perspektive mehrerer Beteiligter darzustellen. Der Kaiser war zu diesem Zeitpunkt noch schwankend, wie er mit den Beschuldigungen gegen Sinzendorf umgehen sollte. Das Ergebnis der Befragung sollte als Grundlage für seine Entscheidung dienen. Jörger erwartete sich daraus die Aufdeckung von Mängeln, wie sie in den Beschuldigungen gegen den Präsidenten behauptet worden waren, und damit eine Grundlage für einen Prozess gegen ihn.

Die Fragepunkte des Kaisers bezogen sich auf alle oben genannten Aufgaben, wobei zum Teil äußerst detaillierte Antworten verlangt wurden. Damit war es notwendig, auf die Zustände in den von der Hofkammer verwalteten Kammergütern und Ämtern in allen Ländern einzugehen und auch die Durchführung der Kontrolle der für das Militär bewilligten Mittel zu behandeln. Außerdem sollte auf Mängel hingewiesen und Vorschläge zu Verbesserungen gemacht werden. Der Katalog von dreizehn Fragen ging am 17. Juli 1679 einzeln an den Präsidenten der Hofkammer, den Vizepräsidenten und 22 Hofkammerräte. Die Fragen sollten binnen zwei Wochen beantwortet werden. Ergänzend wurde der Fragenkatalog am 1. August an vier höhere Beamte des Finanzwesens gerichtet, wobei eine spezielle Frage zu den von ihnen verwalteten Ämtern hinzugefügt wurde.

---

[45] Vgl. die Hofkammerinstruktion Kaiser Leopolds I., Linz, 1681 Jänner 2, Fellner–Kretschmayr, Zentralverwaltung I/2, Aktenstück 35, 592–664.

[46] FHKA, NÖHA H 83 b 3, fol. 1337^{v}.

Übersicht: Mitglieder der Hofkammer und ihre Antworten auf den Fragenkatalog

Präsident und Räte			Antwort	Folien
Sinzendorf, Präsident	Georg Ludwig	Graf	24. Jul	
Jörger [Tollet], Hofkammervizepräsident	Johann Quintin	Graf	31. Jul	72
Althan	Christoph Johann	Graf	o. D.	2
Bartholotti	Johann Carl	von	o. D.	7
Breuner	Seifried Christoph	Graf	o. D.	13
Concin	Johann Volkhart	Graf	28. Jul	2
Crollolanza	Peter Bonaventura	Edler	30. Jul	2
Dietrichstein	Philipp Sigmund	Graf	1. Aug	2
Grundemann [Falkenberg]	Georg Constantin	von	6. Aug	2
Hallweil	Sebastian	Graf	28. Jul	3
Kunitz	Johann Baptist	Freiherr	29. Jul	4
Lamberg	Caspar Friedrich	Graf	31. Jul	4
Losy [Losintal]	Johann Anton	Graf	12. Aug	6
Lueger [Wassenhofen]	Johann Wilhelm	von	o. D.	4
Mayerberg	Augustin	von		
Pötting	Johann Sebastian	Graf	2. Aug	38
Rascher [Wayregg]	Johann	von	28. Jul	10
Seeau	Johann Maximilian	Graf	30. Jul	6
Selb, IUD	Johann Gabriel	Freiherr	12. Aug	172
Thomasis	Simon	de	1. Aug	4
Trauttmansdorff [Weinsberg]	Georg Sigmund	Graf	o. D.	10
Vestenburg (Constans)	Hans Leopold	von	30. Jul	6
Volkra	Otto Ferdinand Gottlieb	Graf	18. Aug	11
Wratislaw	Christoph Franz	Graf	o. D.	10

Man muss sich die Frage stellen, was mit diesem Vorgehen bezweckt wurde. Wie bereits erwähnt, waren die erwarteten negativen Ergebnisse als Beweismittel im Prozess gedacht. Aber die ersten vier Fragen bezogen sich nur auf Zahlenmaterial, das zwar für die Hofkammerräte relevant war, jedoch kaum im Tagesgeschäft Verwendung fand. Jedenfalls sollte es bei Bedarf jederzeit durch die Buchhaltung verfügbar sein. Da selbst den befragten Hofkammerräten kein unmittelbarer Zugang zu den entsprechenden Materialien ermöglicht und mangels organisatorischer Kenntnis des Ablagewesens eine eigenständige Zusammenstellung der Zahlen in der kurzen Zeit unmöglich war, wurden diese

Informationen ohnedies von der Buchhaltung in Form von „Extrakten“ geliefert.[47] Anschließend betrafen die folgenden drei Fragen die Rechnungskontrolle. Das waren schon eher Angelegenheiten, die im Hofkammerrat diskutiert werden sollten. Und schließlich kreisten die folgenden Fragen um die Amtsführung, sowohl in den unterstellten Ämtern wie im Hofkammerrat selbst. Sie betrafen die Organisation, für die der Präsident verantwortlich war und in der er durch entsprechende Maßnahmen tätig werden konnte. Unter diesen gab es zwei besonders sensible Fragen: die Einhaltung der Instruktion und die Personalbesetzung. Die Antworten darauf hatten tatsächlich prozessuale Bedeutung.

Für unsere Absicht, einen Einblick in die Finanzwirtschaft des Kaisers zu erhalten, waren hingegen die ersten Fragen von Bedeutung. Für den Kaiser selbst waren diese Antworten nicht von Wichtigkeit, denn es war ihm zweifellos bekannt, dass die habsburgischen Länder chronische Finanzprobleme hatten. Die Antworten, die ja Zahlen sein sollten, hätten daran nichts geändert. Bei den anderen durch die Fragen aufgeworfenen Themen war nicht zu erwarten, dass daraus entscheidende Erkenntnisse gewonnen werden konnten. Es darf an dieser Stelle daran erinnert werden, dass die Forschung mehrfach festgestellt hat, dass finanzielle Übersichten aus dieser Zeit kein Steuerungsinstrument waren. Die diesen Antworten zugrunde liegenden Zahlen waren also in erster Linie ein Instrument zur Kontrolle und Überwachung der abrechnenden Amtsträger. Dennoch bieten sie für den heutigen Betrachter einige interessante Perspektiven, auf die zurückzukommen sein wird.

Die Frist für die Beantwortung war mit 14 Tagen allerdings deutlich zu kurz bemessen, um eine detaillierte Beantwortung zu ermöglichen. Die meisten Hofkammerräte zogen es daher vor, in kurzen und teilweise vagen Bemerkungen auf die einzelnen Fragen einzugehen. Eine Ausnahme unter den Antworten nehmen die Berichte des Hofkammerrats Johann Gabriel Selb und des Vizepräsidenten Johann Quintin Jörger ein. Johann Gabriel Selb verfasste einen Bericht von 344 Seiten (inklusive eines Anhanges), säuberlich als Libell gebunden.[48] Sein Bericht wurde zwar um (nur) zwei Wochen verspätet abgeliefert, was aber in Anbetracht seines Umfangs und Inhalts dennoch fast unglaublich ist. Der Vizepräsident Johann Quintin Jörger, einer der schärfsten und aktivsten Gegner Sinzendorfs, berichtete auf 72 Folien, wobei er den gesetzten Termin einhielt.[49] Schließlich werden im Editionsteil die Antworten des Hofkammerrats Pötting vorgestellt, die im Vergleich zu den Stellungnahmen der anderen Hofkammerräte mit 38 beschriebenen Folien (zu denen allerdings einige beigelegte Extrakte gehören) ebenfalls relativ umfangreich waren.

Das Gutachten von Selb bietet einen weit gespannten Bogen mit vielen Informationen und Details über Länder, Herrschaften, Ämter, Einkunftsquellen, Schulden, Belastungen durch Verpfändung etc., wobei der Schwerpunkt auf jenen Elementen liegt, die verbesserungsfähig schienen. Zusätzlich wurden dazu in einem groben Überblick die wesentlichen Zahlen genannt. Der Bericht Jörgers hingegen bezieht sich zum überwiegenden Teil auf die Details der Einnahmen und Ausgaben vieler Ämter, er gibt aber auch den Überblick zu den militärischen Ausgaben und Schulden. Die meisten dieser Informationen wurden in tabellarischer Weise dargestellt. Sein Gutachten ist dadurch eine gute Er-

---

[47] Vgl. dazu Hengerer, Prozesse.

[48] FHKA, Hs 204 (in der Folge ‚Gutachten Selb‘ genannt).

[49] FHKA, HFÖ, Akten, K 1257, 280^{r}–357^{v} (in der Folge ‚Gutachten Jörger‘ genannt).

gänzung zu den Darlegungen von Selb. Der Bericht Pöttings enthält einige Ergänzungen zu den beiden anderen Antworten sowie eine Berechnung über die Kosten des Militärs, vor allem aber enthält er auch einen Projektvorschlag, der für die damalige Zeit moderne Züge aufweist. Insgesamt bieten diese Berichte gemeinsam einen interessanten Überblick über die finanziellen Verhältnisse des Kaisers und deren Management, wobei dem Bericht von Johann Gabriel Selb die größte Bedeutung zukommt.

Der Prozess gegen Georg Ludwig Sinzendorf muss hier nicht noch einmal analysiert werden. Wenn man aber weiß, dass von insgesamt 22 Personen (ohne die zusätzlich angesprochenen Beamten der Buchhaltung) Antworten vorgelegt und hier nur drei hervorgehoben werden, so ist vielleicht auch von Interesse, welche Schwerpunkte die Aussagen der anderen Funktionäre auf die kaiserlichen Fragen hatten. Zumindest kurz erwähnt sollen zwei Aspekte werden: Zur Personalbesetzung berichteten jene Hofkammerräte, die zu einer Aussage bereit waren, dass die wenigsten Fälle im Hofkammerrat behandelt wurden und der Präsident diese Angelegenheit ganz an sich gezogen hätte. Der Hintergrund seiner Entscheidungen sei nie bekannt geworden. Manche meinten dazu, dass nicht die Personen aufgenommen wurden, die am besten geeignet gewesen wären, sondern jene, die hohe Darlehen dafür anboten oder die empfohlen worden waren. Die zweite sensible Frage betraf die Einhaltung der Instruktion. Manche der Antwortenden entzogen sich einer Stellungnahme, indem sie die Frage mehr oder weniger nicht beantworteten. Vorsichtige Räte, aber auch der Präsident selbst, der ebenfalls befragt wurde – seine Antwort ist in den Quellen nicht enthalten und nur aus den Aufzeichnungen der mit der Auswertung beauftragten Delegation rekonstruierbar –, zogen sich darauf zurück, dass die Instruktion eben alt und nicht mehr praktikabel sei, man habe sich an der Vorgangsweise der früheren Präsidenten orientiert.[50] Aber zwei Räte waren sehr deutlich: Er habe in seinen *43 jährigen diensten niemahlen die hoffcammer instruction gesehen, noch* [sei] *selbe zue wissen ihme zuegemuthet worden, auch darumben solche nit begehrt, weillen andere dergleichen auch nie abgefordert, noch ainen desthalben etwas zuegemuethet wöhre,*[51] meinte Vestenburg, während Wratislaw berichtete, er habe der Instruktion *vor wenig tagen erst habhafft werden können.* Er fügte auch hinzu, dass *gahr vil sachen bey denen privat conferenzien vorgenohmen undt eingerichtet werden,* also nicht im Plenum des Hofkammerrats, wie in der Instruktion vorgesehen.[52]

[50] Die geltende Instruktion für die Hofkammer stammte aus dem Jahr 1568 (Fellner–Kretschmayr, Zentralverwaltung I/2, Aktenstück 21) und war damals also 91 Jahre alt.

[51] FHKA, HFÖ, Akten, K 1257, fol. 525ᵛ. Hans Leopold (Constans) von Vestenburg (1618–1688) war der Sohn des Feldkriegszahlmeisters Virgil Constantz, der am 7. Mai 1627 in den rittermäßigen Adelsstand erhoben wurde und dabei das Prädikat „von Vestenburg" verliehen erhielt. Hans Leopold trat mit 18 Jahren in den kaiserlichen Dienst, war zwischen 1637 und 1645 Konzipist in der Hofkammer, wurde dann Hofkammersekretär und 1675 Hofkammerrat. Am 20. Mai 1671 wurde ihm gestattet, seinen Familiennamen wegzulassen.

[52] FHKA, HFÖ, Akten, K 1257, fol. 364ʳᵛ.

Die Verfasser der Schriften

Johann Gabriel Selb

Über die Herkunft und das Geburtsjahr von Johann Gabriel Selb gibt es keine Informationen.[53] Jedenfalls stammte er aus einer bürgerlichen Familie, da er erst unter Ferdinand II. in den Adelsstand erhoben wurde.[54] Aus seiner weiteren biographischen Entwicklung lässt sich vielleicht eine Herkunft aus Hof im Vogtland annehmen – an der Universität Padua wurde er als „Curia-Variscus iuris candidatus" bezeichnet. Auch die Stadt Selb befindet sich in unmittelbarer Nähe. Sein Geburtsjahr lässt sich auf den Zeitraum um 1610 eingrenzen, wenn man den Aussagen in den Quellen vertraut. Aus dem Adelsakt zur Erhebung in den Ritterstand ist zu entnehmen, dass Selb bereits unter Ferdinand II. im Jahr 1629 für den Kaiser eine Mission (eine „Ediktskommission") zu erfüllen hatte. Im Jahr 1644 wird er bereits als wirklicher geheimer Sekretär der Reichshofkanzlei erwähnt. In dieser wichtigen Funktion wurde er in geheimen und wichtigen Angelegenheiten zu Höfen von Fürsten und Kurfürsten mit Aufträgen entsandt. Dabei wird ausdrücklich die Entsendung zu den Friedensverhandlungen von Münster und Osnabrück hervorgehoben.

In den Jahren von 1645 bis 1646 scheint Selb unter den Studenten der Universitäten Padua[55] und Wien[56] auf; 1647 wurde er in Wien von der juridischen Fakultät als Doktor aufgenommen, wobei nicht klar ist, wo er promoviert wurde.[57] Es folgte eine steile Karriere. Noch während der Regierungszeit Kaiser Ferdinands III. wurde Dr. Johann Gabriel Selb 1655 zum Kammerprokurator ernannt, eine Funktion ähnlich der Finanzprokuratur in unserer Zeit. Am 25. Oktober 1658 wurde Selb von Kaiser Leopold I. *motu proprio* in die Hofkammer berufen, eine Stelle, die er über 20 Jahre lang ausübte. Im Jahr darauf wurde er zum Dekan der juridischen Fakultät der Universität Wien gewählt.

Die Tätigkeiten Johann Gabriel Selbs im Rahmen der Hofkammer waren vielfältig. Bereits im Jahr 1659 erstattete er ein Gutachten über das Münzwesen. Das verschaffte ihm den Ruf ein Münzfachmann zu sein und führte schließlich zur Funktion eines Münzinspektors.[58] Im Jahr 1660 war er mit der Untersuchung des Grenz-Proviantwesens

---

[53] Über Johann Gabriel Selb gibt es keine biographischen Darstellungen. Neben den im Zuge dieser Arbeit zu Rate gezogenen Quellen siehe auch Siebmacher, Bd. IV, 4. Abt., Niederoesterreichischer Adel, Teilbd. 2, 132–133 und Bd. IV, 5. Abt., Adel Oberoesterreichs, 361.

[54] Dies geht aus dem Adelsakt anlässlich der Erhebung in den Ritterstand im Jahr 1661 hervor (AVA, AA, Johann Gabriel Selb, 3.11.1661).

[55] In den Matrikeln der Germanische Nation der juridischen Fakultät befindet sich der folgende Eintrag: „3598 Johannes Gabriel Selbius Curia–Variscus iuris candidatus VIII iunii anno MDCXLVI – dedit coronatum" (Hellmann Dalla Francesca, Marticula).

[56] Matrikel der juridischen Fakultät der Universität Wien, Band für die Jahre 1633–1740 (Kodex J 6), Seite 17, Zeitraum 1645–1646 (Freundliche Mitteilung HR Thomas Maisel, email 18. März 2014): „Doctor Johannes Gabriel Selb Norimberg 1 fl. 30 kr".

[57] „D Joannes Gabriel L.B. de Selb, Caes. Camerae Aulice consil. et Director" (Locher, Speculum Bd. 2, 45 [1647]). Die Bezeichnung Hofkammerrat und Direktor stimmt allerdings nicht, da Selb damals weder Hofkammerrat war noch die Funktion als Direktors ausübte. Vermutlich stammt dieser Fehler von Locher anlässlich seiner Zusammenstellung.

[58] Siehe zu beiden Schalk, Beiträge, 188–192 bzw. 224.

beschäftigt, ein Auftrag, der gemeinsam mit einem Graf Starhemberg und dem Hofkammerrat Johann Putz durchgeführt wurde.[59] Vielleicht als Ergebnis dieser Kommission finden wir ihn bereits ab 1661 in Kommissionen zur Beurteilung des Heueinkaufs.

1662 war Selb vier Monate in einer Kommission in den ungarischen Bergstädten unterwegs. Möglicherweise war dies mit einer Dienstreise nach Dresden verbunden, wobei er die Bergwerke in Joachimstal und Kuttenberg besuchte. Eine heikle, teils diplomatische Aufgabe war die Reise nach Hamburg im Jahr 1666, da es dort Differenzen zwischen dem Magistrat und der Bürgerschaft der Stadt wegen des Justizwesens zu schlichten galt. Wahrscheinlich reiste Selb auf dem Rückweg neuerlich über Joachimstal und Kuttenberg, wo er nach eigenen Aussagen versuchte, als Gewerke tätig zu werden.[60]

Eine wichtige Funktion erfüllte Johann Gabriel Selb 1666 bei der Schaffung des Commerz–Collegiums, das sich mit der Ankurbelung der Wirtschaft beschäftigen sollte. Er verhandelte im Auftrag des Hofkammerpräsidenten mit Johann Joachim Becher über die Instruktion dieser neuen Behörde und wurde schließlich Rat dieses Gremiums.[61] Seine Erfahrungen im Bergwesen werden auch der Grund dafür gewesen sein, dass Selb um 1671 eine Untersuchung des Ankaufs von Silber für die Münze in Breslau und einen diesbezüglichen Vergleich Breslaus mit Wien der Hofkammer vorlegte und Unwirtschaftlichkeiten nachwies.[62]

Welche Bedeutung man der Meinung von Selb zumaß, lässt sich auch daraus ableiten, dass er zwischen 1671 und 1673 in den Kommissionen zur Beurteilung der Lage nach der Niederschlagung der Magnatenaufstände in Ungarn neben den Spitzen des Hofes regelmäßig aufzufinden ist.[63] In der gleichen Zeit (1672) wurde Johann Gabriel Selb im Zusammenhang mit dem Versuch einer Umstellung des Mautwesens zur Verhandlung mit dem eingesetzten Personal delegiert. Die Hofkammer empfahl ihn damals dem Kaiser als Inspektor für die Mauten, was Selb allerdings ablehnte.[64]

In den Jahren 1667 und 1668 befand sich Selb in der vom Obersthofmeister Fürst Lobkowitz geleiteten *restrictions–commission* zur Verringerung der Ausgaben des Hofes, der allerdings kein Erfolg beschieden war. Neuerlich war er in der *cammeral–commission* der Jahre 1671–1672, die bereits ein Vorbote des Verfahrens gegen den Hofkammerpräsidenten Sinzendorf war, als Finanzfachmann eingesetzt. Das hier edierte Gutachten Selbs baute auf den damaligen Untersuchungen auf.[65]

Alle diese Tätigkeiten zeigen deutlich auf, welche vielseitige und fachkundige Persönlichkeit Johann Gabriel Selb war. In Anbetracht seiner Verdienste wurde er 1661 in den Ritterstand erhoben.[66] Dieser Würde folgten in den nächsten Jahren die Landstandschaft in Österreich unter und ob der Enns sowie das Inkolat von Böhmen und Mähren. Im Jahr 1673 kam es zur Erhebung in den Freiherrnstand mit dem Prädikat „Wohlgeboren".[67]

---

59 Bérenger, Finances, 259.

60 Diese beiden Reisen erwähnt Selb in seinem Gutachten. Außerdem ist der Akt über die Reise nach Hamburg erhalten (HHStA, RHR, Judicialia Antiqua, 17–1, fol. 1–54).

61 Instruktion dieses Gremiums vom 22. Feber 1666 (Becher, Politischer discurs, 481–490).

62 Gutachten Selb, pag. 53–55.

63 FHKA, SUS, RA 187.3.

64 Körbl, Politik, 188–201.

65 Gutachten Selb, pag. 2.

66 AVA, AA, Johann Gabriel Selb, 3.11.1661.

67 FHKA, SUS, FamA S–61.

Seine herausragende Stellung als Fachmann führte dazu, dass Selb in vielen Fällen vom Hofkammerpräsidenten Georg Ludwig Sinzendorf bevorzugt zu Beratungen herangezogen wurde. Selb bezog sich selbst darauf, indem er meinte, dass viele Räte sich nicht ernsthaft mit den Angelegenheiten in der Hofkammer befasst hätten.[68] Der niederösterreichische Buchhalter* Wolfgang Reischl, ein unermüdlicher Gegner Sinzendorfs, sah dagegen in Selb, den er für einen verschlagenen Juristen hielt, einen Komplizen des Hofkammerpräsidenten bei dessen Machenschaften.[69] Sinzendorf hätte die Beratungen zu sich nach Hause gezogen, wobei Selb am meisten herangezogen worden sei. Vielleicht sind die Bemerkungen in dem Gutachten von Selb eine vorbeugende Abwehr einer möglichen Beschuldigung.[70] In der Zeit vor dem Prozess war es für die Hofkammerräte sicher wichtig, ihre Integrität zu demonstrieren. Dies gilt bei Selb nicht nur in der geschilderten Angelegenheit. Bemerkenswert ist die Schilderung, unter welchen Voraussetzungen Geschenke angenommen werden durften.[71] Seine spitzfindige Darlegung zielt dabei darauf hin, die von ihm erhaltenen (Geld-) Geschenke als legitim darzustellen.

Die Rolle, die Selb in der Zusammenarbeit mit Sinzendorf spielte, ist undurchsichtig und auch aus heutiger Sicht nicht eindeutig festzumachen. Befürchtete er, in den Sog des drohenden Untergangs des Hofkammerpräsidenten hineingezogen zu werden? Dass Selb wenige Monate nach der Abgabe seines Gutachtens Ende November 1679 starb, kann mit diesbezüglichen Aufregungen zusammenhängen, mag ihn aber vor weiteren Konsequenzen bewahrt haben.

Gabriel Selb war zweimal verheiratet. Aus der zweiten Ehe mit Katharina Moser, der Tochter eines früheren Wiener Bürgermeisters, stammten drei Söhne und drei Töchter, von denen zwei Söhne in Siena studierten.[72] Selb hatte im Laufe seines Lebens ein beachtliches Vermögen erworben, Herrschaften in Österreich unter der Enns, Mähren, Häuser in Wien am Graben und am Kohlmarkt sowie Barvermögen, wie dies aus seinem Testament vom 1. Jänner 1678 zu erkennen ist.[73]

Johann Quintin Jörger

Johann Quintin Jörger stammte aus dem oberösterreichischen Adelsgeschlecht der Jörger von Tollet.[74] Er wurde 1624 als Sohn des Freiherrn Johann Helfreich Jörger und

68 Gutachten Selb, pag. 252.

69 Diese Bemerkungen findet man in dem Gutachten Reischls an den Kaiser fol. 570^{r} (FHKA, HFÖ, Akten K 1257, fol. 575^{r}–576^{v}.

70 In diesem Zusammenhang ist von Interesse, dass Selb bereits im April 1679 einen Bericht an den Kaiser lieferte, der in einem Brief an seinen Vertrauten Emmerich Sinelli dazu meinte, dieser Bericht wäre sehr vorsichtig (*cum magna cautela*) abgefasst (HHStA, FamKorr A, K 14 (1679), fol. 34^{r} bzw. Manuskript Kirchberger Nr. 292, S. 454).

71 Gutachten Selb, pag. 271–272.

72 Johannes Gabriel und Johannes Franciscus wurden am 9. November 1684 dort immatrikuliert (Weigle, Matriken, Nummern 8729 und 8730).

73 HHStA, OLMA, Testamente K 32, S 69, Testament vom 1. Jänner 1678.

74 Über Jörger gibt es eine Reihe biographischer Darstellungen, die zum Teil noch aus dem 18. Jahrhundert stammen. Einige wenige Zeilen sollen hier nur eine kurze Zusammenfassung bieten, die sich an diesen orientieren. Für weitere Angaben siehe Hoheneck, Stände, 1. Teil, 480–484; Starzer, Statthalterei, 268–290; Winkelbauer, Fürst, 129–130. Siehe auch Siebma-

der Polyxena Althan geboren. Die Familie Jörger war protestantisch und alle Mitglieder wurden im Zuge der Ereignisse bei der Regierungsübernahme durch Ferdinand II. 1620 zu Rebellen erklärt und ihre Güter wurden eingezogen. Nach der Begnadigung im Jahr 1621 wurden wenige Güter restituiert. Johann Helfreich hatte keine öffentlichen Funktionen mehr und widmete sich seinen Gütern.

Sein Sohn Johann Quintin wurde standesgemäß erzogen, er studierte in Regensburg Humaniora und absolvierte in Leipzig und Straßburg juridische Studien. Anschließend erfolgte eine Kavalierreise über Holland nach Italien. Dort inskribierte er 1642 an der Universität von Padua. Im Jahr 1650 konvertierte Johann Quintin Jörger gegen den Willen des Vaters, der erst später den Glaubenswechsel vollzog, zum Katholizismus. Im selben Jahr wurde er Hofkammerrat, wofür die Konversion sicherlich eine Voraussetzung war. Gleichzeitig trat Georg Ludwig Sinzendorf in die Dienste der kaiserlichen Hofkammer.

Spätestens ab diesem Zeitpunkt müssen Konflikte entstanden sein, die letzten Endes zum Prozess und zur Absetzung Sinzendorfs als Hofkammerpräsident führten. Was der Hintergrund war, ist nicht bekannt. Es kann sein, dass die entfernte Schwägerschaft und Sinzendorfs Transaktionen mit den Gütern seiner Gattin, einer geborenen Jörger, die Ursache waren. Es handelte sich dabei um Güter der Familie Jörger, die eingezogen und später restituiert worden waren. Es kam auch dadurch zu Differenzen, dass Sinzendorf Jörger aus der Hofkammer fernhalten wollte.[75] Ob die Konkurrenz in der Karriere eine Rolle spielte, kann ebensowenig festgestellt werden. Beide Personen, Jörger und Sinzendorf, waren jedenfalls über Jahrzehnte über ihre Ämter miteinander verbunden. Als Georg Ludwig Sinzendorf 1657 Präsident der Hofkammer wurde, erreichte Jörger die bisher von Sinzendorf bekleidete Position eines Vizepräsidenten. Außerdem wurde er das Jahr darauf in den Grafenstand erhoben. Jörger war, soweit man das anhand der Quellen feststellen kann, jedenfalls bald ein Gegner Sinzendorfs. Er sammelte Material gegen ihn, versuchte eine Untersuchung gegen ihn in Gang zu bringen und schrieb Memoranden an den Kaiser, die schließlich ein wichtiger Ansatz für den Prozess wurden.

Nach dem Sturz Sinzendorfs 1680 erreichte Jörger jedoch nicht die Stelle des Hofkammerpräsidenten. Allerdings wurde er Stellvertreter des Statthalters der Niederösterreichischen Länder und nach dessen Tod 1687 sein Nachfolger. Schließlich erfolgte 1688 die Aufnahme in den Orden vom Goldenen Vlies und 1699 die Berufung in die Geheime Konferenz.

Jörger war ein vielseitig verwendbarer Experte und wurde in verschiedenen Kommissionen eingesetzt. Als Statthalter widmete er sich besonders der Stadt Wien und trug zu zahlreichen Verbesserungen bei, wie Beleuchtung, Pflasterung und Verbesserung der Sicherheit durch die Rumorwache. Bemerkenswert ist auch die Tatsache, dass er sich deutlich gegen die Vertreibung der Juden im Jahr 1670 aussprach, wenn auch aus kommerziellen Motiven. Er war dreimal verheiratet; sein erstgeborener Sohn Johann Peter fiel 1680 einen Mordanschlag zum Opfer, der als Rache gegen den Vater gedacht war. Johann Quintin Jörger starb am 17. Feber 1705.

CHER, Bd. IV, 4. Abt.: Niederoesterreichischer Adel, Teilbd. 1, 210–212 und Bd. IV, 5. Abt.: Adel Oberoesterreichs, 143–144.

[75] Briefe Johann Quintin Jörgers an Johann Maximilian Lamberg, 18. November 1665 und 20. November 1666 (OÖLA, Herrschaft Steyr, Sch 1238, Nr. 522), zitiert nach HENGERER, Kaiserhof, 194, Anm. 740).

Johann Sebastian Pötting

Die Herkunft der Familie Pötting ist nicht eindeutig festzustellen. Manche Autoren halten sie für ein altadeliges österreichisches oder ein bayrisches Geschlecht, doch die Verbindung zwischen den im Mittelalter genannten Pöttingern, den etwa in der Zeit Friedrichs III. in Niederösterreich lebenden Pöttingern und der Familie des Johann Sebastian Pötting bleibt offen. Selbst die in den Adelsakten für die Familie Pötting enthaltenen Informationen ergeben keine Klarheit. Auch der fallweise verwendete Namenszusatz „und Persing", der auf eine Verbindung mit einem ausgestorbenen Geschlecht hinweist, kann nicht erklärt werden.[76]

Sebastian Pötting, der Großvater Johann Sebastians, war Hofmeister des Hochstifts Passau und starb nach mehr als 30 Jahren in diesem Dienst am 1. Jänner 1592. Er erhielt vom Passauer Bischof noch in seiner Zeit als Passauer Rentmeister in Österreich Güter in Niederösterreich verliehen.[77] Sein gleichnamiger Enkel Sebastian (1628–1689) wurde später selbst Bischof von Passau. In dieser Funktion traute er 1676 Kaiser Leopold I. mit Eleonora Magdalena von Pfalz-Neuburg und gewährte dem Kaiser 1683 in Passau Aufenthalt auf der Flucht vor der Belagerung der Stadt Wien durch die Osmanen.

Ein Sohn des Hofmeisters Sebastian Pötting von Passau war Urban Pötting (1567–1648). Er wurde Hofkriegsrat und später Komtur des Deutschen Ordens. Er ist insofern für die Familie von Bedeutung, als er das bisherige Rittergeschlecht in den Herrenstand führte und 1637 den Grafenstand erlangte. Dieser Pötting war jedoch nicht mit Kindern gesegnet. Das war bei der Erhebung in den Grafenstand bereits abzusehen, daher wurde vom Kaiser bewilligt, dass dieser Stand an jene Erben übergehen sollte, die den Namen Pötting tragen würden. Das war sein Neffe, der bekannte Diplomat und spätere Obersthofmarschall Franz Eusebius Pötting, mit dem Kaiser Leopold I. ein persönlich vertrauliches Verhältnis hatte.[78] Franz Eusebius verstarb jedoch in den letzten Tagen des Jahres 1678 plötzlich. Da auch er keine Kinder hinterließ und für diesen Fall in seinem Testament aus dem Jahr 1662 seinen Cousin als Erben einsetzte, gingen sein Nachlass und der Titel an den hier angesprochenen Hofkammerrat Johann Sebastian Pötting.[79] Die Hinterlassenschaft umfasste zwar einige Herrschaften, war jedoch auch mit 200.000 fl Schulden belastet.[80]

Über das Wirken des Hofkammerrats Johann Sebastian Pötting ist wenig bekannt. Er wurde 1653 unter Ferdinand III. Kämmerer und scheint seit Oktober 1666 bis Ende Dezember 1682 als Rat in der Hofkammer mit einer Jahresbesoldung von 1.300 fl auf.[81] In

---

76 Die Artikel zu der Lemma Pötting in den Bänden von SIEBMACHER für Böhmen (156), Niederösterreich (356) und Ungarn (515) weisen beträchtliche zeitliche Lücken auf und beruhen auf der älteren Forschung, die teils widersprüchlich ist. So wird ein bayrisches Geschlecht und ein Sitz in Niederösterreich (Murstetten) erwähnt. Für diese These spricht allerdings, dass Raipoltenbach im Bezirk Neulengbach Geburtsort von Ortlieb Pötting, Vaters des Passauer Bischofs Sebastian Pötting, war.

77 FHKA, RA 203.18, 23. Mai 1562.

78 Es handelt sich um jenen Pötting, der oft als Jugendfreund von Kaiser Leopold I. bezeichnet wird, was jedoch nicht der Fall war. Zu Franz Eusebius Pötting siehe PRIBRAM–LANDWEHR, Privatbriefe, XXXIVI–XXXVII.

79 HHStA, OMaA 626-27, Testament vom 25. Oktober 1662, publiziert 3. Jänner 1679.

80 PRIBRAM–LANDWEHR, Privatbriefe, XXXVI.

81 FHKA, HZAB 111 (1667/68) und 126 (1682).

dieser Zeit war er offenbar gelegentlich in Kommissionen eingesetzt, von denen sich eine nach Glatz im Jahr 1667 nachweisen lässt. Er selbst erwähnte in seinem Gutachten, dass er eine Visitationskommission nach Schlesien verrichtet hätte und dort Vorschläge zur Verbesserung des Salzwesens gemacht habe. Es fällt auf, dass sich sein Bericht mit Fragen des Militärs und der Kontributionen genauer befasst. Vielleicht war er ein Spezialist in diesen Fragen. Hervorzuheben ist noch, dass Johann Sebastian 1675 eines der acht Mitglieder des Guberniums von Ungarn war.[82]

Die Familie Pötting besaß eine Vielzahl von Gütern und Herrschaften, es ist jedoch die Zuordnung zu einzelnen Familienmitgliedern nicht ohne weiteres herzustellen. Johann Sebastian Pötting starb 16. August 1697 in Rabenstein an der Schnella in der Nähe von Pilsen, in einer dieser Herrschaften.

Johann Sebastian Pötting war jedenfalls ein unspektakulärer Rat in der Hofkammer, vor allem, wenn man als Vergleich dazu Johann Gabriel Selb und Johann Quintin Jörger heranzieht. Selb hatte durch seine juristische Ausbildung und die Tätigkeit als Kammerprokurator eine breite Kenntnis der Verwaltung, die ihn auch in ein Naheverhältnis zum Hofkammerpräsidenten Georg Ludwig Sinzendorf brachte, das letzten Ende sogar an eine Komplizenschaft denken ließ.[83] Auch die Art, wie er sich der Aufgabe zur Beantwortung der Fragen unterzog, spricht für eine selbstbewusste, extrovertierte Persönlichkeit. Johann Quintin Jörger hatte allein durch seine Funktion als Vizepräsident der Hofkammer die Möglichkeit eines direkten Kontakts mit dem Kaiser. Außerdem scheute er sich nicht, sich gegen Sinzendorf zu exponieren, wie seine Eingaben an den Kaiser deutlich zeigen.[84]

---

[82] Ebd., Hs 382, fol. 529-530 (zitiert nach Bérenger, Finances, 226 Anm. 91).

[83] Der Niederösterreichische Buchhalter Wolfgang Reischl lässt dies anklingen, ohne den Verdacht direkt zu äußern (siehe dazu den ersten Bericht Reischls im Vorfeld der Fragpunkte FHKA, HFÖ Akten 1257, fol. 201r und 208v, Mai 1679).

[84] Jörger, Motiven, Gutachten vom 14. April 1679 und Denkschrift vom 20. März 1678.

Zur Edition

Beschreibung der Quellen

Zum Unterschied von den anderen Berichten an den Kaiser ist das Exemplar von Johann Gabriel Selb mit 344 Seiten äußerst umfangreich. Sein Bericht ist auch der einzige, der die Fragen des Kaisers so beantwortete, wie es dem Auftrag entsprach. Es ist daher auch kein Wunder, dass der Verfasser die kurze Vorlagefrist von zwei Wochen überschritt. Selb scheute zudem keinen Aufwand, seinen Bericht entsprechend zu präsentieren. Das Gutachten ist als Libell (Büchlein) im Format 33,5 x 21,5 cm in Pergament gebunden.[1] Auf der Außenseite ist der Inhalt als Titel beschrieben:

Bericht und Gutachten über die 13 Frag
Puncten, die Verbeßerung des cameral-
wesens, von dem Herrn Hofkammer-Rath
Freyherrn v. Selb, d.d. 12ten Augusti 1679.

In dieses Libell ist das zur Gänze eigenhändige und gesiegelte Schreiben eingelegt, mit dem Selb seinen Bericht dem Kaiser überreichte. Dieses enthält eine Entschuldigung für die verspätete Übergabe und den großen Umfang. In dem Bewusstsein, dass ein vollständiges Durchlesen für den Kaiser kaum zumutbar sei, erwähnte er darin, dass sich am Ende des Textes ein Index oder Inhaltsverzeichnis befinde, wodurch eine gezielte Suche interessanter Abschnitte ermöglicht werden sollte.

Nach einem Deckblatt, das die Adressierung des Anschreibens wiederholt, ist zu Beginn des Büchleins das Original des an Selb gerichteten Schreibens vom 17. Juli 1679, das von Christoph Abele im Auftrag des Kaisers ausgefertigt wurde, eingebunden. Dieses enthält die oben erwähnten dreizehn Fragen, die in dem Bericht im Detail beantwortet werden. Das Schreiben ist mit dem kaiserlichen Siegel versehen und von Abele unterzeichnet. Dieser erste Teil des Libells ist nur durch die archivalische Behandlung foliiert. In der Edition dieser Teile ist der Seitenwechsel mit einer gesonderten Kennzeichnung (A, B) versehen. Anschließend folgt der Text des Berichtes, der durchgehend paginiert ist. Insgesamt handelt es sich um 344 Seiten. Von diesen enthalten 19 Seiten (321–339) einen Anhang, der die im Text mehrfach erwähnten Antizipationen detailliert aufzählt. Die Seiten 341–344 enthalten den von Selb angesprochenen Index.

---

[1] Aus diesem Grund befindet sich dieses Gutachten nicht bei den übrigen Berichten der anderen Hofkammerräte, sondern wird im Finanz- und Hofkammerarchiv als Handschrift gesondert aufbewahrt.

Grundlegendes Kriterium für die Gliederung der Berichte sind die Fragen des Kaisers, jedoch ist bei Selb der Aufbau des Berichts zur ersten Frage etwas abweichend. Er gliederte seine Aussagen sorgsam nach Ländern des Kaisers, wobei er für Österreich noch eine weitere Unterteilung nach „Klassen" heranzog. Diese Differenzierung entspricht der in seinem früheren Gutachten für die *restrictionsconferenz*.[2] Sie wurde vermutlich aus praktischen Erwägungen verwendet, weil er offenbar seine alten Aufzeichnungen gut verwerten konnte. Die drei Klassen beziehen sich auf (1) ertragreiche Einkunftsquellen, (2) Einkunftsquellen ohne Überschuss und (3) solche, die sich noch in fremden Händen versetzt befinden. Gegen Ende des Berichts wurde ein Projekt zur Sanierung der Finanzen vorgestellt. Eine weitere Besonderheit bei Selb ist, dass er Textabschnitte mit „Überschriften" versah, die am Rand als Marginalien erscheinen, möglicherweise weil sie erst im Nachhinein festgelegt wurden. Sie dienten auch als Grundlage des Index/Inhaltsverzeichnisses am Ende des Libells.

Der Text wurde offenbar nach einem Diktat oder Konzept von einem einzigen Schreiber zu Papier gebracht. Anschließend erfolgte eine Durchsicht von Johann Gabriel Selb, wie aus einigen eigenhändigen Streichungen und Ergänzungen zu erkennen ist. Diese

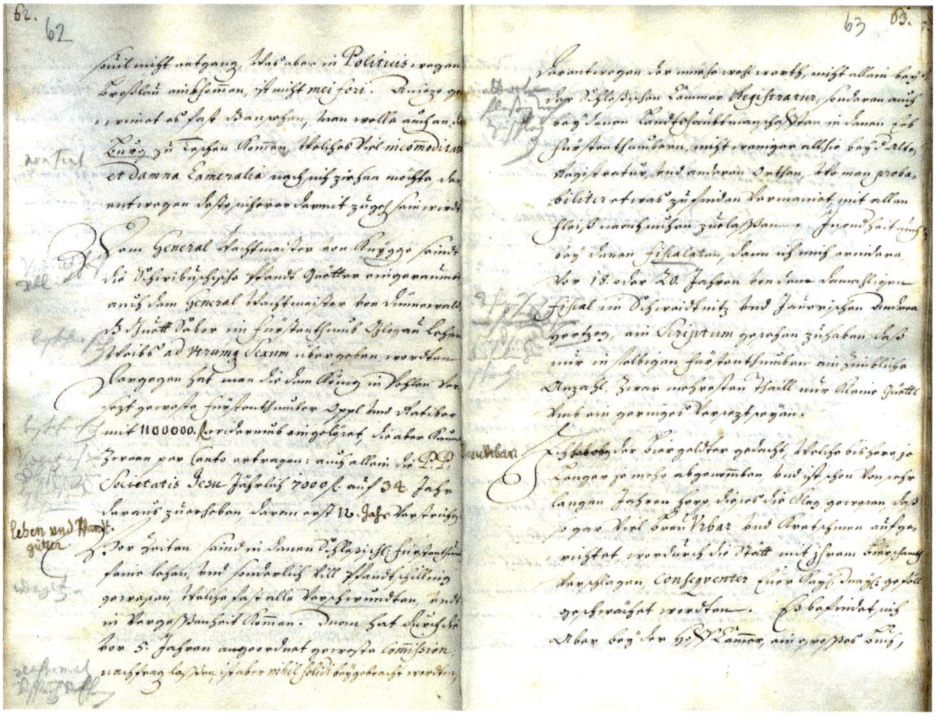

Abb. 1: Gutachten Selb, pag. 62–63 (FHKA SUS HS 0204)

2 Siehe dazu die Vorgeschichte im Abschnitt über die Entstehung der Schriften.

Korrekturen sind praktisch fast nur grammatikalischer oder redaktioneller Natur, selten sind sie etwas umfangreicher. An einigen Stellen findet man blanke Stellen, die durch Selb persönlich ergänzt wurden; bei manchen wurde auf eine Vervollständigung vergessen. Dabei handelt es sich vermutlich um zum Zeitpunkt der Niederschrift noch nicht verfügbare Zahlen oder Daten.

Der Index wurde im Nachhinein verfasst. Er bedingte, dass die Abschnitte innerhalb des Textes entsprechend gekennzeichnet und die Seiten paginiert wurden. Da der Text schon geschrieben war, wurden die Bezeichnungen der Abschnitte als Marginalien von Selb persönlich eingefügt.

Die Schriftprobe zeigt exemplarisch das beschriebene Vorgehen: Nach der Abfassung des Textes durch den Schreiber wurde dieser von Selb durchgesehen und eigenhändig mit allfälligen Korrekturen und Ergänzungen (hier beispielsweise der Betrag von 1100 000 fl oder eine Angabe von Jahren), aber vor allem am Rand mit Marginalien versehen, die sich dann im Index als Hilfe für die raschere Durchsuchung des Berichts wiederfinden. Später wurde dieser Bericht im Auftrag des Kaisers offenbar durchgearbeitet und von den Bearbeitern – hier vermutlich Christoph Abele – mit Kommentaren, Unterstreichungen und anderen Markierungen versehen.

Im Gegensatz zu dieser eindrucksvollen Denkschrift findet man das Gutachten Johann Quintin Jörgers unter den Akten, die im Zusammenhang mit dem Prozess gegen Sinzendorf in der Hofkammer angelegt worden waren.[3] Der Bericht ist wie sonst bei Akten der Hofkammer ein einfaches Schriftstück von 72 beschriebenen Blättern, in das Deckblatt eingeschlagen und mit einem Faden geheftet. Die Blätter enthalten eine zeitgenössische Foliierung. Ob der Bericht von Jörger selbst geschrieben wurde, ist nicht eindeutig erkennbar, aber nicht auszuschließen.

Jörger hielt sich ebenfalls an das Prinzip der Reihenfolge der Fragen des Kaisers, doch fasste er gelegentlich zwei Fragen zusammen. Während bei Selb das Gutachten in den meisten Teilen als Text ausgefeilt formuliert ist, enthalten die Darlegungen Jörgers 29 Tabellen, und weitere Teile des Textes sind als Listen gestaltet. Die Tabellen betreffen einzelne Ämter und andere Einkunftsquellen mit zahlreichen Details; für sie wurde eine ebenfalls tabellarische Zusammenfassung erstellt. Man gewinnt damit den Eindruck, den Bericht eines Buchhalters zu lesen. Erst gegen Ende der Ausführungen wird wortreich auf die Verfehlungen des Hofkammerpräsidenten eingegangen. Dabei ist daran zu erinnern, dass es ja Jörger war, der die Idee zu einer Befragung der Hofkammerräte hatte, um den Hofkammerpräsidenten zu diskreditieren.

Die hier vorgestellte Schriftprobe stellt eine der übersichtlich gestalteten Tabellen dar. Es gibt jedoch in dem Bericht Jörgers eine Reihe von heute verwirrenden tabellarischen Übersichten, deren Inhalt erst erschlossen werden musste.

Sehr ähnlich präsentiert sich der Bericht Johann Sebastian Pöttings. Er ist ebenfalls ein einfaches Schriftstück und besteht – vielleicht aus zeitökonomischen Erwägungen – aus einem Berichtsteil von neun Blättern, in den acht Beilagen eingelegt sind. Insgesamt

[3] Alle diese Akten, einschließlich der nicht edierten Stellungsnahmen der übrigen Hofkammerräte und der Buchhaltung befinden sich derzeit in einem Karton des FHKA, HFÖ Akten K 1257.

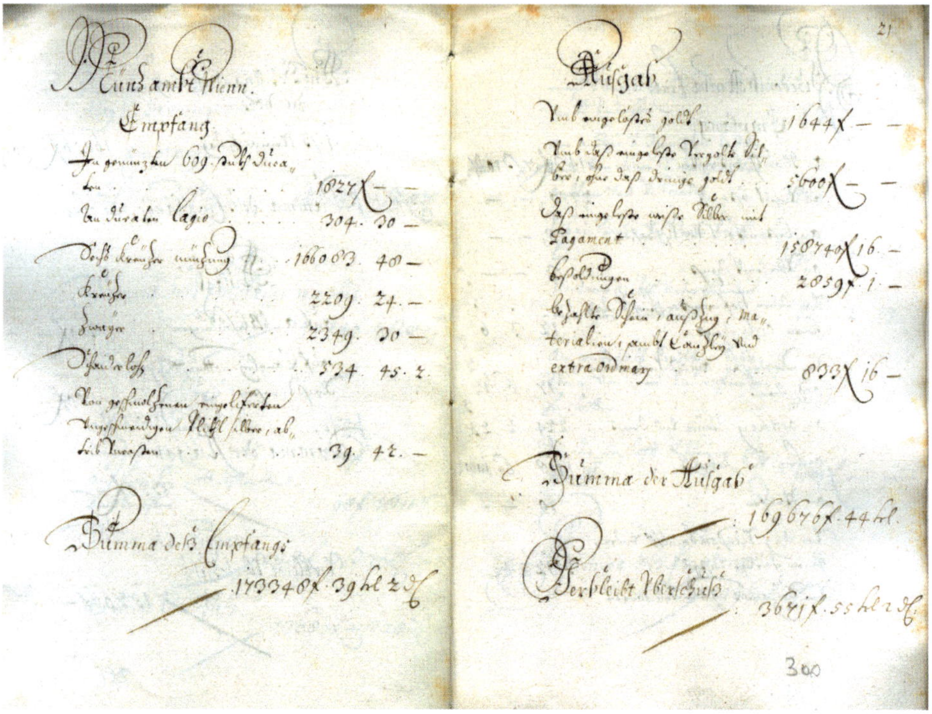

Abb. 2: Gutachten Jörger fol. 299v–300r (FHKA AHK HFÖ Akten 1257)

handelt es sich um 38 beschriebene Blätter. Pötting verwendete die Reihenfolge der Fragen ebenfalls zur Gliederung der Antworten seines Berichts, die entsprechenden Details dazu stellte er aber – abgesehen von den Verbesserungsvorschlägen – in Beilagen dar.

Der Bericht selbst behandelt die Antworten zu den Fragen in zwei Blättern nur stichwortartig und verweist durch ein alphabetisches Kennzeichen auf die dazugehörige Beilage. Abschließend wird dann detaillierter auf Verbesserungsmöglichkeiten eingegangen. Zu diesen zählt das in Beilage H gesondert vorgelegte ausführliche Projekt betreffend die Kontributionen. Die Beilagen sind überwiegend Tabellen. Sie scheinen von verschiedenen Händen verfasst zu sein, möglicherweise sind es auch jene Extrakte, die die Buchhaltung geliefert hat. Das von Pötting eigenhändig unterschriebene Gutachten wurde offenbar diktiert, ebenso die als Projekt bezeichnete Beilage H.

Diese Schriftprobe zeigt das Deckblatt der Eingabe an den Kaiser. Mit dem letzten Blatt ist der übrige Aktenteil des Berichts Pötting eingeschlagen. Dessen Rückseite diente gleichzeitig zur Adressierung durch den Schreiber der Eingabe. Darauf befinden sich der originale Eingangsvermerk 5. August 1679 und Archivvermerke, aus denen zu erkennen ist, dass es sich um den sechsten Bericht zu dem genannten Thema handelt.

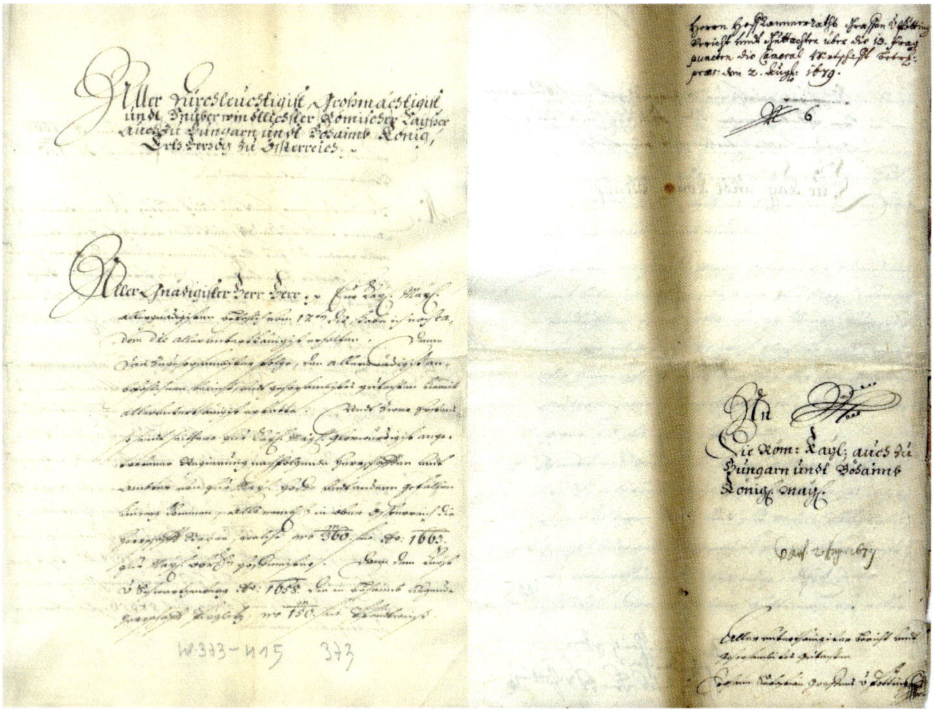

Abb. 3: Gutachten Pötting fol. 373^{r} / 415^{v} (FHKA AHK HFÖ Akten 1257)

Quellenkritische Bemerkungen

Die kritische Durchsicht der edierten Quellen offenbart vor allem bei Jörger (meist nur kleinere) Rechenfehler. Bei der Zusammenstellung der für das Militär gewidmeten Ausgaben beträgt die rechnerische Differenz allerdings 1,152.840 fl, was auch auf einem eingelegten Zettel zeitgenössisch dokumentiert ist.[4] Bei Pötting entspricht die ausgewiesene Summe der Tabelle für 1658 in Beilage C nicht der rechnerischen Summe der Teilpositionen. Die Differenz beträgt 265.341 fl. Ebenso ist die Summe der Beilage G rechnerisch in gleicher Größenordnung unrichtig. Es ist auch nicht immer nachvollziehbar, wie die Angaben zusammenhängen. Jörger versucht einen Überblick der gesamten Ausgaben und Einnahmen herzustellen, der allerdings nicht ganz nachvollziehbar ist. In der Übersicht zu den Schulden werden neue Schulden mit den bezahlten alten Schulden vermischt, was keinen Sinn ergibt. Dessen ungeachtet kann man sicherlich einzelne Elemente dieser Rechnungen für die Forschung heranziehen, wie das überhaupt generell für die vielen Zahlen gilt, die von Jörger ausgeführt werden.

---

4 Gutachten Jörger, fol. 331^{r}.

Ein Versuch, die Angaben der Berichte zu einigen Ämtern oder finanziellen Positionen miteinander zu vergleichen, führt zu weiteren Unklarheiten. Das soll am Beispiel des Vizedomamts unter der Enns dargelegt werden. Selb reiht es unter jene Ämter Österreichs der „zweiten Klasse" ein, die ohne Überschuss wären. In seine Berechnungen fließen dazu jährliche Einnahmen von 52.267 fl ein, wobei es sich offenbar um einen Mittelwert handelt. Jörger nennt hingegen in seiner Tabelle für dieses Amt Einnahmen von 82.880 fl. Wenn man von Jörgers Zahlen die unter den Einnahmen verzeichneten *contributionen* abzieht, ergeben sich bei Jörger Einnahmen von 40.937 fl.

Unter den Ausgaben werden in beiden Berichten die Besoldungen und Bürokosten (*canzleinotdurften*) erwähnt. Bei Jörger betragen sie 5.908 fl, bei Selb 7.421 fl. Selb nennt *postgeldter* in Höhe von 4.448 fl, Jörger jedoch Ausgaben für das *hofpostmeisterambt* von 3.803 fl.

Insgesamt weist Jörger beim Vizedomamt einen Überschuss von 7.817 fl aus. Dieser enthält allerdings keinerlei *interesse von anligendten capitallien*, die er jährlich mit 12.074 fl bewertet. Selb nennt Belastungen des Vizedomamts allein durch das Jagdwesen, das Hofbauamt und das Zeughaus (letztere werden von Jörger gar nicht erwähnt) von 55.223 fl. Unter Berücksichtigung der Zinsen, die das Amt für die dort erliegenden (haftenden) Schulden zu zahlen hat, ermittelt Selb für dieses Amt ein Defizit von 39.291 fl. Pötting, aber auch die Hofkammerräte Breuner[5] und Volkra[6], derer beider Gutachten nicht in die Edition aufgenommen wurden, bemerken nur, dass dem Vizedomamt jährlich über 40.000 fl zugeschossen werden müssen.

Auch die Gesamtsummen der Einnahmen und Ausgaben führen zu überraschenden Erkenntnissen. Selb nennt in seinem Sanierungsprojekt Gesamtzahlen für die Einnahmen, die den Summen der anderen Berichte grob entsprechen.[7] Wenn man allerdings die von Selb in den einzelnen Abschnitten genannten Zahlen heranzieht und aufzusummieren versucht, dann stellt sich heraus, dass deren Summe mit der genannten Gesamtsumme auch bei großzügiger Betrachtung nicht übereinstimmt.

Interessant ist, dass die Gesamtsummen der Einnahmen – wiederum großzügig betrachtet – bei Selb, Pötting, Jörger und Breuner sowie Volkra etwa gleich hoch sind. In den Details sieht es allerdings anders aus, die Beträge einzelner Ämter bei Pötting, Breuner und Volkra sind weitgehend ident, sie weichen jedoch gegenüber jenen von Jörger nennenswert ab. Offensichtlich haben Pötting, Breuner und Volkra die gleichen Informationen der Buchhaltung für ihren Bericht herangezogen. Die individuellen Unterschiede könnten sich vielleicht durch das jeweilige System von Verweisungen erklären lassen. Fallweise wurden Zahlungen für Stiftungen oder Besoldungen abgezogen. Was die Ausgaben betrifft, hat sich Pötting offenbar an den Angaben des Hofzahlamtsbuches von 1678 orientiert, da die Zahlen, abgesehen

[5] Seifried Christoph Breuner (1633-1698) stammt aus einem alten und berühmten Geschlecht, das mehrfach höchste Beamte für das Kaiserhaus stellte. Er war in der Innerösterreichischen Kammer tätig und kam 1666 als Rat in die Hofkammer. Dort wurde er 1685 Vizepräsident, 1693 Geheimer Rat und nach dem Ausscheiden von Kollonitsch 1694 Präsident.

[6] Otto Ferdinand Gottlieb Volkra war ab 1667 in der Hofkammer als Rat eingesetzt und wurde nach seinem Einsatz in dem Untersuchungsgericht über die Magnatenverschwörung in Leutschau 1672 zusätzlich bis 1682 Vizepräsident der Zipser Kammer. Als Hofkammerrat war er Spezialist für Ungarn und auch für die Erhaltung der dortigen Festungen.

[7] Gutachten Selb, pag. 392.

von *extra ordinaria undt böhaimbische zuraittende posten,* einem Rechenfehler und der Ausscheidung der Zahlungen an das Kriegszahlamt bis auf den Gulden ident sind. Die anderen Gutachten boten Schätzungen mit runden Zahlen an und ließen manche Ausgabenposition einfach unberücksichtigt. Dadurch muss es zwangsläufig zu großen Unterschieden kommen.

Ein direkter Vergleich der in Zahlen ausgedrückten Ergebnisse der drei Berichte ist also nicht einfach möglich. Welche Schlussfolgerungen sind daraus zu ziehen? Zunächst zeigt sich hier die Tatsache, dass man damals keinen gesicherten Überblick über das Zahlenwerk der Finanzverwaltung hatte. Alle Entscheidungen und Maßnahmen wurden somit auf einer unübersichtlichen und damit unsicheren Grundlage getroffen. Dabei bleibt daran zu erinnern, dass die Forschung davon ausgeht, dass die in die Abrechnungen einfließenden Zahlen nur der Kontrolle der Rechnungen der jeweiligen Amtsträger dienten. Die Schaffung einer Übersicht auf einer höheren Ebene war nicht beabsichtigt. Für uns bedeutet dies, dass die Zahlen zwar Indikationen zu den Dimensionen liefern, aber nur unter Berücksichtigung möglicherweise fehlender (oder zu korrigierender) Positionen gebraucht werden können. Dennoch sind die jeweils verwendeten Einkommens- oder Ausgabeposten interessant und eben als Relationen für weitere Forschungen nützlich. In diesem Sinn sollte aber eine gegenseitige Abstimmung vorgenommen werden und man muss die Abläufe der Finanzverwaltung quellenkritisch berücksichtigen. Damit wird freilich nicht das Zahlenwerk als Ganzes in Frage gestellt, sondern nur auf die Problematik des unter Zeitdruck zu beschaffenden Zahlenmaterials hingewiesen. Ungeachtet dessen sind aus den vorgelegten drei Berichten an den Kaiser wertvolle Erkenntnisse zu entnehmen.

Zeitgenössische Bearbeitungen

Das Gutachten des Hofkammerrats Johann Gabriel Selb ging entsprechend seines Auftrages direkt an Kaiser Leopold I. Selb war sich bewusst, dass der Umfang der Stellungnahme ein vollständig persönliches Lesen durch den Kaiser unmöglich machte und wies in seinem Anschreiben darauf hin: *ich weiß, dass derselben andere hohe geschäfft nicht zulassen, ein so weitleuffiges scriptum zu durchlesen, dessen es auch nit* würdig wehre, *so hab ich einen kurtzen indicem in fine annectirt, worinnen der gantze inhalt ersehen, also nur diejenige puncten, welche man wissen will, aufgesucht werden können.* Das war sicherlich auch deshalb sinnvoll, weil der Kaiser am 28. August 1679, zehn Tage nach der Überreichung des Libells, wegen der in Wien grassierenden Pest nach Prag aufbrach. Der Hofstaat (mit Selb?) folgte am 15. September.

Bereits in einer früheren Phase des sich anbahnenden Prozesses gegen den Hofkammerpräsidenten hatte der Kaiser einige Vertraute mit der Durchsicht von Berichten beauftragt. Von Selb wurde bereits im April 1679 ein Bericht abgefordert, ebenso vom Leiter der niederösterreichischen Buchhaltung, Wolfgang Reischl.[8] Vertraute waren in erster Li-

[8] Wolfgang Reischl von Reischelsberg (1607-1683) scheint 1644 als Einnehmer der Stände Österreichs unter der Enns in den Akten auf. Zumindest seit 1644 (er erwähnt seine lange Dienstzeit) ist Reischl in der Niederösterreichischen Buchhalterei bis zu seinem Lebensende nachweisbar. Zuletzt war er (vermutlich nur dem Titel nach) Hofkammerrat. Reischl war während der Belagerung Wiens 1683 der Kommandant der Hofkammerkompanie. Er war einer der hartnäckigsten

nie der Kapuzinerprior Pater Emmerich Sinelli[9] und Christoph Abele.[10] Der Hofkammerrat und Salzamtmann Peter Bonaventura Crollolanza[11] ist in diesem Zusammenhang ebenfalls zu nennen. Es ist daher kein Wunder, dass der Bericht von Gabriel Selb in diesem Personenkreis zirkulierte. Konkret kann man das an Bearbeitungsvermerken im Gutachten feststellen.

Diese Vermerke wurden mit Bleistift am Rand des Textes oder am oberen Rand der Seite angebracht. Insgesamt sind es rund 260 kurze Hinweise. Der erste Bearbeiter scheint Christoph Abele gewesen zu sein, wie dies aus einem Schriftvergleich abzuleiten ist. Seine Bemerkungen decken den weitaus überwiegenden Teil der Bearbeitungen ab. Interessant ist, dass auch Abele nicht ausreichend Zeit hatte (oder sich nicht nehmen wollte), den Bericht komplett durchzuarbeiten. Denn die Mehrzahl der Bemerkungen befindet sich in den ersten 80 Seiten des Berichts. Außerdem wurden Worte oder Satzteile unterstrichen, teilweise auch Absätze gekennzeichnet. Wenn man den Inhalt dieser Bearbeitung näher ansieht, muss man feststellen, dass es sich lediglich um einfache Kommentare oder Kennzeichnungen handelt, vielleicht um später an diesen Stellen nochmals zu lesen. Unter den Kommentaren befinden sich etwa 150 unbedeutende, ganz kurze Bemerkungen, wie *fiat, vero, ecce, placet, abzustellen* und Ähnliches. Auch die anderen Bearbeitungen Abeles bestehen oft aus wenigen Worten ohne eine wesentliche Aussagekraft.

Der zweite Bearbeiter – nur diese beiden sind eindeutig zu erkennen – war Wolfgang Reischl, dessen charakteristische Schrift und ein Kommentar auf Seite 275 ihn als solchen ausweisen Im Gegensatz zu Christoph Abele konzentrierten sich seine Bemerkungen (insgesamt sind es nur 16) auf die Aussagen des Berichts. Es gibt darunter rigide

Gegner des Hofkammerpräsidenten Sinzendorf.

9 Emmerich Sinelli (1622–1685) war Kapuziner, Prediger und Guardian des Kapuzinerkonvents in Wien. Seit etwa 1668 war er engster Ratgeber und Vertrauter Kaiser Leopolds I. Der Kaiser fasste praktisch keine Entscheidung, ohne vorher P. Emmerich um seine Meinung gefragt zu haben. Er fungierte auch als Vermittler von Ansuchen an den Kaiser und umgekehrt von kaiserlichen Befehlen. 1681 wurde er Fürstbischof von Wien und Mitglied des Geheimen Rats.

10 Christoph Abele von und zu Lilienberg (1627–1685) war Sekretär in der Hofkanzlei (Innerösterreichischer Referent einschließlich der Kammersachen), des Geheimen Rats und der Geheimen Konferenz. Er war mit dem Hofkanzler Hocher 1671 im Prozess gegen die aufständischen ungarischen Magnaten beschäftigt, erstellte Voten für das Todesurteil gegen Frangepán und Zrinski, überbrachte das Todesurteil an Tattenbach und nahm an den Hinrichtungen teil. Auch im Verfahren gegen den Obersthofmeister Lobkowitz spielte er eine nicht unbedeutende Rolle. Durch Chiffrierungen und als Verbindungsmann zu P. Emmerich (Sinelli) war Abele auch Vertrauensperson des Kaisers. Nach dem Sturz Sinzendorfs wurde er 1680 Administrator und 1681 Präsident der Hofkammer und Geheimer Rat. Seine Funktion in der Hofkammer legte er nach Angriffen gegen seine Amtsführung 1683 zurück.

11 Peter Bonaventura Edler von Crollolanza (…–1683) entstammte einer Familie aus Graubünden. Sein Vater zog als Hofhandelsmann nach Graz. Zwischen 1662 und 1669 wird Ferdinand Bonaventura als Erster Verweser in der Salzkammer Aussee genannt. Dort erwarb er ein Haus, in dem er auch starb. Als Nachfolger von Gariboldi wurde er 1669 Salzamtmann in Wien und Hofkammerrat. Vom Kaiser wurde er als Kammerzahlmeister eingesetzt, der auch die anzuschaffenden Juwelen zu schätzen hatte. Der Kaiser nannte ihn in den Briefen an P. Emmerich (Sinelli), um Unterlagen durchzusehen.

Anmerkungen, wie *herrn von Selb lista falsch*, persönliche Angriffe wie *warum hat der inspector Selb dieses, wenn es geschehen were, nit geändert* oder ironische Kommentare wie *die rechnung ist gemacht bald, aber langsamb zahlt.* Bei Reischl muss man allerdings in Rechnung stellen, dass er und Selb ein gespanntes Verhältnis zueinander hatten, das durch die gegenseitigen Beschuldigungen in Reischls und Selbs Gutachten ganz deutlich erkennbar ist.

Im Bericht Jörgers befinden sich fast keine Bearbeitungen. Sie konzentrieren sich auf die beiden letzten Fragepunkte über die Dienstersetzungen und die Einhaltung der Instruktion. In diesem Abschnitt sind die einzelnen Antworten mit Nummern versehen. Selbst dort besteht die Ergänzung nur aus der Unterstreichung ganzer Absätze und der Änderung der dafür vorgenommenen Nummerierung, die eventuell einen Hinweis auf die Zugehörigkeit zu der Beantwortung der vorher behandelten Fragen geben sollte. Inhaltliche Bemerkungen sind nicht zu finden. Die wenigen und sehr undeutlichen Hinweise erlauben keine eindeutige Feststellung, wer sie vorgenommen hat. Es ist aber wegen der Ähnlichkeit der Schrift nicht ausgeschlossen, dass sie auch von Reischl stammen.

In dem Gutachten Pöttings sind dagegen keine Anmerkungen enthalten. Möglicherweise lässt das den Schluss zu, dass seine Aussagen dem Kaiser und seinen Beratern nicht so bedeutsam schienen, dass man sie genauer analysieren sollte.

Des Weiteren ist hier auch auf jene zeitgenössischen Bearbeitungen hinzuweisen, die in den edierten Stücken wie in allen dem Kaiser vorgelegten Berichten erscheinen. Diese erfolgten in einer „Subdelegation", die alle Berichte durchsah und für jeden eine Kurzfassung zu den einzelnen Punkten erstellte. Diese hatten allerdings nur den Zweck, den Leser rasch auf das Wesentliche des Berichts hinzuweisen. Sie sind nicht Gegenstand dieser Edition.

Zum Inhalt der Quellen

Wie bereits oben dargelegt wurde, kann man nicht erwarten, dass die hier vorgelegten Quellen einen geschlossenen Überblick zu den Finanzen der Länder des Kaisers bieten. Das hängt unter anderem mit dem auch damals nur unvollständig verfügbaren Zahlenmaterial zusammen, das Grundlage für die Berichte war. Außerdem wurde daraus von den Berichterstattern sehr subjektiv und heterogen ausgewählt, was ihnen wichtig erschien, so dass kaum konsistente Zeitreihen existieren. Auf diesen primären Zweck der Rechnungen – die Kontrolle der sie verfertigenden Beamten – wurde bereits mehrfach verwiesen.

Dazu kommt die Verwaltungsstruktur der Finanzen. Das herrschende Netto-System der Zahlungen sah lange Zeit in der Regel vor, dass von den in den Ämtern eingehobenen Zahlungen (den lokalen Einkünften) jene Kosten abgezogen wurden, die dort angefallen waren. Diese Nettoeinnahmen wurden dann an die übergeordnete Stelle weitergereicht, die ihrerseits ebenfalls die eigenen Kosten davon abzog. Darauf war schon hingewiesen worden. Außerdem wurden bestimmte Ausgaben der Zentralverwaltung, wie für geistliche Stiftungen oder für Besoldungen, regelmäßig zur Bezahlung an untergeordnete Stellen „verwiesen". Auch Gläubiger aufgenommener Schulden oder von Lieferungen und Leistungen wurden an liquide Ämter gewiesen. Ein Grund für diese Vorgangsweise war die Vermeidung des unsicheren und kostspieligen Transports von Münzen.

Die Finanzierung des Militärs war in den Ländern des Kaisers zusätzlich unübersichtlich, weil die durch die Kontributionen der Länder aufgebrachten Mittel meist direkt in den Ländern verbraucht wurden, indem damit die dort lokal anfallenden Kosten der Armee, wie Verpflegung und Unterbringung, abgedeckt wurden. Dieses System führte immer wieder zu Bedenken über die korrekte Abwicklung, weil sich die Länder gegen eine detaillierte Kontrolle sträubten. Einen kompletten und in sich geschlossenen Überblick, welche Einnahmen wo erzielt wurden und welche Ausgaben von diesen zu bezahlen waren – insbesondere welche Schulden beglichen werden mussten – konnte man dadurch nicht erhalten.

Der Wert der hier edierten Quellen besteht jedoch vor allem darin, dass ein (wenn auch gelegentlich trügerischer) Einblick in die Dimensionen und Details einzelner Einkunftsquellen des Kaisers und in seine Finanzen gegeben wird. Dabei ist aber zu bedenken, dass der Schwerpunkt der Aussagen, vor allem bei Selb, aber auch in dem letzten behandelten Fragenkapitel der Berichte Jörgers und Pöttings, in der kritischen Beurteilung liegt. So ist es eine Mischung der beiden Aspekte, einerseits der Darstellung der Einkunftsquellen mit ihren in Zahlen dargestellten Größenordnungen und ihren Problemen und andererseits den Schwachstellen der gegebenen Verhältnisse und der Verwaltung, die die Quellen interessant machen. Darüber hinaus ist auch die Erwähnung vieler Personen für die Forschung von Bedeutung, sei es als Beamte oder als bürgerliche bzw. adelige Kreditgeber, Pächter oder Lehensnehmer von (verpfändeten) Herrschaften. Für diese lässt sich damit auch ein Eindruck über ihre Vermögen und Kreditwürdigkeit gewinnen.

Schließlich soll auf einige generelle Themen und auf drei in den Gutachten vorgeschlagene Projekte hingewiesen werden, von denen zumindest eines (die Schaffung einer Generalkassa) 1679 bereits länger diskutiert worden war.[12]

Bei der Durchsicht der Quellen, vor allem des Gutachtens Selbs, kristallisieren sich einige Charakteristika heraus, die sich wie rote Fäden durch die Texte ziehen. Das grundlegende Problem ist die Tatsache, dass die Erträge der Einkunftsquellen insgesamt nicht ausreichen, die Ausgaben des Hofes zu decken. Das wird von Pötting an Hand von Zahlen dargestellt, bei Jörger fehlen dazu jedoch wichtige Elemente, wie der Schuldendienst. Das Camerale hatte daher strukturell ein Defizit, das vor allem durch die Belastungen aus der Fremdfinanzierung hoch war. Analoges kann man vom Contributionale sagen. Die Militärausgaben waren immer höher als die Beiträge der Länder, die zwar bewilligt wurden, aber viel zu spät und vielleicht unvollständig bezahlt wurden. Eine Kontrolle dieser Ausgaben war schwierig und musste erst stark zeitverzögert versucht werden. Die Hofkammer hatte daher immer wieder Zahlungen für das Militär zu leisten gehabt. Auch die „Hofquota“ aus *Innerösterreich und Tyroll* und der Kostenbeitrag der Kammern anderer Länder wurden nicht termingerecht bezahlt.[13]

---

[12] Das Projekt der Generalkassa wurde von Jörger in seinem Gutachten vom 14. April 1679 vorgeschlagen (veröffentlicht in JÖRGER, Motiven); KÖRBL, Hofkammer, insbesondere 157, Anm. 537. Auch Selb setzte sich in seinem Gutachten (pag. 68–71) damit auseinander, unterstützt dieses Projekt jedoch nicht. Das zweite Projekt ist ein Vorschlag zur Sanierung der Finanzen, den Selb in seinem Gutachten (pag. 300–313) darlegt. Weiters ist das Projekt Pöttings über die Kontributionen zu nennen.

[13] Gutachten Selb, pag. 220.

Da die Mittel für alle diese Ausgaben fehlten, wurden Herrschaften und Güter, besonders die von protestantischen Rebellen eingezogenen Güter, zu oft ungünstigen Bedingungen verkauft oder verpfändet[14] oder wurden Akzisen (Verbrauchsabgaben) an die Länder übertragen, die damit ihre Belastungen durch Militärausgaben verringern konnten.[15] Die Ursache für solche Maßnahmen, die immer wieder erwähnt werden, ist der chronische Finanzmangel, der eine Politik von Notmaßnahmen notwendig machte, um akute Finanzierungslücken zu schließen. Wenn Herrschaften oder andere Einkunftsquellen verkauft wurden, verschlimmerte sich allerdings die Situation, da die zufließenden Mittel meist nicht zur Schuldentilgung verwendet wurden, sondern zur Abdeckung des laufenden Bedarfs.

Schulden und Zinsen sind daher naheliegend ein immer wieder erwähntes Thema, dem Selb an mehreren Stellen eigene Kapitel widmet. Dabei werden viele einzelne Fälle behandelt. Außerdem ist seinem Gutachten im Anhang eine vollständige (?) Liste von Antizipationen angeschlossen. Diese Liste liegt auch dem Bericht Pöttings bei, sie wurde daher in der Edition seines Berichts nicht nochmals übernommen. Bemerkenswert ist die Zahlungsmoral für alte Schulden, es wurden bis zu 80 Prozent Abschlag für die Rückzahlung vereinbart.[16]

Den chronisch zu niedrigen Einnahmen standen auch jenseits des Militärs erhebliche Ausgaben gegenüber. Die Gutachten erwähnen hier vor allem den Aufwand für höfische Repräsentation, etwa die Ausgaben des Kaisers selbst, die Apanagen der regierenden und der verwitweten Kaiserin, Geschenke, Abfertigungen, Pensionen und Unterhaltsbeiträge.[17] Einige Ämter besoldeten ihre Funktionäre mit Spitzenbezügen.[18] Außerdem war man mit Gnadenzusagen großzügig.[19]

Ein großes Problem war auch die Struktur der Verwaltung. Es gab viele kleinere und größere Ämter, die Geld kosteten, aber nicht optimal zusammenarbeiteten. Viele Einrichtungen waren vermutlich überflüssig oder einfach zu teuer.[20] Bekannt ist auch die schwerfällige, unübersichtliche und fehleranfällige Zahlungsabwicklung in mehreren Stufen. Rationalisierungen und Verwaltungsvereinfachungen sind lediglich in punktuellen Ansätzen zu erkennen, abgesehen von dem Projekt der Einrichtung einer Generalkassa.[21]

Ein anderer Aspekt waren mangelhafte Kontrollen, die faktisch eine Einladung zur Ausnützung von nicht vorgesehenen Freiräumen darstellten[22]: für Unwirtschaftlichkeiten

---

14 Ebd., pag. 30–31.

15 Ebd., pag. 51–52.

16 Ebd., pag. 30, das gilt für Schlesien, in anderen Ländern ist der Abschlag ebenfalls hoch.

17 Gutachten Jörger, fol. 322^{r}–323^{r}.

18 Gutachten Selb, pag. 33 und 36.

19 Ebd. pag. 356–359.

20 Selb erwähnt das Gubernium in Ungarn sowie den Post- und Botendienst. Durch Eigenmächtigkeit des ungarischen Kammerpräsidenten Kollonitsch wurden Freikompagnien aufgestellt, die dann von der Kammer zu bezahlen waren (ebd., pag. 5–6).

21 Es gab bereits Vorhaben zur Einrichtung einer Generalkassa und Rationalisierung des Zahlungswesens. Vgl. Gutachten Jörger, fol. 353^{r}; Gutachten Selb pag. 305–306 und pag. 268–270.

22 Beispiele dafür sind aufwändige Dienstreisen und teure Reisespesen (Gutachten Selb, pag. 50, 277–279), Kosten der Entsendung von Landtagskommissaren (ebd. pag. 77–80), die Verrechnung von Zinsen für bewilligte, aber noch nicht bezahlte Gnaden (ebd. pag. 259–260) und eigene Quittungen (ebd. pag. 74).

und Vergeudung der Mittel,[23] zur Verschleierung von Mängeln in der Amtsführung[24] oder sogar zu verbotenen Privatgeschäften zu Lasten des Kaisers.[25]

Ein spezieller Punkt war die allgegenwärtige Korruption. Hinsichtlich dieses jüngst häufiger untersuchten Phänomens liefert nicht nur der Prozess gegen den Hofkammerpräsidenten Sinzendorf umfangreiches Material gegen einen der höchsten Funktionäre des Kaisers. Welche grundsätzliche Haltung man zu Geschenken im Zusammenhang mit Leistungen der Beamtenschaft hatte, lässt sich auch aus Bemerkungen Selbs in seinem Gutachten erkennen:

Ich vermaine es seye disfahls eine distinction zu machen, zwischen dem, die etwan wegen angewendter großer müehe und arbeith ohne ainiges verlangen von einer parthey ultro remunerirt werdten und denen jenigen, [272] *die es begehren, pactiren und mit aufhaltungen der expeditionen oder auf andere weis extorquiren. Das erste ist zu keiner zeit weder bey denen cammern noch anderwertig verbotten gewesen, wirdt sich auch nicht wohl verbietten lassen, man wolte dann zugleich die tugendt der danckhbarkheit, neben dem contractu donatonis (qui iuris gentium est et raro practicatur una cum obligatione antidorali) aufheben.*

Zu diesem Problemkreis gehörten auch das Vorgehen bei Ämtervergaben, die natürlich vorrangig über persönliche Netzwerke erfolgte.[26] Das galt für Stellen bei Hof wie in der Verwaltung. Es gab Anwartschaften (*expectanzen*), oft als Gnadenerweis, wobei die Qualifikation nicht entscheidend war. Wenn dann die vorgesehene Stelle frei wurde und sich der Bewerber als nicht tauglich erwies, wurden sogar Abstandsgelder bezahlt.[27] Besonders auffällig, aber offenbar nicht ganz ungewöhnlich, ist der Fall einer „Doppelbeschäftigung" im Amt und im Hofstaat hoher Amtsträger.[28] Schließlich wurden von den Entscheidungsträgern für den Besetzungsvorschlag mehr oder weniger offen „Verehrungen" verlangt.

Abschließend soll noch auf Verbesserungsvorschläge eingegangen werden, die der Kaiser dezidiert eingefordert hatte. Die meisten Räte bezogen sich halbherzig auf die Abstellung der hier genannten Missstände. Selb legte ein *als Bestreittung des hofcammerweesens* überschriebenes Sanierungsprojekt für die Finanzen vor. Er gliederte seine Vorschläge in drei Teile. Zunächst wurde ein rigoroses Sparprogramm skizziert, das vor allem den Bereich der geistlichen Stiftungen, regelmäßige Besoldungen und Deputate

---

23 Dieses Thema taucht im ganzen Bericht immer wieder auf, wobei besonders auch Fälle aus dem Militär (ebd. pag. 55–58 oder 284) genannt werden.

24 Sehr späte Abrechnungen von Beamten führen zu hohen und nicht einzubringende Abrechnungsresten (ebd. pag. 195–208). Oft verbirgt sich dahinter die Verwendung des eingenommenen Geldes für private Zwecke.

25 Der Silberkauf in Breslau (ebd. pag. 54) und die Einwechslung von Dukaten (ebd. pag. 22–23) waren Selb diesbezüglich verdächtig.

26 *... kombt mehresten thaill daher, dass wann die geringste stell erledigt wirdt, gleich 10 oder 20 darumb anhalten undt fast jeder seinen patronum und recommendanten hat, sonderlich aus der geistlichkeit. Welcher nun den mächtigisten hat, der tringet durch undt müssen die mehrer qualificirten zuruckstehen* (ebd. pag. 242).

27 Ebd. pag. 245.

28 *Darbey ich dieses allergehorsambst zu erindern nicht underlassen kann, wie bishero dem camerali nicht wenig nachtaillig gewesen, dass vornembe ministri ihre bediente zue kayserlichen diensten befördert undt selbige gleichwohl hernach in ihren privaten diensten behalten haben, wordurch dann ordinarie diese versehen und jene negligirt werdten* (ebd. pag. 170–171).

betreffen sollte. Dieses ambitionierte Vorhaben würde nach Meinung Selbs ein Viertel der gesamten *cameralausgaben* reduzieren. Dann schlug Selb vor, die derzeit zu Unrecht vom Hof getragenen Militärausgaben den Ländern anzulasten. Dies würde die Ausgaben des Hofkriegszahlamts, des Proviantwesens und des Zeughauses betreffen, die ja eigentlich durch die Kontributionen der Länder abgedeckt werden sollten. Schließlich sollten jene Einkünfte, die von den Ländern entfremdet worden waren, wieder dem Camerale zugeführt werden. Bei den Ausgaben des Hofes könnten seiner Meinung nach 150.000 fl eingespart werden. Ebenso sollte in den Ländern die Hofhaltung für den Kaiser als Landesfürst aufgelöst und die frei werdenden Mittel als Hofquote an die Hofkammer abgeführt werden.

Selb war sich bewusst, dass diese Maßnahmen nicht sofort wirksam würden, man müsse daher mit der Bezahlung der Schulden zurückhaltend verfahren. Überhaupt wären die angehäuften Schulden ein Problem. Dieses könne man nur dadurch lösen, dass man mit den Ländern wegen einer Schuldenübernahme verhandle. Ein Moratorium für die Schuldenzahlungen wurde ebenfalls vorgeschlagen. Die beiliegende Gläubigerliste ergänzte das Projekt.

Pötting erstattete einen Vorschlag zu einem Projekt, wie die Kontributionen besser eingehoben werden könnten. Er stellte darin ein Ungleichgewicht bei der Einhebung fest, und zwar zwischen den Ländern und innerhalb der jeweiligen Länder. In allen Ländern sollte als Maßstab für die Bemessung der Kontribution die Anzahl der Häuser (unabhängig von der Ertragskraft der landwirtschaftlichen Flächen, die immer ein Schlupfloch für Betroffene wären) herangezogen werden, wie dies in Österreich der Fall sei. Je Haus wäre pro Quartal ein Gulden im Voraus zu bezahlen. Lediglich wegen Gebirgslagen oder in Grenzgebieten könnten Abweichungen vorgenommen werden. Die Anzahl der Häuser sollte nicht von den Betroffenen genannt, sondern über die Bischöfe und die lokalen Geistlichen festgestellt werden. Im Gegenzug sollten alle militärischen Belastungen nach Möglichkeit vermieden werden. Das Militär sollte kompanieweise unter Aufsicht der Unteroffiziere in Kasernen der königlichen Städte untergebracht und durch direkte Bezahlung der Kontributionen an die Militärkommissare versorgt werden. Nur die Offiziere sollten in Bürgerhäusern einquartiert werden. Zu diesem hier in den Grundlinien skizzierten Projekt gibt es in der Beilage H noch einige ergänzende Details.

Bei dieser Gelegenheit sei daran erinnert, dass auch der Hofkammerpräsident Sinzendorf über die Aufforderung des Kaisers ein Sanierungsprojekt vorlegte. Dieses wurde allerdings von Christoph Abele kritisiert, obwohl darin eine Reihe von brauchbaren Vorschlägen enthalten waren.[29]

---

[29] Gutachten Sinzendorf vom 11. November 1679 (FHKA AHK HFÖ Akten K 1257, fol. 128r–140v). sowie in deren Folge die Kritik von Abele (ebd. fol. 224r–239v). Siehe dazu auch Körbl, Hofkammer, 192–197.

Editionsgrundsätze

Die Editionsgrundlage

Basis des vorgelegten Textes bilden die oben beschriebenen Ausfertigen der drei Gutachten.[30] Beim Gutachten Selbs handelt es sich um eine selbständige Handschrift, die eine vom Schreiber gesetzte Paginierung enthält. Zusätzlich wurde diese Handschrift archivalisch paginiert; beide Seitenangaben des Hauptberichts sind ident. Die vom Schreiber vorgenommene Paginierung endet aber mit Seite 321, dem Beginn eines Extrakts über Antizipationen. Die archivalische Paginierung ist hingegen bis zum Ende des Libells weitergeführt. Zum Gutachten gehören zwei weitere Schriftstücke: das Schreiben Selbs an den Kaiser und der von Christoph Abele ausgefertigte Auftrag des Kaisers. Diese beiden Schriftstücke, das eingelegte und das eingebundene Schreiben, sind nur gemeinsam archivalisch foliiert. In dieser Edition sind die beiden Schriftstücke getrennt als Teil A und B gekennzeichnet und für die Angabe des Seitenwechsels wird die archivalische Foliierung unter Hinzusetzung der Kennzeichen A bzw. B verwendet. Das Gutachten selbst wird als Teil C bezeichnet und für die Edition wird die archivalische Seitenangabe (ohne Zusatzkennzeichen C) verwendet.

Das Gutachten Jörgers ist ein Teil des Bestands Hoffinanz Österreich, Karton 1257, der ein Teil der Hofkammerakten aus dem Dezember 1680 war. Dieser Karton enthält verschiedene Aktenstücke, die den Prozess gegen den Hofkammerpräsidenten Georg Ludwig Sinzendorf betreffen. Selbstverständlich sind alle Aktenstücke des Kartons durchgehend archivalisch mit Folienangaben versehen. Johann Quintin Jörger versah seinen Bericht an den Kaiser mit einer eigenen Foliierung, die jedoch den zwischen seinen Blättern 59 und 60 eingelegten Extrakt nicht umfasste. In dieser Edition wird daher die archivalische Foliierung verwendet und die Seitenbezeichnung Jörgers ignoriert. Auch das Gutachten Pöttings ist Teil des Karton 1257, es enthält nur die archivalische Foliierung. Auf foliierte unbeschriebene Blätter wird in der Edition nicht gesondert eingegangen.

Die Textgestaltung

Die edierten Texte enthalten im Original neben dem – jeweils mit Tinte geschriebenen – Text zeitgenössische Bearbeitungen, die ausschließlich mit Bleistift erfolgten. Diese bestehen aus verschiedenen Elementen: Es gibt Kommentare (1), die meist am Rand an jener Stelle geschrieben sind, die kommentiert wird, aber teilweise auch über dem geschriebenen Text eingefügt wurden. Diese Kommentare werden in der Edition in den Sachapparat als Fußnoten eingefügt. In sehr vielen Fällen erfolgt eine Unterstreichung (2) des Textes (mit oder ohne Kommentar am Rand). Randmarkierungen (3) erfolgten durch Striche am Seitenrand, die eine für den Bearbeiter interessante Stelle markieren soll, um später darauf zurückzukommen. Diese Unterstreichungen und Randmarkierungen ohne weitere Kommentare wurden für die Edition nicht berücksichtigt. Sie dienten in erster Linie für die Untersuchung gegen den Hofkammerpräsidenten, sind jedoch für die weitere Forschung zum Finanzwesen, wozu diese Edition dienen soll, unbedeutend.

Der Buchstabenbestand der Editionsgrundlagen wurde für die Edition grundsätzlich übernommen. Ausgenommen davon sind die Buchstaben i, j, u, v, w, die entsprechend

[30] Gutachten Selb, FHKA SUS HS 0204, pag. 1–344; Gutachten Jörger, FHKA AHK HFÖ Akten 1257, fol. 280r–357v; Gutachten Pötting, FHKA AHK HFÖ Akten 1257, fol. 373r–415v.

dem Lautwert wiedergegeben werden. Bei lateinischen Textelementen, die nicht Fremdworte sind, wird j immer mit i wiedergegeben. Außerdem wird die Schreibweise des Buchstabens s in seiner vielfältigen Verwendung im Text nach dem heutigen Gebrauch vorgenommen. Ebenso orientiert sich die Getrennt- und Zusammenschreibung, Interpunktion (auch Klammern) und Absatzgliederung am gegenwärtigen Gebrauch.

Der Text wird in Kleinschreibung wiedergegeben. Groß geschrieben werden Eigennamen, Ortsbezeichnungen oder sonstige geographische und geographisch-politische Begriffe, das Wort „Gott" oder dessen Synonyme sowie die Bezeichnung von Wochentagen und Monaten. Außerdem werden Großbuchstaben bei einem Satzbeginn, dem Beginn von Überschriften oder am Beginn einer neuen Position in einer Tabelle verwendet. Die Kommentare, die in der Regel nur kurze Bemerkungen sind und keine vollständigen Sätze bilden, werden nur mit Kleinbuchstaben geschrieben. Lediglich die Abkürzung NB (nota bene) ist nicht aufgelöst und wird in Großbuchstaben geschrieben.

Offensichtliche Fehler in der Editionsgrundlage wurden verbessert und es wird im Textapparat darauf hingewiesen („verbessert aus ..."). Absichtlich oder aus Versehen frei gehaltene Stellen im Editionstext werden durch einen Geviertstrich (—) gekennzeichnet.

Zahlen werden im Text grundsätzlich so wiedergegeben, wie sie geschrieben sind. Zahlen über Tausend werden mit Punkt und Komma strukturiert. Abkürzungen für Tausenderwerte (m) werden nur dann stillschweigend aufgelöst, wenn dies aus dem Zusammenhang (z. B. in einer Tabelle) notwendig ist. Die Angabe von Geldeinheiten, die teilweise sehr unsystematisch erfolgt und oft auch ausgelassen ist, wird stillschweigend ergänzt, wenn dies der besseren Lesbarkeit dient. Bei Tabellen werden die Geldeinheiten grundsätzlich nur als Überschrift der jeweiligen Spalte geschrieben.

Kürzungen im Text werden grundsätzlich stillschweigend und nach heutiger Schreibweise aufgelöst, sofern die Bedeutung klar ist. Ist die Auflösung nicht eindeutig, wird sie in runder Klammer kursiv geschrieben. Kürzungen von Währungs- oder Maßbezeichnungen wurden übernommen und standardisiert.

Die von Selb in den Text selbst eingefügten Marginalien, mit denen der Bezug zu dem von ihm verfassten Index hergestellt werden sollte, wurden als Überschriften an den entsprechenden Stellen des Textes eingefügt. Dabei stellte sich heraus, dass einige Gliederungselemente fehlten. Diese wurden durch den Editor ergänzt. Der von Selb erstellte Index selbst wurde jedoch nicht in die Edition aufgenommen, da dies wegen des Inhaltsverzeichnisses und der genannten Überschriften nicht erforderlich ist. Auch bei Jörger wurden Überschriften durch den Editor ergänzt, wodurch die Struktur seines Berichts klarer wird. In beiden Fällen sollen damit die Absichten der Verfasser in ihren Berichten deutlicher hervortreten. Diese Ergänzungen sind jedenfalls durch die Verwendung von eckigen Klammern und kursiver Schreibweise als solche eindeutig zu erkennen.

Die Vielzahl der im Bericht Jörgers und Pöttings enthaltenen Tabellen wurden in der Edition mit Linien versehen und einheitlich strukturiert, auch wenn dies gelegentlich die Darstellung der Editionsvorlage nicht abbildet, da die Tabellen in der Editionsgrundlage fallweise über mehr als eine Seite führen und Summen am Rand quergeschrieben sind. Die Überschriften der Tabellen oder deren Abschnitte werden je nach Notwendigkeit unterstrichen, um die Gliederung besser zu erkennen. Die Summenzeilen der Tabellen (Text und Zahlen) wurden vom Editor durch eine Unterstreichung von den anderen Zahlen abgesetzt.

Die Tabellen sind rechnerisch manchmal nicht nachvollziehbar. Das hängt unter anderem damit zusammen, dass Jörger die fehlenden Beträge (Summen aus anderen Tabellen) offenbar nur gedanklich berücksichtigte, aber nicht in die Tabelle aufgenommen hat. Um die Aussage verständlich zu machen, wurden diese Beträge durch den Editor eingefügt.

Jeder Text des Editors im Editionsteil wird kursiv dargestellt. Ergänzungen durch den Editor (Seitenwechsel, Einfügung von Überschriften, Einfügung von fehlenden Beträgen, längere Kommentare etc.) werden zusätzlich in eckige Klammer gesetzt. Dazu zählen auch die archivalischen Blatt- oder Seitenangaben bei Seitenwechsel; die in der Editionsgrundlage enthaltenen Seiten- oder Blattangaben werden stillschweigend ignoriert.

Unsicher gelesene Textteile (dies betrifft vor allem jene der Bearbeiter) werden in runder Klammer kursiv *(Text)* geschrieben. Wenn ein Textteil unleserlich ist, wird dies durch *(...)* gekennzeichnet.

Der Textapparat

Die textkritischen Anmerkungen werden in Endnoten zu den jeweils betreffenden Gutachten angegeben. Diese haben Ziffernexponenten, die bei den Gutachten jeweils mit [1] neu beginnen. Diese Vorgangsweise wurde gewählt, weil die Verwendung von Buchstabenexponenten wegen der Menge der Einträge zu Unübersichtlichkeit sowohl im Text wie bei den Anmerkungen führen würde.

Der Textapparat umfasst Angaben zu Ergänzungen der Verfasser und Anmerkungen des Editors zur Textgestaltung. Die Verfasserkorrekturen wurden stets mit Tinte vorgenommen, die Bearbeitungen und Kommentierung generell mit Bleistift. Damit erübrigt sich, diesen Umstand jeweils einzeln in einer textkritischen Bemerkung auszuweisen.

Im Fall von Korrekturen der eigenen Texte durch die Autoren wird der unkorrigierte Text im Apparat mit der Bezeichnung „korrigiert aus“ oder „ergänzt“ genannt. Im Textapparat wird in solchen Fällen darauf hingewiesen, dass es sich um eine Ergänzung des eigenen Textes durch den Autor handelt. Im Textapparat werden auch Verbesserungen des Editors unter Verwendung der Hinweise „verbessert aus“ oder „ergänzt“ ausgewiesen. Ausbesserungen durch die Schreiber im Zuge der Verfassung der Editionsgrundlage werden nicht im Textapparat erwähnt.

Der Sachapparat

Der Sachapparat besteht aus zwei Teilen: den Fußnoten und einem Glossar.

Die Fußnoten enthalten die Kommentare der zeitgenössischen Bearbeiter und Erläuterungen des Editors. Im Glossar befinden sich kurze Beschreibungen zu ausgewählten Ämtern und Einrichtungen, die in den Berichten genannt sind. Außerdem wurden darin Begriffe aufgenommen, deren häufig wiederholte Erklärungen in den Fußnoten den Apparat zu sehr aufgebläht hätte.

Sachanmerkungen werden in Fußnoten mit Buchstabenexponenten angegeben, deren Zählung auf jeder Seite mit [a] neu beginnt. Die Verwendung von Buchstabenexponenten an Stelle von Ziffernexponenten im Sachapparat erfolgte, wie eben schon ausgeführt, aus Gründen der Übersichtlichkeit. Um darauf hinzuweisen, dass im Glossar zu diesem Begriff Informationen vorhanden sind, wurden sie im Editionstext mit einem hochgestellten * versehen.

Der Sachapparat enthält Hinweise zu Orten und anderen geographischen Angaben, Erläuterungen von im heutigen Kontext schwer verständlichen Worten, ausführlichere Erklärungen zu Begriffen und anderen Angaben, Anmerkungen zu den Aussagen der

Editionsgrundlage sowie Identifizierungen von im Text nur implizit genannten Personen. Erweiterte Angaben zu den in der Editionsgrundlage identifizierten Namen werden in reduzierter Form nur in das Personenregister aufgenommen. Literaturzitate werden nur in verkürzter Form angegeben, wenn sie durch das Literaturverzeichnis identifizierbar sind. Auf Hinweise zu konkreten Literaturstellen für die Ermittlung von genealogischen oder geographischen Bezeichnungen oder zum Inhalt von Erläuterungen wird weitgehend verzichtet. Außerdem wird für die fremdsprachigen, insbesondere lateinischen Textteile in den Sachanmerkungen ein Übersetzungsvorschlag angeboten.

In den Erläuterungen wird das Bezugswort oder der zu erklärende Text entweder in der Form der Editionsgrundlagen (recte gesetzt) oder in modernisierter Form (*kursiv* gesetzt) wiederholt und anschließend interpretiert. Erläuterungen zu im Text enthaltenen grammatikalisch abgewandelten Worten erfolgen im Allgemeinen unter Angabe der Grundform.

Register und Verzeichnisse

Die Edition enthält ein Literaturverzeichnis, ein Abkürzungs- und Siglenverzeichnis sowie ein aus technischen Gründen zusammengefasstes Personen- und Ortsregister.

Im Literaturverzeichnis sind jene Werke in einer Auswahl zusammengestellt, die zur Erarbeitung der Edition herangezogen wurden. Dabei handelt es sich in vielen Fällen auch um Literatur zur Klärung von Personen, Orten oder von erläuterungsbedürftigen Begriffen aus dem Sachapparat. Außerdem sind dies topographische, wirtschaftliche und technologische Handbücher und Werke, die zum Verständnis der Zusammenhänge beitragen oder eine vertiefende Befassung der jeweiligen Thematik ermöglichen. Die Angabe im Literaturverzeichnis enthält das Langzitat, innerhalb des Textes wird daher nur ein Kurzzitat verwendet.

Das Personenregister umfasst die im Editionstext erschließbaren Namen, einschließlich der implizit in den Sachanmerkungen genannten Personen, mit einem Hinweis auf deren Funktion und – soweit feststellbar – Lebens- oder Funktionsdaten. Fallweise werden auch Namen von in der Einleitung genannten Personen darin vermerkt, wenn ein Hinweis auf sie im Zuge einer Recherche hilfreich zu sein scheint. Da sich der Berichtszeitraum über viele Jahrzehnte erstreckt, muss hinsichtlich der Angaben über die Funktion eine Einschränkung vorgenommen werden. Es werden jene Funktionen genannt, die die betreffende Person etwa zum Zeitpunkt des Berichts ausübte, bei Mehrfachfunktionen die bedeutendste(n). Im militärischen Bereich werden nur die Rangkategorien genannt. Verstorbene Personen werden mit der zuletzt ausgeübten Funktion charakterisiert. Die Namen werden in modernisierter Form angeführt, gegebenenfalls ergänzt um eine stark abweichende Schreibweise, die in der Editionsgrundlage verwendet wird. Auf die Angabe von Titeln oder Adelsprädikaten wurde verzichtet, sofern sie nicht einen notwendigen Bestandteil des Namens bildeten. In solchen Fällen wird dieses in eckiger Klammer zum Namen ergänzt.

Die Verfasser Gabriel Selb, Johann Quintin Jörger und Sebastian Pötting werden nur dann in das Register aufgenommen, wenn sie als Beteiligte und nicht als Berichterstatter in der Editionsgrundlage aufscheinen.

Im Rahmen des Personenregisters werden auch Personengruppen erfasst, wie Ordensgemeinschaften, Magistrate, Kollegien und Stände bzw. deren Teile.

In das Ortsregister wurden die in der Editionsgrundlage genannten geographisch-politischen Begriffe oder Hinweise in der jeweils dafür verwendeten Sprache, primär in heute üblicher Form, aufgenommen. Die in der Editionsgrundlage verwendeten Schreibweisen werden ins Register mit einem Verweis auf den Haupteintrag aufgenommen, sofern sie erheblich von der modernen Schreibung abweichen. Zur Ortsbezeichnung wird die abweichende Schreibweise und die Nennung in anderen Sprachen der Region in runder Klammer hinzugefügt. Die Angaben werden durch Hinweise auf die heutige politische Zuordnung und das internationale Kraftfahrzeugkennzeichen des Landes kursiv ergänzt.

Aufgrund der detaillierten Gliederung der Berichte konnte auf ein Sachregister verzichtet werden. Die Erschließung von Sachthemen kann leicht über das Inhaltsverzeichnis erfolgen.

Der Bericht Johann Gabriel Selbs

Wien, 1679 August 12

FHKA, SUS, HS 0204, pag. 1–344; Anschreiben und Dekret des Kaisers.

[Außenseite des Libells, auf dem Pergament]

Bericht und gutachten über die 13 fragpuncten, die verbesserung des cameralwesens von dem herrn hofkammer rath freyherrn von Selb, de dato 12ten Augusti 1679

[Eingelegter Brief (A) zur Überreichung des Gutachtens – eigenhändig]

[A1r] Allerdurchleuchtigster, großmächtigster römischer keyser, auch zu Hungarn und Böheimb könig etc.

Allergnedigster herr, herr, eurer kayserliche mayestät bitte ich allerunderthenigst um verzeihung, dass auf dero allergnedigstes decret vom vom 17tn Julii jüngsthin ich mit einreichung des von mir abgeforderten berichts den angesetzten 14 tägigen termin überschritten. Dann weile ich einer aus denen eltesten und bey euer keyserlichen mayestät glücklich angetrettenen regierung zuvor als noch cammerprocurator (in welcher function ich schon etlich jahr vorhero in vielen das ambt nicht angegangenen cameralibus gebraucht worden) in diensten gewesen, auch bald hernach die rathsstell erlanget, auch in der ersten session angefangen ein privat prothocollum[a] zu halten und solches bis dato continuiret, nicht weniger tam in cameralibus quam militaribus & politicis ad camerale spectantibus[b], sonderlich in müntz- und mauthweesen, auch einrichtung der österreichischen ämbter *[A1v]* 18 tomos[c] an schrifften zusammen colligirt[d], wordurch ich zugleich etwann meiner söhn einen zu euer keyserlichen mayestät diensten desto besser zu instruiren und qualificiren vermainet, dahero alle materias im haus gehabt und nicht erst in denen registraturen* und buchhaltereyen* zusammensuchen dörffen. Also hab ich vor gueth angesehen, das hofcammerweesen und sonderlich desselben einkommen ausführlich zue beschreiben und

---

[a] privat protocollum: *private Aufzeichnungen.*

[b] tam in cameralibus quam militaribus & politicis ad camerale spectantibus: *sowohl in finanziellen, militärischen und politischen Angelegenheiten mit Bezug auf die Hofkammer.*

[c] tomos: *Bände.*

[d] colligere: *sammeln.*

darbey ganz unmaßgeblich zu annotiren, wo und wie vielleicht etwas zu melioriren[a] sein möchte, da zwar die zeiten und fleißige observanz ein mehrers an die handt geben wirdt. Zumahln auch euer keyserliche mayestät gnedigst befehlen, allen respect und furcht beyseits zu setzen, so wirdt der contextus geben, dass ich niemandt verschonet, wo ich vermaint, dass dem cameral nutzen etwas verhinderlich sey und dieses aperte[b], wie es sich in ipsa veritate[c] befindet.

Umb willen aber das werck ob fertilitatem materiae[d] (ungeachtet gueter theils dessen, so euer keyserlichen mayestät ich noch den 20. Aprilis jüngsthin allergehorsambt überreicht, nicht repetirt werden) gleichsamb under der handt zimblich groß gewachsen und ich weiß, dass derselben andere hohe ge*[A2ʳ]*schäfft nicht zulassen, ein so weitleuffiges scriptum zu durchlesen, dessen es auch nit würdig wehre, so hab ich einen kurtzen indicem[e] in fine annectirt, worinnen der gantze inhalt ersehen, also nur diejenige puncten, welche man wissen will, aufgesucht werden können. Ich muss bekennen, dass nicht alles gar accurate in der zierligkeit und ordnung, wie es wohl hette sein sollen, verfasset sey, dann es die zeit nicht gelitten und die arbeit, indem ich keine raths session verabsaumben wollen, nur interrupte und stuckweis geschehen müssen. Ich werde aber alles in ein mehrere perfection zu bringen, auch da einiges dubium vorfiele solches zu erleuttern und weitere information zu geben eußerist beflissen sein.

Zu keyserlichen beharrlichen gnaden mich allergehorsambst befehlent euer keyserlichen mayestät allerunderthenigst gehorsambster J Gabriel Selb mp

[Dorsalvermerk A2ᵛ] An die römisch keyserliche, auch zu Hungarn und Böheimb königliche mayestät allergehorsamster bericht und guetachten dero hofcammer raths Johann Gabriel von Selb freyherr *[L.S.]* per inermelte cameral puncta betreffend

[Präsentationsvermerk] praes13. Aug.

[Auftrag des Kaisers (B) – eingebunden, mit kaiserlichem Siegel]

[B3ʳ] Von der römisch kayserlichen, auch zu Hungarn und Böheimb königlichen mayestät, erzherzogen zu Österreich etc., unseres allergnedigisten herrn wegen deroselben hoffcammer rath, herrn Johann Gabriel freyherrn von Selb hiemit in gnaden anzuzaigen. Demselben seye bewusst, wasgestalt allerhöchstermelt ihre kayserliche mayestät von der kayserlichen hoffcammer in corpore lauth eines decrets unter dato Laxenburg, den 22ten Maii negsthin ihr guettachten sowol wegen restriction der würthschafft als wegen künfftiger besserer einrichtung der cameralien abgefordert haben. Nachdem aber dieselbe vor eine nothwendigkeit erachten, nicht allein dero hoffcammer mitl in corpore, sondern auch dessen glider in specie, und zwar jedweders besondere mainung und guettachten anzuhören und zu vernehmen, als haben ihre kayserliche mayestät auch zu ihme, herrn, dero sonderbahres vertrauen sezen und crafft dieses decrets ihme gnedigist bevehlen wollen, dass er seinen absonderlichen bericht und guettachten uber nachfolgende puncta eheis-

[a] melioriren: *verbessern.*
[b] aperte: *offen.*
[c] in ipsa veritate: *in Wirklichkeit.*
[d] fertilitas materie: *die Fruchtbarkeit der Materie.*
[e] Index: *Register, Inhaltsverzeichnis.*

tens, und zwar inner denen nechsten vierzehen tagen, a die exhibitionis[a] an zu rechnen, gewiss und unfelbarlich zu ihrer kayserlichen mayestät aigenen handen unterschriben und verschlossener allergehorsambist einraichen und ubergeben lassen solle.

Und zwar erstlich so vill das einkomben und den empfang betrifft, wie vill herrschafften und güetter, ämbter, mäuth und der*[B3v]*gleichen ihre kayserliche mayestät in dero gesambten erbkönigreich, fürstentumb und landen von anfang dero regierung gehabt und annoch haben, wie vill und warumben, wasgestalt, auch zu was handen dieselbe darvon komben und ob und wie dieselbe widerumb abzulesen und herzue zu bringen sein möchten, was ein jedes aus obbemelten und andern noch verhandenen stukhen eingetragen und annoch eintrage, wohin und wasgestalt solche in empfang genohmen und wiederumb ausgegeben;

2do was für anweisungen* bey jedem ambt bis jezo bezahlt und annoch zu bezahlen und also auf selbigen hafftendt seind;

3tio was für gnaden, pensionen, provisionen[b] und dergleichen, auch weme von anfang ihrer kayserlichen mayestät regierung bis auf dato ausgeworffen, angewisen und abgeführt worden und annoch abzuführen seind;

4to was für schulden, auch von weme und wie selbige durch ihrer kayserlichen mayestät hingelegte 22 regierungsjahr bis anjezo erhandlet und bezahlt und annoch würklich zu bezahlen seind;

5to ob und wie die abraittungen mit denen gesambten kayserlichen erbkönigreich und landen gepflogen worden, was selbige annoch in rest verbleiben und in was für einen stand dises contributionsweesen* sonsten seye;

6to wie die raittungen der beambten durch besagte zeit aufgenohmen und befunden;

7mo ob, wie und wasgestalt *[B4r]* die gemachte rest eingebracht und ihrer kayserlichen mayestät zum besten angewendet; wie es

8vo mit erkauffung der wahren, jubellen[c], victualien* und andere notturfften* gehalten und ob und wie auf die in der hoffcammer instruction vorgeschribene wolfailigkeit und cluegheit die gebührende obsicht getragen;

9no ob und wie die eingangenen gelder zu dem gewidmeten ende oder sonsten angewendet;

10mo wie bey dem proviant-, salz-, münz-, hoff- und kriegszahl*[amt]*, rent-, handtgraffen*[ambt]* und anderen ämbtern, auch denen bergstätten dato gehauset;

11mo was für bestand*, auch mit weme und wasgestalt selbige bishero aufgerichtet und gehalten;

12mo wie und wasgestalt die dienst ersezt und ob ditsfahls der in der instruction anbevohlenen tauglichkeit, anzahl und beschaffenheit der subjecte nachgegangen; und mit einem worth für das

13te ob und wie auch die in obbemelter, ihme, herrn, ohnedas wolbekanten instruction begriffene mehrere rubricen von anfang ihrer kayserlichen mayestät regierung bis auf gegenwertige zeit gehalten worden seyen.

Verrers, da etwo wieder verhoffen bey einem oder anderen aus obbenennten oder anderen ihme, herrn, sonst bekanten puncten einiger mangl, excess, unordnung oder missbauch

---

[a] a die exhibitionis: *ab Zustellung.*

[b] Gnaden, pensionen, provisionen: *Finanzielle Leistungen als Anerkennung oder zur Versorgung.*

[c] Jubellen: *Juwelen.*

eingeschlichen und vorgangen wehre, so er in allweeg deutlich an die hand zu geben hat, *[B4v]* wie selbiger wenigist inskünfftig abgestelt und sonsten ihrer kayserlichen mayestät sich anjezo in so schlechten stand befindenden würthschafft auf das beste eingerichtet, zu dem ende, wie die einkomben mit gueter billichkeit vermehret, die ausgaben hingegen möglichist eingestöllet werden mögen.

Und diesen abfordernden bericht und guettachten solle er, herr, in der obbestimbten zeit ohne einzigen respect, forcht, reservation und abhaltung sein, frey, offen, clar und deütlich dergestalt gehorsambist abgeben, wie solche ein ihrer kayserlichen mayestät abgelegter ayd und pflicht erfordert und wie er es ihme in der ewigkeit vor Gott, dem Allmechtigsten zu verantworthen getrauet.

Und es verbleiben ihre kayserliche mayestät deroselben darbey mit kayserlichen und landtsfürstlichen gnaden wolgewogen. Signatum unter deroselben aufgetrucktem kayserlichen secret insigl, Wienn, den 17ten Julii 1679

[L.S., kaiserliches Siegel] Christoph Abele

[B5v] Der römisch kayserlichen mayestät hoffcamer rath, herrn Johann Gabriel freyherrn von Selb, zuezustellen *[L.S. Siegel Abeles]*

[Gutachten (C)]

[Einleitung]

[1] Allergnädigister herr, euer kayserliche mayestät haben mir durch das decret numero 1° allergnädigist anzaigen lassen, mir sey bewusst, wie lauth eines decrets under dato Laxenburg den 22ten Maii jüngsthin von der kayserlichen hoffcammer in corpore ein guetachten, sowohl wegen restriction der wirtschafft als wegen künfftiger besserer einrichtung der cammeralien abgefordert wordten. Nachdem aber euer kayserliche mayestät vor eine nothwendigkeit erachten, nicht allein dero hoffcammer mitl in copore, sondern auch dessen glieder in specie, undt zwar jedweders besondere mainung und guetachten, anzuhören und zuvernehmen, als thetten sie mir gnädigst befehlen, meinen absonderlichen bericht undt guetachten über nachfolgendte puncta ehisten, und zwar inner denen negsten 14 tagen a die exhibitionis[a] an zu rechenen, gewiss und unfehlbar *[2]* zu euer kayserlichen mayestät aigenen handten underschriebener und verschlossener allergehorsambst einraichen und übergeben zue lassen.

Diesem nun allerunderthänigisten und schuldigstermaßen nachzuleben kann ich zu erindern nicht umbgehen, wasmaßen ich bey der anno 1667und 1668 sub praesidio des fürsten von Lobkhowitz vorgehabten und gantz ausgearbeiten[b], jedoch nicht effectuirten restrictions commissison[c], hernach anno 1671 und 1672 gehaltenen cammeral commission von anfang bis zum endt beygewohnet und dazumahlen alle cammeralia zusamben getragen, auch gleich nach eingang anno 1678 zu Neustatt mit zuziehung der buchhaltereyen dem damahligen gantzen cammeral zustandt[d] extrahirt und auf euer kayserlicher mayestät obangeregtes, den

[a] a die exhibitionis: *ab Zustellung.*

[b] *Kommentar des Bearbeiters:* vero.

[c] *Restriktionskommision: Einsparungskommission.*

[d] cammeral zustandt: *Zustand des Camerale.*

22ten Maii ergangenes gnädigstes decretum solches mit denen buchhaltereyen*, auch sovil die restriction des hoffs betroffen mit zuzieung des hoffcontraloren[a] mit sonderbahren fleyß überleget,[b] welche befundt und projecta der hoffcammer übergeben und von dem paesident eur kayserlichen mayestät im nahmen des hoffcammer mitl, wie ich vernohmen, schon überraicht wordten, *[3]* so vermutlich zu der angeordneten conferenz kommen und daselbst dem weiteren examini underworffen sein wirdt. Undt weillen in diesen projecten und extracten alles einkhommen, was in denen cammergefellen* empfang und ausgab zu wissen begehrt wordten, also weiß ich darvon wenig mehr zu sagen. Gleichwohl aber habe ich besagte extracten nochmal revidirt undt meine cammeral notata ruminiret[c], daraus ich auf die im decret benente special puncten hiemit allergehorsambst berichte.

[Überblick Herrschaften, Ämter und Erträge in den Ländern – erste Frage]

Und zwar erstlich wievil herrschaffen undt güetter eüer kayserliche mayestät in dero gesambten erbkönigreich und landten von anfang dero regirung gehabt und annoch haben, wievil und warumb, wasgestalt, auch zu was handten dieselbe kommen, auch ob und wie sie widerumb abzulösen undt herzue zu bringen sein möchten, was ein jedes aus obbemelten und noch verhandenen stuckhen eingetragen und annoch eintragen, wasgestalt solche in empfang genommen undt widerumb ausgegeben wordten. *[4]* Dieses nun seind questiones, die mehresten theill nicht sovil einen rath[1] als die buchhaltereyen concerniren, bey welchen alle veränderungen vorgemerckht undt die raittungen daselbsten eingeraicht, also empfang und ausgaben der gebühr nach notiret werdten. Sovil mir aber gleichwohl darvon wissendt, will ich von einem königreich undt landt zum anderen sovil bishero under der hoffcammer administration gewesen, gehen.

Hungarn

Undt zwar primo das königreich Hungarn belangendt sind die einkhomen desselben bey angetrettener kayserlicher regirung gar schlecht undt zu denen dahin gewidtmeten ausgaben nicht erkleckhlich gewesen, allermaßen man zu der oberhungarischen gränitzbezahlung die benöthigte tüecher von der hoffcammer beytragen müessen.[d]

Quota

Die doch endtlich widerumb so weith entpor kommen, dass selbige nach dem beygelegten türckhen krieg gleichwohl eine jahrliche quota[e] per 60m fl nacher hoff abgeführet. Nachdem aber die rebellions unruehe ins mitl kommen, hat selbige quota, ungeachtet die einkhommen durch den zuwachs der *[5]* rebeller gütter umb ein großes gewachsen, abgenohmen[f] und ist durch den underhalt des gubernii[g] noch mehrer zuruckgetrieben wordten.

---

a *Hofkontrollor: Aufseher in Wirtschaftsangelegenheiten des Hofes (siehe dazu* WÜHRER–SCHEUTZ, *Zu Diensten, Instruktion I.10, 527–545).*

b *Kommentar des Bearbeiters:* fiat et *(...)* NB.

c ruminiren: *neuerlich ins Gedächtnis rufen.*

d *Kommentar des Bearbeiters:* abzustellen oder stoffe *(...).*

e quota: *pauschaler Kostenbeitrag für den Hof.*

f *Kommentar des Bearbeiters:* vero.

g gubernium: *Regierungsbehörde des Landes.*

Freycompagnien

Den letzten stoß aber hat sie bekhommen, als dem neuen hungarischen cammer praesidenten[a] die aufrichtung der freycompagnien[b] eingefallen.[c] Es hat mich allzeit bedunckhet, dass euer kayserlichen mayestät bey der hungarischen cammer in hoc puncto nicht recht gewirtschafftet werdte, zumahlen man allzeit die maxima[d] gehabt, die militaria durch der landter bewilligungen zu bestreitten und die cammermitl zu hoffnotturfften* anzuwenden. Obwohlen nun der ungarische cammer praesident anfänglich vorgegeben, ermelte freycompagnien aus denen repartitionsgeldtern[e], so aigentlich zum krieg ordinirt[f] gewesen, zu underhalten,[g] so findet sich doch anjezo das widerspill, indem der hungarischen cammer jüngst eingeschickter extract[h] des emfpang und ausgaben (krafft dessen sich jene inner 3 jahre, als anno 1676, 1677 undt 1678 auf 734.616 fl oder dem mitl nach 1 jahr auf 244.135 fl, entgegen dieser jährlich auf 238.840 fl und in drey jahren 716.522 beflauffen) klar zaiget, dass er zue *[6]* solcher bezahlung anno 1676, 1677 und 1678 also nur in drey jahren 263.466 fl aus lautteren camerrall mitlen[i], worunder zugleich die hoffsquota begriffen, hinweckhgenommen,[j] so man alles nacher hoff oder doch zu denen fortificationen[k] oder anderen hungarischen ausgaben, die von hier aus hinabgeschickt werdten müssen, hette bestreitten können. Wenn ich den calculum ziehe[l], so haben die freycompagnien jährlich 115m fl gekhostet.[m] Weillen nun aus denen camer mitlen von obangeregte 263.466 fl das dritl mit 87.822 fl darzue verwendet wordten, als hette jährlich die repartition mehr nicht als 27.178 fl beygetagen,[n] darein ich mich nicht findten kann. Man hat zwar viel von dieser repartition und deren ertragnues gesagt, allein ist alles in continuirlicher confusion verblieben.[o] Hat man bishero eine erleutterung von der hungarischen cammer begehrt, so hat sie sich mit dem endtschuldigt, sie wisse nichts darumb, ihr praesident habe allein administirt[p].[q] Hat man diesen gefragt, so ist die andtwortt gemainiglich in lästerun-

---

[a] *Leopold Kollonitsch, seit 1671 ungarischer Kammerpräsident.*

[b] *Freikompanie: militärische Einheit, die unabhängig von der Armeegliederung für spezielle Aufgaben gebildet wurde (siehe dazu Wrede, Wehrmacht Bd. 3/2, 811–812). In Ungarn wurden 1675 (drei Jahre nach dem Amtsantritt Kollonitschs) insgesamt 10 Freikompanien geschaffen, die allerdings 1679/1680 im Zuge einer allgemeinen Reduzierung aufgelassen wurden – vielleicht als Folge dieser Bemerkungen (Wrede, Wehrmacht, Bd. 3/2, 900–903).*

[c] *Kommentar des Bearbeiters:* werden sy weniger als *(...)* also zu sehen, wohin diese gelter zu widmen.

[d] maxima: *Grundsätze.*

[e] *Repartitionsgelder: Von den Ländern nach einem Schlüssel getragene Kosten des Militärs.*

[f] ordiniren: *widmen.*

[g] *Kommentar des Bearbeiters:* NB ecce.

[h] *Extrakt: Auszug der Aufzeichnungen der Buchhaltung.*

[i] *Kommentar des Bearbeiters:* ist nicht recht.

[j] *Kommentar des Bearbeiters:* abzustellen.

[k] *Fortifikationen: Festungen, Befestigungen.*

[l] den calculum ziehen: *berechnen.*

[m] *Kommentar des Bearbeiters:* diese 115m fl seint wegen der werbung zuge(…).

[n] *Kommentar des Bearbeiters:* NB Erläuterungen zu begehren.

[o] *Kommentar des Bearbeiters:* contra Kollonitz.

[p] administriren: *verwalten.*

[q] *Kommentar des Bearbeiters:* abzustellen.

gen und injurien bestanden. Dieses kann ich mit wahrheit schreiben und erweisen, dass leuth vorhandten gewesen, welche die rebellen güetter *[7]* in bestandt* nehmen und jährlich bis 100m fl bestandtgeldt darvon bezahlen wollen,[a] da man doch bey der cammer vermög angeregten extracts kaumb 34m fl genossen.[b] Wann man sie aber an den hungarischen cammer praesidenten gewiesen oder nur vemeldet, dass man denselben vernehmen wolle, seindt gleich protestationes verhandten gewesen, dass man mit ihme nichts zu thuen haben möge. Anderer nuzbarkeiten zu geschwaigen, die euer kayserlichen mayestät zugewachsen währen, wann die subordination[c] gebührend beobachtet[d] undt in guetem vernomben, wie vor diesen mit der ungarischen cammer und derohalben praefectis[e] geschehen, gelebt worden währe, welcher schaden und verlust mir offt tieff zu herzen gangen, indem man das geldt so müehesamb suchen undt dargegen in hoc passu desselben entbehren müssen.[f]

Es sey von mir ferne, einen gedanckhen zu haben, dass der graff von Kollonitsch, hungarischer cammer praesident, euer kayserlichen mayestät eigennutzig oder dolose[g] etwas entzogen hette, dann mir seine redlichkheit von vielen jahren wohl bekhandt ist, ich auch *[8]* in meo privato ingenue[h] bekhenne, viel guetes von ihm empfangen zu haben, auch in privato danckhbar zu sein, niemahl vergessen werdte. Allein zeiget notorietas facti (so weiters keines beweisthumbs bedarff), dass er sich bishero von einem jeden schlechten menschen ohne consideration, was für vortlhafftigkeit darhinder steckhen, übl informiren lassen[i] undt ex communi naturae humanae vitio, quod homines facile credant quae volunt[j], was ihn in kramb geleucht, für heilige wahrheit angenommen und darfür wider ausgeben wollen, welches aber wie eine falsche müntz von unpartheyischen leuchtlich zu erkhennen gewesen. Werden also euer kayserliche mayestät zu verhüettung noch mehrer schaden und anderer inconvenienzen[k] dero hohen prudenz[l] noch hierinnen ein beständtiges remedium allergnädigst vorzuekheren haben.[m] Dann wann dieses geschicht undt ohne privat passionen euer kayserlichen mayestät nutzen coniuncta manu[n] gesuchet wirdt,[o] so ist leicht zu zaigen, dass euer kayserliche mayestät nit allein aus der hungarischen cammer die jährlich 60m fl *[9]* hoffquota, sondern auch noch ein mehrers zue anderen ausgaben erheben könten, maßen hierüber schon eine particular erinderung zur conferenz abgegeben wordten. Wiewohl ich darneben der allergehorsambsten mainung währe, man möchte in favorem

---

a *Kommentar des Bearbeiters:* vero, fiat *(diselben).*
b *Kommentar des Bearbeiters:* ecce.
c subordination*: Unterordnung.*
d *Kommentar des Bearbeiters:* vero.
e *Präfekt: der Leiter der Behörde.*
f *Kommentar des Bearbeiters:* c*[ontra]* Kollonitsch.
g dolos: *böswillig.*
h in meo privato ingenue: *persönlich aufrichtig.*
i *Kommentar des Bearbeiters:* Kollonitsch.
j ex communi naturae humanae vitio, quod homines facile credant quae volunt: *das Übel liegt in der Natur der Menschen, dass sie leicht das glauben, was sie wollen.*
k *Inkonvenienz: Unannehmlichkeit, Ungelegenheit.*
l prudenz: *Klugheit.*
m *Kommentar des Bearbeiters:* vero und bald dieses.
n coniuncta manu: *mit vereinten Kräften.*
o *Kommentar des Bearbeiters:* vero.

nationis alles in Hungarn zur fortification oder proviandt anwendten[a] und dargegen sovil geldt heroben behalten und anderwertig appliciren*. Das gubernium[b] und was demselben anhängig, hat diese zeit hero in die 200m fl gekostet und ist der dardurch geschaffte nuzen fast unsichtbar.[c] Da nun selbiges, wie denen Hungarn die vertröstung gegeben wordten sein soll, widerumb aufgehebet würdte, so thetten der hungarischen cammer ausgaben sich bis in die 20m fl vermindern und dan auch diese wiederumb auf einen palatinum[d] (welchen man doch vor diesen nicht so netto bezahlt) deputirt* würdte, so könten doch die bishero auf dem hoffzahlambt zu bezahlung des gubernatoris beygetragene 18m fl in ersparung gebracht werden.[e]

Rebellengütter

Von denen hungarischen rebellen güettern sein unter*[10]*schiedtliche kleine, auch die haubt herrschafft Sarvar und Heiligenstain umb 326m fl dem graffen von Drascowitz verkaufft wordten, von welchem kaufschiling der general leuthenandt fürst von Montecucculi 100 m fl undt die nadästische kinder 108m fl eingenomben,[f] die übrige 118m fl gehören vor die nadästische creditores, welche auch schon gueten thails bezahlt sein sollen, zue welchem endt auch und zu bestreittung der proviandtirung in Hungarn die geweste nadästische güetter Creuz, Clösterl und Luckhenhausen an den graffen Paul Esterhasy kommen.[g] Die berenzische pfandtgüetl hat der baron Hedli cum consorte mit 15 m fl abgelöst, so gleichfahls zum proviandt verwendet wordten.[h] Ingleichen ist die grafschafft Hornstain (die man zwar sonsten der herrschafft Pottendorf zu incorporiren und in Österreich zu ziehen vermaindt gehabt)[i] dem grafen Gottlieb von Windischgräz um 150m fl pfandtweis überlassen,[j] darzu er vor einem Jahr noch 20 m fl gegeben[k] und[2] dardurch von der *[11]* rechnung entlediget worden. Mich hat allzeit bedunckhen wollen, dass euer kayserliche mayestät ihme sonderlich derzeit gar nichts schuldtig gewesen, allein weillen dieselbe ungezweifelt genuegsambe ursach der überlassung gehabt haben, ist es nicht mehr zu ändern. Die redimirung[l] ist auf 5 jahr vorbehalten, daran beraits drey verstrichen.[m] Es hat in anfang gantz glaublich geschinnen, er suche solche graffschafft perpetuirlich[n] auf sich bringen, sonderlich dass er den pfandtschilling mit 20m fl erhöchet. Anjezo aber ist fast das contrarium zu praesumiren, in dem er nit allein mit denen benachbahrten allerley ge-

---

[a] *Kommentar des Bearbeiters:* fiat.

[b] *Kommentar des Bearbeiters:* gubernium.

[c] *Kommentar des Bearbeiters:* vero.

[d] *Palatin: Stellvertreter des Königs.*

[e] *Kommentar des Bearbeiters:* vero.

[f] *Kommentar des Bearbeiters:* ecce! schon ausgetheilt, woher 208m fl.

[g] *Kommentar des Bearbeiters:* sed quomodo.

[h] *Kommentar des Bearbeiters:* ecce, da *(...)* es heraus.

[i] *Kommentar des Bearbeiters:* fiat.

[j] *Kommentar des Bearbeiters:* vero.

[k] *Kommentar des Bearbeiters:* NB.

[l] redimirung: *Tilgung.*

[m] *Kommentar des Bearbeiters:* einzulesen.

[n] perpetuirlich: *auf Dauer.*

waltshändl anfanget,[a] sondern auch die underthanen erbärmlich tribuliret[b] und sie wieder das alte herkhommen beschweret, derentwegen[3] unendtliche klagen bey der hoffcammer einkhommen,[c] auch die leuth in der religion schlecht auferbauet oder vielmehr scandalizirt[d] [4] werdten. Dahero man gleichsamb gewissenshalber auf die auslösung gedacht sein solte. Da auch Gott, das königreich und diese landter in frieden erhalten thette, *[12]* so würdten wenigst durch anticipationes* die mitl hierzu noch wohl zu findten,[e] selbige successive zu bezahlen und die graffschafft wiederumb zu eliberiren[f] sein, zumalen die einkommen 6 per cento gar wohl ertragen thuen, da man doch bisweillen das geldt zu 5 per cento haben kann, oder aber, welches mehr in promptu[g] auch nuzlicher währe, die herrschafft Capowar darfür wegzugeben, welche bishero nicht die helfft[5] sovil als Hornstain ertragen und ainem gefährlichen ortt gelegen ist.[h] Dargegen ist die herrschafft Hungarisch–Altenburg aus denen draschkowitschischen[i] handen widerumb befreyet und in der hoffcammer gewalt gebracht worden. Allein hat man selbige wenig jahr hernach wegen der jüngsten kriegsnöthen de novo mit 200m fl capital oneriren[j] müessen, welche der maches de Grana[k] hergeschossen undt bis dato die interesse genießet.[l] Was darüber verbleibet und allein in getraidt sorthen bestehet, wirdt auf die gränizen appliciret*. Dieses capital nun wirdt mit anderen mehrern *[13]* schuldten, deren nachgehendts gedacht werdten solle, nach und nach bezahlt werdten müessen.

Ober Hungarn

In Ober Hungarn hat diese zeit hero wegen der continuirlich gewehrten rebellion, rauben und blindern kein bestandtiger status cameralis[m] [6] eingerichtet werdten können,[n] allda das einkhommen in dem dreyßigst*, etwas in salz, wein[7] und confiscirten güettern bestehet,[o] wie auch die pergwerckh und müntz zu Negi- und Vegetebanya. Davon man bishero nur einzunehmen gehabt, was gleichsamb die rebellen übrig gelassen, also in ainem jahr mehr, in dem anderen weniger, welches alles widerumb auf die kayserlichen daselbst gestandtene völckher und quarnison verwendet wordten. Wann Gott das landt widerumb beruehigen solte, ist nicht zu zweiflen, dass daselbst die einkhommen, sonderlich mit besserer cultivirung der salinen und pergwerckh, umb ein merckhliches zu verbessern währen. So hoch man es auch *(ein[st]er)* wirdt bringen können, kan keine

---

[a] *Kommentar des Bearbeiters:* abzustellen.

[b] tribuliren: *plagen, belasten.*

[c] *Kommentar des Bearbeiters:* Winischgrez.

[d] scandaliziren: *verärgern.*

[e] *Kommentar des Bearbeiters:* vero.

[f] eliberiren: *befreien.*

[g] in promptu: *leichter.*

[h] *Kommentar des Bearbeiters:* zu behalten und in bestand* zu verlassen.

[i] *Nikolaus Draskovich.*

[j] oneriren: *belasten.*

[k] *Otto Heinrich Caretto, Marquese di Grana.*

[l] *Kommentar des Bearbeiters:* in bestand* zu verlassen, vorher hypothecen raitungen von *(...)* zu begeren.

[m] status cameralis: *Zustand des camerale.*

[n] *Kommentar des Bearbeiters unleserlich.*

[o] *Kommentar des Bearbeiters unleserlich.*

hofnung *[14]* gemacht werdten, etwas darvon heraus zu bekhommen, dann die daselbst angeordnete neue vestungen und gränitzhäuser[a] nur in bau undt proviandt zu erhalten[b] und mit munition zu versehen, alles exhauriren[c] werdten und währe zu wuntschen, dass es nur erklekhete[d]. In Ober-Hungarn seindt ebenfahls etliche güetter, so zwar von keiner großen importanz, hinweggeben und dem obristen Bargozi[e], Keglowitz[f] etc. etc. überlassen wordten,[g] seind deren auch noch undterschiedtliche verhandten, so mehresten in weingärten bestehen und tempore pacis ein großen nuzen tragen könten. Darauf aber derzeit derentwegen keine beständtige reflection zu machen, weillen man nicht waiß, wie die vergleichung mit denen rebellen annoch auslauffen, auch ob selbige ihnen restituirt oder bey der cammer gelassen werden möchten. Nach[8] des anno 1660 verstorbenen fürsten Georgii Ragozi in Siebenbürgen todt[9] seint euer kayserlichen mayestät die ihme ad dies vitae[h] überlassene comitatus widerumb heimbgefallen, es seindt aber gleich darauf kayserliche quarnisonen in *[15]* die statt Zatmar, Onöth, Nagibania, Tokay kommen, allda dann die militaes und commendanten alles an sich gezogen, dass man gleichsamb nicht waiß, ob euer kayserliche mayestät aigenthumber darüber seyen. Wie dann zu Zatmar der obrist Dela Borde[i] das brauhaus an sich gezogen,[j] dass ihme gar die underthannen das holz darzu robaten müessen, dardurch wie auch durch andere oeconomische mitl die cammer einen ehrlichen nuzen bisher hette ziehen, auch daraus einen thaill proviandt oder fortification bestreitten können. Dahero euer kayserliche mayestät große ursache haben, den allzu großen geiz undt eigennuzigkheit der militarischen[10] zu compesciren[k], dann die cammeren können ja nit alle necessaria[l] bestreitten,[m] wann die militares sich in alle wirtschafften einmischen und alles an sich ziehen wollen: allermaßen anjezo auch bey Sarwar und fast durchgehent tentirt wirdt.

Zipser städt

Sonsten ist bekhandt, wasmaßen noch bey weyland kayser Sigismundo als könig in Hungarn die 13 Zipser stätt an die cron Pohlen um ein fast geringe *[16]* summa geldt versezet wordten, von deren redimirung[n] noch vor etlichen jahren undterschiedtliche consultationes vorgegangen, jedoch alles widerum ins streckhen gerathen. Da nun diese werckh widerumb incaminirt[o] und das ablösungsrecht, welches mich ganzt klar zu sein bedun-

---

a *Grenzhäuser: kleinere befestigte Bewachungsposten.*
b *Kommentar des Bearbeiters:* vero.
c exhauriren: *verbrauchen, ausschöpfen.*
d erklecken: *ausreichen.*
e *István Barkóczy.*
f *Péter Keglević.*
g *Kommentar des Bearbeiters:* ist es schon beschehen.
h ad dies vitae: *auf Lebenszeit.*
i *Ludwig de la Borde, Regiments-Oberstinhaber.*
j *Kommentar des Bearbeiters:* abzustellen.
k compesciren: *unterbinden.*
l necessaria: *Notwendigkeiten.*
m *Kommentar des Bearbeiters:* fiat.
n redimirung: *Ablösung, Rückzahlung.*
o incaminiren: *in Bewegung bringen.*

ckhet, behaubtet und würckhlich fortgesezet werden könte[a] so würdte dem camerali ein nambhafftes zuewachsen undt der nuzen in politicis noch viel höcher zu aestimiren sein.

Geistliche vacanz

Vor diesem haben die ertz-bistumben, bisthumben und probsteyen, da man selbige auf ain undt 2 jahr, auch bisweillen lenger vacant, selbige per vicarios versehen und die interim gefallene einkhomen denen gränitzhäusern appliciren* lassen, einen großen beytrag gegeben, welches künfftig ebenfahls nicht aus der acht zu lassen dann in sacris nicht verobsaumbet,[b] sondern durch einen vicarium oft besser als einen[11] installatum alles verrichtet wirdt.

Contributiones coronalis

Vor diesem ist in Hungarn ein ordinari contribution* gewesen pro conservatoribus et defensoribus sacrae coronae, darunder seindt neben denen zwey ordinari cronhüettern, darzu anjezo der graff *[17]* Nicolas Palffi und Stephan Zichi der eltere bestelt sein, deren jeden jährlich 1.500 fl einzuenehmen hat, sambt denen husaren und ihren officiren auf dem Presspurger schloss begriffen, welche steuer[12] erst anno 1663 zurückgeblieben, dergegen hat nit allein gedachter Zichi (zwar ex speciali resolutione) die jährliche 1.500 fl, sondern auch die husaren mit ihren officiren 3.136 fl aus denen ordinari cammer mitlen erhebt, welches diese jahr hero viel tausendt gulden ausgetragen.[c] Anjezo praetendirt der graff Palffi dieses beneficium ebenfahls und will mit einen austandt von 24m fl aus denen ordinari mitlen bezahlt sein oder rebellen güetter darfür haben,[d] welches ein allzue großes onus währe. Dannenhero in allweeg dahin zu sehen, wie diese contribution oder cronsteüer als ein altes ordinari mitl widerumb in den gang zu bringen. Und da man künfftig die bisherige odiose[e] repartition gantz aufheben wolte, wenigst dahin reflection zue machen, damit ein andere lauffente willkhürliche steyer entlich bloß pro militia hungarica erhandlet werden möchte.[f] *[18]*

Zehent

Nicht weniger ist anno 1673 an die handt gegeben worden, dass die iura hungarica euer kayserlichen mayestät zuelassen, umb die sonsten gewöhnliche geringe taxa[g] die zehent im bestandt* zu nehmen, worbey gemainiglich sich ein nambhaffter überschuess befündet, welche in Ober–Hungarn mit eines thails zehenten bishero mit zimblichen nuzen practicirt[h] und das proviandtweesen dadurch desto besser bestritten wordten.

Im Nider–Hungarn hat man anno 1674 auch eine prob gethan und 30m fl für die taxa darauf gewendet, es ist aber misslungen und sovil mann waiß nicht das capital heraus

---

[a] *Kommentar des Bearbeiters:* reassumiren *[wieder aufnehmen].*

[b] *Kommentar des Bearbeiters:* fiat *(...)* und ante installatione fructus percipi.

[c] *Kommentar des Bearbeiters:* abzustellen auf *(...)* coronalen zu weisen.

[d] *Kommentar des Bearbeiters:* abzuweisen.

[e] odios: übel.

[f] *Kommentar des Bearbeiters:* fiat.

[g] taxa: *dieser Begriff ist mehrdeutig; siehe dazu das Glossar.*

[h] *Kommentar des Bearbeiters:* fiat statim.

komme.[a] Ich vermaine aber, dass dieses nit sovil ex re ipsa, als ex mala incaminatione und administratione[b] geschehen, wie dan etliche referirt haben, dass viel im feldt verzogen, thaills gar nit ausgetragen, also das wenigste gelieffert und zu nuzen gebracht wordten.[c] Maßen dan hierüber bis dato keine richtige rechnung erstattet werdten können,[d] welches zum thaill mit dem zu entschuldigen, dass man in allen derley anfangendten neuen sachen ein lehrgeldt geben muess, auch in Hungarn ge*[19]*mainiglich an treüen und fleißigen leuthen ein mangl erscheine,[e] welches man künfftig wirdt verbessern können. Es haben zwar etliche behaubten wollen, es währen euer kayserliche mayestät befuegt, die zehent im gantzen königreich zusamben zu ziehen und selbige in affterbestandt zu verlassen oder sonsten ihren nuzen darmit zu schaffen, welches ich aber in denen legibus[f] gar nicht, sondern vielmehr das contrarium findte und dass dieser zehentbestandt sehr limitirt seye, maßen dann in denen decretis[g] Maximiliani, Posony anno 1584, articulo 22do, sich diese formalia befündten: quod mayestas caesarea NB: in locis ad sua confinia prorsus et penitus propinquis[h] arendare possit etc. Dörffte also dieses in Nieder–Hungarn sovil nit austragen, bevorab da euer kayserliche mayestät die zehent bey der herrschafft Hungarisch–Altenburg undt fast in gantzen comitatu[i] (welcher sonsten denen fortalitiis[j] am negsten gelegen und was underhalb liget, schon in des Türckhen handten oder doch gehuldiget ist) ohne das genüessen.[k] Jedoch wirdt man auch einen kleinen gewinn nicht auslassen oder verwerffen. *[20]*

Gratuiti labores

Man hat bishero auch in Hungarn die labores gratuitos genossen, welche aber für keine einkhommen zu rechnen, weillen selbige nur eine robbat, so zu denen vestungen und wassergebäuen, von denen entlegenen zwar in geldt und von denen nähenderen in natura praestirt werdten, auch mit dem aufhörenden gebäu zugleich cessiren.[l]

Pergstädt

Die hungarischen pergstätt seind bey euer kayserlichen mayestät angetrettenen regirung in höchster confusion gestanden, die vornehmbste beambte schon vorhero gestorben und die raittungen von 15 und 20 jahren ruckständig gewesen,[m] daran man nachgehendts viel jahr lang zusamben zu klauben gehabt, bis man dieses weitläuffige werckh widerumb

---

a *Kommentar des Bearbeiters: (weillen)* Kollonitsch nit *(...).*

b nit sovil ex re ipsa, als ex mala incaminatione und administratione: *nicht so sehr durch die Sache selbst, als durch schlechte Einführung und Verwaltung.*

c *Kommentar des Bearbeiters:* abzustellen.

d *Kommentar des Bearbeiters:* fiat adhic.

e *Kommentar des Bearbeiters:* vero.

f leges: *Gesetze.*

g *Kommentar des Bearbeiters:* ecce NB.

h in locis ad sua confinia prorsus et penitus propinquis: *in Orten nur in der unmittelbaren Nähe der eigenen Grenzen.*

i *Komitat: ungarischer Verwaltungsbezirk.*

j fortalitiis: *Festungen.*

k *Kommentar des Bearbeiters:* placet.

l *Kommentar des Bearbeiters:* fiat.

m *Kommentar des Bearbeiters:* aufzunehmen.

in eine ordtnung gebracht.[a] Darbey man es bis anhero müehesamb erhalten undt ungeachtet durch den jüngsten feindtlichen einfahl widerumb ein zimbliche confusion darein kommen, selbiges gleichwohl schon widerumb in ordinem redigiret[b] und findte ich nicht, dass derzeit einiger beambter einen sonderbahren[c] rest schuldtig währe.[d] Die ertragnues ist von 20 Jahren hero fast immer gewachsen, also dass sich in denen negst verwichenen *[21]* drey jahren dem mitl nach 504.613 fl nach abzug aller uncosten im überschuess befundten.[e] Ist also nur Gott zue bitten, dass er den seegen lang erhalte, vermehre und für unglückh behüette. Die ausgaben bestehen vornemblich in dem eingelösten goldt, silber, zimmendt, schaidtereyen, münzkosten, goldtkunsthandlung, werckzeüg, perg- und schmölzkösten etc., welche niemahlen gleich sein, sondern sich allzeit nach denen fallendten ärzten[f] und deren naturen undt accidentien[g] richten müessen. Dahero darbey nichts auszustellen oder etwas beständtiges vorzuschreiben, sondern man muess sich denen beambten darinnen vertrauen.[h]

Ich bin anno 1662 bey vier monathen in einer commission darinnen gewesen und habe an leuthen keinen überflueß gefundten, maßen auch von solcher zeit hero nichts vermehret wordten, außer der expectanten[i], die aber wenigsten thaill guet thuen[j] und das expectanzgeldt der wochentlichen 2 fl fast umbsonst verthuen sollen. Es ist ein guetes nuzliches, ja nöthiges werckh, feine junge leuth hinein zu schickhen[k] und am perg, grueben, probiren, schmölzen, schaiden und dergleichen pergmannischen wissenschafften abrichten zu lassen, dann daraus *[22]* hat man so dann guete erfahrene bediente undt ambtleuth zu hoffen. Allein muess man keine nichtsnutzige, liederliche, faule deburschirte[l] studenten, die gemainiglich von der geistlichkeit recommendirt werden,[m] sondern fleißige junge leuth, die zum pergwercken einen lust haben, hineinschickhen, daran man keinen mangl hat. Ich hab in meiner relation* über angeregte commission under anderen gehorsambst eingerathen,[n] wann ein expectant innerhalb drey monathen sich zu keiner wissenschafft appliciren* und einen fleiß zaigen thette, denselben widerumb abzuschaffen, welches auch euer kayserlichen mayestät allergnädigist placidirt[o], allein es ist bishero schlecht observirt wordten.[p] Dannenhero auch die rebellen in ihren gemachten wirtschafftsproject under anderen notirt gehabt, diese unnuze leuth abzuschaffen.

---

[a] *Kommentar Reischl:* Reischl hats anno 1660 in pergstetten zusamben gebracht.
[b] in ordinem redigiren: *in Ordnung bringen.*
[c] sonderbahr: *hier im Sinne von nennenswert.*
[d] *Kommentar des Bearbeiters:* nachzusezen
[e] *Kommentar des Bearbeiters:* schön.
[f] ärzten: *Erzen.*
[g] accidentien: *hier im Sinne von Umständen.*
[h] *Kommentar des Bearbeiters:* doch nachsehen.
[i] *Expektanten: Anwärter auf bestimmte freiwerdende Stellen.*
[j] *Kommentar des Bearbeiters:* abzustellen.
[k] *Kommentar des Bearbeiters:* fiat.
[l] deburschirt: *‚abgetakelt', ohne Studienabschluss.*
[m] *Kommentar des Bearbeiters:* NB glaube es.
[n] *Kommentar des Bearbeiters:* aufzusehen und zulassen.
[o] placidiren: *genehmigen.*
[p] *Kommentar des Bearbeiters:* observiren all 4tels bericht *[Quartalsbericht]*

Mit verwechslung[a] der duggaten sollen zimbliche aigennuzigkeiten mit undergeloffen sein[b] undt weillen der lagio* allhier so hoch gestigen, dass man auf das stuckh neüe gewichtige zu 30 und 33 kr bezahlen müssen, welche zue Crembnitz umb 8 groschen gegeben wordten, *[23]* bin ich allzeit der mainung gewesen, man solte die duggaten heraus bringen lassen, so würdte ein mehren nuzen darmit zu schaffen sein.[c] Es ist aber der befelch dahin ergangen, dass die beambten die duggaten darinnen so hoch sie können hinaus bringen und den laggio verrechnen sollen, welches an sich selbsten gar recht.[d] Ich zweiffle aber, ob es geschehe, sondern die beambten selbsten undereinander den casum pro amico spielen[e] und wirdt schwärlich ein stuckh höcher als zu 27 kr verrechnet werdten.[f] Was die erst in diesem jahr in denen pergstätten geweste commission[g] vor nuzen geschafft habe, wirdt erst zu vernehmen sein, wann die relation* völlig vorkhommet.

Dieses habe ich schon von etlichen jahren hero wahrgenommen, dass under denen beambten eine große verwandt- und schwagerschafft, also in zimbliche ketten aneinander hangen. Wann nun eine vacanz auskhomet, so komet nicht leicht ein anderer in vorschlag, als der von dieser freundschafft oder faction[h] ist,[i] worzu ihnen dan bey der canzley maisterlich geholffen wirdt, also dass die frembde und andere, so geschickt sie auch sein mögen, excludirt *[24]* werden. Maßen auch auf diese weis kein gueter expectant würdte fortkhommen können,[j] er thette sich dann etwann in ein solche freundschafft verheyrathen. Da nun dieses nit underbrochen würdte[13], so könte künfftig[14] euer kayserlichen mayestät ein großer schaden daraus erwachsen, in dem sie vil sachen under sich vertuschen und ainen oberbeambten entweder auf ihre seithen zu bringen oder denselben sonsten zu hindergehen befliessen seindt würdten, wann keiner mehr under ihnen währe, der bisweillen in die karten schauet. Dannenhero bey ersezung der ambter hierauf ein billiche reflection zu machen.[k] Im übrigen ist anno 1673 die herrschafft Revischia, darauf eine anderwertige expectanz erthaillet gewesen,[l] nach abgang der hederwarischen familia[m] mit großer müehe und auslegung eines stuckh geldt zu denen pergstätten gebracht und bishero umb der gelegenheit willen wohl genossen wordten. So hat man auch erst vor einem jahr die herrschafft Sachsenstain von dem freyherrn Lippay[n] erhandlet,[o] welche gleichsamb mitten in denen pergstätten liget und sonderlich der waldtung halber große dienst wirdt thuen können. Ingleichen hat man *[25]* bishero die thökhelische halbe herrschafft Likowa und

[a] verwechseln: *umwechseln, umtauschen.*
[b] *Kommentar des Bearbeiters:* wechslung der ducaten.
[c] *Kommentar des Bearbeiters:* fiat.
[d] *Kommentar des Bearbeiters:* schedlich.
[e] undereinander den casum pro amico spielen: *sich gegenseitig freundschaftlich unterstützen.*
[f] *Kommentar des Bearbeiters:* glaube es.
[g] *Kommentar des Bearbeiters unleserlich.*
[h] *Faktion: Gruppierung, Interessensgemeinschaft.*
[i] *Kommentar des Bearbeiters:* abzustellen.
[j] *Kommentar des Bearbeiters:* abzustellen.
[k] *Kommentar des Bearbeiters:* fiat in allweg.
[l] *Kommentar des Bearbeiters:* woll beschehen.
[m] nach abgang der hederwarischen familia: *nach dem Aussterben des Geschlechts Hédervar.*
[n] *Kaspar Lippay [Zobor], ung. Kammerpräsident 1646–1654.*
[o] *Kommentar des Bearbeiters:* placet.

bey 10m fl werth[a] von denne Jano Kischen zerstreütten güettern, wie auch den tichisch und joannellische anthail (so ordentlich abgelöst wordten) bey der herrschafft Lipsch zu denen pergstötten genossen und daraus die necessaria sehr bequemb mit großer ersparung haben können, als dass die pergstätt anjezo in einen weit besseren standt sich befindten, als sie vor diesen jemahl gewesen.[b]

Schließlichen ist zu erindern, dass die Joannellische die kupferpergwerck[c] zu Schmölnitz von denen Chiakischen auf gewisse jahr zu genießen gehabt, welche sich mit dem gegenwertigen schließen.[d] Zumahlen nun die helft darvon euer kayserlichen mayestät durch die rebellion des Francisci Chiaky heimgefallen, als wirdt dahin zu gedenckhen sein, selbiges zuruckzubringen und etwan wegen der übrigen helfft mit dem grafen Stephano Chiaky einen vergleich zu treffen,[e] süntenmahlen nun die Joannellischen, so lange sie die neusohlerische kupfer haben, die schmölnizische nicht wohl auslassen können, als werdten hierdurch dem cammerali jährlich etlich tausent fl zuwachsen.[f] *[26]*

Böheimb 2do

Rentambt

Im königreich Böhaimb befindet sich die cammer und deroselben underhabentes rendtambt, dessen einkhomen, welche in denen gränitzzöhlen, ungeldt*, königlichen herrschafften und allerhandt pergwerchen bestehet, so ich mit der hoffbuchhalterey* gar wohl überlegt undt befundten, dass selbiges dem mitl nach auf 197.820 fl komme, darbey aber sich gleich in die 137.820 fl ordinari ausgaben befundten,[g] dahero man bishero mehrers nicht als die also genante hoffsquota heraus in das hoffzahlambt ziehen können, welche auch, so lang der graf Swyrtby[h] als vicepraesident die direction führet, ganz richtig bezahlt worden. Bey der anno 1672 vorgangenen visitations commission[i] hat man den[15] rendtambts empfang von anno 1662 bis 1671 inclusive extrahirt und selbiger in solchen 10 Jahren 1,751.433 fl ertragen, kommet dem mitl nach auf ein jahr 175.143 fl, ist also auch dieses einkhommen seithero umb 22.677 fl gewachsen.[j] Die ausgaben seind in obangeregten buchhalterischen extract alle specificirt, dahin ich mich beziehe. Undt ist derzeit auf ein mehrers schwerlich ein hoffnung *[27]* zu machen, es währe dann, es könte die restrictionsconferenz etwan findten, dass in dem numero der räth und bedienten, ingleichen bey dem gestüet und jägerey etwas zu ersparen,[k] welches doch, weillen die besoldtung gar klein, nichts sonderliches austragen wirdt. Undter denen schlossbedienten scheineten

---

[a] *Kommentar des Bearbeiters:* placet.
[b] *Kommentar des Bearbeiters:* examiniren wie alles administriret werde.
[c] *Kommentar des Bearbeiters:* kupfer.
[d] *Kommentar des Bearbeiters:* examiniren durch kauffleuth selbsten *(...).*
[e] *Kommentar des Bearbeiters:* fiat.
[f] *Kommentar des Bearbeiters:* placet.
[g] *Kommentar des Bearbeiters:* zu restringiren.
[h] *Franz Joseph Vrtba, Vizepräsident des böhmischen Rentamts (freundliche Mitteilung von Petr Mat'a).*
[i] *Kommentar des Bearbeiters:* visitation 1672.
[j] *Kommentar des Bearbeiters:* placet.
[k] *Kommentar des Bearbeiters:* restringiren.

wohl etliche unnöthig zu sein,[a] sonderlich weillen euer kayserliche mayestät schon viel jahr nicht darinnen gewesen. Es hat auch die cammer in ihren bericht schon etliche benennet, worüber bey angeregter conferenz zue deliberiren* sein wirdt.

Judenquota

Vor disen hat die[16] judenschafft in Böhmen jährlich 12 m fl[b] zu der cammer geben, die man auch viel jahr genossen und partheyen darauf gewiesen, bis entlich die ständt selbige underbrochen und under ihre contributiones* gezogen. Diese nun gehöret[17] von recht und billichkeit wegen zur cammer, zumahlen die juden ein peculium principis[c] seind, auch dieses geldt wegen der toleranz geraichet wirdt, welche allein dem landtsfürsten zuestehet, da kein zweifl, wann nur ein rechter eyfer angewendet wirdt, dass man solches widerumb herumb ad cameram bringen werdte,[d] bevorab *[28]* da man erst vor 4 jahren selbige dem general leuthenant ein baar jahr geniessen[e] undt eine hoffpraetension* darmit bezahlen lassen.[f]

Postverlag

Ich haben bey angeregten bericht in meinem voto[18] camerali erindert, dass nur zum verlag* des postweesen jährlich 5.180 fl in ausgab einkhommen unt entgegen kein einiger nuz in empfang, als welcher bishero von denen graffen von Paar hinweckh gestrichen wordten.[g] Nun befindte ich, dass schon vor vielen jahren an seithen der hoffcammer, sonderlich[19] von anno 1646 hero, darwider reclamirt, jedoch die sachen nie fortgesezet wordten. Nun hat vor ungefehr 8 oder 9 jahren der graf Carl von Paar[20], seelig, sich selbsten anerbotten, ein mitl zu zaigen undt zue effectuiren[h], dass von solchen unkhosten wenigist ein drittl abgethan werdten könte, darüber man einsmahls bey der königlichen böhmischen hoffcanzley mit ihme zusamben kommen, und wie er gegen mir sich herausgelassen,[i] ist die intention dahin gegangen, die sach bey denen postbeförderung also einzurichten, dass sie mit zwey dritl wohl *[29]* auskhomen könten und würdten, welches durch Böhmen, Mähren undt Österreich gleichwohl bis in die 6.000 fl importirt hette, es ist aber durch seinen entzwischen kommenen todtfahl widerumb steckhen geblieben.[j] Dieses solte billich[21] reassumirt[k] und wann in kein mehrers zu erhalten, wenigst angeregtes drittl des unkhosten in richtigkeit gebracht werdten, welches nit allein auf Böhmen, sondern auch angeregtermaßen auf Mähren und österreichische länder zu verstehen.

---

[a] *Kommentar des Bearbeiters:* restringiren.

[b] *Kommentar des Bearbeiters:* woll fiat.

[c] peculium principis: *landesfürstliches Kammergut.*

[d] *Kommentar des Bearbeiters:* fiat si possibile.

[e] *Kommentar des Bearbeiters:* woll fiat.

[f] *Kommentar des Bearbeiters:* Monetcuccoli qui *(...).*

[g] *Kommentar des Bearbeiters: (aufzusehen).*

[h] *effektuieren: einzusetzen, einführen.*

[i] *Kommentar des Bearbeiters: (aufzusehen).*

[j] *Kommentar des Bearbeiters:* reassumiren.

[k] *billig reassumieren: entsprechend wieder aufnehmen.*

Pottenmaisterambt

Das bottenmaisterambt wirdt noch bis dato von der cammer allein mit jährlichen in die 1.500 fl unterhalten,[a] dargegen von der königlichen statthalterey am mehresten gebraucht. Da doch dieser unkhosten under die gubernii geldter der 30m fl, so jährlich im landtag bewilliget werden, gehörte und dem ansehen nach fast nur aus übersehung bey der cammer verblieben, als möchte durch die böhmische cammer bey selbiger statthalterey ein versuch gethan werdten, ob sie den jenigen uncosten, so aigentlich zu dem gubernio gehörig, *[30]* übernehmen möchte, dann was die cammer zu ihren nottürfften an botten schickhen und dergleichen gebrauchet, von[22] derselben bestritten werdte.[b]

Schuldten

Sonsten ist diese cammer noch mit einen schuldtenlast beleget und fast alle kayserlichen herrschaffen verschrieben, welche schuldten anno 1672 in capital 6,223.837 fl, interesse* 13,499.570 fl, zusamben 19,723.402 fl calculiret wordten.[c] Sonsten habe ich einen extract aus denen rendtmaisterischen rechnungen von anno 1653 bis 1671 gesehen, vermög dessen in solcher Zeit über 2,203.010 fl alte kayserliche schuldten eingelöst und darfür 400.209 fl ausgelegt,[d] dass also der nachlass auf 1,802.801 fl gebracht, consequenter nit gar der vierte thaill in geldt gegeben wordten, die man zwar bisweiillen wohl noch wohlfaihler hette bekhommen können.[e] Darin man mehresten in dem confiscationsweesen gantz unvorsichtig gerathen, da man große güetter umb leichtes geldt verkaufft unndt dargegen die darauf gehaffte schuldten zuer cammer übernohmen. Als nun darauf die calada* des geldts erfolgt, hat sichs befundten, dass man *[31]* kaumb den 3ten oder 4ten thaill vor das guett bekhommen, was die schulden ausgetragen. Es ist zwar darüber noch anno 1628 eine revisions commission[f] angeordnet, mit denen creditoren tractirt, die schockh* auf gulden revidirt[g], das interesse gantz abgethan und neue obligationes hinaus gegeben wordten. Also dardurch ein zimbliches stuckh hinweck kommen, allein weillen man keine bezahlung gelaistet, thuen die interesse schon täglich widerumb hoch aufschwellen. Es ist mir offt gar wunderlich vorkhommen, dass man nur die armen creditores,[h] welche von ihren richtigen hypothecen wider ihren willen weichen und zu der cammer gehen müessen, gestrafft, entgegen wenig reflection auf diejenige gemacht, so die güetter umb einen spott bekhommen, welches alles nunmehr geschehene sachen seindt. Wann über besagte 60m fl cammerquota was übrig verbleibet,[i] wirdt es zu bezahlung derley schuldten applicirt* und noch großer nachlass darbey erhalten, darzu dann auch die bishero eingestelte 46.370 fl noch weiter gebraucht werdten möchten.

---

[a] *Kommentar des Bearbeiters:* abzustellen.

[b] *Kommentar des Bearbeiters unleserlich.*

[c] *Kommentar des Bearbeiters:* 19 millionen.

[d] *Kommentar des Bearbeiters:* placet.

[e] *Kommentar des Bearbeiters:* vero.

[f] *Kommentar des Bearbeiters:* revisions commision.

[g] *auf Gulden revidieren: in Gulden umrechnen, in Gulden bewerten.*

[h] *Kommentar des Bearbeiters:* NB *(...).*

[i] *Kommentar des Bearbeiters:* reste *(determition)* daruber zu begeren.

Salzgeföll

Die ordinari salzgeföll, dahin auch die legstatt* *[32]* in Österreich ob der Enns, als Linz, Mautthausen und Freystatt gehörig, seindt bey euer kayserlichen mayestät angetrettener regirung viell schlechter, auch mit schuldten gantz überhäufft gewesen, die an der ertragnues nach und nach merckhlich, auch nur under dem jezigen deputirten* Janninalli bis in die 50 m fl jährlich zugenommen,[a] ist auch nie einiger fleiß gesparet wordeten, dieses einkhommen zu vermehren, wann man nur genuegsame assistenz gehabt. Hat also dieses ambt in denen jüngst verwichenen drey jahren aus dem mitl 386.062 fl ertragen. Darauf hafften beständtige ausgaben 160.634 fl, nach deren abzug verblieben in das hoffzahlambt 225.428 fl.[b] Bey denen ausgaben ist dieses zue erindern, dass dem salzwurzen[c] verlag* zu Gmunten vor diesen jährlich nur 51m fl beygetragen wordten.[d] Nachdem aber von gedachten salzambt aus der abgang des verlags so sehr geklagt wordten, hat man selbigen erst vor vierthalb[23] jähren noch 3.000 fl von diesem ambt zugesezt, welches den verstandt nur auf drey jahr gehabt. Da nun bey dem saltzambt Gmundten (wie aldorten *[33]* notirt werdten soll) etwas moderater gewirthschaftet würdte, so könten diese 3.000 fl widerumb eingezogen und erspart werdten.[e]

Der alte graff Losy[f] genießet neben denen 1.300 fl hoffcammer raths noch 2.000 fl saltzambts besoldtung,[g] auch bei dem wein und bier täz* vier per cento, welches sich derzeit jährlich auf 1.500 fl belauffet, item wegen der neuen tranckhsteüer 2.000 fl,[h] und 150 fl canzley unkhosten, thuet zusamben 6.950 fl, so vor diesen fast in duplo so hoch gewesen. Da man nun seines hochen alters willen derzeit nichts restringiren wolte, so wirdt man es doch nach seinem todt abthuen und seinen sohn wie den anderen deputirten*, als die gleiche verrichtung und lohn haben, besoldten, also wenigst 4.500 fl ersparen können.[i] Bey denen saltzfuhren und arbeithern hat man nach und nach schon viel abgebracht und werden die deputirten dahin gedenckhen müessen, wo etwan nach und nach weiter etwas in ersparung zu bringen.[j]

Der geistlichkeit 15 kreizer von der scheiben richten *[34]* sich nach dem verschleiss, thuen also mit demselben steigen und fallen, dahero sie der bisherigen vermehrung | umb ein nambhafftes genossen |[24].

Bey der königlichen appellation[k] ist die zahl sowohl der räth als canzleybedienten vermehret wordten, derentwegen die erinderung schon an die restrictionsconferenz kommen.[l] Des abbten von Panz ausgeworffene 5.300 fl sein kein perpetuum, sondern werdten

---

[a] *Kommentar des Bearbeiters:* placet.

[b] *Kommentar des Bearbeiters:* schön.

[c] *Salzwurzen: Bergbaugebiet des Salzkammerguts.*

[d] *Kommentar des Bearbeiters:* dern gmundnerischen rest examiniret.

[e] *Kommentar des Bearbeiters:* glaube es und fiat.

[f] *Johann Anton Losy [Losintal].*

[g] *Kommentar des Bearbeiters unleserlich.*

[h] *Kommentar des Bearbeiters:* auch zu restringiren auf 1m fl.

[i] *Kommentar des Bearbeiters:* placet.

[j] *Kommentar des Bearbeiters:* fiat.

[k] *Königliche Appellation: das königliche Appellationsgericht.*

[l] *Kommentar des Bearbeiters:* restringatur.

mit der zeit expiriren.[a] Die general losinstainische[b] und tieffenbachische[c] interesse könten gar wohl auf 5 per cento reducirt werdten[d] und würdten maniche noch viel ein wenigers nehmen, wann man ihnen alte schuldten also richtig verinteressiren* wolte. Zu dem ist die tieffenbachische noch nicht so gar klar, weillen sie von der graffen michäel[25] adolph althanische schuldt herrühret,[e] darbey viel andere creditores interessirt und die abrechnung bey der hoffcammer schon viel jahr urgirt wirdt. Dem schatzmaister Misseroni seindt wegen seiner stainschneiderarbeit jährlich 1.200 fl angewisen, darzu er noch die schatzmaister und cammerdieners besoldtung geniesset. *[35]* Es währen aber die 1.200 fl billich aufzuheben, weillen ihme alles, was er schneidet, absonderlich bezahlt werden muess[f] und wie ich vernehme, theuer genueg, dass man es von ainen anderen wohl umb die helffte leichter haben könte.

Auf diesem ambt hafftet noch absonderlich ihre mayestät, die verwittibte kayserin[g] mit jährlichen 45m fl deputat* [26] [h] und an credits partheyen der graff Losy mit 350m fl, der Janninalli 250m fl, die patres Carmeliter über der Schlagbruckhen 45m fl, hoffcammer rath Pfaff in zwey posten 6.000 fl und secretarius* Rumerskirchen 2.000 fl, zusamben 653m fl capital, die erforderen jährlichen 38.180 fl interesse.

Wein und bier tätz

Ordinari wein und bier täz* geföhl kommen dem mitl nach in der ertragsnues auf 68.584 fl,[i] darvon erforderen die besoldtungen und unkhosten 6.883 fl und die beständtigen anweisungen* darauff jährlichen 26.203 fl.[j] Diese nun von der ertragsnues defalcirt*, verbleiben 35.498 fl. Die ertragnues ist *[36]* vor diesen größer gewesen und die vornehmbste ursach des abnehmens, dass die königlichen stätt von der geistlichkeit und obern politischen[27] ständten gar zu sehr betranget,[k] die breu- und schenckhäuser zu nahendt gebaut und sie dardurch ruinirt, auch euer kayserliche mayestät zugleich um der geföhl gebracht werdten, maßen sie dann ihre publica aedificia undt stattmauren nicht mehr zu underhalten haben, also dass man ihnen darzue beytragen oder das contingent in handten lassen muess. Man laboriret schon viel jahr diesem übel vermitls einer commission zu steüern,[l] es bleibt aber alles erligen und wirdt interim übel ärger, dannenhero dieses werckh ainsmahl mit ainem eyffer anzugreifen undt zu vollendten währe. Darbey wirdt erindert, dass die 4 per cento, so der graff Losy und deputirte genossen, vielleicht

---

a *Kommentar des Bearbeiters: (invalent).*

b *In der Familie Losenstein gab es damals keinen General. Ein Fehler wegen der gemeinsam Behandlung der Zinsen von Losenstein und Tieffenbach ist denkbar. Möglicherweise handelt es sich um Franz Adam Losenstein.*

c *Vermutlich Rudolf Tieffenbach (Teuffenbach), der im Generalsrang war.*

d *Kommentar des Bearbeiters:* fiat der *(...).*

e *Kommentar des Bearbeiters unleserlich.*

f *Kommentar des Bearbeiters:* fiat und aufgehebt.

g *Kaiserinwitwe Eleonore [Gonzaga].*

h *Kommentar des Bearbeiters:* nach und nach abzuhollen.

i *Kommentar des Bearbeiters:* placet.

j *Kommentar des Bearbeiters:* examinetur et restringetur.

k *Kommentar des Bearbeiters:* abzustellen.

l *Kommentar des Bearbeiters:* fiat commission.

auf die helffte möchte zu reduciren seyn.[a] Auf die angewiesene kollowratische 64m fl, von der herrschafft Parduwitz herrührendt und[28] dem vergleich nach järlich bezahlente[29] 4.000 fl wirdt die helffte aus dem böhmischen rendtambts mitlen und die übrigen 2.000 fl *[37]* aus diesem ambt bezahlt, welches sich auf 16 jahr erstreckhet und weillen erst sechs daran verstrichen, als wirdt noch in 10 jahren kein liberation von dieser anweisung* zu hoffen sein.[b]

Zu der pragerischen und egerischen fortification[c] hat man bishero jährlich 13.433 fl beygetragen. Da man nun den fortificationskosten under das militare* bringen könte,[d] dahin er auch eigentlich gehört, undt man unlängst die austheillung darauf gemacht in der hoffnung, die ländter alle militaria tragen solten, als würdte diese post dem cammerali accresciren und zu hoffsnotturfften* gebraucht werdten können. Sonsten hafften auf diesen ambt eben die bey denen negst vorgehendten salzgeföhlen benente creditores, als welchen man das völlige deputirtenambt* auf beede ämbter zugleich versichern müessen.

Pergwerck

Im übrigen ist in denen vorigen saeculis das größte einkhommen des königreichs Böhaimb in denen pergwerckhen bestandten, welche zu millionen ertragen, wie es die historien genuegsamb bezeugen. Diese seindt nun durch allerhandt casus des kriegs, wasser und anderer zuefäll in gänzliches abnehmen gerathen *[38]*. Es haben euer kayserlichen mayestät glorwürdigster herr vatter[e], seelig, ihme sehr angelegen sein, etliche orth widerumb zu erheben, es haben es aber die unglückhseelige kriegszeiten zu keinem effect bringen lassen. Ich habe anno 1661 und 1666, als ich *[Selb]* von denen zu Dresden und Hamburg gehabten commissionen zurückkhommen, transeundo die vornembste örtter selbst in augenschein genommen, die schönste pergmanische hoffnungen verspüret, umb verleger mich beworben, etliche jahr von dem meinigen beygetragen und wenigst im Joahamsthäll und zu Pergreichenstain (dann zu Kuttenberg haben sich ohne das gewerckhen befundten) widerumb zu erheben vermainet. Es hat aber allenthalben der nachtruckh ermanglet, bevorab da sich dazumahl ein solcher oberambtmann in St. Joächimsthäll befundten, welcher die pergwerckh nicht verstandten noch etwas zu lehrnen begehret, ja denenselbsten fast feindt, genossen und mehr verhindert als befördert hat.[f] Underdessen ist doch zu Pergreichenstein fortgefahren wordten.

Insonderheit hat nach lenger als vor ainem jahr der baron von Reinburg große hoffnung gemachet, durch seine habendte *[39]* instrumenta aus denen versenckhten pergwerchen das wasser zu heben, auch sonsten in schmölzen und herausbringung eines mehrern goldts durch seine chymische wissenschafft einen großen vorschueb zu geben.[g] Es wirdt aber die zeit fast lang, dass so gar nichts effectuirt, ja gar keine prob gezaigt wirdt. Underdessen genießt er 2.000 fl und der obriste pergmaister Janninalli 750 fl besoldtung,[h]

[a] *Kommentar des Bearbeiters:* fiat 2 per cento ganz oder aliquod sich *(...)* lassen.

[b] *Kommentar des Bearbeiters:* umb nachlass tractiren und ubriges auf einmallen.

[c] *Fortifikation: Befestigung.*

[d] *Kommentar des Bearbeiters:* fiat.

[e] *Kaiser Ferdinand III..*

[f] *Kommentar des Bearbeiters:* einen besseren.

[g] *Kommentar des Bearbeiters:* vero.

[h] *Kommentar des Bearbeiters unleserlich.*

welcher letzere darzu derzeit nichts thuet, ja sogar erkläret hat, under dem von Reinburg nicht zu dienen. Dannehero von nöthen zu sein scheinet, hierinnen ainmahls auf den grundt zu kommen, damit man nit sovil besoldtung umsonst verwerffe.[a] Süntenmahlen nun gedachter von Reinburg die visitation der pergstätt schon vor ein baar monathen verrichtet, möchte er dahin anzuhalten sein, seine relation* zu überraichen,[b] daraus man die erfahrenheit in pergsachen balt wirdt abnehmen können. Was er etwan aus seinen chymicis[c] zu praestiren[d] versprochen,[e] hette er ebenfahls zeit genueg gehabt, proben zu thuen, welche kunst ich aber nicht *[40]* verstehe, noch zu lehrnen begehre, dann ich aus alle gelesenen hystoricis sovil verstandten und thails selbst erfahren, dass kein großer herr und potentat darmit reich wordten,[f] wohl aber viel hundert privati dardurch verdorben. Vornemblich würdet rathsamb sein, nicht zuviel auf einmahl anzufangen, sondern diejenige, wo die mehreste hoffnung und schon ein fundament gelegt ist, am ersten zu beobachten,[g] dann man wirdt leichter fortkhommen, auch mit einen wenigen unkhosten viel richten können, wann nur ein fleißiger mann darmit umbgehet, welcher lust zu denen pergwerckhen hat und ein wenig verstehet.

Versetzte herrschafften

In euer kayserlichen mayestät regirungszeit erindere ich mich, dass die herrschafften Predlitz und Preßnitz veralienirt* wordten, jedoch beede widerlöslich: die erste anno 1658 dem fürsten von Schwarzenberg per 150m fl und die anderte dem gewesten cardinal und ertzbischoffen zue Salzburg, Guidowaoldo oder dessen bruderen Michäeln graffen von Thuen ebenfahls per 150.000 fl. *[41]* Die erste hat der verstorbene böhmische cammerpraesident[h] zweymahl auslösen wollen, es seind aber allzeit andere nöthen vorgefallen, worzue man die geldter für nothwendiger erachtet, also dass es anstehent verblieben. Ich schließe aber daraus, dass selbige ihr interesse wohl ertragen müessen, dann sonsten er, böhmischer cammerpraesident, der auslösung sich nicht würdte underwundten haben. Wann also Gott friedtliche zeiten und mitl verleihen solte, währe billich hierauf vor anderen eine reflection zu machen. Es wirdt ihn auch dieses hierzu angetriben haben, dass die cammer, neben denen herrschafftsgeföhlen, von dannen das nothdürfftige bau- und brennholtz bequemblich haben können, welches sie under wehrendter entrathung solcher herrschafft alles umb baares geldt bezahlen müessen.

(([30] Mit Preßnitz wirdt künfftig die ablösung aus ursach leichter fallen, weillen gedachter herr cardinal under dem pfandtschilling eine post per 40m fl eingeraittet, auch dazumahl von denen buchhaltereyen* recht gesprochen wordten, dass *[42]* man ihme selbige von hoff aus schuldtig seye. Es hat sich aber balt hernach die originalobligation sambt der quittung gefundten[31], dass solche post lengst vorhero bezalt gewesen, dahero selbiger neben dem von zeit der angetrettenen herrschafft gebührendten 6 per cento inte-

---

[a] *Kommentar des Bearbeiters:* fiat.

[b] *Kommentar des Bearbeiters:* admonetur.

[c] chymicis: *chemische (alchemistische) Untersuchungen.*

[d] praestare: *leisten.*

[e] *Kommentar des Bearbeiters:* auch andere beambte vernemen.

[f] *Kommentar des Bearbeiters:* vero.

[g] *Kommentar des Bearbeiters:* fiat.

[h] *Aleš Ferdinand Wratislaw vom Mitrowitz (freundliche Mitteilung von Petr Mat'a).*

resse, so in 13 Jahren bereits 31.200 fl, also mit dem capital 71.200 fl austrägt, ganz billich widerumb zu defalciren* und nur fleyssig achtung zu geben, damit es künfftig nicht widerumb vergessen werdte. Diese herrschafft währe um der reservirten pergstätt willen, welche von dannen aus immer zue allerhandt anstöß leiden und mehrer zu grundt gehen müessen, billich am ehisten auszulösen, vornemblich wegen der darauf befindtlichen underschiedtlichen pergwerckh, darvon euer kayserlichen mayestät leichtlich ein größerer nutzen zuwachsen könte.))[32]

Es seindt sonst noch etliche andere herrschafften iure hypothecae[a] in anderen handten, nemblich der graff[33] Tschernin besizet ab anno 1646 die herrschafft Melnick umb 95m fl[34] pfandtschilling und die verwittibte fürstin von Portia, gebohrne Kawkin von Rzieczan *[43]* von anno 1626 die herrschafft Carlstain per 50m fl, darbey sich ein nambhaffter überschuess befindten solle[35], derentwegen bey der hoffcammer etliche mahl in deliberation* kommen, ob nicht eine auction[36] von ihnen zu begehren. Nun fallet zwar schwer, andere einen solchen überschuess umbsonst genießen zue lassen und[37] besteht bey mir das dubium allein in dem, ob man die mainung habe, selbige auszulösen und die mitl darzue zu überkhommen verhoffe oder nicht? Si prius[b] so würdte man mit auctionen die ablösung nur immer schwerer machen, allermaßen vor jahren mit vielen anderen güettern geschehen, die man mit nach und nach angenommenen zizlposten[c] und darzu bisweillen in schlechten mitlen und halb verdorbenen wahren viell gütter unablöslich gemacht. Siv*[e]* posterius[d] und dass man nicht auslösen wolte oder könte, so währe besser beyzeiten auf eine auction zu tringen. Es ließe sich diese sach auch wohl juridice noch besser überlegen, wann die darleihen gar zu einem großen überschuess gehabt, welches euer kayserliche mayestät zur laesion[e] geraichet, ob sie nicht derentwegen besprochen *[44]* werden könten.[38] Es ist ein urbars* abschrifft verhandten, woraus zu colligiren, dass die herrschafft Melnickh jährlich wohl um 3.000 fl höcher als das landtbräuchige interesse von 95m fl[39] genossen, genuzet worden währen, welches schon ein mehrers als das capital austragen thette, welches bey Carlstain sich nicht viel anders befindten solle. Ob nun schon dieses durch process nit völlig behaubtet werden möchte, darzue ich auch nit einrathe, so würdte es doch einen gueten vergleich befördern.

(([40] Im übrigen sind an königlichen herrschafften noch verhandten, Pardubitz, Podiebrad, Collin, Brandeis, Przerow, Zwtirow, Königshoff, Tötschnickh und Commotau. Diese haben (zwar neben Przesnitz, so obangeregtermaßen darvon kommen) aus 10 jahren, das[41] mitl genommen, in ainem jahr 52.536 fl ertragen; darauf hafften 647.854 fl capital und fast etwas mehrer an interesse, so zwar schon under dem obgedachten schuldtenlast begriffen undt wirdt dieses nur zu dem endt erindert, damit künfftig bey einlösung der alten schuldten diejenige, so specialiter auf denen herrschafften hafften, vorgezogen und selbige dardurch desto ehender eliberirt[f] werden möchten.))[42] *[45]*

---

[a] iure hypothecae: *verpfändet.*

[b] si prius: *was das Erste betrifft.*

[c] zizlposten: *kleinere Beträge.*

[d] siv*[e]* posterius: *andernfalls.*

[e] leasio: *Verletzung, Verkürzung, Benachteiligung.*

[f] eliberare: *befreien.*

Fiscalia

Es seindt in euer kayserlichen mayestät regirungszeit im königreich Böhmben etlichmahl hundert tausendt gulden an extraordinari mitlen[a] eingegangen, so mehresten thaill noch von rebellionszeiten hergerühret undt thuen deren noch viel zurück verbleiben. Ist auch der fiscalen größte klag, dass sie bey gericht darmit nit fortkhommen können und schlechte ausrichtungen haben, ja gemainiglich den kürzern ziehen müssen, welches übel nunmehr fast in allen euer kayerlichen mayestät ländern eingerüssen, da die causae domini denen privatis gemainiglich postponirt[b], so klar sie auch immer sein mögen zwafflhafftig[c] gemacht und sodann mit diesen brocardico[d] undertruckhet werden wollen: in dubio contra fiscum pronunciandum esse[e], item, sub bono principe malam causam esse fisci[f] etc. Da doch euer kayserliche mayestät einen jeden die justitiam administriren[g] lassen, also ihro[43] selbige nicht weniger widerfahren sollte, bevorab da fast alle justiz mitl von euer kayserlichen mayestät besoldet, auch alle mit aydt und pflicht verbundten sein, deroselben jura zu beobachten und schaden zuverhüetten. Ich will andere particularia[h], so bereits rechtshängig sein, nit berühren, (([44] sondern nur von der jenigen post, *[46]* so an die fürstlich eggenbergische erben[i] wegen aines kaufschillings rest der güetter Worlickh, Klingenberg, Chaynow und Klanitz gesuchet wirdt und sich in die 300m fl erstreckhet, anregung thuen, darzu noch zwo andere posten, zusamben per 8.500 fl in capitali kommen. Diese process werdten schon lange jahr herumgezogen, und zweiffle ich nicht (zumahlen ich diese sachen noch vor 23 jahren under handten gehabt und neben dem gewesten hoffcammer rath Puzen ein guetachten darinnen gegeben) der fiscus seye hierinnen genuegsamb fundiret[j]. Da nun euer kayserliche mayestät beliebte gemessen anzubefehlen, dem werckh ohne weiteren verzueg durch rechtlichen ausspruch ein endt zu machen, so würdten sie hierdurch allein genuegsambe mitl erlangen, obgedachte vier herrschafften Melnickh, Carlstain, Przesnitz und Pirkhlitz zu redimiren[k], also künfftig dero cammeral einkhommen jährlich wenigist auf 25m fl zu vermehren. Derentwegen dann zu invigiliren[l], damit keine andere partheyen hierauf verwiesen werdten, als die ungezweiffelt häuffig hervorkommen möchten, wann sie vernemen, dass die sach zum endt gehen sollte.))[45] *[47]*

---

[a] extraordinari mitlen: *außerordentliche Einkünfte.*

[b] postponieren: *nachsetzen, nachreihen.*

[c] zwafflhafftig machen: *bestreitten.*

[d] brocardicus: *Sprichwort (= www.neulatein.de/words/2/017922.htm [23.1.2019] - Johann Rammiger, Neulateinische Wortliste); Oberländer, 96: Procardica iuris = Rechtsregeln. Hier wohl in der Bedeutung „nach dem Grundsatz".*

[e] in dubio contra fiscum pronunciandum esse: *im Zweifel ist gegen den Fiscus zu entscheiden.*

[f] sub bono principe malam causam esse fisci: *unter einem guten Fürsten hat der Fiscus das Nachsehen.*

[g] justitiam administriren: *Recht sprechen.*

[h] particularia: *spezielle Fälle.*

[i] *Vielleicht die Erben nach Johann Anton Eggenberg (1610–1649), Geheimer Rat.*

[j] genuegsamb fundiret: *ausreichend belegt.*

[k] redimiren: *auslösen.*

[l] invigiliren: *darauf achten.*

Gränitzzoll

(([46] Mann ist schon offt in denen gedanckhen gestandten, dass die gränitzmauthen in Böhmen besser eingerichtet und zu ainer mehrern ertragnues gebracht werdten könten,[a] maßen dan solches anno 1672 mit zuziehung etlicher damahlig anwesender böhmischer cammer räth wohl überlegt, jedoch sovil difficulteten gefunden worden[47], dass man dazumahl darvon desistiret[b]. Mich bedunckhet aber, wann man sich nur von der canzley assistenz zu getrösten hat, es möchte sich das mehreste noch wohl superiren[c] und ein gueter effect heraus bringen lassen.))[48]

Grafschafft Glatz 3[tio]

Zue dem königreich Böheimb gehört auch die graffschafft Glatz, wiewohl sie in vielen sachen darvon eximirt ist und ihren besonderen statum führet. Diesen nun hat von der zeit euer kayserlichen mayestät angetrettenen regirung an denen einkhommen sich um ein dritl vermehret, in dem man fleißige oberregendten allda gehabt, die alles genau undersuchet haben, wiewohl sie derentwegen nicht nur von denen ständten, sondern auch dem landtshaubtman und assessore, die selbsten durch jurament verpflicht sein, das kaiserliche und königliche interesse[d] zu befördern, große verfolgungen leiden müessen, also *[48]* dass die hoffcammer zu arbeithen und thuen genueg gehabt, ihnen den ruckhen zu halten, wie euer kayserlichen mayestät selbsten zum thail gnädigst bewusst ist. Diese graffschafft nun hat in denen jüngsten drey jahren dem mitl nach 34.563 fl ertragen. Die ordinari ausgaben importiren 9.645 fl, verbleiben also 24.918 fl. Hierbey ist in denen ausgaben schwerlich etwas zu restringiren, man wolte dann etwan dem mayrhoff aufheben, welcher mir bishero allzeit suspect gewesen, ob die darauf gehendte unkhosten mit der nuzung correspondire[e], so zwar gar ein weniges austragen thette. Von veralienirungen* weiß ich anderst nicht, als dass etliche kleine lehen freygemacht wordten. Das ambtsdarlehen[f] [49] ist nur 2.000 fl[g] und liget zu 5 per cento, welches darumben in kein consideration[h] kommet, weillen es bey sich begebenden veränderungen ein jeder successor gern ablöset. An neuen anticipationen* befindeten sich derzeit darauf nur 12m fl,[i] welche der jezige oberregendt vor 2 jahren auf beschehenen befelch gleich anderen bedienten hergelichen und sich dahin versichern lassen. Darbey noch dieses zu notiren, dass ihro kayserliche mayestät, die verwittibte kayserin[j] mit jährlichen 24m fl darauf versichert ist, darauf sie zwar bishero *[49]* so starkh nicht getrungen, sondern die bezahlung aus dem hoffzahlambt angenommen. Ist also hierbey vor diesmahl nichts zu verbesseren, es möchte sich dan künfftig nach und nach bey der wirthschafft etwas eraignen, wie es bey denen privatis zu geschehen pfleget.[k]

---

[a] *Kommentar des Bearbeiters:* ausarbeiten rest
[b] disistiren: *Abstand nehmen.*
[c] superiren: überwinden.
[d] interesse befördern: *hier im Sinn von Beachtung der Belange der Königs/Kaisers.*
[e] correspondiren: *übereinstimmen.*
[f] *Amtsdarlehen: ein Darlehen eines Amtsträgers an Stelle einer Kaution.*
[g] *Kommentar des Bearbeiters:* das ist nicht guth.
[h] consideration: *Erwägung,* Überlegung.
[i] *Kommentar des Bearbeiters:* auf*(...)* darlehen darfür caution.
[j] *Kaiserinwitwe Eleonore [Gonzaga].*
[k] *Kommentar des Bearbeiters:* fiat die verbesserung der wirthschafft und *(...).*

Schlesien

Herzogtumb Schlesien. Bey der schlesischen cammer und dero rendtambt thuen die ordinari bier-, zohl-, opplsche und teschnische cammergüetter, neusalzische salzgeföhl, etc. einlauffen, welche in dem 1674, 1675 und 1676ten jahr, sovil die einkhommen quartals extracten ausweisen, dem mitl nach 291.050 fl ertragen, dargegen befinden sich gleich widerumb 102.761 fl ordinari ausgaben,[a] also dass nur 188.289 fl übrig verbleibet. Sovil nun die ausgaben betriefft, seind die cammeral besoldtungen gar gering, der oberambtlichen aber um ein zimbliches höcher, in beeden mitlen aber die persohnen[b] contra primum institutum[c] vermehret, derentwegen die particular information schon zur conferenz abgegeben wordten.

Reisuncosten

Nit weniger kommen die rais- und zehrungsuncosten *[50]* jährlich fast gar zu hoch, welches daher rühret, dass bisweillen unnöthige commissiones angeordnet[d] und mehr leuth als vonnöthen wahren, darzu deputirt* undt große lifergeldter* gegeben, per consequens, was in einem tag geschehen könte, wohl drey daraus gemacht werdten, ja es müessen bisweillen euer kayserliche mayestät zahlen, was dene partheyen obliget.[e] Dannenhero der schlesischen cammer billich anzubefehlen währe, mit anordtnungen der commissionen moderatius zu verfahren und keine überfliessige leuth zu gebrauchen,[f] insonderheit aber kein mehrer tag- oder lifergeldter* zu bezahlen, als was euer kayserliche mayestät schon vor zwey jahren resolvirt und aller stellen communicirte[50], auswerffen vermag.[g] Eben dieses müsste auch durch die königliche böhmische canzley dem königlichen oberambt intimirt[h] werdten,[i] sodann würdet man bey dieser rubrica gar leicht von 2 bis 3.000 fl jährlich ersparen können. Nicht weniger möchten sich die rendtambt ausgaben und schlesischen cammer anschaffungen in etwas moderiren lassen.[j] Des residenten in Pohlen[k] angewiesene jährliche 5.000[51] fl seind keine ordinari[52], sondern können nach beschaffenheit der sach limitirt oder gar aufgehebt werdten.[l] *[51]*

Schuldten

Diese cammer hat sonsten auch einen zimblichen schuldtenlast auf sich, darann bisweillen ein und andere post gemainiglich mit nachlass bishero angewisen und bezahlt wordten.[m] Es ist aber kein verlössliche beschreibung[53] bey selbiger cammer verhanden. Ein altes

---

[a] *Kommentar des Bearbeiters:* restringantur.
[b] *Kommentar des Bearbeiters:* restringantur.
[c] contra primum institutum: *entgegen den ursprünglichen Festlegungen.*
[d] *Kommentar des Bearbeiters:* abzustellen.
[e] *Kommentar des Bearbeiters:* abzustellen.
[f] *Kommentar des Bearbeiters:* fiat eine solche verordnung.
[g] *Kommentar des Bearbeiters:* placet et repetitur.
[h] intimiren: *offiziell mitteilen.*
[i] *Kommentar des Bearbeiters:* fiat intimatur.
[j] *Kommentar des Bearbeiters:* fiat.
[k] *Hans Christoph Zierwosky [Zierowa], Resident.*
[l] *Kommentar des Bearbeiters:* bleiben, er verdient es sehr woll.
[m] *Kommentar des Bearbeiters: (...)* für specification aller schulden.

schuldtenbuch befindet sich allhie, darauf sich aber der vielfaltig vorübergangenen[54] erinderungen halber nicht mehr zu verlassen, dahero billich ein neues zu verfassen und in beständiger verlösslichkeit zu erhalten.[a] Am mehresten aber haben vornehme ministri, als der fürst von Portia, Auersperg, Lobkowitz, Schwarzenberg mit großen anweisungen* daselbst gehafftet[b] undt sollen annoch dem jezigen kayserlichen obrist hoffmaister[c] wegen der ihme anno 1677 angewisenen 125 m fl jährlich 30 m fl bezahlt werdten. So seindt auch vor etlichen jahren gar große geheimbe posten dahin gewisen und bezahlt wordten,[d] die man allein mit denen anschaffungen belegt hat, derzeit aber findet sich keine.

Tranck accisen

Vor diesen hat man zwar durch fürstentägige erhandlung die tranckh accisen* zur cammer genossen, welche[55] erst vor drey jahren von denen fürsten und ständten zwar nicht aufgehebt, *[52]* sondern nur ad militare* gezogen wordten und jährlich bey 106.000 fl ertragen. Wann nun diese widerumb ad[56] camerale* gebracht werdten könnte,[e] so würdte es demselben eine zimbliche erleichterung geben.

Sonsten haben euer kayserliche mayestät in dem hertzogthum Schlesien schöne regalia und cammeralia,[f] welche vor diesen viel tausendt gulden mehr ertragen, die sind aber in der gantzen zeit euer kayserlichen mayestät regirung zimblich schlecht, ja fast übl administrirt wordten, nicht aus untreu, sondern aus unfleiß. Die anno 1674 in Schesien gewesene commission, so zwar sonst zimblich seicht durchgangen,[g] hat gleichwohl viel unordtnungen notirt und under andern die ambtsschuldten, anweisungen* auf particular ambter, bezahlung der gnadten aus ordinari mitlen, üble oeconomia[57] in dem fürstenthumb Oppel und Rätibor, große underschleiff in denen bier- und zohlämbtern, auf deren emendirung[h] fast niemandt gedacht.[i] Und obschon dasjenige, so euer kayserliche mayestät über angeregte commission und einkhomene relation* allergnädigst resolvirt[j] haben, alsobald hinein intimirt wordten,[k] so vernimbt man *[53]* doch wenig, ja fast gar nichts, so man darüber verbessert hette.

Raittungen

Der graff von Hochenfeldt, seelig, hat anno 1658 über 2.000 unaufgenommene raittungen bey der buchhalterey* gefunden.[l] Anno 1674 hat man der commission nur 85

---

[a] *Kommentar des Bearbeiters:* fiat ein neues.

[b] *Kommentar des Bearbeiters:* abzustellen.

[c] *Johann Maximilan Lamberg.*

[d] *Kommentar des Bearbeiters:* abzustellen und specificiren c p *[ceteris paribus: unter vergleichbaren Umständen, in ähnlichen Fällen].*

[e] *Kommentar des Bearbeiters:* placet ist fiers.

[f] *Kommentar des Bearbeiters:* bvus *[benevolus: mit Ihrer gütigsten Zustimmung]* abzufordern und specificren *(...).*

[g] *Kommentar des Bearbeiters:* ecce! Was folgert dergleichen commissionen.

[h] emendiren: *verbessern.*

[i] *Kommentar des Bearbeiters:* notandi et emendari defectus.

[j] resolviren: *einen Beschluss fassen.*

[k] *Kommentar des Bearbeiters unleserlich.*

[l] *Kommentar des Bearbeiters:* abzustellen.

haubt*[raittungen]* und etliche hundert kleine under einnemberische raittungen angezeigt,[a] dargegen schreiben andere, dass die anzahl der unrevidirten[b] raittungen sich beynahe auf 3.000 stuckh belauffen werdten.[c] Die buchhalterey entschuldiget sich mit dem, dass sie von der cammer mit abforderung bisweillen unnöthiger bericht überhäufft,[d] die raith personen[e] in commissionen zum öfftern auf viel wochen und monath verschickhet und die vacirenden[f] stellen kaumb in jahr und tag ersezt werdten, derentwegen sie in denen arbeithen nicht fortkhommen können. Die vornembste ursach aber solle sein, dass wann die buchhalterey etwan an einer passierung[g] angestanden und bey der cammer sich bescheidts erhollet, selbige etliche jahr allda verligen blieben[h] und underdessen in selbiger rechnungen, die sich jährlich vermehret, nicht fortgefahren werden können. Es ist bekhandtlich, daß in denen raittungen *[54]* von anno 1665 bis anno 1672 inclusive (außer der teschnischen undt opplischen) die resten sich auf 365.739 fl 22 xr 5 ½ fl belauffen, darvon schon dazumahl 118.326 fl 56 xr 2 fl für verlohren gehalten wordten.[i] Was wirdt dann wohl in denen vorigen jahren steckhen verblieben oder in denen jüngst verwichenen 5 jahren noch darzue kommen sein, welcher schaden erschröcklich groß ist. Ich habe noch vor 8 jahren in einem bericht an die kayserliche hoffcammer in comparatione des silberkauffs zu Wienn und Breslau (da man es doch an dem lezten orth wohlfailler als an dem ersten haben können) überreicht und demonstrative gezeigt, dass nur in der müntz zu Breslau durch den verstatteten höhern verkhauff euer kayserlichen mayestät über 300 m fl schaden geschenen,[j] davon zweiffelsohne die kauffleuth das mehreste gezogen und obwohlen die hoffnung gewesen, es solte durch die commission eruirtet[k] werden, ob nicht einige cammeralpersohn, sonderlich die mit dem münzwesen umgegangenen, davon participiret haben. Wie man dann der commission diesen punct samt einer information in specie[l] mitgegeben gehabt, die hat sich aber darmit nit vill aufgehalten. Ist also nicht zu zweiffeln, *[55]* die schlesische cammergefäll* [m] währen umb ein großes zu verbessern, wann der underschleiff undt eingriff bey denen bier- undt zohlambteren abgestelt, die wirthschafft bey denen cammergüettern recht beobachtet, die fiscalia[n] urgirt[o] [p] und wo guete beambte gern wohl wirthschafften wolten, gebührendt befördert und assistirt, nicht aber gehindert würdten.

---

[a] *Kommentar des Bearbeiters:* aufzunemben nach und nach.

[b] unrevidirt: *ungeprüft.*

[c] *Kommentar des Bearbeiters:* Faulheit des Schaffgotsch. *Christoph Leopold Schaffgotsch war Kammerpräsident in Schlesien (freundliche Mitteilung von Petr Mat'a).*

[d] *Kommentar des Bearbeiters:* abzustellen.

[e] raith personen: *Beamte der Buchhaltung.*

[f] *vazieren: unbesetzt sein.*

[g] passierung: *Freigabe.*

[h] *Kommentar des Bearbeiters:* abzustellen.

[i] *Kommentar des Bearbeiters:* alte resten, o Jesus!

[j] *Kommentar des Bearbeiters:* müntzschaden assumatur hoc negotien.

[k] eruiren: *feststellen.*

[l] information in specie: *spezielle Information.*

[m] *Kommentar des Bearbeiters: (bvus zu begern).*

[n] fiscalia: *Finanzangelegenheiten.*

[o] urgiren: *einmahnen.*

[p] *Kommentar des Bearbeiters:* fiat urgeantur.

Unwirtschafften

Allermaßen dan klagen vorkhomben, dass obschon zu Neusalza die mitl verhanden gewesen,[a] das bedürfftige boy-salz[b] [58] zu rechter zeit undt in wohlfaillen preis zu erkauffen[59], man solches eo ipso gehindert, wann auf der beambten anmeldungsmemorial[c] in 6 oder mehr wochen kein beschait erthailt wordten, underdessen die besten occasiones entgangen.

Eben also ist es auch mit dem proviandt zu Groß Glogau[d] zuegegangen, da man einen untreuen proviant verwaldter abgesezt und als der neue angestelte wahrgenommen, dass das mehreste ausbrüchig und zum thail gar verdorben,[e] dannenhero bey der cammer gebetten, eine separation zu machen und zu erlauben, dass anbrüchige auf das landt denen bauern auszuleihen *[56]* und nach der fechsung[f] frisches dargegen einzubringen. Man ihme auf vielfältige memorial gar keinen beschaidt gegeben,[g] also dass der general graff Kopp, seelig, bey seiner zuruckhrais aus Dännemarkch über 400 schäffl darvon in die Oder werffen lassen,[h] auch solches sowohl dem hoffkriegsrath als der hoffcammer angezaigt mit der erinderung, dass es mit dem übrigen nicht besser ergehen werdte. Darüber aine commission angeordnet und von seithen der schlesischen cammer der raithrath Liebig (aus dessen bosheit und falschen bericht der mehreste schaden herrühret)[i] wider des hoffkriegsraths contradiction darzu eingeschoben und etliche monath darmit zugebracht wordten, also dass der unkhosten den werth des getraidt überstaiget. Dazu noch diese schlimme wirthschafft kommen, dass ungeachtet man zu underbringung des getraidt und mehl mit etlich hundert gulden einen großen stadl mit etlichen böden hette erbauen und alles beysamben in guetter verwahrung haben können,[j] auch solches zue thuen auf euer kayserlichen mayestät aller*[57]*gnädigste einwilligung vor sieben oder acht jahren anbefohlen gewesen, ja man schon viel holtz, materialia darzu geführt gehabt,[k] solches doch nit adimplirt[l], sondern das holz anderwertig verzogen worden, also dass das getraid und mehl in etlich und fünfzig burgers häusern verligen blieben, darvon man ainen jeden jährlich[60] den 12. thail anstatt aines hauszins gelassen. Als nun vor ainem jahr die gantze statt abgebrunnen, ist der mehreste thaill von dem proviant zugleich in rauch aufgangen, gleichwohl darvon mit großen fleiß des proviandtverwalters und der quarnison ein zimbliches under dem eingefallenen gemäuer herausgebracht wordten, so wenigsten thail in der statt zum verbachen tauglich. Ist an die schlesische cammer[m] widerumb die erlaubnis begehrt worden, solches denen leuthen auf dem landt zu geben, die es besser aussäubern und was sie nit

[a] *Kommentar des Bearbeiters:* repetur bvus *[benevolus: mit Verlaub].*

[b] boysalz: *Baysalz; Meersalz, das durch Verdunstung gewonnen wird (Krünitz 132, 215).*

[c] memorial: *Denkschrift.*

[d] *Kommentar des Bearbeiters:* repetetur et *(...).*

[e] *Kommentar des Bearbeiters:* faulheit des Schaffgotsch.

[f] fechsung, fexung: *Ernte.*

[g] *Kommentar des Bearbeiters:* faulheit.

[h] *Kommentar des Bearbeiters:* o Jesus!!

[i] *Kommentar des Bearbeiters unleserlich.*

[j] *Kommentar des Bearbeiters:* erbauet stadl.

[k] *Kommentar des Bearbeiters:* ecce!

[l] adimpliren: *ausführen, vollziehen.*

[m] *Kommentar des Bearbeiters:* abzustellen.

selbst genießen für das viech gebrauchen können. Es ist aber widerumb in 3 monathen und vielleicht bis dato noch kein beschaidt erfolgt.[a] Zumahlen nun solches getraidt auf diese weis folgents gar hette verderben müessen, ist dem verwalter, der *[58]* sich bey ainen ihme bekhandt hoffcammer rath[61] rath befragt, geantworttet wordten, auf den beschaid lenger nicht zu wartten, sondern weillen periculum in mora[b] under die bauren nach der fexung nichts mehr annehmen werdten, mit der vergebung fortzufahren, er werdet künfftig schon manuteniet[c] werdten. Wirdt also der mehrere schaden vor diesmahl verhüettet sein. Dergleichen unwirthschafften irritirt die fürsten und[62] ständt, dass sie zu denen magazinen fast nichts mehr verwilligen wollen. Darzu kommet die uneinigkeit, welche in dieser cammer fast continuirlich gewesen,[d] und dass diejenige räth, so fleißiger hetten dienen wollen und können, auch bisweillen nur etwas weniges wider die üble wirthschafft geredet,[e] gleich in die äußerste persecution[f] gerathen, wie an dem Frischeisen und baron Zehetner *(viva)* exempla verhanden. Hette also das selbst nicht arbeithen wollen[63] nicht geschadet, wann man nur andere arbeithen lassen.

Buechhalterey

Insonderheit ist die buchhalterey besser zu bestellen, der jetzige buchhalter ist schon in die 70 jahr alt und hat vor etlichen monathen euer kayserlichen mayestät *[59]* sein ambt resignirt,[g] so zwar alsobalten[64] die hoffcammer hineingeschickht; man höret aber weiter nichts darvon. Ich bin schon vor etlichen jahren der mainung gewesen, man solte von hier aus ein taugliches subjectum aus der buchhalterey, daran es nit manglet, hinein schickhen, dem alten buchhalter adjungiren[h] oder ihme gar den titulum eines vice buchhalters geben.[i] Der könte leicht penetriren[j] wo die verhinderung stekhe und wie selbige aus dem weeg zu raumen, auch da es die schlesische cammer nicht thuen wolte, solches heraus berichten, also die raittungen in einen besseren lauff bringen und die resten verhüetten, ein schuldtenbuch aufrichten[k] und vielen anderen unordtnungen remidiren[l], welches ich annoch für hoch nothwendtigen erachtete, dann die leuth seint darinnen erschröckhlich intimidirt[m] [n] und understehen sich nicht leichtlich etwas an die handt zu geben, dann sie dardurch die äußerste verfolgung zu gewartten und keinen apogio[o] wissen.

---

[a] *Kommentar des Bearbeiters:* faulheit.

[b] periculum in mora: *Gefahr im Verzug.*

[c] manuteniren: *schützen.*

[d] *Kommentar des Bearbeiters:* Uneinigkeit mit der hofkammer abzustellen.

[e] *Kommentar des Bearbeiters: (contra)* Schaffgotsch.

[f] persecution: *Verfolgung.*

[g] *Kommentar des Bearbeiters:* fiat.

[h] adjungiren: *zuteilen.*

[i] *Kommentar des Bearbeiters:* fiat aber *(bvus)* von Schaffgotsch.

[j] penetriren: *dazu vordringen.*

[k] *Kommentar des Bearbeiters:* faint von neuen.

[l] remidiren: *abhelfen.*

[m] intimidirt: verängstigt.

[n] *Kommentar des Bearbeiters: (contra)* Schaffgotsch.

[o] apogio *[Apoggio]*: *Rückhalt, Unterstützung.*

Accressirte 3 fürstenthumber

Wann von denen euer kayserlichen mayestät neue accrescirten[a] drey fürstenthumben Lignitz, Brieg und Wohlau die schuldten bezahlt sein werdten, so würdte dem *[60]* camerali wiederumb ein zimbliches zuewachsen, sonderlich wann darinnen ein guete aeconomia geführt würdte[65].[b] Dann die jetzige wirdt nicht gelobet und werden es euer kayserliche mayestät mit dero schaden erfahren.

Müntzstätt

Bishero hat man zu Breslau, Oppl und Brieg müntzstätt, consequenter auch an jedem orth die darzue gehörige münzbedienten underhalten, welches bey jeziger beklembe der pagamendten[c] fast unnöthig und würdte genueg sein, wann man aine recht verlegen könte. Zu Oppl hat man ohne das nur kleine müntz, als groschen undt gröschl geprägt, so anjezo gar leicht zu Breslau geschehen kann,[d] weillen daselbst, als in der haubtstatt des landes, auch die ältiste müntz ist. Da aber sich künfftig die pagamendter reichlicher erzeigeten, könte man sich zugleich der münzstatt zu Brieg bedienen,[e] weillen selbige auf das wasser gerichtet ist, welches den unkhosten vermindert. Anno 1659 den 24. April hat man zu Breslau angefangen nach dem neüen schrott und korn[f] zu müntzen *[61]* und zaigen die bis endt 1670 communicirte rechnungen, dass in solcher zeit in allerley sorthen 7,158.220 fl 35 kr, zue Oppl aber vom 16. Maii 1669 bis endt besagten 1670ten jahrs an gröscheln 130.266 fl 33 kr, zusamben 7,288.487 fl 8 kr gebrägt wordten, darvon 448.990 fl 27 kr schlagschatz* gefallen, welcher obangeregtermaßen umb 300m fl höcher sein können, wann der silberkauff recht eingericht gewesen währe. Seithero 1671 sein keine verlässliche extract einkhommen[g] und ist an sich selbst kundtbahr, dass die ausmüntzung sehr abgenommen und sonderlich die[66] letzte jahr hero ein großer mangel an pagamenten erschienen.[h] Ist also auf den müntznutzen (welcher zwar von rechts wegen extra casum necessitatis nicht sein solte) kein sonderbahre reflection zu machen, bis man sieht, wie das reichsmüntzweesen zu Regenspurg ausschlagen wirdt.

Alienationes

Von veralienirungen* erindere ich mich in euer kayserlichen mayestät regirungszeit anderst nichts, als dass die burckh zu Breslau und Rätibor, so beede die patres Societatis Jesu überkhommen, wardurch denen cameralibus *[62]* sovil nicht entgangen. Was aber in politicis wegen Breslau einkhommen, ist nicht mei fori. Anjezo gewinnet es fast das ansehen, man wolle auch an die burg zu Teschen kommen,[i] welches viel incommoditate et damna cameralia[j] nach sich ziehen möchte, derentwegen desto sicherer darmit zugehen sein wirdt.

---

[a] accresciren: *zuwachsen, hinzukommen.*

[b] *Kommentar des Bearbeiters:* vero.

[c] *Pagament: Zahlungsmittel.*

[d] *Kommentar des Bearbeiters:* fiat.

[e] *Kommentar des Bearbeiters:* fiat.

[f] *Schrot und Korn: Raugewicht und Feingehalt.*

[g] *Kommentar des Bearbeiters: aber inskünfftig.*

[h] *Kommentar des Bearbeiters:* vero.

[i] *Kommentar des Bearbeiters:* non fiat.

[j] incommoditate et damna cameralia: *Unannehmlichkeiten und Nachteile für das Camerale.*

Dem general wachtmaister von Knygge seindt die schwibusch'sche pfandt güetter eingeraumbt,[a] auch dem general wachtmaister von Dünnewaldt das guett Sabor in fürstenthumb Glogau lehenweis ad utrumque sexum[b] übergeben wordten.[c] Dageben hat man die dem könig in Pohlen[d] versezt geweste fürstenthumber Oppl und Ratibor mit 1,100.000 fl widerumb eingelöset, die aber kaum zween per cento ertragen, auch allein die patribus Societatis Jesu jährlich 7.000 fl auf 34 jahr daraus zuerheben, daran erst 12 jahr verstrichen.[e]

Lehen und pfandgütter

Vor zeiten seind in denen schlesischen fürstenthumben feine lehen und sonderlich vill pfandtschilling gewesen, welche fast alle verschwundten und in vergessenheit kommen.[f] Man hat durch die vor 5 Jahren angeordnet geweste commission nachfragen lassen, ist aber nihil solidi beygebracht wordten.[g] *[63]* Derentwegen der müehe wohl werth, nicht allein bey der schlesischen cammer registratur,[h] sondern auch bey denen landtshaubtmanschafften in denen erbfürstenthumben, nicht weniger alhier bei der alten registratur* und anderen orth, wo man probabiliter was zu finden vermainet, mit allen fleiß nachsuchen zue lassen, insonderheit auch bey denen fiscalaten, dann ich mich erindere, vor 18 der 20 jahren von dem damahligen fiscal in Schweidtnitz und Jauerischen, Andrea Hertzog, ein scriptum gesehen zu haben,[i] dass nur in selbigen fürstenthumben ain zimbilche anzahl, zwar mehresten thaill nur kleine güettl, umb ein geringes versezt seyen.

Breu urbar[j]

Ich habe der biergeldter gedacht, welche bishero je lenger je mehr abgenommben, und ist schon vor langen jahren hero dieses die klag gewesen, dass sogar viel breu urbar und kretschmen[k] aufgerichtet, wordurch die stätt mit ihrem bierschanckh verschlagen, consequenter euer kayserlichen mayestät geföll geschwächet wordten. Es befindet sich aber bey der hoffcammer ein großes buch, *[64]* worinnen eine relation* mit vielen beylagen de anno 1612 begriffen,[l] die schon von dieser materia, auch ainer darzu angeordneten commission meldtung thuet, durch welche die breu urbar hetten examinirt und die unbefuegten abgestelt werdten sollen.

---

[a] *Kommentar des Bearbeiters: (vindelicet hoff abl[esung]).*

[b] lehenweis ad utrumque sexum: *als Lehen, das auf männliche und weibliche Nachfolger übergeht.*

[c] *Kommentar des Bearbeiters:* beschehene sachen.

[d] *Die beiden Herzogtümer waren 1645 an König Wladislaw IV. als Sicherstellung für ein Darlehen verpfändet worden und wurden 1665 wieder eingezogen, was eine Rückzahlung der Darlehenssumme notwendig machte. König von Polen war damals Johann II. Kasimir.*

[e] *Kommentar des Bearbeiters:* videatur auf die ablesung in bestandt* zu verlassen.

[f] *Kommentar des Bearbeiters unleserlich.*

[g] *Kommentar des Bearbeiters:* reassumatur *(...).*

[h] *Kommentar des Bearbeiters: (allweilen)* fleißig nachzuschlagen.

[i] *Kommentar des Bearbeiters:* aufzusuchen in seiner verlassenschafft ob dorten zu steckhen.

[j] breu-urbar: *Register für Braueinkünfte und den Brauzins als Nachweis der Brauberechtigung.*

[k] *Kretscham: vor allem in Schlesien „...ein Wirths=Haus oder eine Bier=Schenke, sonderlich auf den Dörfern ...“ (Krünitz, Encyklopädie 48, 693).*

[l] *Kommentar des Bearbeiters:* reassumatur.

Diesem nun hat weyland kayser Matthias, Ferdinandus 2dus et tertius, auch euer kayserliche mayestät selbst inhaerirt[a], solche doch niemahlen zu ainem endt bringen können und ist die letzte verhinderung in ainer competenz zwischen dem oberambt und der cammer ratione praecedentiae[b] und also dieses kaumb beygelegt gewesen,[c] ein andere ratione loci entstandten,[d] nach dem die burgg, allwo sonsten die cammer ihre ordinari rathssessiones gehabt[e] und die zusambenkunfften gewesen, denen[67] patres Societatis gegeben wordten. Obwohlen nun sich dieses ebenfahls möchte beylegen lassen, so mach ich mir doch wenig hoffnung, dass diese schon etlich undt sechzig jahr gewehrte sach noch in einem halben saeculo ein endt gewinnen werdte,[f] wann beede mitl in corpore darinnen arbeithen sollen. *[65]* Dannenhero ich der allergehorsambsten und unvorgreiflichen mainung währe, es möchte dieses werckh gewissen particular räthen,[g] als etwan aus dem oberambt den Pautschner oder Kotulynsky und aus der cammer dem von Banner oder Neydhardt, allen freyherren, aufgetragen, ihnen der ober- und niederschlesische fiscal adjungirt und anbefohen werdten, die also gemachte breu urbar commission (darinnen ungezweiffelt schon viel gearbeitet sein wirdt)[h] mit hindansezung anderer negotien ohne verzug vor die handt zu nehmen und innerhalb denen negsten 6 monathen zu vollendten. Dieses ist gar nichts unmögliches und euer kayserlichen mayestät hieran viel gelegen, weillen dieses ain mitl nicht allein das einkhomen umb ein nahmshafftes zu verbessern, sondern auch die stätt von endtlichen undergang zu erretten.

Zoll

Süntemahlen man auch ohne das in werkh begriffen, das mauth und zohlweesen zu verbessern, auch eine gleichheit in denen ländtern einzurichten, wirdt man zugleich dahin gedacht sein müessen, die verordtnungen und eingrieff bey dem schlesischen *[66]* zohlweesen zu beabachten und zu remediren,[i] maßen dann derentwegen beraits an die schlesische cammer geschrieben wordten, ein guetachten herauszueschickhen.

Schwer zu remediren

Ob nun obangeregte schödtliche unordtnungen zu remediren seyn[68], daran wirdt niemandt leichtlich zweifflen. So währe auch quaestio quomodo[j] nicht so schwer, das schwereste aber ist per quem[k]. Dann bishero die experienz gezaiget, dass schon viel befelch an die schlesische cammer ergangen,[l] niemandt aber hat selbige exequirt oder doch langsamb genueg und nur nach wohlgefallen und hat man in hac ipsa materia schon erfahren, was

---

[a] inhaerire: *anhangen, ‚auf dem Nacken sitzen', ‚erben'.*

[b] ratione praecedentiae: *wegen einer Beispielwirkung.*

[c] *Kommentar des Bearbeiters:* hoffcammerrat sollicitatur.

[d] *Kommentar des Bearbeiters: (inmitels haben ihro mayestät gelitten).*

[e] *Kommentar des Bearbeiters:* in tertio loco.

[f] *Kommentar des Bearbeiters:* fiant uber bedingungen einer *(...).*

[g] *Kommentar des Bearbeiters:* fiat.

[h] *Kommentar des Bearbeiters:* fiat bvus der cammer.

[i] *Kommentar des Bearbeiters:* fiat.

[j] quomodo: *auf welche Weise.*

[k] per quem: *durch wen.*

[l] *Kommentar des Bearbeiters:* contra Schaffgotsch.

das anno 1674 hinein remittirte kayserliche rescriptum* gefruchtet.[a] Es möchte wohl pro maxima camerali plane infallibili[b] gehalten werdten, bey denen landtcammern keine bischöff oder geheimbe räth und ministros zu praesidenten zu sezen, dann diese zu pariren[c] nit gewohnt sein,[d] auch sich anderwertig zu occupiren pflegen. [69]

Salzambt Tarnowitz und Pless

Die salzämbter Tärnowitz und Pless haben erst nach euer mayestät angetrettener *[67]* regirung anno 1658 ihren anfang genommen. Darwider under dem nahmen fürsten undt ständt vile jahr nacheinander allerhandt beschwerdten vorgebracht[70], selbige aber jederzeit von der hoffcammer solidissime abgelaint[e] und remonstrirt[f] wordten,[g] dass es die ständt insgesambt nicht angehe, auch gar diejenige, so es betreffen könne, zu queruliren[h] nicht ursach haben. Gesezt auch, dass ainem oder dem anderen privato an seinen etwann vor diesen gehabten größeren vortl etwas entgienge, so würdten doch euer kayserliche mayestät, dero jura und befüegnussen derentwegen nicht zuruckh lassen.

Es währe auch ungezweiffelt vor lengst ohne müehe alles zue stillen gewesen, wann man nur der hoffcammer oder vielmehr euer kayserlichen mayestät recht an die handt stehen wollen,[i] allein ist die schlesische cammer selbsten zuwider gewesen, maßen dan der baron Banner, schlesischen cammerrath, nach seiner verichten commission zu Tärnowitz,[j] da in seiner abgelegten relation* [71] alles verkleiner und das einkhommen widersprochen, *[68]* ihme aber das contrarium gezaigt wordten, sich endtlich selbst herausgelassen, wer ihme anlaittung gegeben, dieses salzambt übern hauffen zu werffen[k] und die assistenz versprochen.[72] So erindere ich mich auch, dass ainsmahls bey ainer conferenz, als man die unerheblichkeit der also genanten fürsten und standten angezogenen rationen remonstiret, von ainem ministro vermeldet wordten, es seyen gar keine rationes[l] vonnöthen,[m] sondern genueg, wann die standt nur sagen, dass sie beschwerdt seyen.[n] Auf welche weis dann, so oft euer kayserliche mayestät etwas deroselben nuzliches introduciren wolten, ein jeglicher, so nur den nahmen der ständt führet, es gleich pro arbitrio[o] hindertreiben könte. Neben dem ist wissentlich, dass bey denen fürstentägen und sonderlich engen zusambenkonfften bloß etliche advocaten, die den nahmen der landtsbestelten führen, zu-

---

[a] *Kommentar des Bearbeiters:* aufzusuchen.

[b] pro maxima camerali plane infallibilis halten: *als Grundsatz des camerale schechthin ausgeschlossen werden.*

[c] pariren: *gehorchen.*

[d] *Kommentar des Bearbeiters:* vero.

[e] solidissime abgelaint: *ernsthaft abgelehnt.*

[f] remonstriren: *darlegen.*

[g] *Kommentar des Bearbeiters:* placet.

[h] queruliren: *klagen, beschweren.*

[i] *Kommentar des Bearbeiters:* glaube es.

[j] *Kommentar des Bearbeiters unleserlich.*

[k] *Kommentar des Bearbeiters:* interrogetur.

[l] rationes: *Begründungen.*

[m] *Kommentar des Bearbeiters:* NB.

[n] *Kommentar des Bearbeiters unleserlich.*

[o] pro arbitrio: *nach Gutdüncken.*

esamben kommen,[a] welche durch ein ainiges brieffl, ja gleichsamb nutu[b] eines oder im landt oder bey hoff für möchtig gehalten wirdt, wohin man will *[69]* zu lenckhen sein. Da aber euer kayserliche mayestät ainesmahls die principales selbsten fragen ließen, würdte ungezweiffelt weit ain anders facit herauskommen. Es ist ja kein fürst mehr in Schlesien, als herzogen von Württemberg zu Öls[c], Lobkowitz[d] und Auersperg[e], deren devotion nit[73] also bekandt, dass sie in ainer so billichen sach nicht contradiciren[f] werdten, man müsste sie dan anderwertig darzue verlaitten. Ihre ständt werden niemahl ein gleiches interesse[g] habe und würdten in denen erbfürstenthumben schlechte landtshaubtleuthe sein, wann sie dieses nit superiren[h] könten, zum fall je ainem standt einfiele, ein gravamen[i] darwider zu erweckhen.

Euer kayserlichen mayestät gebühret das regale des salz in Schlesien[j] sowohl als in anderen landten, wie es weylandt kayser Rudolphus der Anderte gar wohl gezaiget und denen, so es zu difficultiren[k] vermaindt, scharpfe verweis gegeben hat. Es haben auch euer kayserliche mayestät nicht vonnöthen, viel conferenzen hierüber mehr anzustellen, sondern, wann sie nur ihren endtlichen willen declariren und befehlen, so wirdt dem werckh *[70]* schon gehoffen sein, wann nur die königliche böhmische hoffcanzley ein wenig handt mit anlegt und nicht zuwider ist.[l]

Ungeachtet nun aller widerwertigkheit, verfolgung der beambten, tacite und expresse[m] verstatten underschlaiff[n] und schwärzung*, verwaigerte umbfertigung der patent[o] etc. hat man gleichwohl jährlich in die 52 bis 53m fl überschuess bekhomben. Es ist zwar anno 1675 und 1676 nur 123.377 fl eingegangen, nach abzug 77.327 fl uncosten 46.050 fl geblieben, dass in diesem jahr über 4.000 fl ertragen. Diesen abgang hat die in Pohlen so[74] starkch grassirte pest und andere vielfältige impedimenta[p] verursachet. Es ist aber unzweiffentlich und fast moraliter gewiss, dass solches nicht nur widerumb auf das vorige (wie dann schon im jüngst verwichenen 1678ten jahrs aus diesem ambt 57m fl auf anweisungen* bezahlt und der zuvor gedachte abgang ersezt wordten) zu bringen, sonderlich auch jährlich über 100m fl kommen werdte, wann nur die patenta widerumb erfrischet und das landtrecht[q] geschlossen wirdt. Undt ist hierab desto steiffer zu halten, weillen *[71]* sich im dorff Salza des teschnischen fürstenthumbs ein schöne hoffung eines salz-

---

[a] *Kommentar des Bearbeiters:* ecce!
[b] nutu: *auf Befehl.*
[c] *Silvius II. Nimrod, Herzog von Württemberg-Öls.*
[d] *Wenzel Eusebius Lobkowitz als Herzog von Sagan.*
[e] *Johann Ferdinand Auersperg, Herzog von Schlesien-Münsterberg.*
[f] contradiciren: *widersprechen.*
[g] interesse: *hier in der heutigen Wortbedeutung.*
[h] superiren: *überwinden.*
[i] gravamen: *Beschwerde.*
[j] *Kommentar des Bearbeiters:* placet.
[k] difficultiren: *bestreiten.*
[l] *Kommentar des Bearbeiters:* fiat.
[m] tacite und expresse: *stillschweigend oder ausdrücklich.*
[n] underschlaiff: *Unterschlagung.*
[o] patent: *kaiserliche oder landesfürstliche generelle Anordnung.*
[p] impedimenta: *Hindernisse.*
[q] *Landrecht schließen: den Landtag schließen.*

berkhwerkchs verspüren lasset,[a] dazu man schon das güetl Salza erkhaufft, die brunnen gereiniget und eine siederey mit 2 pfannen aufgerichtet, auch noch diesen herbst mit dem sieden einen anfang machen wirdt. Solte sich darneben ein stainsalz eraignen, wie es das ansehen gewinnet, so würdten euer kayserlichen mayestät einen noch viel größeren schatz aus dem salzregali zu schöpfen haben. An dieses ist sich ganz nicht zu kheren[b], ob schon die ständt die vertröstung geben, auch die canzley[75] bisweillen adstipuliret[c], dass man dasjenige, was durch aufhebung der salzlegstött* entgehen thette, durch höchere oder gar besondere bewilligung widerumben herein bringen und ersezen würdte, zumahlen sich hierauf im geringsten nicht zu verlassen.[d] Dann geschicht ein besondere bewilligung, so wirdt unfehlbarlich die haubtbewilligung umb soviel desto kleiner und währet etliche wenig jahr, finden sich auch allzeit ursachen, zu depreciren[e].

Gewiesse und aigene 50m fl[f] seindt euer kayserlichen mayestät *[72]* allzeit nuzlicher und in allem nothfahl weit besser und sicherer, als 100 oder mehr tausendt gulden, die erst von denen ständten erhandlet oder erbetten werden sollen.[g] Und scheinte fast, dass diejenigen, so nur dahin zihlen euer kayserlichen mayestät dero aigne und gewisse geföhl zu verminderen oder gar aus den händten zu bringen, kein anders absehen zu haben, als euer kayserlichen mayestät die authoritet so weith zu benehmen[h], dass sie allein von denen ständten und gleichsamb aus ihrer gnadt leben müssten.

Wann euer kayserliche mayestät bisher nicht noch eigne ambter und mitl gehabt hette, würdte sie diese jahr hero auf die landtagsbewilligung, ob selbige schon sehr groß gewesen, wenig anticipationes* gefundten haben,[i] sondern das gemaine weesen[j] fast nothwendig zu grundt gehen müessen.[76]

Ausgaben

Die ausgaben auf diesem ambt seindt groß unnd diese 3 jahr her dem mitl nach auf 77.327 fl kommen.[k] Die größte summa ist für erkaufftes salz ausgegeben wordten. Das fuhrlohn ist in 2 jahren hero aus obangeregter ursach gestiegen, da man in pestzeit die leuth nicht *[73]* nach belieben und zu rechter zeit haben können, auch nit alle gebrauchen dörffen, so aber schon widerumben abnehmen wirdt. Die übrige posten alle staigen und fallen.

Im übrigen seindt auf dieses ambt verwiesen ihro mayestät die verwittibte kayserin[l] mit 20.000 fl deputat* [m] und erst mit eingang des 1679ten Jahres widerumb 10 m fl an ih-

---

[a] *Kommentar des Bearbeiters:* fiat, zu *(probieren).*

[b] ist sich ganz nicht zu kheren: *muss man sich nicht kümmern.*

[c] adstipuliren: *versprechen, behaupten.*

[d] *Kommentar des Bearbeiters:* vero, ist ganz ungewiss.

[e] depreciren: *[darum] bitten.*

[f] *Kommentar des Bearbeiters:* vero.

[g] *Kommentar des Bearbeiters:* vero.

[h] benehmen: *wegnehmen.*

[i] *Kommentar des Bearbeiters:* vero.

[j] das gemeine weesen: *‚Land und Leute', der „Staat".*

[k] *Kommentar des Bearbeiters:* restringatur bvus *[benevolus, mit Ihrer gütigsten Zustimmung].*

[l] *Kaiserinwitwe Eleonore [Gonzaga].*

[m] *Kommentar des Bearbeiters:* ecce!

rer accordirten praetension*, nicht weniger ihro mayestät die königin in Pohlen[a], anjezo herzogin zu Lothringen mit 18m fl, item denen patres Societatis Jesu missionariis 400 fl. Dazu ist noch der hoffcammer rath Barthalotti mit jährlichen 1.300 fl kommen,[b] welches ich für eine besoldtung oder pension halte und darbey dieses allein pro speciali erachte, daß ihme solche bezahlung gegen aigene quittung geschehen solle, welches keinem anderen hoffcammer rath geschicht, die auf anderen ämbtern angewisen seindt, sondern alle, ja ihro mayestät, die verwittibte kayserin selbst, hoffzahlambts quittungen nehmmen und gegen denen selben die bezahlung erheben müssen. Es geraichet auch dieses künfftig zur confusion,[c] *[74]* indem man in denen hoffzahlmaisterischen raittungen nit völlig findet,[d] wieviel hoffcammer räth besoldet sein oder pensiones geniessen. Ist also dieses additamentum[e] der aigenen quittung vielleicht nur aus einem verstoß[f] oder aus favor[g] eines secretarii* geschehen.[h] Dahero billich und der ordtnung gemäß, daß er, Barthalotti, solche 1.300 fl gleichfahls gegen hoffzahlambts quittung erhebe. Darbey noch dies in consideration zu ziehen, wann man dieses salzambt aufheben wolte,[i] wohin nur die zuvor angeregte 3 posten mit 48m fl, die aine gantz richtige bezahlung erforderen, bey diesen angustien[j] der mitlen verwisen* werden solten?

Mähren

In dem marggraffthumb Mähren bestehen euer kayserlichen cammergeföhle in dem wein und bier täz*, gränitz mauthgeföhlen* undt 4.000 fl judtenquota,[k] so sambentlich in das rendtambt (welches haus euer kayserliche mayestät aigenthumblich zugehöret) einlauffen und haben bishero dem mitl nach ertragen 18.020 fl, *[75]* dargegen die ordinari ausgaben auf 6.215 fl, also dass nur 11.805 fl übrig verbleiben thetten. Warumb aber die geföhl dieses landts so gar klein sein, ist die ursach, dass die saltzgeföhl, so ein merckhliches ertragen, zu dem saltzambt Wienn,[l] auch der viehaufschlag* zu dem österreichischen handtgraffenambt gezogen und allda verraitt werden.

Wein und bier tätz

Beneben ist schon von geraumben jahren hero geklagt wordten, was für eingrief und abbruch in dem wein und bier täz* durch die geistlichkeit in Mähren[m] und in specie durch die thumbherrn und capitulare zu Ollmütz, auch die patres Societatis Jesu zu Znaimb[n] und

[a] *Königin Eleonore Maria Josefa.*
[b] *Kommentar des Bearbeiters:* abzustellen c p *[ceteris paribus].*
[c] *Kommentar des Bearbeiters:* alles durch hoffzahlambtische quittungen, aigene quittung abzustellen NB.
[d] *Kommentar des Bearbeiters unleserlich.*
[e] additamentum: *Zugeständnis.*
[f] verstoß: *Unauffindbarkeit, Irrtum.*
[g] favor: *Begünstigung.*
[h] *Kommentar des Bearbeiters:* ecce *(...).*
[i] *Kommentar des Bearbeiters:* bleibt dabei, keineswegs aufzuheben.
[j] bey diesen angustien der mitlen: *bei dieser Knappheit der finanziellen Mitteln.*
[k] *Kommentar des Bearbeiters:* notetur.
[l] *Kommentar des Bearbeiters:* NB.
[m] *Kommentar des Bearbeiters:* Ollmutz
[n] *Kommentar des Bearbeiters:* NB Znaimb.

anderen orthen, geschehe, welche euer kayserlichen *[mayestät]* lenger zu gedulten umb sovil weniger schuldtig sei,[a] weillen zugleich darunder das ius tertii[b] leidet, in dem dardurch die stätt und burgerschafft zu grundt gerichtet werdten, zumahlen natürlich ist, wann sie von ihren wein und bier den täz* und tranckhsteüer bezahlen sollen, sie es nit sowohl faill geben können, als die *[die Geistlichkeit]* darvon nicht geben. Es hat die stött Ollmütz nit weniger *[76]* als die hoffcammer dieses schon oft angebracht, jedoch eines so[77] wenig als das andere erhalten. Man hat dieses von der hoffcammer aus erst vor etlichen monathen umbstandtig widerhohlet und umb die remedirung[c] gebetten. Anstatt deren hat man von dem königlichen tribunal im marggraffthumb Mähren bericht und guetachten abgefordert, allwo doch wissentlich alle vorige beschwerden schon viel jahr begraben liegen. Ist also kein wunder, wann man so gar kein assistenz hat, sondern die hoffcammer fast übler als privat partheyen umb die weeg sprenget, dass die regali endtlich abnehmen oder gar zu grundt gehen müessen. Das remedium[d] wäre hierinnen gantz leicht, wann nemblich nur die vorige wein- und biertäz patenten verneuert und mit eyfer darob gehalten würdte, wozu nicht viel bericht und gutachten vonnöthen. Es versicheren auch die beambte, wann es nur balt geschehen thette, dass diese geföhl* jährlich wenigst in die 10m fl mehrers ertragen würdte. Was bey der statt Iglau selbige mölzer ex conniventia[e] eines kayserlichen täz* einnembern *[77]* und zugleich burgers verübet und anstatt 24 4emerige* vass nur 15 *[solcher Fässer]* vertäzet und als sein successor solches angezaigt, hat sich gar der magistrat darumb angenommen und ein gerechtigkeit[f] daraus machen wollen. Solches ist erst den 27. Julii jüngsthin pro remedio allergehorsambst vorgetragen und gnädigst resolvirt wordten.

Landtags commissarius

Bey denen ausgaben wirdt erinnert, dass es wegen der 749 fl post unkhosten die beschaffenheit habe, wie oben bey dem königreich Böhaimb pag*[ina]* 28. Die 2.500 fl jährliche lieffergeldter, so auf einen hoffcammer rath, so zu ainen landtcommissarium gebraucht wirdt, währen gar wohl und billich zu restringiren und scheint fast mehr, daß man darmit einen rath eine adjuta* geben, als dem camerali und publica[g] viel helffen wolle. Dieses ist mehresten thails aufkhommen, alls man etliche jahr nach dem minsterischen frieden[h] mit denen ständten (welche geraumbe zeit die kriegscontributiones* ausgaben under sich gehabt und durch ihre darzue bestelte administriren lassen) in weithläuffige abraittung gerathen, welche man *[78]* mit fleiß under wehrender zeit des landtags vorgenommen, also der commissarius sich etwas lenger und continuirlich daselbst aufhalten müessen. Nachdem aber selbige vemitls einer pauschhandlung sich geendet gehabt, erinder ich mich, dass der Johann Putz und Peverelli, seelig, nur etwan ein baar tag vor der landtagsproposition gemainiglich per posta hinein kommen, die gemüetter der ständte desto besser zur be-

---

[a] *Kommentar des Bearbeiters:* abzustellen.

[b] ius tertii: *Rechte Dritter.*

[c] remedirung: *Behebung.*

[d] remedium: *Heilmittel.*

[e] ex conniventia: *wegen des Wegsehens.*

[f] gerechtigkeit: *Recht, Anspruch.*

[g] als dem camerali und publica: *als dem Camerale und der Allgemeinheit.*

[h] *Der Friede von Münster nach dem Dreißigjährigen Krieg.*

willigung zu disponiren, sobald auch die erklärung erfolgt, sich widerumb heraus zu ihren diensten begeben. Und da es die notturfft* erfordert[a], nach von hier abgangener replic sich widerumb auf wenig tag hinein erhoben. Von 15 oder 16 Jahren hero thuet der commissarius gemainiglich mit seiner gantzen familia hinein raisen, viel hausrath und provision in wein und anderen mitnehmen, auch gemainiglich 5 oder mehr[78] monath darinnen verbleiben oder anderwertig seiner gelegenheit pflegen, interim tägich 16 $^{2}/_{3}$ fl lieffergeldter neben der fortlauffendten besoldtung geniessen. Von dem nuzen waiß ich nit viel zu schreiben, glaube aber *[79]* fast, dass die landtäg dardurch mehr verlängert als abgekürzt werden. So hat es anlass gegeben, dass nunmehr auch die von der canzley aus verordtnete commissarii gleichmäßige lieffergelder praetendiren, welches der graff von Sternberg vor drey jahren mit großer ungestümmigkeit gethan und die böhmische hoffcanzlei ihme an die handt gestandten, so sich auch propter paritatem rationis[b] nicht unbillichen könte, sonderlich[79] wann ainer verordnet wirdt, der im Mähren nicht begüettert ist.

Mein unvorgreiffliche mainung währe, es möchte künfftig nicht verstattet werden, einen cameral landtagscommissario so vil monath continuirlich zu Brünn oder in Mähren zu sizen, sondern nach obangezogenen exemplen nur etliche tag vor der proposition des landtags hineinzugehen, die gewöhnliche supplementa ablegen zu helffen und nach beschehener erklärung der ständt sich widerum heraus zu begeben und ohne weitheren befelch (zumahlen es nit allzeit vonnöthen sein wirdt) nicht widerumb hinein zu raisen. Ingleichen hette die canzley zu beobachten, ihrerseits allzeit *[80]* auf einem im landt begüetterten gedacht zu sein. Wann aber euer kayserliche mayestät einen gehaimben rath abordneten, so könte die hoffcammer ihme das camerale* gleichfahls anvertrauen und hette keines weiteren comissarii vonnöthen, allermaßen erst vor — jahren mit dem graffen von Rothall geschehen. Auf eine solche weis würdten die liefergeldter* ein geringes oder gar nichts kosten.

Müntzhaus

Vor diesen ist auch in Mähren eine münz, auch hierzue in der statt Brünn ein freyes müntzhaus gewesen, welches der von Chaos[c], seelig, ainsmahls widerumb erheben und allda müntzen lassen wollen, welches aber wenig monath gewehret, und hat er nach überkhommener wienner münz allen werckhzeug hierher transportiren lassen. Anno 1659 hat man widerumb praeparatoria darzu gemacht, so aber nicht fortgegangen. Interim ist angeregtes haus so ganz zu grundt gangen, gegen ainem anderen vertauscht wordten, welches zur salzversilberung* gebraucht wirdt.

Schulden

Auf diesem rendtambt hafften 10m fl capital, so der vorige rendtmaister Viechter[d] heergelichen, *[81]* die zwar kein ambtsdarlechen, sondern aus der kriegscassa bezahlt werdten solten. Welche beschaffenheit es auch mit der jezigen rentmaisters Catani 100m fl hat, derentwegen beede posten, wie auch diejenige 1.500 fl, wormit sich der hoffbuchhalterey director Weigandt dahin versicheren lassen, in der neuen anticipationslista* einkhombe.

[a] die notturfft erfordert: *notwendig ist.*

[b] propter paritatem rationis: *wegen der Gleichmäßigkeit, Gleichbehandlung.*

[c] *Johann Konrad Richthausen [Chaos].*

[d] *Möglicherweise der spätere Einnehmer und Oberstkammergraf in den Bergstädten, Johann Andreas Viechter von Grub.*

Erst in diesem jahr hat der graf Stephan von Würmb eine anweisung* per 19m fl in Mahren erhalten, daran ihme schon ein zimbliches auf restandten ausgewisen wordten.

Zollgefehl

Die zohlgeföhl, so allein von denen hungarischen gränizen bestehen, haben sehr abgenohmen, dass sie nicht gar mehr auf 2.000 fl kommen. Und als ich *[Selb]* vor 4 jahren einen mann nahmens Johann Hainrich Hellebrandt, so ohne das in euer kayserlichen mayestät handtgraffischen diensten, dahin verhandlet sich darum anzunehmben und durch abstellung der bekhandten müssbräuch selbiges geföll in einen besseren standt zu bringen, der es auch auf seinen unkhosten zu thuen auf sich genommen, hab[80] darbey ich gleichwohl große contradiction[a] gehabt, *[82]* jedoch mit assistenz des hoffcammer praesidenten durchgetrungen. Seindt also solche geföll nur von 3 jahren hero schon über das duplum gestigen und ist nit zu zweiflen, wann das königreich Hungarn in den ruehestandt kommen thette und man in dem fleiß fortfahret, es möchte sich noch umb ein duplum vermehren. Die handtgraffengefell* des viechaufschlags* (so zwar angeregtermaßen[b] zu dem österreichischen handtgraffenambt gegeben werdten) seind durch angewendten sonderbahren fleiß gedachtes Hilleprandt und der undergebenen über ein drittl vermehret wordten.

Burgvogtey zu Znoimb

Sonsten findte ich nit, dass euer kayserlichen mayestät glorwürdigsten eltern und vorfahrer von ainem saeculo her beständtige aigenthumbliche güetter in diesem marggraffthumb gehabt hette, außer der burggvogtey zue Znaimb, so derentwegen berüehmt geweesen, weillen kayser Sigsmundus anno 1437 daselbsten gestorben. Es muess auch selbige schöne pertinentien gehabt haben, welche doch vor lengst darvonkommen sein müessen, weill sogar keine *[83]* rechte nachricht darvon mehr zu finden ist. Nach der anno 1619 entstandtenen rebellion ist noch etwas wenigs übrig gewesen und sollen anno 1624 etliche dörfer folgents darvon vergeben worden sein, neben dem schönen großen waldt bey Znaimb, welcher denen patres Societatis Jesu zum thaill wordten. Darvon bey der hoffcammer registratur* nichts zu findten, sondern es soll durch die böhmische canzley gegangen sein. Bey euer kayserlichen mayestät angetrettenen regirung hat man fast umb nichts gewusst, bis durch ainen anonimam[c] herfürkomen, dass der kayserrichter[d] zu Znaymb noch etwas under sich habe. Darauf man dann sovil penetrirt, dass das gebäu schon lengst gantz zu grundt gegangen und noch eine schlechte mauth nur von woll und fisch, so jährlich etlich und zwantzig gulden ertragen, neben einer anzahl zerstreuter underthannen übrig, welche vörmög aines alten urbari extractus[e] große dienst zu reichen schuldig, jedoch in vielen jahren nichts entrichtet. Darüber man einen versuch gethan, dieses zwar geringe einkhommen vermittls eines bestandt* widerumb *[84]* zu erheben und vor 13 oder 14 jahren den damahligen haubtman in znaimber crais, Hainrich Schlawikhowitz, darzu erhandlet, jährich 200 fl bestandtgeldt darvon zu raichen. Der hat aber, ungeachtet alles angewendten fleiß und gehabter authoritet darmit nit fortkhommen können, mehresten aus

---

[a] contradiction: *Widerstand, Widerspruch.*

[b] angeregtermaßen: *wie vorgeschlagen.*

[c] anonima: *ein anonymer Anzeiger.*

[d] *Vermutlich der Stadtrichter als Organ des Königs/Kaisers.*

[e] urbari extractus: *Auszug oder Abschrift aus dem Urbar.*

der ursach, dass die underthanen vor diesen gantz frey gewesen, nach und nach aber in die landtscontribution* gezogen wordten, dahero die große dienst nimmer raichen können. Man hat bey denen gesambten ständten im landtag umb die exemption angehalten, aber nichts gefrüchtete. Die vier besten dörffer hat der graf von Althan zu der herrschafft Joslowitz genossen, welchem euer kayserliche mayestät selbige gegen 40.000 fl abschreibung an seiner praetension* völlig hinaus gelassen.

Indem man nun von dem rest nach abzug der unkhosten jährich nicht 100 fl genüessen können, auch noch dies darzue kommen, dass an denen ruderibus[a] der burgvogthey ein[81] stuck von der stattmauer eingefallen, so die hoffcammer repariren sollen, das *[85]* einkhommen aber auf etliche jahr darzu nicht erkleckhen[b] mögen, hat man cameraltier für nuzlicher erachtet, dieses schlechte weesen dem plus offerenti zu überlassen und dardurch zugleich das perpetuum onus reparationis[c] hinweckh zuschieben, welches auch euer kayserliche mayestät gnädigst beliebt. Nachdem nun sich underschiedtliche darumb angemeldet, deren ainige es nur geschenckhter haben und anderen den werth an alten kayserlichen schuldten abschreiben lassen wollen, habe ich *[Selb]* mich entlich selbsten angegeben und das baare geldt darfür zu bezahlen offerirt, aus der offentlich beygefüegten ursach, weillen mein güthl Wischenau nahent bey Znaimb gelegen und der platz der burggvogtey frey ist, ich *[Selb]* daselbst einen traidtkasten[d] und stallungen zuerichten lassen wolte, mein getraidt in bessere sicherheit (darzu der tartarische einfall und andere feindtliche betrohungen anlass gegeben) daselbst zu haben, auch dass meine underthanen, wann sie auf den markcht dahin kommen ihre rössl einstellen und als arme leuth das stallgeldt ersparen möchten. Die reparation der *[86]* stattmauer aber solte das erste sein. Als nun entlich noch vor etlich jahren euer kayserlichen mayestät diese sach vorgetragen wordten, haben sie die resolution darüber suspendirt, welches ich zwar so groß nicht geachtet, außer dass mir leidt gewesen, dass euer kayserliche mayestät auch dieses zwar geringe emolumentum[e] aus handten gespiellet werden wollen. Bin aber gleichwohl gar klar darhinder kommen, dass der hoffcammer secretarius*, anjetzo zwar rath und ein collega, die von Znaimb erindert, ich *[Selb]* sey derjenige, so das mehreste für die burggvogtey offerire, es sey mein intentention viel gebäu darinnen zue führen, handtwerckhsleuth hineinzusezen und burgerliche gewerb zu treiben, welches der gemainen statt zu großen abbruch und schaden geraichen würdte, dannenhero sie beyzeiten praeoccupiren[f] solten. Wardurch die gueten leuth sich schröckhen und euer kayserliche mayestät durch geistliche persohnen gehorsambst bitten lassen, diese ungelegenheit von ihnen abzuwendten. Da mir doch etwas dergleichen nie im sinn kommen und alle damahl anwesente hoffcammer räth bezeügen müessen, dass ich *[Selb]* anderst nichts als kästen unndt *[87]* stallungen, neben etwan ainen stübl für denjenigen, so darauf achtung gibt, erbauen lassen, auch ainem revers erlegen wolte, dass weder von mir noch meinen erben der burgerschaff an ihren gewerben ainiger eintrag nicht geschehen solte. Was den secretarium hierzu bewogen, ist mir ebenfahls unverborgen, will aber darvon nicht melden. Mir ist beneben dieses zu besorgen gewesen, dass bey all meiner behuetsambkeit, indem ich *[Selb]* mich in

---

[a] ruderes: *Ruinen.*

[b] erkleckhen: *ausreichen.*

[c] perpetuum onus reparations: *die dauernden Reparaturkosten.*

[d] traidtkasten: *Getreidespeicher.*

[e] emolumentum: *Vorteil, Nutzen.*

[f] praeoccupiren: *zuvorkommen.*

die kayserliche cammeral gefell* weder durch bestandt*, gesuechte befreyung und in andere weeg nie einigemiescht oder den geringsten vortl daraus gezogen, gleichwohl durch solches heimbliche angeben bey euer kayserlichen mayestät[82] in ainen ungleichen verdacht, als ob ich zur unnöthiger alienation aus aigenen nutz hette helffen oder meinen negsten schaden zufüegen wollen, gezogen worden sein möchte. Dahero diese occasion nit auslassen können, diese wahrhaffte erleütterung allerunderthänigst beyzubringen.

In der rebellion seind in Mähren auch viel güetter confiscirt wordten, es ist aber bey euer kayserlichen mayestät angetrettener regirung auch lang vorhero keines mehr übrig, wie ingleichen die herrschaft Jeispitz, so durch tausch herüber kommen, schon vergeben gewesen. *[88]*

Österreich

In Österreich under[83] und ob der Enns habe ich *[Selb]* in meinen aufsatz, so vermutlich sich bey der restrictionsconferenz befindet, die ambter in drey classes gethaillet: als primo diejenige, so von einer ertragnues seindt; secundo, welche keinen überschuess abwerffen; tertio, welche versezter noch in anderen handten sein; in solcher ordtnung will ich anjezo verbleiben. Belangendt nun die ambter, so bey euer kayserlichen mayestät angetrettenen regirung sich befunden und ainen überschuess ertragen, darunder auch ich diejenige ziehe, so zwar dazumahlen versezt gewesen, hernach aber successive wider herbey gebracht wordten ist.

1mo *[Erste Klasse – ertragreiche Ämter]*

Salzamt

Das salzambt, darein auch die in Mahren fallendt salzgeföll einlauffen, weliches nach und nach per industriam umb ein großes verbessert wordten, also dass nunmehr die ertragnues dem mitl nach auf 400.221 fl kommt. Und wusste ich derzeit darbei (außer etwa kleiner pöstl, so sich nach und nach eraignen) nichts sonderliches zu verbessern, man wolte dan das küefl* salz umb zwey oder drey groschen staigeren. Wann möglich währe, wie ich es darfür halte, *[89]* das ausseer undt gmundtner salz in eine rechte proportion des werths zu sezen, so würdten euer kayserliche mayestät nicht allein in beeden landten alle überreyther* ersparen, sondern auch die geföll jahrlich umb viel tausendt gulden verbesseren können. Weillen aber dies mitl von zweyerley cammeren dirigirt werden, ist es schwerlich zu hoffen, dann ein jeder suchet nur seine gefell[84] zu vermehren, obschon dem andern doppelt darmit geschadet wirdt und considerirt nicht, dass alles ainem herrn und in ainen beutl gehöre. Diese unwürthschafft zu begehren würdt ain jeder privatus bedenckhen haben, welche zwar nit nur in salz, sondern auch im eysen, stall und vielen anderen begangen wirdt, wie es auf allen fahl besser wirdt können deducirt werden.

Durch den einbruch des pohlnischen salz in Mähren geschicht denen geföhlen ebenfahls ain großer abbruch, wann aber in Schlesien die pagina 66 angeregte vorsehung geschehen thette, würdte diesem übl balt abzuhelffen sein. So würdte auch künfftig das türckhische oder siebenbürgische stainsaltz um desto leichter zuruckh zu treiben *[90]* sein, wann man nur einander recht assistirte. Man hat noch anno 1674 mit dem hungarischen cammer praesidenten[a] conferiret, wie das gmundtnerische salz mehrer in Hungarn zu treiben sein möch-

[a] *Leopold Kollonitsch.*

te, und ist das conclusum dahin gegangen, eine neue formb der kuefen*, welche von denen böhmischen und österreichischen discrepire[a], machen zu lassen und darmit ainen versuch in Hungarn zu thuen, welches auf euer kayserlichen mayestät gnädigster approbation[b] geschehen, zu Gmundten 40 stuckh solcher neuen art verfertiget und zur hungarischen cammer auf eine prob geschickht worden. Als man nun nach verflossenen zweyen jahren eine nachricht begehrt, wie sich die prob angelassen, hat die hungarische cammer sich auf dero praesidenten bezogen, dieser aber nichts mehr darumb wissen wollen. Doch haben sich selbige entlich gefunden, zum thaill schon schadhafft und ist[85] kein tentamen[c] geschehen, eines zu verkauffen. Daher man selbige zu verhüettung schadens in dem proviandtambt verbrauchen lassen müessen. Wegen eintringung des bayrischen *[Salzes]* in dieses landt wirdt schon vor etlichen jahren hero nicht viel gehöret. *[91]*

Auf ordinari ausgaben sezet die buechhalterey 234.421 fl, also dem verbeibenden rest 165.800 fl. Dabey[86] ist zu notiren, dass das mährische fuehrlohn anfänglich viel größer gewesen, also nach und nach reducirt und auf 36.240 fl gebracht worden. Dieses fuehrwerckh bestreitten mehresten die herrschafften selbsten durch ihre underthannen und wann es also eingerichtet werdten könte, dass die leuth allzeit etwas heraus zu führen hetten, wie man es ainsmahls mit dem getreidt und proviandt anzuordtnen vermaindt gehabt, so möchte noch wohl etwas darbey zu erhalten sein. Für die salzfertiger verbleiben die eingestellte 55.700 fl. Vor ainem jahr aber sein wegen geklagten abgang des wurzenverlags* noch 24.000 fl hieher angewiesen und daran beraits 16m fl bezahlt wordten, welche in der tabella gar nicht einkhommet. Es ist aber dieses augmentum[d] nur pro hoc et nunc et quasi semel pro semper[e] angesehen, dahero zu invigiliren[f], wie solches widerumb abzuthuen undt nit zu repetiren[g]. Die 31.044 fl für das proviandtambt rühren daher, dass man vor diesen denen quarnisonen[h] zue Raab, *[92]* Commoren, Neuhäusl und Hungarisch–Altenburg ihr saltz vor lehen[i] mit 500 pfundt küefl* in natura abgestattet, welches in geldt, das küefl zu 8 groschen gerechnet, allermaßen es in Hungarn verkaufft wirdt, 48m fl ausgetragen. Weillen aber die officir (darhinder auch wohl andere gesteckt sein mögen) von denen soldaten das saltz umb einen spott, als das küefl umb 10, 11 und höchstens 12 kr erhandlet, hernach selbiges mit zimblichen gewinn in Österreich zuruckh getrieben, welches der wiener versilberung* jährlich viel tausendt gulden abbruch gethan. Als ist leicht mit eingangen des 1659. jahr nach großen contradictionen[j], die nit allein die officir mit assistenz des hoffkriegsraths moviret, sondern auch sogar im hofcammerrath entstandten, sie sach so wenig durchgetruckht wordten, dass man denen gränizern das salz weiter nicht in natura, sondern für das küefl 15 kreuzer in geldt raichen solte und zwar anfänglich nur prob. Um weillen aber viel befehlshaber und alle gemaine knecht, welche ihre saltz sonsten viel wohlfailler

[a] discrepiren: *unterscheiden.*
[b] approbation: *Genehmigung.*
[c] tentamen: *Versuch.*
[d] augmentum: *Zuschuss.*
[e] nur pro hoc et nunc et quasi semel pro semper: *nur für den konkreten Fall und ein* für alle Mal.
[f] invigiliren: *darauf achten.*
[g] repetiren: *wiederholen.*
[h] quarnison: *Garnison; Standort militärischer Einheiten und deren Einrichtungen und Truppen.*
[i] vor lehen: *als Naturalbesoldung.*
[j] contradictionen: *Widerstände.*

verkhauffen müessen, sehr wohl darmit zufrieden, also nur die*[93]*jenigen officier und andere malcontent[a] gewesen, die ihr wucher nit lenger darmit treiben können, hat es dato continuiret. Dargegen man die salzversilberung zur Presspurg, Hungarisch–Altenburg, Raab und Neustatt eingeführet und interim 30m fl aus dem salzambt zu bezahlen übernohmen, wordurch man die versilberung* jährlich umb viel tausendt guldent höcher gebracht und bey dem wurzenverlag* viel erspart hat. Wann aber die underhaltung der gräniz under das militaria gezogen und denen ländtern aufgebürdet werden könte, so würdte man künfftig diese gantze summa in das hoffzahlambt ziehen können. Ihro mayestät, die verwittibte kayserin[b] jährliche deputat* muess zwar richtig bezahlt werdten, ist aber kein ordinarium ad perpetuum.

Belangendt der niederösterreichischen regirung landtsrechten[c] und buchhalterey besoldtung per 39m fl ist solcher sta*[a]*t[d] schon bey der restrictionsconferenz, allda man findten wirdt, ob sich etwas hierbey werdte verminderen lassen. Es hat der vorig geweste salzambtmann Garibolti auf sich genommen, für die salzversilberer* auf dem landt in Österreich, *[94]* als Corneuburg, Stain, Tuln, Träsmauer, Hollenburg undt Closterneuburg zu stehen, dargegen man ihm erlaubt die leuth darzue, jedoch mit der hoffcammer ratification[e], zu bestellen und sich dargegen hinwiderumb versichern zue lassen, welches auch sein successor, der von Crorolanza gethan hat. Deme aber eingriff geschehen und einiger salzversilberer* von der hoffcammer aus geordnet wordten, vor welche er billich nit zu stehen hat. Maßen dan fast vor ainem jahr sich eraignet, dass der salzversilberer zu Stain, nahmens Rittmayr, in die 3.500 fl schuldig verblieben, dessen erstattung man zwar vermittels seines gelaisten ambtsdarlehen widerumb erlanget und zu seiner remotion eingerathen hat, euer kayserliche mayestät aber befohlen haben, denselben, weillen er die culpam auf sein weib schiebt, in einem andern ortt zu accommodiren[f], darob billich zu halten undt dem saltzambts adminstratori zu verstatten, einen anderen, besser versicherten dahin zu stellen.

In Mähren befinden sich derzeit nachfolgendte salzversilberungslegstätt*, als Brünn, Znaimb, Iglau, Ollmütz, Neustatt, Hradisch, Holleschau, Boy*[95]*kowitz, Nicolspurg, Crembsier, Weisskirchen undt Hochenau, ist auch der versilberer* aufnehmen und caution bis dato immediate bey der hoffcammer und beforderest euer kayserlichen mayestät und seind erst vor wenig jahren große mängl bey der visitation befunden wordten, dass der versilberer zu Znaimb 8.000, der zu Iglau 16.000 und zu Holleschau 4.000 fl schuldtig verblieben.

Dem ersten, als einen gar alten diener, haben euer kayserliche mayestät thails nachgesehen, tails an andern praetensionen* compensiren und das übrige dem niederösterreichischen regirungssecretario Häckhl anweisen* lassen, welcher schon etliche jahr mit der execution umbgehet und wenig bekhommet. Für den anderten zu Iglau hat sein bürg, graffen von Collalto, bezahlen müessen. Für den dritten hat der graff von Rothal, seelig,

---

[a] malcontent: *unzufrieden.*

[b] *Kaiserinwitwe Eleonore [Gonzaga].*

[c] *Landrecht*: *Landmarschallisches Gericht.*

[d] sta*[a]*t: *Personalstand, Besoldungsliste.*

[e] ratification: *Genehmigung.*

[f] accomidiren: *versetzen, unterzubringen.*

cavirt[a] gehabt und weillen die caution in der gariboltischen handt verbleiben, haben sich die rothalische erben[b] anfänglich nit darzu verstehen wollen. Nachdem aber selbige herfür kommen, haben sie sich erbotten, den ausstandt an ihrem hoffpraetensionen abziehen zue *[96]* lassen, derentwegen der cammerprocurator[c] noch mit ihnen litigiret[d]. Es währe sicherer, der salzambtman thette auch diese versilberer* auf sich nehmen, dann er würdte sich besser vorsehen und keine recommendationes passieren lassen.

Dieses ambt ist mit neuen anticipationen*, die zwar alle aus der kriegscassa bezahlt werdten solten, zimblich starckh belegt und ist darauf versichert der salzambtmann mit 120m fl, ich selbsten mit denen dreyen posten auf meinen credit aufgebrachte 79m fl, der hoffcammer rath von Seeau 3m fl, der hoffcammer rath Rascher mit 12m fl, hoffcammer secretario* von Albrecht der Eltere mit 2m fl, der raithrath Grießler 1m fl, der von Pürckheimb 1m fl, der hoffcammer rath von Vestenburg 2m fl, hoffcammer rath Barthalotti 20m fl, der niederösterreichische buchhalter* von Reischlberg mit 1.500 fl, und der schöffambt leuthnant Ehrlinger 1.500 fl, thuet zusamben 243.000 fl, daran sich mit dem anderen quartall diese jahres mehrers nit als 48.078 fl 17 ½ kreuzer bezahlter befindet. Es hafften auch hierauff underschiedtliche gemeinen anweisungen*, als niederösterreichischer cammer registrator Schmerling von ainer gnadt 1.200 fl mit quatem*[97]*berlich[e] 50 fl, der Joseph Ignatius von Kirchberg, freyherr, wegen seines vattern niederösterreichischer regirungs besoldtungsrest 3.210 fl mit quatemberlichen 100 fl, der hoffcammer secretario* Koch an seiner gnadt 3.000, mit quatemberlichen 150 fl, der Standthartn, salzversilberer* zu Corneuburg, gnadt 1.200 fl mit jährlich 100 oder quartalligen 25 fl, des gewesten niederösterreichischen regiments rath Frey, seelig, gnadt 1.000 fl, der Staindlerischen wittib beymillerische gnadt 4.500 fl, dem Johann Jacob von Pandt 2.000 fl, item underschiedtlich andere kleinere posten zu[87] etlich hundert, auch 30, 40, 50 etc. fl, daran jährlich nicht gewisses, sondern nur nach ambtsgelegenheit bezahlt wirdt, deren balt etliche expiriren[f] und andere an die stell kommen.

Auf diesem ambt ligen ambtsdarlehen des saltzambtmans 10m fl, gegenhandlers 3.000 fl, salzversilberer* 5.000 fl, hofbauschreibers 5.000 fl, gegenschreiber zu Stain 600 fl und salzversilberer zue Iglau 3.000 fl, zusamben 26.600 fl.

Es ist auch etlichmahl ein proposition geschehen, anstatt[88] des contralor oder gegenschreibers einen *[98]* buchhalter zu sezen, welcher aine ordentliche registratur halten und zu allen zeiten in allem und jeden informiren könte, welches ich nur pro quaestione nominis[g] halte. Dann wan man nur die instruction hierauf einrichtet, so ist dann nichts daran gelegen, ob derjenige, so es verrichtet, ein buchhalter oder gegenhandler genennet werdte. Unndt weillen im übrigen gedachter Crorolanza als administrator des salzambts zugleich ein hofcammer rath ist, als wirdt er ungezweiffelt hierüber mehrere speculationes gemacht haben und, woher ein größerer nuzen zu heben, ausführen.

---

[a] caviren: bürgen.
[b] *Vielleicht die Erben nach Johann Anton Rottal, mähr. Landeshauptmann.*
[c] cammerprokurator: *Rechtsanwalt der Kammer.*
[d] litigiren: *einen Prozess führen.*
[e] quatemberlich: *vierteljährig.*
[f] expiriren: *auslaufen, ein Ende haben.*
[g] pro quaestione nominis: *eine Frage der Bezeichnung.*

Handtgrafenambt

Das handtgraffenambt ist vor diesem ein ungewisses geföhl, auch zur zeit euer kayserlichen mayestät angetrettenen regirung in einem schlechten standt gewesen undt nicht über 27.182 fl 24 kr ertragen. Man hat anno 1668 die hungarischen viehaufschlag* geföhl* in bestandt* verlassen und dardurch die gefeel*, respectu dessen sie dem mitl nach vorhero abgeworffen, umb 15m fl erhöhet. Undt als man hernach auch zu dem landtvieh-, *[99]* ross-, schwein- undt traidtaufschlag* bestandtleuth* gefunden, widerumb umb 8 bis 10m fl höcher kommen, also das selbige zusammen[89] nunmehr dem mitl nach auf 98.109 fl gestigen. Darzu zwar wohl der geweste krieg im Reich[a] etwas geholffen, da selbst das viech durch die soldatesca consumirt wordten und in diesen landen gesucht werden müessen, welches künftig aufhören, jedoch anderwertig zu ersezen sein möchte. Wann nur keine eingriff darein geschehen thetten, allermaßen erst vor ohngefehr anderthalb jahr geschehen, da man wider alle gethane remonstration[b] der cammer die drey obern ständt mit dem traidtaufschlag von demjenigen, so sie bey ihren clöstern und schlössern verkhaufen oder weill diese ohnedas frey sein und nicht zahlen dörffen, vielmehr ihre abkhauffer novo et pernitioso exemplo eximirt[c] hat. Und obschon dieses nur auf ain jahr zur prob angesehen gewesen, so hat es doch euer kayserlichen mayestät über 8m fl gekhost und darbey die ständt gleichwohl schwerlich 1.500 fl genossen, allermaßen solches unlengst in *[100]* einen cameral voto ausführlicher remonstrit worden. Interim ist das gantze gefell* in confusion gerathen und wirdt völllig zu boden fallen, wann angeregte exemption[d] extendirt[e] und nicht balt remedirt[f] werdten solte[90]. Derzeit seindt nur angeregte kleinere geföhl in bestandt* verlassen. Die hungarischen und was sonsten dem ambt anhängig, von dem handtgraffen auf treue handt administriret, wirdt man alsobalt sehen, ob es für euer kayserliche mayestät besser seye also zu continuiren oder widerumb auf ainen bestandt* zu gedenckhen.

Belangendt die ausgaben und onera[g] erstreckhen sich selbige auf 39.036 fl, verbliebe noch übrigen 59.076 fl. Darbey zu notiren, dass under solchen ausgaben 15m fl jährlich in das proviandtambt deputirt* seindt und 2.000 fl zu zeugsnotturfften*. Da nun das proviandt und zeughaus inter alia militaria von denen ländtern bestritten würdte, so thetten dem camerali solche 17m fl accresciren[h]. Auf diesen ambt hafften undterschiedtliche alte capitalia under welchen die meggauische post die *[101]* vornembste, darbey sich viel interessirte befinden, diese erfordern jährlich 7.800 fl interesse, darunder dies handtgraffen 15m fl und gegenhandlers 6.318 fl ambtsdarlehen begriffen. Diese möchten sich künfftig, sovill an denen capitalien nicht bezahlt werdten kann, auf 5 per cento reduciren, also darbey 1.300 fl ersparen lassen. Von obangeregen überschuess hat man bisher jährlich 25m fl in das hoffzahlambt genohmen, auch 5.348 fl hoffbesoldtungen dahin gewisen, so aber nicht auszuwerffen, weillen selbige schon undter den besoldtungslista einkhommen. An

[a] *Heiliges Römisches Reich.*
[b] remonstration: *Darlegung.*
[c] novo et pernitioso exemplo eximiren: *durch ein neues verderbliches Beispiel [davon] ausnehmen.*
[d] exemption: *Ausnahme.*
[e] extendiren: *verlängern.*
[f] remediren: *aufheben.*
[g] onera: *Lasten.*
[h] accresciren: *zuwachsen.*

neuen anticipationen* ist der handtgraff in zweyen posten mit 30m fl, sein gegenhandler mit 5.000 fl, Johann Wilhelm Lueger mit 2.000 fl, der hoffkriegszahlmaister Keyser mit 10m fl und der hoffcammer secretario* Albrecht der Jüngere mit 2m fl versichert, die zwar alle aus der veldtkriegcasssa bezahlt werdten solten. Ingleichen hafften hierauf viel gemeine und extraordinari anweisungen*, allermaßen bey dem salzambt gedacht worden, welche nach ambtsgelegenheit bezahlt werdten. *[102]*

Haubtmauth Wien

Die haubtmauth zu Wienn, so vor diesem im waaghaus gewesen, hat zur zeit euer kayserlichen mayestät angetrettener regirung nur bey 36m fl ertragen und sich nach dem anno 1659 verneuerten vectigal* etwas weniges verbessert und hat sich anno 1669 gezaiget, dass in 10 jahren die ertragnues dem mitl nach auf 39.463 fl 32 kr 1 d kommen. Dazumahlen hat man angefangen, auf eine erhöhung der mauth zu gedenckhen und ein neues[91] vectigal einzurichten, welches man erst im April anno 1672 zu publication gebracht, auch diese mauth neben dem Rottenthurn, Crembs, Ybbs, Lintz und der Freystatt dem von Kunitz, Merpoldt, Kriechpaumb und Triangl in bestandt* verlassen[a]. Darwider nicht allein die kauffleuth, sondern auch die ständt, sonderlich im landt ob der Enns sich aufgelainet undt dieses vectigal sambt dem bestandt* über hauffen geworffen, also dass man de dato ersten Octobris besagten jahrs ein anders publiciren lassen. Weillen aber die landt ob der Enns vermuethlich aus antrieb aigennuziger kauffleuth noch nicht ausgesezet, auch etliche reichsstädt darzue kommen, hat man noch angewendter großer müehe und *[103]* arbeith, auch erthaillung underschiedtlichen declarationen innerhalb drey jahren das dritte vectigal zu ständten gerichtet und solches dem letzten Martii anno 1675 zu practiciren angefangen, welches gleichwohl bisher zimbliche anfechtungen gehabt undt müehesamb defendiret, gleichwohl aber dardurch die ertragnues dieser mauth dieser zeit hero dem mitl nach auf 73.132 fl getrieben wordten. Und wirdt die vorhabendte neue deliberation* zaigen, ob undt wie sich selbige mehrers möchte verbessern lassen. Die ordinari ausgaben bringen 14.783 fl, darunder 5.866 fl interesse von alten capitallien, auf deren restriction zu 5 per cento zu gedenckhen. Die 4.367 fl sind deputata* und stieftgeldter, die sich derzeit nicht ändern lassen. An neuen capitallien hat der graff Rueber oder nunmehr der Nicolai mit 30m fl, der hoffcammer rath Lueger 50.000 fl, der freyherr von Mayersberg 20m fl, mehrgedachter Nicolai in zweyen posten 9.000 fl versicherung[b] erhalten, daran erst 10m fl *[104]* am capitall bezahlt sein. Sonsten hat man schon vor langen jahren hero bey diesem ambt jährlich 22m fl vorbehalten, welche zur zeit euer kayserlichen mayestät angetrettener regirung dem hoffcammer rath Pinell versezt gewesen, deme der tüchhandler Alzinger wegen hergeliehener 100m fl, diesem[92] der graf von Hochenfeldt wegen 70m fl, sodann der Graf Volckhra mit 50m fl, der von Mayerberg mit 50m fl, nach ihme der graf Rueber mit 30m fl, anjezo gedachter von Mayerberg widerumb mit 20m fl nachgefolget, also dass diese[93] quota so lang ich bey der cammer diene mit continuirlichen anticipationen* belegt gewesen und niemahl erlediget wordten, darauf künfftig reflection[c] wirdt gemacht werdten müessen. Darbey noch dieses zuerindern, dass die dar-

[a] *Siehe dazu* Körbl, *Politik. Die Nennung des Hofkammerrats Merpoldt in dem Zusammenhang ist unrichtig, er war nie Beteiligter bei dieser Mautpachtung.*

[b] versicherung: *eine Sicherheit.*

[c] reflection […] machen: *darauf Bedacht nehmen.*

leihen auf die quota, worzu der Pinell den anfang gemacht, umb vorgewendter mehrer sicherheit willen einen possessorem[a] darzue gestellet, für welchem man jährlich 200 fl zahlen müessen, welches ich bey dem Alzinger auf die helfft herabgebracht, so[94] bishero continuiret, obschon von solchen leuthen niemandt in das ambt kommet. Ist *[105]* also gleichsamb nur ein pallium usurae[b], in dem dardurch das interesse umb 1 oder anjezo ½ per cento höcher kommet, dahero solches künfftig, wann je weiter darauf anticipirt* werdten solte, abzustellen.

Rothenturn mauth

Die wassermaut bey dem Rottenthurn haben euer kayserliche mayestät bey angetrettener regirung versezter gefunden und hat selbige der jetzige hoffcammer präsident wegen dargeliehener 100m fl und hernach noch addirten 10m fl ehender er zur hoffcammer kommen, in der posses und genuess und viel jahr hernach auch solche von ihme der Thoma Herz in bestandt* gehabt, nach dessem todt man erst hinder die ertragnues kommen und selbige abgelöset. Ungeachtet nun bey dieser mauth das alte vectigal* unverändert verblieben, so hat man doch durch angewendten fleyß die ertragnues auf 16.920 fl, also ultra duplum was man vorher durch die in handten gehabten 110m fl darlehen genießen können, eingenommen. Die beständige ausgaben kommen höcher nit als 4.949 fl undt verbleiben 11.780 fl *[106]* und ist hierbey wenig oder nichts abzurechnen. Von neuen anticipationen* hafftet darauf aine auf meinen credit aufgebrachte post per 50m fl, des gegenhandlers Medl hergeschossenen 1.800 fl, item des bischoffen von Gurckh[c] 50m fl, denen gattermarischen erben[d], so vor diesen[95] anticipatorien* dahin versichert gewesen und seithero auf den grafen von Halleweill[e] per cessionem[f] kommen 10m fl, welche leztere zwey posten in der schuldten lista ausgelassen wordten.

Die administration betreffent ist selbige nach der beschehenen ablösung durch einen besonderen mauthner und gegenhandler versehen, hernach vom ersten Aprilis anno 1672 der haubtmauth incorporirt, auch neben denselben in bestandt* begriffen gewesen, nach dessen abrumpirung[g] sie soweith einverleibt verbleibet, dass nur ein besonderer gegenhandler darbey gehalten und die raittung separatim geführt wirdt. Nachdem man umb angeregte zeit aus erhebliche ursachen, das *[107]* wienerische waaghaus, worinnen die haubtmauth viel jahr gewesen, quittirt und angeregtermaßen die haubtmaut mit der Rottenthurn mauth zusamben gezogen, haben die damahlige bestandtleuth ein anders haus nahe bey dem thor umb jährlich 1.200 fl conducirt, welches bestandtgelt auch die hoffcammer zwey jahr hernach also bezahlt hat. Weillen man aber wahrgenommen, dass ein plaz an der staattmauer verhanden, daran schon vor jahren etwas zu bauen angefangen wordten, hat man selbiges folgents ausgebauet und bey 2.300 fl uncosten darauf gewendet, welcher mit dem in zweyn jahren ersparten zinns schon widerumb guet gemacht wordten, also dass euer kayserliche mayestät hinführo ein beständtiges aignes mauthhaus haben.

---

[a] possessor: *hier im Sinne von „Aufpasser", Aufseher.*

[b] pallium usurae: *Deckmantel für Zinsen.*

[c] *Bischof Johann [VIII.] Goëss.*

[d] *Vielleicht die Erben nach Carl Ludwig Gattermayer [Gatterburg], Hofkammerrat.*

[e] *Vielleicht der Hofkammerrat Johann Sebastian Hallweil.*

[f] per cessionen: *durch Zession, Abtretung.*

[g] adrumpare: *trennen, abtrennen.*

Tabor pruckmauth

Die pruckhmauth am Täbor war bey antrettung euer kayserlichen mayestät regirung gleichfahls in frembden handten. Sovill ich in *[108]* nachsuchen bey denen registraturen* undt buchhaltereyen* finden können, muess diese mauth fast von[96] unerdenckhlichen jahren hero in bestandt* verlassen gewesen sein, dann sich ainige raittung nicht finden will, es währe dann, dass selbiges anno 1650 undter anderen vielen schrifften verlohren gegangen.

Under weyland kayser Ferdinando 2do et tertio hat selbige der Stella Bandt[97] und Sebastian Haydt nacheinander in bestandt* gehabt, darvon anfänglich 6.000 fl, hernach 8m fl zum jährlichen bestandt* geraicht worden. Hernach ist der geweste landtmarschall, graff von Abensperg und Traun, der von Radolt und etliche andere interessirte zusammen getretten, haben 200m fl hergeliehen, die mauth in possess genommen und anstatt des interesse viel jahr lang genossen. Weillen aber fast publica fama[a] entstandten, dass dieser genuess das landtbräuchige interesse weit überschreütte, hat man sich beworben, angeregte 200m fl anderwertig zu 6 per cento zu anticipiren undt die mauth darmit abgelöst. Da sich dann *[109]* seithero befunden, dass selbige dem mitl nach ohne ainige veränderung des vectigals* oder neue staigerung jährlich 27.462 fl ertragen und nach abzug 4.969 fl unckhosten 22.493 fl überschuess verbleiben, ist also für euer kayserliche mayestät seithero jedes jahr 10.493 fl erhalten wordten. Von angeregtem überschuess nun werden von denen anticipirten 200m fl jährich 12m fl interesse bezahlt. Das übrige ist mehresten theil[98] auf die niederländtische maisterschafft zur Neustatt, also zu dem zeüghaus verwendet wordten. Wann man nun das völlige militare* von dem camerale* hinweckh schieben könte, so würdte man sich dieser post ad camerale bedienen können. Von denen ausgaben ist nichts auszustellen, sondern nur wohl achtung zu geben, damit durch die eysgüss und große wasser nicht viel hinweckh geriessen werdte, dann sonsten würdte selbige uncosten[99] höcher anlauffen.

Schlüsselambt Crembs

Das schlüsselambt* zu Crembs ist allzeit ein *[110]* pertinenz zu dem vicedombambt* und von dem magistrat daselbst oder vielmehr etlichen aigennutzigen factorn[b] fast gantz confundirt und undertruckt gewesen, bis endtlich der Caspar Mayerhoffer mit zuziehung eines rathsburgers daselbst, Andreae Wildtbergers, sich darumb angenommen, die es viel jahr umb jährliche 3.500 fl, auch 4.000 fl in bestandt* und anfänglich viel widerwertigkheiten gehabt, so durch schwere process superirt[c] werden müessen. Nachdem man aber anno 1672 die vorher gering geweste *[maut]* zu einer haubtmauth gemacht, auch zu[100] Linz gleich gehalten, also dass die ertragnues jährlich gegen 10m fl kommen, hat man diese in das hoffzahlambt gezogen undt allein die schliesslambts wirthschaft (welche in dem traidt mässl, weingarten grundbuch und kleineren thormauth bestehet) bey dem vicedombambt gelassen, welche bis dato der Simon von Wagenheimb und gedachter Wildtberger gegen jährlichen 962 fl bestandtweis inne undt darauf 9.600 fl capital liegendt haben, darvon sie die interessen* in handten behalten. *[111]* Nach dem aber verwichenen jahr der hofcammer praesident 300m fl auf das vicedombambt geliehen, ist diese mauth expresse

---

[a] publica fama: öffentliches Gerücht.

[b] *Faktor: lokaler Geschäftsführer.*

[c] superiren: überwinden.

under die hypothec kommen, alda sie dann so lang bis die bezahlung geschehen, wirdt hafften müessen und sodann bey euer kayserlichen mayestät stehen, selbige bey dem vicedomambt zue lassen oder widerum in das hoffzahlambt zue ziehen. Sonsten thuet derzeit darauf keine andere anticipation* hafften.

Mauth Ibs

Die mauth zue Ibbs hat vor diesen etwas mehrers und bis in 12m fl ertragen. Weillen daselbsten ebensovil als zu Lintz und Stain bezalt werden müessen, ist also der abfahl daher kommen, dass man anno 1672 eine große reflection gemacht, die commercia widerumb auf den Thonaustromb zu bringen, derentwegen man in den damahligen und anno[101] 1675 repetirten vectigal* verordnet, von denen durchführendten wahren nur einen geringen transito zubezahlen, welcher wenige abgang bey denen erhöchten haubtmäuthen vielfältig widerumb *[112]* hereingebracht wordten, wiewohl selbige sich noch immer verbessert und beraits dem mitl nach anno 1674, 1675 und 1676 widerumb auf 9.131 fl, anno 1678 aber über 10m fl kommen. Darvon sein abzuziehen 1.586 fl besoldtung und mauthuncosten, item 3.580 stifftungen undt deputatgeldter* sambt 1.230 fl interesse von capitallien. Ambtsdarlehen hat der mauthner 5.000 und der gegenschreiber 3.000 fl, ingleichen 2.000 fl, so der mauthner erst im verwichenen jahr hergeliehen. Lasset sich also derzeit hierbey nichts ändern, als die anweisungen* zu zahlen.

Müntzambt Wien

Das müntzambt* allhie sambt dem darzu gehörigen müntzhaus hat der von Chaos[a] bey euer kayserlichen mayestät angefangenen regirung erbaigenthumblich in handten gehabt, welches anno 1658 durch gewisse tractaten widerumb zuruckh gebracht, jedoch erst in dem nachgehenden jahr abgetretten wordten. Und weillen man gleich darauff die[102] neue scheidtmüntz nach dem exempl anderer chur*[fürsten]* und fürsten im reich *[113]* eingerichtet, auch wegen des erfolgten[103] türckhischen kriegs die müntz überaus starckh getrieben wordten, als vom ersten Junii anno 1668 (dann vorhero etwas confus daher gegangen) bis endt 1670 von ausgemünzten 7.269.941 fl 25 ½ kreuzer für euer kayserlichen mayestät schlagschatz* 324.847 fl 42 kreuzer gefallen. Seithero her die vermünzung zwar etwas abgenommen, gleichwohl bis endt 1677 auf 1.992.639 fl 37 ½ kr kommen, darvon der schlagschatz 149.165 fl 2 d. Im nechst verwichenen 1678ten jahr fündet sich ausgemünzt 127.796 fl 24 kr und schlagschatz 6.903 fl 15 ¾ kr, davon doch die unkhosten abzuziehen. Thette also in euer kayserlichen mayestät regirungszeit die wiennerische ausmünzung 9.390.377 fl 27 kr und darbei schlagschatz 480.916 fl 8 ¼ kreuzer. Dieser hette ungezweiffelt umb ein grosse summa höcher gebracht werden können, wann ein rechtschaffener münzmaister verhanden gewesen währe, dann der unlängst verstorbene Frantz Fäber *[114]* zeit seine lebens in müntzweesen nichts verstanden und gar keine rechnung machen können. Daneben auch, welches am mehresten geschadet, also widerwärtigen humors und intractabl[b] gewesen, dass fast kein kaufmann mit ihm etwas zu thun haben wollen. Und wann man nit ainen so gueten wardein und verwalter gehabt hette, auch bisweillen andere an die handt gestanden währen, würdte das müntzweesen in bestem lauff ins stecken

---

[a] *Johann Konrad Richthausen [Chaos].*

[b] intractabl: *untragbar.*

gerathen, wo nit zugrundt gar gangen sein. Hierinnen hat nunmehr der todt remedirt und ist derzeit ein junger fleißiger man bestellet, welcher an ihme nichts wirdt erwindten lassen, was euer kayserlicher mayestät zu nuzen[104] gedeyen kann. Es seindt aber derzeit die pretia des silbers neben denen wechslen zu hoch gestigen, dass man ohne schaden aus der frembde nichts bekhomen kann. Wirdt also bis etwan zu Regenspurg ein beständtiges müntzconclusum erfolget, zu gedulten unnd so dann alles auf das beste darnach einzurichten, *[115]* interim aber, wo man einigen nuzen schaffen kan, selbiger nicht zu underlassen, sondern alles genau zusamben zu suechen und treülich zu verreütten, jedoch derzeit nichts gewisses auszuwerffen sein, maßen sich dann erst den 29. Junii von der pohlnischen gesandtschaft leuth angemeldet und 1.000 markch feinsilber zum verkauff offerirt haben, so man nicht auslassen wirdt.

Weinaufschlag am Tabor

Der weinaufschlag* am Täbor ist noch allzeit bey der hoffcammer verblieben, welcher wie alle andere dergleichen aufschläg an der ertragnues steigert und fallet, nachdem guete oder schlimme weinjahr seind, consequenter die ausfuhr groß oder gering ist. Nach der jüngsten calculation ist selbiger dem mitl nach auf 7.775 fl kommen, darvon geliehen 250 fl besoldtung und liegen darauf 2.750 fl deputata*, sambt 240 fl interesse von anligenden capitallien, darunder des schöffambts leuthnant *[116]* Ehrlingers halbes ambtsdarlehen der 3.000 fl und darvon 180 fl interesse begriffen, zusammen 3.190 fl *[!]* undt verbleibt 4.530 fl. Hierbey ist zuerindern, als dass etwan die 4m fl capitalien nach und nach hinweckh gebracht, also die 240 fl interesse erspart werden möchten. Sonsten befindet sich derzeit darauf kein neue anticipation* außer der 3.000 fl, so der mauthner den 31. Decembris 1678 hergeliehen. Hierbey befinden sich noch besonders auf jedem emer* wein ein schilling staigerung, welcher den dritten thail von voriger ertragsnues importiret, so bis dato in das obrist proviandtambt abgeführt wordten und wirdt hierbey repetirt, was wegen solcher proviandtkosten vorhero erindert wordten.

Wienerische Judengelder

Die geweste gemaine judtenschafft zu Wienn hat jahrlich ordinarie 10m fl geraicht und weillen sie ainsmahl einen zimblichen rest anerwachsen lassen, ist mit ihnen tractirt worden, monatlich 1.000 fl abzuführen, darbey es viel jahr lang nach bezahlung des rests verblieben, *[117]* also auf das jahr 12m fl kommen. Hernach haben auch die landtjudten jährlich 4.000 fl toleranz geldter verwilliget, darvon die erste in des obrist proviandtambt* und das anderte in das vicedombambt* deputirt* gewesen. Nachdem man nun die juden anno 1672 von hinen weckhgeschafft, habe die von Wien anstatt der wiennerische judten 10m fl und wegen der landtjuden 4.000 fl übernohmen, die letze aber hernach etliche jahr disputirt, so doch entlich auch zur richtigkeit gelanget und bishero die bezahlung geschehen. Dass durch angeregte ausschaffung das camerale* bey denen mauthen, der müntz, aufbringung geldter etc., wie nit weniger das landt wegen consumption der fisch und anderen victualien* jährlich in die 50m fl verlohren, solches hab ich offt calculiren gesehen, könte es aber zu genüegen nicht probiren, dieses aber wohl, dass die vor 4 oder 5 jahren umb gewisse famillien widerumb einzunehmen 300m fl offeriret, so nun nicht mehr zu hoffen, weillen die vermöglichste gestorben oder sich anderwertig nidergelassen. *[118]*

Einlass bey den thoren

Der nachtliche einlass bey dem Kärnerthor, wirdt von dem fortifications bauzahlmaister[105] verraittet unndt thuet selbiger, sonderlich nachdem auch der Rottethurn darzu kommen, über den darauf gehenten unkhosten einen überschuess ertragen, darauf underschidtliche besoldtungen und adjuten* angewiesen. Anno 1676 wahr die ertragsnues bey dem Kärnerthor 3.271 fl 46 x undt bey dem Rottenthurn 3.548 fl 45 x, thuet beedes 6.820 fl 31 x, anno 1677 bey gedachten Körnerthor 3.434 fl 15 kr und bey dem Rottenthurn 3.824 fl 47 x, thuet 7.259 fl 2 kr. Und beede jahr zusamben 14.079 fl 33 kr, thuet das mitl 7.039 fl 31 ½ kr. Auf die besoldtung ain jahr beyläuffig 629 fl, baunotturffen* 581 fl 42 kr, auf fortifications bediente 2.959 fl undt auf adjuten* 202 fl. Dieses thuet zusamben 4.371 fl 42 x undt in zwey jahren 8.742 fl. Währe also noch übrig verblieben in solchen zweyen jahren nach der rechnung 5.289 fl, welche dem gewesten stattobristen grafen Copp, seelig, zukommen. Undt[106] hette der hoffkriegsrath diesfahlls zu überlegen, ob dann alle fortification handtwerckhsleuth undt *[119]* bediente feyrendt[a] sowohl bezahlt werdten müessen, als wann sie starckhe arbeit haben[107]. Sonsten kombt vor, dass bey diesem einlass große abusus[b] vorgehen, indem man leuth befreyet, denen es nicht gebühret, auch sonsten nicht recht genau darauf achtung gegeben wirdt. Neben dem selbigen ein großer abbruch durch die große mänge der cammer*[räte]* und räth geschehen thuet. Mochte also hierbey wohl ein bessere ordtnung eingeführet, die zahl der befreyten restringirt, die gebühr genau abgefordert, auch der überschuess zue nöthigen und nuzlichen ausgaben applicirt* werden.

Mehlgruben

Das mehlgruben* gefell* haben euer kayserliche mayestät umb 10.566 fl ⅔ fl versezter gefundten, welches der geweste niederösterreichische raithrath Frischenhauser und nachgehents seine erben innen gehabt, jährlich 300 fl in das hoffspitall gegeben und das übrige anstatt des interesse genossen. Nachdem man aber vor etlich jahren darhinder kommen, dass dieses interesse etwas zu hoch kommen, hat man *[120]* besagte summa anderwertig zu 6 per cento zue anticipiren* gesuechet und die Frischenhauserische ablösen wollen, welche aber[108] endtlich selbsten ihr capital auf 6 per cento ligen lassen. Dannenhero[109] selbiges gefähl widerumb in das vicedomambt, aldahin es sonst von alters her gehörig gewesen, gezogen wordten, allda denen creditoren das interesse bezahlt, dem hoffspital das seinige geraicht und der überrest, so sich etwas über 400 fl belauffet, euer kayserlichen mayestät ordentlich verraittet wirdt.

Schottwien

Der aufschlag* zu Schottwienn, so zwar niemahl von ainer sonderbahren importanz gewesen, hat bey euer kayserlichen mayestät eingetrettener regirung und viel jar hernach nicht sovil ertragen, dass der aufschläger sein besoldtung daraus nehmen können, derentwegen man schon gedacht gewesen, selbigen gantz aufzuheben. Ich habe aber einen handlsman nahmens Geörg Cetto dahin erhandlet, dass er selbigen auf 3 jahr im bestandt* genommen und für jedes jahr 300 fl bezahlt. *[121]* Und weillen nachgehents die granitz-

---

[a] feyernd: *ohne Arbeitsleistung.*

[b] abusus: *Missbrauch.*

mäuthe, auch darunder aine zu gedachtem Schottwienn, aufgerichtet wordten, hat man den aufschlag darzu gezogen, wirdt also selbiger under der haubtmauth allhier verraittet.

Fischhof- und heumeisterambt

Das fischhoff- und heumaisterambt* sambt beeden teüchten zu Himberg und Gundereinbstorff seindt gleichfahls vor euer kayserlichen mayestät angetrettener regirung umb 11.500 fl versezt gewesen, so von dem alten Urlizi[a] undt obristen wachtmaister Schwaben auf den De Castillio[b] und Faber komen, welcher pfandtschilling vor 5 jahren aus dem münztschlagschatz* abgestattet, auch berührter fischhoff und heumaisterambt dem allhierigen vicedomb* und gewesten hoffkriegszahlmaister, anjetzo hoffcammer rath Lueger umb jährlich 600 fl in bestandt* verlassen worden. Ich hette allzeit darfür gehalten undt noch, es währe besser, wegen dieser teücht mit dem hofffischer einen bestandt* zu treffen und das *[122]* haus, so man bisher ohnedas gemeiniglich von denen pfandtinnhabern erkhaufft, zu des hoffstahls[c] notturfften* zu genießen, dann es thuet doch ein jeder ainen vortl darbei suechen.

Sarmingstein aufschlag

Den aufschlag* zu Särmingstain haben euer kayserliche mayestät bald nach angetrettener regirung bey der täzhandlung* von denen ständten in Österreich ob der Enns herbey gebracht, welcher fast continuirlich versezt gewesen und noch ist. Weillen aber selbiger gleichwohl noch under der kayserlichen beambten administration ist, als verbleibt selbiger in dieser class undt hat den buchhalterischen calculo nach jährlich 8.152 fl ertragen, davon 1.081 fl besoldtungen und ambtsnotturfften* abgezogen verbleibt 7.071 fl. Darauf seindt angewisen denen patres Carmelitern über der Schlagbruckh 20m fl, Matthias Arnoldt von Pällingen 15m fl und die bullische erben[d] mit 28m fl, zusamben 69m fl. Süntemahlen nun anno 1677 undt 1678 der gueten weinjahr halber etwas mehreres eingegangen, als ist an solchen capitallien bey 30m fl abgeschlagen. *[123]*

Ibs 1 ß aufschlag

Mit dem ainschilling aufschlag* von emer* wein zue Ibs[e] hat es fast gleiche beschaffenheit, außer dass selbiger schon vorhero bey der cammer gewesen, die ertragnues kombt dem mitl nach auf 8.595 fl und thuen nach abzueg 350 fl besoldtung undt ambtsnotturfften* noch 8.245 fl übrig verbleiben. Auf diesen aufschlag hat die fürstin von Portia 100m fl geliehen gehabt, die beraits bis auf ein weniges bezahlt sein. Wann also heuer ein guetes weinjahr sein solte, wie die hoffnung ist, so würdte die eliberation[f] folgendts geschehen können. Ich vernehmbe aber, dass dargegen der niederösterreichische raithrath Frischenhauser schon widerum 50m fl darauf leihe, die der hoffcammer praesident in abschlag seiner auf dem vicedombambt* habenden 300m fl annehme wolle.[g] Dardurch verbleibt

[a] *Carl Ulrici [Gänghofen].*

[b] *Vielleicht der Kammerprokurator Johann Baptist Castiglio.*

[c] hoffstahl: *Hofstall.*

[d] *Möglicherweise die Erben von Johann Heinrich Buell, dem Mautner von Ybbs.*

[e] *Ybbs an der Donau.*

[f] eliberation: *Befreiung von Schulden.*

[g] *Es handelte sich um eine Umschuldung. Frischenhauser legt beim Vizedomamt 50m fl an, Sinzendorf hingegen erhält von diesem Amt 50m fl zurückbezahlt.*

zwar dieses ambt länger eingeschuldiget, jedoch wirdt dargegen das vicedomambt umb desto ehender befreyt. Daran in effectu wenig gelegen ist.

Mauth Lintz

In dem landt Österreich ob der Enns befindet sich die haubtmauth zu Lintz, welche zur zeit *[124]* euer kayserlichen mayestät angetrettener regirung über 18m fl nicht ertragen. Man ist aber darmit verfahren wie mit der haubtmauth zu Wienn, darvon oben bereiths ausführliche meldtung geschehen, und ist durch die verneuerte vectigalien*, bestellung der gränitzmeüth auf 38.292 fl getrieben wordten. Darvon werden abgezogen 3.595 fl besoldtungen und mauth unkhosten, 4.101 fl geistliche stifftungen, 1.770 fl interesse von capitalien und dem mitl nach 12.730 fl churbayerische beytraggelder wegen versezter mauth Englhartszell und Vöckhlabruckh, zusamben 21.696 fl. Verbleibt also überschuess 16.596 fl. Hierbey wirdt sich wenig vermindern lassen, es könte dan von denen capitalien etwas hindan gebracht oder gedachte mauth Englhartszell und Vöckhlabruckh zu einer größeren ertragnues gebracht werdten, welches letzere schwärlich zue hoffen. Von neuen anticipationen* hafftet hierauf nichts als diejenige 1.500 fl, welche der jetzige mauthner[a] daselbst den 20. Decembris 1678 *[125]* hergeliehen. Ambtsdarlehen hat der mauthner 8.400 und der gegenhandler 2.500 fl, item die schlosspfleger zu Lintz 2.000, der schiffleuthenandt die anderte helfft seines darlehen per 3.000 fl und der fischmaister 2.000 fl. Diese mauth hat bisher die größte anfechtung gehabt von ainigen privat cavalliren im Hausruckhviertl, welche aber ihre unbefuegte klagen allzeit sub nomine der gesambten ständt als ein landtsgravamen angebracht, wie zwar derzeit fast in aine gewohnheit kombt, dass aus aineres jeden privat beschwerdt, sonderlich der ainen anfang hat, causam communem zu machen. Die principal ursach bestehet in dem, dass man bey der mauth deliberation* auf starckhe insistenz des graffen Kevenhillers dahin consentiret, die burger undt underthannen in besagten viertl diejenige leinwath, so sie selbsten aufbringen und die märckht in Bayern damit besuechen, wie auch dasjenige, so die Bayern und Salzburger auf solche weis herein bringen, frey passiren zuelassen, welches *[126]* auch geschehen. Nachgehents aber haben under diesen praetext die wällische und und andere handlsleuth[110] zu 1 unnd mehr tausendt stuckh[111] leinwath zusamben kauffen und frey darmit durchgehen oder durch substituirte factoren und bürgern hinaus bringen. Undt man dieses a parte cammer nit zugeben wollen, wie dann bey der jüngsten landtagshandlung die sach mit mehrern ausgeführt wordten. Und werden euer kayserliche mayestät hoffentlich derley unbefüegte eingriff zu dero aignen praejudiz[b] nicht verstatten.

Mauthausen und Strudl

Die mauth zu Mauthausen und am Strudl[c] hat bey euer kayserlichen mayestät angetrettener regirung der damahlige obrist hoffmarschall, graff von Stahrenberg[d], pfandtweis innen gehabt, darinnen nachgehents seine erbinnen succedirt. Als man nun nach

---

[a] *Michael Franz Heindl.*

[b] praejudiz: *Nachteil.*

[c] *Flussabwärts von Mauthausen gab es eine gefährlich Donauengstelle mit Untiefen und Strudeln (Wasserwirbeln), für deren Durchfahrt Lotsen benötigt wurden. An deren Einfahrt im Ort Struden gab es eine Mautstelle.*

[d] *Heinrich Wilhelm Starhemberg.*

der anno 1675 gethannen einrichtung wahrgenohmen, dass solche ihr interesse gar wohl ertragen, auch die correspondenz[a] zwischen Lintz und Ibs viel befördern könten, hat man auf die ablösung reflection gemachet, *[127]* solches erst in negst verwichenen 1678sten jahr mit auszehlung 13.000 fl vollzogen und den 10. October die possess genommen, auch die zeit hero wahrgehommen, dass selbige das interesse auf 12 per cento, wo nit[112] ein mehrers ertragen werdten, maßen im ersten quartal, so zwar das beste, über 1.500 fl einkhommen ist.

Eisenobambt

Das eysenobambt haben euer kayserliche mayestät bey angetrettener regirung schlimmer als ein non ens[b] gefunden, in dem der eysenobmann* seine besoldtung daraus nicht haben können, also dass dem von Steyern und dem Glaser etlich tausendt guldten im ruckhstandt verblieben, daran man annoch zu zahlen hat. Es ist aber selbiges nachgehents soweit erhebt wordten, dass der empfang auf 6.200 fl kommen, also über die besoldtung und ambtsunkosten jährlichen 3.500 fl andere anweisungen* abgestattet oder in das hoffzahlambt abgeführet werden können. Hierbey wüesste ich derzeit nichts zu verbesserm undt wirdt man zu thuen haben, selbiges in den bisherigen standt zu erhalten. *[128]*

[Zweite Klasse – Ämter ohne Überschuss]

Folgen die ambter, welche bey euer kayserlichen mayestät angetrettener regirung verhandten gewesen und noch seint, die aber mit soviel an ausgaben und oneribus beladen, dass daraus nit allein kein überschuess verhandten, sondern auch ains thails noch ain zimblicher beytrag aus anderen ambtern geschehen muess.

Vicedomambt under der Ens

Darunder ist nun das vicedomambt* under der Ens, dessen einkhommen bestehet in der schatzsteuer[c], ungeldt*, etliche filial mäuten, zehentambt, grundtbuch, dienst- und vogtgeldt etc. und wirdt die ertragnues dem mitl nach auf 52.267 fl ausgeworffen.

Vor jahren seindt alle geföhl von denen cammergüettern in dieses ambt eingegangen, hat auch die mauth am Täbor, Rottenthurn, Crembs und andere dahin gehört, welches zweiffelsohne die ursach, dass sovill ausgaben dahin gewidmet wordten. Wie dann die ordinari ausgaben der besoldtungen unndt canzleynotturfften* auf 7.421 fl, stiefftung *[129]* undt begängnuessen 1.349 fl, pensionen, interteniment und provision* 1.142 fl, jährliche deputat* 9.291 fl kommmen, darbey wenig abzukürzen sein wirdt. Undt wann schon bisweillen eine pension oder provision vacirendt wirdt[d], so seindt doch gleich wieder 2 oder 3, welche darum anhalten.

Die jägerey ist von alters hero bey diesem ambt gewesen, hat sich aber seithero anno 1657 beschehenen neüen einrichtung vermehret, kombt anjezo jährlich auf 20.735 fl, au-

[a] correspondenz: *Zusammenarbeit.*

[b] non ens: *ein Nichts.*

[c] schatzsteuer: *eine spezielle Abgabe, die an eine Person oder ein Gut gebunden war oder in außerdordentlichen Fällen eingehoben wurde (DRW-Online http://www.rzuser.uni-heidelberg.de/~cd2/drw/e/sc/hatz/steu/schatzsteuer.htm [26.1.2019].*

[d] vacirendt wirdt: *wegfällt.*

ßer etlichen extraordinari ausgaben undt wirdt die restrictionsconferenz zu deliberiren* haben, ob sich etwas hierbey verminderen lasset.

Darauf das hoffbauambt seindt jährlich ordinarie 24m fl gewidmet, wormit man aber niemahl erklekhen und auskommen können. In das haubtzeighaus kombt auf ain jahr 10.488 fl. Wann dieses under das militare* gezogen und von denen ländtern übernohmen würdte, so könte man mit dieser post anderst disponiren. Auf interesse von anligendten capitallien hat die *[130]* buchhaltery* jährlich 12.074 fl ausgeworffen, welches aber vermitls der von dem hoffcammer praesidenten[a] dahin geliehenen 300m fl capitall mit 18m fl vermehret wordten, darvon zwar, wie oben bey dem ainschilling aufschlag* Ybs meldung geschehen, 50m fl capital undt consequenter 3.000 fl interesse widerumb abgethan werdten können. Wann man also nur die alten onera und ausgaben, so zusamben 91.558 fl importiren[b], gegen dem empfang haltet[113], so befindet sich 39.291 fl abgang, welcher sich doch gemainiglich viel höcher beloffen, also dass man 50 bis 60m fl jährlich beytragen müessen. Dieses ist nun gemainiglich aus der niederösterreichischen landtagsbewilligung geschehen und weill der vicedomb vermög geschlossenen vergleichs mit denen ständten von 8.500 haus und 7.000 pfundtgeldt die gebühr, wie selbige von gemainer landtschaft durchgehent angeschlagen und bezahlt wirdt, in das landthaus beytragen muess. Also wirdt ihnen ordinarie solche quota in handten gelassen *[131]* undt was etwan abgehet mit weiterer anweisung* ersezet.

Von denen neuen anticipationen* hafften auf diesem ambt mehrangeregte 300m fl des hoffcammer praesidenten, darvon nunmehr 50m fl hinweckh gehen.[c] Ingleichen 5.000 fl, so der vicedomb den 15. Decembris 1678 auf 3 Jahr hergeliehen. Dieses ambt kann sich aus aigen krafften nimmermehr eliberiren[d], sondern muess aus anderen ambtern oder bewilligungen enthebt und die capitalia nach und nach bezahlt werdten, dann da dieses nicht geschicht würdte man das capitall angreiffen und die pro hypotheca verschriebene stuckh fahren lassen müessen. Wegen der 4.448 fl postgeldter hat es die beschaffenheit, wie oben bey Böhaimb und Mähren gemeldet wordten.

Niederösterreichische regierungs taxambt

Das niederösterreichische regirungs[114] taxambt* hat bey euer kayserlichen mayestät glorwürdigsten herrn vattern, seelig, bisweillen ein wenigen überschuess ertragen, welches gleich mit dero neue angetrettenen regierung in abnemen kommen, dergestalt dass man bishero *[132]* etliche hundert gulden beytragen müessen. Von denen taxatoribus ist vornemblich diese ursach assignirt wordten, dass man dazumahlen alle confirmationes oder handtwerckhsordtnung undt privilegia, sogar der halter[e] und reverendo Schweinschneider etc., so vor diesen allein bey regirung und cammer gesucht und von dannen aus expedirt, auch darfür ein zimbliche tax eingenommen worden[115], zu der österreichischen hoffcanzley gezogen hat und annoch daselbst verbeiben. Es mögen aber noch wohl andere concausae mit underlauffen, dass die leuth aus armuth nicht sovil mehr litigiren, wiewohl man in denen prothocollen wenig wisset[116], insonderheit, dass man vor etlichen jahren eine

---

[a] *Georg Ludwig Sinzendorf.*

[b] importiren: *hier im Sinne von rechnerisch ergeben.*

[c] *Siehe dazu jedoch die Anmerkung oben; es handelte sich um eine Umschuldung.*

[d] eliberiren: *befreien.*

[e] halter: *Verwalter, Inhaber.*

neue ordtnung gemacht und die frühere zu halten abgestelt, welches vorhero dem taxambt ein zimbliches eingetragen, wordurch dieses geschwächt, die justiz aber dardurch nicht im geringsten befördert, sondern nur denen thorhüettern die exequirtax[a] vermehret wordten. Darzu kommet noch die große mänge der räth undt supernumerariorum[b], welche alle taxfrey *[133]* durchgehen wollen und thaills zimblich mit processen behängt sein. Diesem zu remidiren würdte schwär fallen, weillen es aber über 500 oder 600 fl schwerlich betragen möchte, als wirdt man es derzeit committiren müessen, welche offt gelegenheiten der remedirungen mit sich bringet.

Taxambt* der landtcantzley

Mit der tax bey der landtcanzley hat es fast gleiche bewandtnues und thuen die supernumerarii der landtrechts beysitzer derselben nicht geringen abbruch. Es hat auch der erst jüngst verstorbene taxator Fischer sich sehr über dieses beklagt, dass die partheyen ganz häuffig und indifferenter ad iuramentum paupertatis[c] admittirt werdten, maßen er mir dann erst vor drey monathen eine lista vorgewiesen, so sich auf 35 partheyen erstreckhet und theils underschiedtliche process haben, auch darunder solche leuth begriffen, die noch wohl die tax zu bezahlen hetten. Am schlimesten aber ist dieses, dass die mehreste malas causas foviren[d], also durch abschiedt[e] gemainiglich verlustiget werdten, *[134]* dannenhero nicht nur die tax entzogen, sondern auch das papier umbsonst verschrieben wirdt. Hierinnen währe wenigst in diesem letzen membro zu remediren wie ohnedas rechtes ist, dass vorhero nicht allein derjenigen, so sich zum iuramento paupertatis anerbietten, ihre substanz und vermögen, sondern auch ipsa causa durch rechtsverständtige summariter[f] examinirt werden solten, ob sie probabiliter iustam causam litigandi und spem victoriae haben[g], dan in widrigen solte man nicht verstatten, die gegenpartheyen zu vexiren[h], auch die canzley, ja den richter selbsten vergeblich zu bemüehen und ihme die zeit zu benehmen, welche anderwertig nuzlicher angewendet werde könte. Darzu kommt noch diese klag, dass schon vor etlichen jahren hero viel pöenföhl[i] dictirt und aus respect der parteyen nichts eingefordert wordten, dergestalt, dass von 3 bis 4.000 fl also todtligendt seindt, wordurch denen gegenpartheyen geschadet und propter respectum personarum die liebe justiz nicht wenig beleidiget wirdt. Dannenhero *[135]* an das landtmarschallische gericht die gemäße verordtnung zu thuen währe, die rechtmäßig verwürckhte pöenfahl sine ullo respectu[j] einzuefordern oder, da selbiges kein mitl darzue

---

[a] exequirtax: *Gebühr für die Vollziehung.*

[b] supernumerarii: überzählige, außerp*lanmäßig Beschäftigte.*

[c] iuramentum pauperitas: *Offenbarungseid, Eid der Mittellosigkeit, um keine Gerichtskosten zahlen zu müssen.*

[d] malas causas foviren: *aussichtlose Angelegenheiten betreiben.*

[e] abschiedt: *Entscheidung.*

[f] summariter: *zusammenfassend, überschlägig.*

[g] probabiliter iustam causam litigandi und spem victoriae haben: *wahrscheinlich in einer gerechtfertigten Sache prozessieren und eine Aussicht auf Gewinn haben.*

[h] vexiren: *belästigen.*

[i] *Pönfall: Buße, Strafe.*

[j] sine ullo respectu: *ohne Rücksicht (auf die Person).*

hette, der taxator solches an die hoffcammer gelangen lassen solte, damit man es durch den cammerprocuratorem berechtigen lassen undt bisweillen importune[a] partheyen darauf weisen könte.

Hofcammer taxambt*

Bey der hoffcammer ist zwar bishero auch ain taxator gewesen, so mehresten thail auf die passbrieff, sonderlich wegen ausführung der wein von emer* 3 kr angesehen, welches der registrator zwar einnimbt und in seiner jahres rechnung beybringt, es hat aber solches anno 1673, *[16]*74 undt *[16]*75 mehr nicht als 582 fl 24 kr ertragen, komet dem mitl nach auf ain jahr 194 fl 8 kr. Darvon kommt das fünftl ins bibal[b] undt das übrige, so in drey jahren 465 fl — kr, ist auf canzleynotturfften* verwendet und anderwertig ein mehreres beygetragen wordten. *[136]*

Waldtambt

Das waldtambt* zu Purckherstorff hat bey euer kayserlichen mayestät angefangenen regirungszeit Johann Stückhl bedienet und 6.000 fl ambtsdarlehen darauf gehabt. Nachdem man nun anno 1663 im türckhenkrieg von allen vermöglichen beambten aine caution begehrt und gedachter Stückhl sich dessen (ungeachtet wissent gewesen, dass er die baaren mitl in der truehen gehabt) auf öfters zusprechen gäntzlich verwaigert, ist er des ambt in gnaden entlassen und an dessen statt der von Pauersberg, so 20m fl hergegeben, darzu aufgenommen wordten. Dieses ambt hat sowohl vor als nach euer kayserlichen mayestät angetrettener regirung zu thuen gehabt, die demselben obgelegenen ausgaben zu bestreitten und hat man bisweillen anderwertig ainen beytrag thuen müessen. Denn neben der behülzung des hoffs seind die deputata*, sonderlich der geistlichen, zimblich groß, haben auch noch immer zugenommen. Und weillen die verwalter abgeödet, alles mit größeren uncosten aus der ferne herbeygebracht werden müessen *[137]*. Dieses zu remediren hat man vor 10 jahren in dem *(Allander ambt)*[117] eine clausen erbauen und eine holtzschwemb zurichten lassen. Weill man aber den darzu erforderten unkhosten allen anticipirt* gehabt, hat die erlangte ertragnues bishero mehresten thail zur widerbezahlung angewendet werden müessen, daher hinführo dieses ambt hoffentlich keinen beytrag mehr bedörffen wirdt. Maßen es dann seine einkhomen hat, als dienst von behausten güettern, ackher, wiesen und holzdienst, rindtviech waydtgeldt, schweinwaidt und gastgeldt, stübgeldt, forsthabern, strassgeldt, zeiger[c] bestandt*, weinsteckhen, viertte pfennig, ungeldt*, täz*, mauth und grundtbuchgeföhl etc., so sich jährlich über 15m fl erstreckhen. Dargegen thuen die ausgaben auf waldtambts besoldtungen, schlossgebäu, holzhackherlohn, holzfuehrlohn und andere extraordinaria, so bishero niemahl gleich, sondern balt höcher, balt nidriger gewesen, nicht viel weniger erfordern. Hierauf hafftet der waldt*[138]*maister annoch mit 18m fl ambtsdarlehen und der waldtschaffer mit 4.000 fl. Ingleichen hat er, waldtmaister,[d] den ersten Augusti 1673 auf damahliges begehren 5.000 fl und den 1. Decembris 1678 widerumb 5.000 fl hergeliehen, so alles mit 6 per cento verinteressirt* wirdt. Und weillen klagen vorkhomen, dass in dem waldtambt von denen forstern, jägern und denen

---

[a] importunus: *unverschämt.*

[b] bibal: *Trinkgeld; hier eine Kasse, deren Inhalt an die Kanzlisten verteilt wurde.*

[c] *zeiger*: hier im Sinne von Weinzeiger*.

[d] *Zacharias Adam Bauersberg.*

benachbahrten viel untreu begangen undt confusiones verursacht würdten, als ist noch vor 5 jahren eine haubtberaittungs commission angeordnet und erst vor drey wochen eine interimsrelation* über die vorgenommene ausmarckhung eingeraicht, auch vertröstet worden, dass die haubtrelation, wie die administration künfftig nuzlicher anzustellen, mit negsten folgen solle. Wann dieses geschicht, so werdten euer kayserliche mayestät völlig hievor informirt und was zu dero mehrern nuzen geraicht, werckstellig gemacht werden können.

Schiffambt

Das obrist schiffambt* hat kein anders *[139]* einkhomens, als was aus denen zum ambt nit bedürfftigen oder auch unbrauchbaren schiffen und zillen verkhaufft und gelöst wirdt, welches auf einlösung der zillen widerumb aufgehet und wann nur etwas weniges extra ordinem vorfallet, muss der uncosten aus dem hoffkriegszahllambt beygetragen werdten, welches dem mitl nach auf 1.200 fl austragt, in türckhenkriegs zeiten aber bisweilen auf ein hoches kommen. Bishero seind dem mitl nach jährlich bey 4.000 fl in empfang und ausgab verraittet wordten, lasset sich also hierbey nichts ändtern.

Stadt- und landtgericht Wien

Das statt- und landtgericht zue Wienn ist allzeit schuldtig gewesen, die fallendten straffen und andere zu verraitten, dernwegen noch bis dato ein gegenhandler daselbst gehalten und mit 200 fl besoldet wirdt. Diese geföhl seind ungewiess und obwohlen bisweillen in ainem jahr ain überschuess gewesen, ist selbiges ordinarie ausgebetten wordten. Man hat aber nachgehents denen 12 assessoribus *[140]* einen jeden 100 fl besoldung ausgeworffen und sie damit auf diese stattgerichts oder schrannen geföhl[118] gewisen, welche hierdurch gantz exhaurirt[a] wordten, also dass man nunmehr jährlich ihnen schuldtig verbleibet.

Pruckmauth Stein

Die pruckhmauth zu Stain hat bey euer kayserlichen mayestät erlangter regirung ihren besonderen mauthner, Andre Pöringer, gehabt, welcher mit dem empfang nicht allzeit den underhalt der pruckhen bestreitten können, also dass bey sich eraigneten eysgüessen und großen wasseren, wordurch die pruckh schaden gelietten, allzeit ein beytrag geschehen müessen. Nach dem Püringer ist der Caspar Mayrhoffer, seelig, zue dieser mauth kommen, welcher selbige endtlich in bestandt* genommen und jährlich 300 fl bezahlet, entgegen ihm alle gefahr der eys- und wasserschäden obgelegen. Nach dessen anno 1663 erfolgten todtfahl hat sein successor Simon Wagner von Wagenheimb solchen bestandt* nur auf ein jahr continuirt und selbige mauth *[141]* auf verraittung bekhommen, von welcher zeiten es widerumb wie bey vor dem bestandt* ergangen, dass man nemblich ein zimbliches zuetragen[b] müessen. Man hat vor zwey jahren einen versuch gethan, den ordinari pruckh unkhosten vermitls ainer fliegenden pruckhen[c] zu verringern, es hat sich aber nit recht practiciren lassen wollen, seint auch underschiedtliche beschwerdten darwider einkhommen, also dass man die ordinari pruckhen widerumb erbauen müessen. Bey diesem ambt bestehet die größte würthschafft in dem, fleyssige obsicht zu haben, damit die pruckh weniger schaden leide und die reparirungs materialien zeitlich in vorrath seyen. Dahero

[a] exhauriren: *verbrauchen.*

[b] zuetragen: *einen Kostenbeitrag leisten.*

[c] *fliegende Brücke: eine Schiffbrücke.*

kein bessers mitl währe, als widerumb umb ainen bestandtmann umbzuschauen, dann ein solcher bemühet sich besser, etwas zu gewinnen und aignen schaden zu verhüetten, als ain besoldteter[119].

Hainburg

Die herrschafft und mauth zu Hainburg hat vor diesen der magistrat daselbst undt die[120] statt viell jahr in bestandt* gehabt, sie seind aber *[142]* in ainen so großen rest eingerunnen, dass sie fueßfallent gebetten, sie zu entlassen, so auch geschehen. Und weillen das bestandtgeldt in das obrist proviandtambt deputirt* gewesen, als hat man durch dasselbe besagte herrschafft und mauth von ainem besonderen verwalter administriren lassen und ist die gesambte ertragnues kaumb von 1.600 bis 1.700 fl kommen. Als nun vor 6 oder 7 jahren sich der Bernhardt Bindter die mauth in bestandt* zu nehmen angemeldet und in der tractation auf jährlich 2.200 fl gebracht wordten, hat es nur drey jahr gewehret, da er sich beschweret, dass die commercien in Oberhungarn gesperret, auch bey dem dreißigist* zu Presspurg und anderwertig große verhindernüessen geschehen. Dahero man mit ihm von neuen tractirt[a] und jährlich 1.800 fl (zumahlen kein anderer etwas mehrers geben wollen) angenommen, darbey es dato verbleibet. Die übrige herrschaffts intraden[b] bestehen allein in dem ungeldt* undt waltung, so jährlich nit gar auf *[143]* 300 fl kommen und beedes im proviandtambt verbleibet. Da nun dieses anderwertig verlegt werden könte, so währe mit diesen zwar kleinen gefeel frey zu disponiren.

Wolckerstorff

Die herrschafft Wolckerstorff ist ein altes cammerguett und derselben einkhommen noch vor vielen jahren dem kayserlichen hoffspitall zur adjuta[c] gelassen wordten. Der pfleger und gegenschreiber daselbst werdten durch regirung undt cammer mit euer kayserlichen mayestät ratification bestellet und die raittung noch bis dato zu der hoffcammer und niederösterreichische buchhalterey* abgegeben. Und weillen des hoffspitallmaisters raittungen ebenfahls allda einlauffen und daraus zu sehen, dass selbiges ohne diese beyhülff nicht bestehen könte, also wirdt es noch lenger also verbleiben müessen.

Eberstorff

Die herrschafft Eberstorff hat bey euer kayserlichen mayestät angetrettener regirung der haubtman Schlegl auf raittung verwaldtet, deme hernach der Inzigo succedirt ist, mit welchem *[144]* man nachgehents einen bestandt* getroffen, dass er vor die einkhomen jährlich 1.500 fl erleget. Man hat darbey verbessert, auch die beständt der ackher und wiesen sovil erhöhet, als es sich thuen lassen. Angeregtes bestandt* geldt aber thuet auf das gebäu und andere zuefällige ausgaben widerumb aufgehen.

Pottendorff

Die herrschafft Pottendorff, so euer kayserlicher mayestät durch des Nädästi rebellion heimbgefallen, währe wohl noch zu einer ertragnues zue bringen gewesen, wann die herrschafft Hornstain darbey verblieben währe. Anjetzo aber ist sehr wenig daraus

---

[a] tractiren: *verhandeln.*

[b] intraden: *Zahlungseingänge.*

[c] adjuta: *hier im Sinne von Beihife, Unterstützung.*

zu nehmen, außer etwas an getraidt und habern, das übrige ist auf bezahlung der nädastischen gewesten bedienten besoldtung, interesse von dahin versicherten capitalien und underhaltung des gebäu gegangen, maßen dan auch in dem fertigen und heurigen jahr, da der prinz Wilhelmb *[Egon]* von Fürstenberg sich allda befundten, noch ein zimbliches aus anderen mitlen beygetragen werden müessen. *[145]* Wann aber künfftig Hornstain wiederumb herbey gebracht würdte, so möchte sich noch wohl ein nuzliche wirthschafft alda einführen lassen.

Burggravenambt Neustatt

Das burggraffenambt zur Neustatt hat bey euer kayserlichen mayestät angegangener regirungszeit ihre hochfürstliche durchlaucht erzherzog Leopoldt Wilhelm[121] zue Österreich, seligster gedächnues, innen gehabt. Nach dessen und seines burggraffen zeitlichen ableiben der cammerdiener von Pirckheimb[122] zum burggraffen daselbst verordnet wordten, welcher die geföhl in bestandt* genommen, darbey aber nicht bestehen können, also dass selbige ihme wieder auf verraittung gelassen wordten, welche er bishero zu rechter zeit abgeleget. Und ist selbiges einkhommen dem mitl nach auf 1.915 fl in geldt kommen, welches alles bey dem gebäu, thiergartten und anderen necessiteten widerumb aufgangen. Undt obwohlen man erst unlengst über vieljähriges litigiren, auch restituirung des von gericht aus entfrembdten geldts, das ambt Lanzenkirchen widerumb darzue *[146]* gebracht, also die einkhomen umb etliche hundert gulden vermehret, so ist gleichwohl kein überfluess zue hoffen, wann man nur weiter nichts zuetragen dörffte. Alda könte mit dem heu, allermaßen vor ainen jahr ein anfang gemacht wordten, ein bessere wirtschafft getrieben und weill das wildt nicht soviel bedarf, das übrige eingesamblet und zu stahlsnotturfften* gebraucht werdten.

Neue Gottsacker

Der neue Gottsackher vorm Schottenthor muess vor diesen auf cammeral unkhosten zu begräbnues der uncatholischen sein erbauet wordten, weillen sich findet, dass der vicedomb* die inspection darüber gehabt oder selbige von der cammer anderen aufgetragen wordten. Bey euer kayserlichen mayestät angetretener regirung ist der niederösterreichische cammer expeditor* Just commissarius darüber gewesen, welcher aber alles zimblich zugrundt gehen lassen. Undt weillen in der capellen daselbst ohnedes ein tägliche seelmeess gelesen werden muess, haben sich die patres Monserratenses[a] darumb angenommen, mit welchen ein ordentlicher contract aufgerichtet, *[147]* ihnen dargegen ihr deputat* in handtgraffenambt aufgehalten worden. Sie haben aber schlecht gewirthschafftet und darmit nicht bestehen können, also solchen Gottsackher widerumb zuruckhgeben. Da sich dann ein burgerlicher leinwather nahmens Schmidt offerirt, dieses commissariat gratis auf sich zu nehmen, deme man ainen buechhalterey raithddiener zuegegeben, die widerumb ain guete ordtnung eingeführet und jahrliche richtige rechnung abgelegt. Der emfpang, so von denen begrabenen leichen passiergeldtern[b] und überlassenen eysernen creutzen herrühret, kombt dem mitl nach auf 581 fl. Die ausgaben aber niemahl so hoch, also dass in wenig jahren in die 1.000 fl erspart und ano 1673 zu reparirung des thürmls, glockhen und kirchenornat applicirt* wordten.

---

[a] *Benediktiner von Montserrat, in Wien als Schwarzspanier bezeichnet.*

[b] passiergeldter: *Zahlungen für den Kondukt?*

Vicedomambt ob der Enns

Das vicedombambt* zu Linz ist schon vor vielen jahren ganz deplumirt[a] und demselben an denen zuvor gehabten schönen einkhommen nichts übrig gelassen wordten als kleine mauth* beständt, ungelt*, frey- und höbgeldter, urbarsteüer von denen beutllehen[b] und kirchenholdten, bestandtgelt *[148]* von der herrschafft Wildtenegg undt etliche kleine sachen. Darvon sollen die ordinari undt landtrâth besoldung, jägerey, baubesserung des schloss, auch 7.811 fl interesse von anligenden capital sambt anderen kleinen ausgaben bestritten wordten, also dass gemeiniglich aines gegen dem andern aufgehet. Da man auch nur etwas weniges extra ordinem anschaffet, man gleich aus der landtagsbewilligungs oder mauth zu Linz einen beytrag thuen muess. So habe ich auch in durchgehung aller posten niemahl findten können, wie der empfang zu verbesseren, man könte dann künfftig einige veralienirt* oder versezte herrschafften wider herbey bringen oder capitalia bezahlen. So ist auch vor ainem jahr mit vergebung der herrschafft Wildtenegg selbiges bestandtgeldt, so jährlich 1.000 fl sein sollen, entgangen, darfür aber euer kayserlichen mayestät 20m fl baares gedt eingenomen haben. Der hoffcammer rath Grundeman hat auch etliche stuckh, zwar ablösungsweis hinweg bekommen, darvon hernach fol. — mehrere meldung geschicht. Bey denen ausgaben *[149]* müsste man sich nur befleissen, etliche capitalia zu reduciren, die[123] interesse zu verminderen oder gar zu ersparen. Süntenmahlen aber gedachter hoffcammer rath Grundemann sich bis dato fast continuirlich im landt ob der Enns aufhaltet, auch dieses ambt viel jahrlang bedient hat, als wirdt selbiger in hoc passu[c] genauere information geben.

Salzambt Gmunden

Da salzambt* Gmundten hat seine einkommen von denen gmundtnerischen mauthgefellen* und neuen salzstaigerung mit andern kleinen zueföhlen, auch kleinen küefl*, bergstätten, ingleichen von beytrag aus den allhieigen salz, auch deputirtenambt* in Böhmen, so sich jahrlich zusammen dem mitl nach beyläuffig auf 140m fl belauffet. Darvon muess das salzsieden zu Haalstatt, Yschl und Ebensee, großkueffen handl[d], kasten, besoldtungen, mauth ambtsnotturfften*, wassermachen[124] der außeren Traun und viel andere ausgaben bestritten werdten, welches also genau eingerichtet, dass mit endt des jahrs nicht viel in der cassa bleibet, ja, wenn nur das getraidt aufschlagt oder das wasser großen schaden thuet, *[150]* muess man gleich ainen beytrag thuen, maßen man dann den jährlich beytrag des deputirtenambts der jährlichen 51m fl mit 3m fl vermehret, auch erst vor einem jahr den geklagten abgang des wurzenverlags* aus dem wiennerischen salzambt 24m fl angewiesen, so beraits bis auf 4m fl bezahlt ist.

Bey dem empfang finde ich den größten abgang bey denen kleinen küefl* ladtstätten, also zue Artackher, Mölckh etc., welche zu dem einnnemberambt Gmundten gewidmet sein und noch bey eurer kayserlichen mayestät regirungs zeiten in die 15 und mehr tausendt gulden ertragen, derzeit aber kaumb auf 5 oder 6.000 fl kommen. Die ainige ursach ist, dass das steyrische oder ausseer salz, welches wohlfailler ist, so häuffig heraus, bis

[a] deplumiren: *abfallen, herabsinken.*

[b] *Beutellehen: Lehen an nichtadelige Personen gegen finanzielle Leistungen.**

[c] in hoc passu: *diesbezüglich.*

[d] *Großkufenhandel: Großhandel mit Salz.*

an, ja gar über die Thonau tringet und das gmundtnerische verschlaget[a]. Man hat hierwider schon allerhandt remedia gesuchet, auch neue aufschläg* dargegen gemachet, es ist aber dem werckh darmit nicht geholffen, sondern die verschwärzung* wirdt fast immer größer. Man möchte zwar gedenkchen, *[151]* es seye aines, ob euer kayserlich mayestät das gmundtnerische oder ausserische[125] salz versilberen*, weillen beedes in ihre cassen einlauffet, allein ist zu bedenckhen, dass der gewinn bey dem gmundtnerischen umb den viertten oder gar dritten thaill gößer, als bey dem ausseerischen, ja, wann die sämer* das salz zu Aussee, wie man sagt, um einen spott bekomen oder zum thaill wol gar entfrembden, so thuet euer kayserliche mayestät wohl der halbe gewinn oder ertragnues entgehen. Dass nuzlichste und vollkhommenste remedium währe, beeder ländter salz in eine gleiche proportion zu bringen, derentwegen schon oben bey dem wiennerischen salzambt anregung geschehen. Es währe sonst nicht unmöglich, die enge clausen[b] und straßen zu sperren, also das ausseerische salz ganz abzuhalten. Dargegen stehet dieses im weeg, dass die in dem Scheibster gezürckh[c] von altershero befreyt sein, sich dieses salzs zue gebrauchen, welches schwerlich abzustellen. Dannenhero mich fast thuenlich zu sein bedunckhete, wann euer kayserliche mayestät *[152]* ein baar leegstätt* an denen confinen aufrichten und die samer, so das salz hieraus zu bringen pflegen, anhalten liessen, alles salz dahin zu bringen, allda es sodann die befreyte herrschafften, märckht und dörffer abhohlen, erkauffen und sich dessen gebrauchen. Auch man desto leichter verhüetten könte, dass nit zuviel herausgebracht oder denen leuthen im gezürckh kein mehrers, als ihre hausnotturfft* erfordert, gegeben, also die gelegenheit zum weiteren verschleiß benommen würdte.

Es hat der jezige salzambtmann, baron Schiffer, als er sich vor zwey jahren in die drey viertel jahr alhie aufgehalten, große versprechen gethan[126] einen modum zu erfinden, wie die verschwarzung abzustellen und der küefl* verschleiß zu erweitteren, so bald er aber in 2.500 fl liefergelder* sambt 10m fl gnadt erhalten, ist weiter davon kein worth gemeldt wordten, sondern altum silentium.

Bey denen ausgaben ist dieses zu notiren, dass dem Salz*[153]*cammerguett die besoldtungen gering und nit viel darbey zuruckhzulegen, danenhero man sie mit kleinen gnadengaben oder ihre wittiben und kinder mit provisionen wochentlich um ain oder zway gulden auf gewisse jahr versehen hat. Darbey aber soll dieser miessbrauch eingeriessen sein, dass man denenjenigen, so es am wenigsten bedörffen noch vielleicht verdienet, aus favor das mehreste einrathet, vermögliche wittiben viel zeit die provisiones[d] geniessen und arme cariren[e] lassen, welches billich abzustellen. Soviel die gnaden betrifft, weillen die extraordinari mitl* im Salzcammerguet etwas selzsambes, als werdten selbige auf die ordinari, jedoch allzeit um ista clausula[f] „ohne abbruch des wurzenverlags* nach und nach zue bezahlen etc." angewiesen, welches dahin zu verstehen, wann mit endt des jahrs bey dem wurzenverlag sich ein auskhommentlicher überschuess eraignet. Also ist es auch vor *[154]* diesen gehalten und nur bisweillen in casibus necessitatis denen ärmesten parthey-

---

[a] verschlagen: *verdrängen.*

[b] *Klause: Engstelle bei Flüssen, Klamm.*

[c] *Scheibbser Bezirk: ‚Widmungsbezirk' Scheibbs für Proviantlieferungen nach Innerberg.*

[d] *Provisionen: Versorgungsleistungen.**

[e] cariren: *entbehren.*

[f] ista clausula: *diese Einschränkung, Klausel.*

en etwas gegeben wordten. Dargegen hat man aus denen jüngsten 1675, 1676 und 1677 jahren einnemerischen raittungen wahrgenommen, dass mancher parthey ohne noth innerhalb wenig monathen (da man doch wohl soviel jahr darzue zeit gehabt hette, indem die bezahlung ohne dass nur nach und nach geschehen sollen) zu drey und vierhundert gulden hinaus gegeben wordten, dahero kein wunder, dass sodann mit ausgang des jahres an dem wurzenverlag* abgang und mangel erschinen. Dieses währe in allweeg abzustellen, dann sonsten würdte man alle jahr noch mehr zuetragen müessen.

Bey dem Salzcammerguett befindet sich noch das großenkuefenhandler*[amt]**, haalstetterische hoffschreiber*[amt]*, auch yschlerisch und ebenseerisch verweserambt, welche jährlich zimbliche große summen zu verraiten haben. *[155]* Weillen sie aber alle das geldt aus dem einnemberambt empfangen und ihren getruckhten instructionen nach verraiten müessen, als müssten nur die beambte selbsten ainige ersparung findten und an die handt geben.

Fischmeisterambt

Das fischmaisterambt* in Österreich ob der Enns hat vor diesen, wie aus denen alten instructionen zu sehen, ein große jurisdiction[a] undt viel zu thuen gehabt, so aber schon vor lengst alles darvon komen undt ist anjezo gleichsamb nur ein schatten, so meine wiessens in euer kayserlichen mayestät regirungszeit nichts in empfang noch ausgab verraittet. Undt gleichwohl wirdt ein fischmaister mit jährlich 200 fl besoldet, welches gar billich* abzuschaffen oder da je der nahmen dieses ambts annoch zu erhalten und einige obsicht auf etliche päch zu haben, solches gar wohl durch aine ohnedas bey dem Salzcammerguett Gmundten oder dem mauthambt Linz bediente persohn *[156]* gegen raichung einer jährlichen adjuta* von 15 oder 20 fl zu versehen währe.

Eisencammerambt

Das eysencammerambt zu Scheibs sambt der schnallenspärr[b] zue Lunz hat vermuetlich anno 1624 mit der neuen eysen compagnia seinen anfang genommen, das einkhomen von führenten eysen kommet jährlich beyläuffig auf 400 fl, welche nicht allzeit auf die besoldtung undt unkhosten erklecklich sein. Bestehet also dieses ambt mehr in ainer obsicht und assistenz des eisenobmanns*, als besonderer ertragnues.

Aufschlag in der Mendling

Der aufschlag* in der Mendling gegen dem land ob der Enns undt Steyer ist mit euer kayserlichen mayestät gnädigsten einwilligung erst vor 10 jahren eingeführt und vermaint wordten, das ausseerische salz etwas dardurch zuruckzuhalten. Welchen man nicht lang auf raittung handlen, sondern wegen vieler entstandenen difficulteten dem damahligen freisingerischen haubtman zu Weydthoven, *[157]* freyherrn Gepekhen (welcher baldt darauf aus dem freisingerischen dienst kommen und zuletzt in die 1.700 fl schuldtig verblieben), hernach seinen successori, dem freyherrn von Lampfritsheimb, in bestandt* verlassen, welcher geklagter eingrieff undt nicht erfolgter manutenenz[c] halber annoch 1 quartall als[127] 625 fl nachlass pretendiret, welches noch in commissione besteht. Diese beede haben

[a] jurisdiction: *Amtsbereich.*

[b] *Schnallensperre: ein Kontrollposten zur Überwachung der mautpflichtigen Transporte.**

[c] manutenenz: *Beschützung, Schutz.*

jährlich 2.500 fl bestandtgeldt zu bezahlen bedinget, nachgehents hat sich Geörg Reichart darumb angenommen und 300 fl mehrer offeriet, auch bishero richtig bezahlet. Welches geföhl in das obrist proviandtambt deputirt* wordten und annoch dahin abgeführt wirdt.

Kastenambt

Das kastenambt*, so gleichfahls ein altes vicedombisches pertinens[a], hat bey euer kayserlichen mayestät angetrettener regirung der Johann Gassner, nach dem er es vorhero auf etliche jahr auf raittung administrit, umb ain gewiesses in getraidt *[158]* sambt dem zehent zue Schwechat in bestandt* gehabt, hernach anno 1668 hat der dahmalig geweste vice cammerpraesident, graf von Hochenfeldt, seelig, sich darumb angenommen und etliche muth* getraidt mehrers offeriret, darüber auch ein bestandt* contract auf 6 jahr aufgerichtet wordten. Nach dessen ausgang seine erben darinnen verblieben und die bedingte 8 muth waitz, korn 80 muth, 70 muth habern, 15 muth gersten und 15 metzen* [128] brein[b], nach wiennerischen glatten maß[c] jährlich entrichtet. Denen man aber mit eingang dies jahr solche bestandt* aufkündtet und vermaint, die darauf liegendte 6m fl darlehen entlich durch ain andere anticipation* abzulösen und durch das vicedombambt mit der adminstration eine prob thuen zue lasse. Dieses bestandt* getraidt nun wirdt auf die jägerei verwendet. Es hat auch gedachter graff von Hochenfeldt zugleich den täz* auf denen zu dem kastenambt* gehörigen dörffern umb jährlich 990 fl in bestandt* genommen. *[159]* Ingleichen das grundtbuch, steuerhandler und zehentambt überliefferen ihre geföhl in das vicedomambt und werden daselbst verraitten, seind auch schon unter selbigen einkhommen begriffen.

Folgen die ambter, welche bey euer kayserlichen mayestät angetrettener regirung versezt gewesen, anderen in die prossess gegeben und bis dato noch jedoch ablöslich sein.

Wassermauth Stein

Die wassermauth zu Stain, so ihre churfürstliche durchlaucht in Bayrn[d] innenhaben, darauf sich vermög der vor 2 jahren gepflogenen abrechnung noch 303.149 fl capitall befnden. Der contractus hypothecae[e] ist dahin gegangen, dass die zu 5 per cent veschriebene interesse an der ertragnues anfänglich defalcirt* unndt was sich darüber befindet von dem capital abgeschrieben werdten solte. Es seindt aber hernach mit churfürstlicher einwilligung andere anweisungen* dero bedienten darzue kommen, dass das capital wenig gemindert werdten können. *[160]* Ja, es ist so weith kommen, dass schon von vielen jahren hero diese mauth das interesse nit mehr ertragen und die abraittung gezaiget, dass man daran in die 33m fl schuldig verbleibet, die anjezo aus der landtagsbewilligung oder anderen mitlen ersezt werdten solten. Seithero hat man bey dieser mauth zu Stain die special beschreibung der wahren eingeführet, auch dem churbayrischen mauthner daselbst aine adjuta* gegeben, wordurch sich aine zimbliche besserung gezaiget, also dass vor einem jahr nur ein weniges vom interesse abgangen undt möchte solche ertragnues, sonderlich wann friedtliche zeiten kommen thetten, noch ergäbiger fallen. Es waren viel ursachen

[a] *Pertinenz: Zubehör.*

[b] brein: *Hirse, Buchweizen.*

[c] *glattes Maß: das Getreidemaß konnte „glatt“ oder „gegupft“ bestimmt werden.*

[d] *Ferdinand Maria, Kurfürst.*

[e] contractus hypothecae: *der Pfandvertrag.*

zue allegiren[a] diese mauth abzulösen, insonderheit weill Churbayrn, als ein ausländtischer fürst diese mauth cum ommni iurisdictione[b] besizet und gleichsamb in Österreich statum in statu formiret. Nach abgelöster mauth zu Tarvis hette man mit Stain eben selbigen vernebmblich 15 per cento nachlass am capital haben können, *[161]* welches gleichwohlen von ainem vonehmben politico, obschon bey der cammer die mitl verhandten gewesen währen, nicht vor guet gehalten werdten wollen. Die ursachen werden euer kayserlichen mayestät annoch gnädigst bewusst sein.

Bey jezigen zuestandt in Bayrn währe dieser nachlass zweiffelhafftig und außer dessen cameraliter die ablösung nicht rathsamb, nit allein weillen die mitl nicht verhandten, sondern man auch hierauf ein solches capital zu 5 per cento (zu 6 per cento noch weniger) gar nicht austreiben[c] wurdte, weillen das interesse noch zur zeit nicht genuegsamb versichert währe. Da man auch hinführo zu ainigen mitlen gelangete, so währe besser, am ersten dasjenige abzulösen, wo man am mehresten interesse bezallen muess, wo nicht politisch ursachen vortringen.

Mauth zur Schwechat

Die mauth zur Schwechat ist dem graffen von Trautmänstorff[d] von euer kayserlichen mayestät herrn vattern, hochseeligsten andenckhens[e], um 120m fl versezt wordten, welche seine erben *[162]* annoch besizen. Diese mauth hat von geraumben jahren hero kaumb 5 per cento ertragen, da doch die mainung auf 6 per cento gewesen. Es ist aber nicht zu zweiffeln, wann das königreich Hungarn widerumb in ruehestandt kommen thette, es würdten die cammeralia sich widerumb erheben, consequenter die gefeel* zunehmen, da dann auf wider zuruckhbringung dieser mauth ein sonderbahre reflection zu machen währe, zumahlen selbige in der correspondenz[f] der mauth zu Wienn viel nuzen schaffen und zu abwendtung der verschwerzung dienen[129] könte.

Himberg

Die mauth zu Himberg ist ain filial zu Schwechadt gewesen und auf obangeregte weis in versaz kommen, welche der graff Hanns Fridrich von Trautmanstorff langwürig genossen und jährlich etwas in das vicedomambt erlegen müessen. Weillen aber der marches de Grana[g] gewiesse praetensiones* an ihn gehabt, hat er angeregtes sein ius durch execution *[163]* hinweck genommen. Undt wie ich erst vor ainen jahr ohgefehr vernommen, hat er noch etwas gelt und andere praetensiones darzue geschlagen undt dardurch das aigenthumb überkomen. Vielleicht währe er[130] in der güette zu disponiren, selbige gegen empfahung seines geldts wiederumb abzutretten, dann ihm ain solches schlechtes stuck ohne das nichts nuz ist, entgegen euer kayserlichen mayestät sehr nuzlich währe, die correspondenz gegen Wienn gleich wie bey der Schwechat gemeldet wordten undt verhüettung der verschwärzung* zu bestettigen.

---

[a] zue allegiren: *geltend zu machen.*

[b] cum omni iurisdictione: *mit allen Rechten.*

[c] austreiben: *auftreiben, zu erhalten.*

[d] *Maximilian Trauttmansdorff-Weinsberg.*

[e] *Kaiser Ferdinand III.*

[f] correspondenz: *Zusammenwirken.*

[g] *Otto Heinrich Caretto, Marquese di Grana.*

Weinaufschlag an den böhmischen und mährischen gränitzen

Der weinaufschlag* an denen böhmischen und mährischen gränizen ist mit underschiedtlichen anweisungen* belegt gewesen, welche man anno 1644 hinweckh gewisen und selbiger dem graffen, anjezo fürsten zue Schwarzenberg[a] solchergestalt in die possess gegeben, dass ihme jährlich für interesse 12m fl passirt und der überschuess am capital abgeschrieben werdten solte. Es hat aber solches in 30 jahren nicht geschehen, sondern andere *[164]* anweisungen* darneben erthailt werdten müessen. Als es auch erst vor ainem jahr fast gegen dem endt darmit gegangen, ist ein neues capital mit 50m fl darauf kommen, auch den graffen von Lamberg aus Kärndten seine noch anno 1640 darhin gehabte anweisung per 24m fl erfrieschet wordten. Die ertragnues ist ungewiess, wie alle dergleichen aufschläg*, die von reichen oder schlechten weinjahren und dessen ausfuhr dependiren. Wann sich anderwertige aperturen[b] zu ainer anweisung eraigneten, so würdte die ablösung nicht unthuenlich sein.

3 ß aufschlag zu Ybs

Der dreischilling aufschlag* zu Ybbs ist gleichfahls bey euer kayserlichen mayestät eintrettung nicht mehr in der hoffcammer handten gewesen. Darauf hafftet das bisthumb Wienn mit ainer stifftung von kayser Ferdinando 2do per 100m fl zu 6 per cento, item 60m fl von der erzherzogin Claudia herrührendt zu 5 per cento, das closter Himmelporthen mit 10.350 fl zu 5 per cento, der graff *[165]* von Collalto mit 380m fl, darunder 300m gnadt, item 30m fl, so ihme der verstorbene bischoff Breiner cedirt gehabt, und ainen andern rest per 5.890 fl, alles zu 5 per cento. Thuen die capitalia zusamben 585.040 fl, diese erfordern jährlich 30.253 fl interesse. Obwohlen nun dieser aufschlag vor etlich und dreyßig jahren jährlich über 100m fl ertragen, so haben doch die alzu hoch gestaigerte, vermehrte, auch gar denen ständten eingeraumbte aufschläg* auf den wein, soviel ausgeführet wirdt, sondern die Bayrn undt andere Oberländer, wie auch sogar die Böhmen sich respective des tyroler, neckher undt franchken wein bedienen, welches diesem landt ein unwiderbringlicher schaden, dass jährlich etlichmahl hundert tausendt gulden weniger geldt herein kommet. Durch die verringerte ausfuhr nun, ist auch die verminderung des aufschlags (worzue die befreyung der 3 obern ständt in Österreich ob der Enns sambt der großen mänge der passbrief[c] nit wenig geholffen) gefolget, dass selbige die *[166]* interesse nit mehr ertragen undt nun beraits viel tausendt gulden ruckständtig verblieben. Und werden die partheyen zweiffelsohne nicht underlassen, solchen abgang aus andern mitlen zu begehren. Diese geföhl zu verbesseren findet sich derzeit kein mitl, man wolte dan mit der zeit dahin gedacht sein, solche mänge der aufschläg* zu moderien undt die weinhandler widerumb herein zu lockhen, welches aber viel zeit erfordern, wo nicht gar unmöglich sein möchte[131]. Es ist schon vor vielen jahren movirt[d] wordten, dass das collaltische darlehen mit 300m fl gnaden geldtern vermischt und darauf schon etlich mahl hundert tausendt gulden (so anjezo woll ein million betragt) interesse bezahlt wordten, die doch sonsten von gnadten nicht gebräuchig seindt. Es haben auch euer kayserliche mayestät schon vor 8 oder 10 jahren eine commission derentwegen angeordnet, worbey sich der österreichische

[a] *Johann Adolph Schwarzenberg.*

[b] *Aperturen ereignen: Möglichkeiten eröffnen.*

[c] passbrief: *Befreiung von der Abgabe.*

[d] movirt: *monirt?*

hoffcanzler befundten. Es sein aber solche rationes vorkhommen, dass man dazumahlen der sachen weiter nicht nachgesezt. Wann ainige hoffnung währe etwas zuerhalten, könte selbige wohl reassumirt werdten. *[167]*

Neukirchen

Das ambt Neukirchen hinter der Neustadt noch anno 1624 dem damahligen landtmarschallen von Urschenbeckh umb 24m fl versezt gewesen. Undt weillen dessen erben mit denen Neukirchern in weithläuffige process gerathen, haben sie ihr ius, neben dem darzue erkhaufften täz*, dem hoffcammer rath von Mayerberg abgetretten, welcher die geföhl denen Neukirchern selbsten in bestandt* geloffen[a] und dardurch die process aufgehebt. Indem nun an die handt gegeben wordten, dass solches ambt noch besser zu genießen währe, hat man selbiges mit größer ungelegenheiten abgelöst, darbey aber dem conto nicht gefundten. Dannenhero solches erst in diesem jahr nach ainem ordentlichen gemachten anschlag[b] neben der landtsteuer, so sonsten in das vicedomambt* zu erlegen gewesen, alles zu 5 per cento angeschlagen, gegen erlegung 26.000 fl[132] gedachten von Mayerberg widerumb pfandtweis überlassen, worbey derzeit nichts zu erhalten sein wirdt.

NB. Die landtsteüer ist wieder zurückhkomen. *[168]*

Aufschlag zu Ybs von getraid

Der aufschlag* zue Ybs von getraidt, häutten, zwaspen[c], hönig etc. ist noch anno 1633 den ersten October wegen 150m fl capital zu 5 per cento dem bisthumb Wienn übergeben und eingeraumbt wordten und hat bishero dieses interesse gar nit ertragen. Es scheinet, dass sehr viel anderwertig frey durchgeschwärzt* werdte, darauf die inhaber bishero nicht genueg achtung gegeben, auch die kayserliche beambte sich nicht viel darumb bekhimmert. Man könte ihnen durch überreuther* und in anderweeg assistiren, solchen aufschlag zu einer raichern ertragnues zu bringen und wann es zu effectuiren, auf die ablösung gedacht zue sein.

Vöcklabruck und Engelhartszell

Die mauth undt aufschlag* zue Vökhlabruckh und Englhartszell seind noch vor euer kayserlichen mayestät regirungszeit in churbayrischen handten gewesen, darauf noch 429.183 fl hafften. Da gebührendte interesse hievon abzuführen haben die geföhl schon viel jahr hero nicht erkleckhen[d], derentwegen diesen abgang zu ersezen *[169]* bishero aus der mauth zu Lintz jährlich dem mitl nach 12.730 fl beygetragen werden müessen. Woher nun dieser abfahl kommen, kann ich nicht wissen. Es ist zwar allzeit und noch bis dato ein inspector darüber gehalten worden, welche aber continuirlich zu Wienn gesessen und in etlichen jahren kaumb ainmal zugeschauet, sondern einen schreiberjungen ambtieren lassen. Dahero man auch ainige rechtschaffene informationen nicht haben kann, sondern nothwendtig in der finsternuess verbleiben muess. Ich erachtete für das nothwendigste zu sein, dass der inspector sein domicilium zu Vökhlabruckh ordinarie[e] haben, der churbay-

---

[a] geloffen: *gelassen?*

[b] anschlag: *Bewertung.*

[c] zwaspen: *Zwetschken.*

[d] erkleckhen: *ausreichen.*

[e] ordinarie: *normalerweise.*

rischen beambten handtlung selbsten beobachten, die fähler corrigiren und wo etwas zu verbessern, solches erindern und an die handt geben solte. Ich habe noch vor zwey jahren gehört, dass die statt Vöckhlabruckh, welche zugleich an Churbayrn cum omni iurisdictione[a] übergeben und selben contingent *[170]* bishero von euer kayserlichen mayestät übernohmben, auch von denen ständten in Österreich ob der Enns jährlich defalcirt* wordten, schon auf etlich und dreyßig tausendt gulden an contributionen* schuldtig seye, welches künfftig die ablösung schwerer machen wirdt und ungezweiffelt nit geschehen währe, wenn ain rechtschaffener inspector sich in loco befundten und hierauf achtung gegeben hette. Darbey ich dieses allergehorsambst zu erindern nicht underlassen kann, wie bishero dem cammerali nicht wenig nachtaillig gewesen, dass vornembe ministri ihre bediente zue kayserlichen diensten befördert undt selbige gleichwohl hernach in ihren privaten diensten behalten haben, wordurch dann ordinarie diese versehen und jene negligirt werdten. Dann eben der fürst von Portia, seelig, hat dem Burckhhart von der Klee zuer inspection geholffen und hernach als seinen hoffmaister bey sich behalten, dergleichen *[171]* officium[b] er auch herach bey dem fürsten von Lobkhowitz, seelig, bedienet. Dergleichen exempla noch mehr verhandten sein, dahero fast eine regula zu statuiren, auch räth und cavallieren bediente zu kayserlichen diensten angenommen werdten, sie nach abgelegten iurament die privat dienst alsobaldten verlassen solten.

Mauth Freystatt

Die mauth zue Freystatt hat selbige statt schon vor vielen jahren gegen 21.200 fl capital thails zu 5 und thails zu 6 per cento interesse pfanndtweis innen gehabt. Anno 1672 hat man daselbst eine legstatt* und haubtmauth, wie zu Wienn, Crembs und Linz aufgerichtet und das vectigal* gleich andern gestaigert gehabt, mit welcher occasion mit dem magistrat dahin gehandlet wordten, ihme jährlich 1.254 fl interesse zu bezahlen. Obwohlen nun hernach die legstatt und große mauth widerumb aufgehebt und das vorige alte *[172]* vectigal practicirt wordten, so hat man doch die bezahlung solchen interessen* aus der mauth Linz continuirt und die freystätter mauth[133] um der correspondenz[c] willen darbei behalten.

Mauth zu Enns

Die mauth zu Enns hat gleichwohl selbige statt wegen darauf[134] gelihener 10m fl von langen jahren hero genossen undt hette man diese beede mäuth umb des überschuess willen abzulösen gesuchet, wo nicht die stätt wegen ihres daraus besorgenden schadens solches deprecirt[d] und man ihnen solche[135] gleichsamb zu ainer zubuess hette gelassen[136].

Sengsen appalto

Der sengsen appalto* ist ein neues geföhl, so erst under euer kayserlichen mayestät anno 1661 aufkhommen, dessen ertragnues jährlich auf 7.000 fl kommet und in dem gewesten pohlnischen krieg bisweillen etwas weniger. Dieses geföhl hat gleich von anfang der graff Albrecht von Zinzendorff in abschlag einer gnadt undt wegen hergeliehenen 15m fl genossen, welche ihme sub dato 27. Julii anno 1671 wieder *[173]* als aine gnadt

[a] cum omni iurisdictione: *mit allen Rechten.*

[b] officium: *Dienst.*

[c] correspondenz: *Zusammenarbeit.*

[d] depreciren: *sehr bitten.*

auf 10 jahr extendiret wordten. Und wie verlauttet, sollen eure kayserliche mayestät ihme solches vor seiner abrais ins Reich noch auf 5 jahr erstreckht haben, also dass vor dem 1686ten jahr kein eliberation zugewartten.

Ungeldt

Das ungelt* durch das gantze landt Österreich under und ob der Enns ist vor diesen ein landtsfürstliches cammergeföhl gewesen und in das vicedomambt eingegangen. Darvon aber die mehresten ort erblich vergeben sein, thails aber seindt noch versezt undt ablöslich, darvon absonderlich etliche stätt etwas innen und ein stuckh geldt darauf geliehen haben, darbey noch wohl ein überschuess zu findten sein möchte. Man hat es ihnen aber bisher ihrer armueth halber mehrer zu ainer adjuta[a] vergonnet. Auf dem ungelt* des badtnerischen gezirckh[b], welcher umb 20m fl versezet ist, hat sich erst vor einem jahr eine parthey gefundten, welche aine auction per 2.000 fl anerbotten, woraus ich praesumire, dass ein überschuess verhandten sein *[174]* müssen, dahero solches genauer zu undersuchen und nach beschaffenheit der sach auf die ablösung zu gedeckhen sein wirdt.

[Dritte Klasse] Veralienirung

Mauth Himberg, Pellendorf

Von veralienirung* ligender güetter weiß ich mich in Österreich under der Enns nichts zu erindern als obangeregter mauth zu Himberg und des dorffs Pellendorf sambt dem traid- und weinzehent, auch vogthabern, welche dem gewesten obristen landtjägermaistern, graf von Urschenbeckh, anfänglich wegen 8.000 fl gnadt pfandtweis eingeraumbt und hernach aigenthumblich überlassen wordten, so vorher zu dem kastenambt* gehörig gewesen.

Vicedomische gülten

Vor ainem jahr haben euer kayserliche mayestät dero geehrtesten frau stieffmuetter[c] gewisse zehent, güldt* und underthannen, als das pergrecht[d] zu Wäring und Paumbgartten, die weinzehent im Atzgerstorffer und St. Veither ambt mit denen verhandtenen öedten, den kleinen halben traidtzehent zu Wäring und da herumb etc., so in das vicedomb gehörigen gewesen, *[175]* gegen 20.000 fl an ihren gehabten praetensionen* erbaigenthumblich überlassen, welches negotium allein zwischen dem niederösterreichischen buchhalter von Reischlberg und dem Tullio Miglio abgehandlet wordten sein sol. Und währe leicht zu zaigen, dass euer kayserliche mayestät hierdurch sehr laedirt[e] und dem vicedomambt ein merckhliches entzogen wordten. Und solte man kein bedenckhen haben, diese stuchk umb 30m fl wider zuruck zu lösen. Weillen aber noch hoffnung sein möchte aines zuruckhfahls und under hochen persohnen etwas dergleichen so hoch nicht zu achten, als wirdt wenigist dahin zu vigilirn[f] sein, damit angeregte stuckh künfftig nicht in frembde händt kommen, darauf[137] außer allen zweiffel gleich anfangs etlich ein absehen haben gehabt.

---

[a] adjutum: *hier im Sinne von Zusatzeinkommen.*

[b] gezirckh: *Bezirk.*

[c] *Kaiserinwitwe Eleonore [Gonzaga].*

[d] pergrecht: *hier im Sinn einer vom Weinberg zu entrichtende Abgabe.*

[e] *Kommentar durch Reischl:* nicht wahr.

[f] vigilirn: *darauf achten.*

Stückh waldt

Item hat der von Abele ein stuckh waldt, der Hackhenberg genandt, überkhommen, welches nicht von solcher importanz, wie es etliche ausgeschrien, dann neben gedachten grafen von Urschenbeckh, seelig, ich der einandtworttung beygewohnet, da wir beede unseren uhren gleich gerichtet und hernach beobachtet, *[176]* dass wir selbiges ganz gemach in dreyviertl stundten umbritten, kann also die circumferenz[a] nicht grösser sein als die statt Wienn in ihren mauern begreiffet.[b] So darzu selbiger zeit an holz schlecht gestanden, auch der wildtpahn darinnen reservirt ist. Item sein dem von Kunitz auch anderen etliche kleine lehen befreyet und in das allodium versezt wordten.

Wels

Im Landt ob der Enns ist die herrschafft wenig jahr vor euer kayserlichen mayestät regirung an den Fürsten von Auersperg, seelig, erblich kommen.

Steyer

Dieser ist anno 1663 die herrschafft Steyer nachgefolgt, welche dem jetzigen obrist hoffmaister, graffen von Lamberg, erblich eingeraumbt wordten, nachdem er schon vor euer kayserlichen mayestät regirungszeiten 170m fl pfandtweis darauf gehabt hat, so jährlich in die 30m fl ertragen.

Wildenegg

Das aigenthumb der herrschafft Wildtenegg haben euer kayserliche mayestät erst vor einem jahr dem closter Mannsee überlassen, *[177]* welches vor unerdenckhlichen jahren die grundtobrigkeit und euer kayserliche mayestät nur die vogtobrigkeit[138], auch noch darzue jährlich ain onus über 900 fl gehabt haben. Der pfandtschilling darauf auch also beschaffen gewesen, dass kein secularis oder anderer geistlicher selbigen jemahl an sich zu lösen würdt begehrt haben, dahero dardurch nichts vergeben, sondern vielmehr ein schaden abgewendet wordten.

Dem Grundemann versezte güldten*

Ich hab erst unlengst in meine wissenschafft gebracht, dass dem hoffcammer rath Grundtemann an seinen den 31. Martii anno 1657 auf 6 per cento hergeliehenen 50m fl undt darüber auf die landtagsbewilligung angewisenen 10m fl, wegen der übrigen 40m fl gewiesse urbarsteuern von underschiedtlichen herrschafften, so in das vicedombambt gehörigen, anstatt der interesse, pfandtweis zu genießen überlassen wordten, so mich keine guete wirthschafft zu sein bedunckhet, zumahlen man auf so statliche versicherung im landt *[178]* ob der Enns zu 5 per cento noch wohl gelt hette bekhommen können. Und noch ist also auf diese ablösung förderlich zu gedenckhen und wann keine andere mitl verhanden, ehend anderwertig umb 5 per cento zu anticipiren*, so würdt wenigist jährlich 400 fl ersparet.

---

[a] circumferenz: *Umfang.*

[b] *Twerdy, Beiträge 1 (388–389), beschreibt die Einantwortung an Hand von Quellen aus dem Archiv des Deutschen Ordens in Wien detailliert und liefert damit ein buntes Bild einer solcher Formalhandlung. Selb hätte demnach nicht daran teilgenommen, da er in Mähren gewesen sei. Vielleicht fand die hier geschilderte Bereitung nachher statt, worauf eine Bemerkung der Schilderung hindeutet.*

Wildtenstein

Das gutt Wildtenstain, so in dem Salzkammerguett ligt und in lautteren armen cammerguets arbeitern bestehet, hat von kayser Ferdinando 3[tio] glorwürdigsten angedenckhens der damahlige salzambtmann Pruckhlacher gegen 10m fl pfandtweis überkhommen, welches ius hernach mit euer kayserlichen mayestät einwilligung auf dero niederösterreichischen regimentsrath Johann Ignatium Spindler gedigen und ist darbey allzeit denen salzambtleuthen die oberpfleg oder inspection verblieben, damit die underthanen wider das urbar undt erst vor 15 jahren aufgerichteten vergleich nicht beschweret werdten.

Grafschafft Ortt

Die grafschafft Orth, so nachendt bey Gmundten *[179]* gelegen, ist zu des Salzcammerguets großen nachthail anno 1628 dem graffen von Preising[a] gegen 90m fl darlehen und zuschläg pfandtweis eingeraumbt und nachgehents mit 10m fl vermehrt wordten, und von dem selbigen tali iure[b] auf den von Salburg[c] kommen. Darüber hat der graf Frantz von Harrach, seelig, das aigenthumb ausgebetten und selbiges, wie ich vernembe, umb 13m fl gedachten von Salburg verkaufft, wordurch er aigenthumber und hernach darbey kaumb soviel erhalten wordten, dass euer kayserliche mayestät, wann die salburgische erben selbige veralienirung* thetten, den einstandt[d] haben solten. Anjezo wollen die von Preißing ein fideicommiss* daraus machen, welche sie doch ohne der salburgischen einwilligung nicht thuen können. Und ist die sach annoch bey der österreichischen hoffcanzley bishero in commissiones gestandten und wohl achtung zu geben, damit unvernommen der hoffcammer oder des procuratoris camerae euer kayserliche mayestät einstandtsrecht nicht praejudicirt werdten möge. *[180]*

Hallambt

Sonsten befindet sich noch ein stuckh von der herrschafft Steyer, das Haallambt genandt,[e] welches höchstgedachter kayser Ferdinandt der Dritte den ersten Junii anno 1644 seinen gewesten obrist hoffmaister, graffen von Trautmanstorff, seelig, umb 125m fl versezt und sein sohn, graf Maximilian, annoch possidiret. Man sagt, dass jährlich darvon über 8.000 fl genossen werdten undt weillen man im landt ob der Enns die güetter auf 4 per cento zu kauffen pfleget, also könte hierbey, wann man es verkauffen wolte, über bezahlung des pfandtschillings in die 50m fl überschuess erhalten werden. Ja, es währe auch bey der ablösung und aignen genuess ein zimbliches zu erhalten, zum fahl etwan der graff von Lamberg dieses ablösungsrecht nicht ausgebetten hat, dann er sich noch vor etlichen jahren, wie ich vernommen, darumb beworben.

Im übrigen wirdt dem ersten punct annectirt, wasgestalten alle ertragnues vorermelter ambter in empfang genommen und widerumb *[181]* ausgegeben wordten. Dieses nun zaigen der beambten raittungen und ist der überschuess entweder baar oder durch bezahlte anweisungen* in das hoffzahlambt kommen, worinnen die gelder vermischet werdten,

---

[a] *Johann Warmund Preysing?*

[b] tali iure: *mit gleichem Recht.*

[c] *Georg Sigmund Salburg.*

[d] einstand: *das Recht der Übernahme, Zurücknahme.*

[e] *Heute die Stadtgemeinde Bad Hall.*

auch sehr schwer und in effectu unnuzlich währe, in specie zu notiren, aus welchem ambt das geldt kommen sey, wormit ain jeglicher rath, musicus, hartschier etc. oder andere ausgaben gerichtet wordten.

Hülffsmittl

Bey der landtschafft[a] in Österreich ob der Enns befindet sich noch ein mitl, so mehrer hieher als under die landtagsbewilligung gehöret, so man das hülffsmitl nennet. Darumb vielleicht die wenigsten außer deren, so im landt ob der Enns begüettert oder bedient gewesen sein, wissenschafft haben werdten, wie ich dann selber viel jahr bey der hoffcammer gewesen, ehender ich darvon eine rechte nachricht bekhommen, dann es gehet ordinarie durch kein ambt, sondern wirdt nun durch den landtschafftseinnehmber neben denen bewilligungen verraittet. Worauf continuirlich partheyen und bey euer kayserlichen mayestät regirungszeiten die franz–adam–losenstainische, auch die hoffnerische *[182]* erben angewiesen gewesen. Hernach hat auch der österreichische hoffsecretario* Koch und am jüngsten der hoffcammer praesident[b] eine anweisung* darauf bekhommen und findet sich dieses mitl von anno 1630 bis 1642 in der hoffzahlambts raittung verraittet, in welcher zeit über es 330m fl ausgetragen. Bey denen hoffcammer registraturen* ist der ursprung nicht zu finden, soviel ich aber sonsten penetriren können, soll es anno 1568 den anfang genomen haben, dazumahlen weyland kayser Maximilian der Andere denen ständten in Österreich ob der Enns eine lista gewiessen schuldten übergeben, selbige zu bezahlen, dargegen er ihnen undterschiedtliche aufschläg* zu Vökhlabrug und Englhartszell, Särmingstain und etwas zu Linz eingeraumbt, so sie annoch genießen, die schuldten schlecht bezahlt und dem verlauth nach nun mehr in 110 jahren, etlichmahl hundert tausendt gulden überschuess gehabt haben. Möchte also wohl ainesmahls aine abrechnung angestellet[139] und diese aufschläg wiederumb herbey gebracht oder wenigstens mit dem hülffsmitl dergestalt disponiren werden, *[183]* damit es nit allzeit nur zur bezahlung alter schuldten verwendet werdte, als die man bisweillen umb ain leichters geldt erhandlen kann.

Anweisungen *[zweite Frage]*

In dem anderten punct wirdt zu wissen verlanget, was für anweisungen* bey jeden ambt bis jezo bezahlt und annoch zu bezahlen und darauff hafftendt seindt. Was nun das annoch hafftendte betriefft, seind die vornembste bey ainem jeden ambt beraits notirt, dann alle kleine, deren sich fast mit jedem quartal entliche enden und andere anfangen, lassen sich nit wohl beschreiben. Und wann man alles, was de praeterito aus ainem jeden ambt in specie von euer kayserlichen mayestät regirungszeit an auf anweisungen bezahlt wordten, benennen solte, müssten über 1000 raittungen durchgegangen werden und würdte ain aigne persohn, so nichs anders zu thuen hette, viel monath daran zu arbeithen und euer kayserliche mayestät gleichwohl einen schlechten oder gar keinen nuzen daraus haben. Bey der anno 1671[140] gehaltenen commission[141] hat man aus denen hoffzahlambts*[184]* rechnungen (von danen aus die ambter quittirt oder doch der partheyen quittungen ausgewechslet werdten) einen extract genommen, was [142] von anno 1657 bis 1670 für[143] schuldten bezahlt wordten. Und hat der hoffcammer praesident schon vor etlichen wochen denen

[a] landschafft: *Landstände.*
[b] *Georg Ludwig Sinzendorf.*

buchhaltern* befohlen, solchen extract bis auf diese zeit, oder so weith sie können, zu extendiren, welchen euer kayserliche mayestät ungezweiffelt schon werdten empfangen haben undt in einem zimblichen großen libell bestehen wirdt, dessen abschrifft oder multiplication nur verdrießlich sein möchte.

Gnaden, pensionen etc. *[dritte Frage]*

Gleiche beschaffenheit hat es, drittens, mit dem, was für gnadten, pensionen, provisionen[a] und dergleichen, auch wemb bis dato ausgeworffen, angewisen und abgeführt wordten. Dann hierüber ist ebenfahls ein extract bey angeregter commission, so fast in zwey buch papier bestandten, vom 30. April anno 1657 bis 5. April 1671 verfasset und befundten wordten, *[185]* dass die summa sich auf 3,838.614 fl 50 x belauffen, daran selbiger zeit 2,395.131 fl 22 x bezahlt unndt 1.443.483 fl 28 x annoch restirendt gewesen. Was seithero geschehen, wirdt die extension zaigen, auch euer kayserliche mayestät daraus gnädigst zu sehen haben, wer es empfangen und wievil. Soviel ich aus einem summario gesehen, thette es bis dato 6,138.784 fl austragen, darunder an pensionen, provisionen und interimenten 2,362.725 fl begriffen.

Schuldenbezahlung *[vierte Frage]*

Vierttens, was für schuldten auch von wemb und wie selbige durch euer kayserlichen mayestät hingelegten 22 regirungsjahren bis anjezo erhandlet und bezahlt, auch annoch würckhlich zu bezahlen sein, solches wirdt de praeterito der extendirte extract, dessen im anderten punct gedacht ist, ausweisen. Was aber annoch zu bezahlen seye, solches kann ich und kein rath aigentlich wissen, sondern die buchhaltereyen seind hierzue bestellet und vor diesen hierinnen selbst nicht ainig gewesen. Ich hab mich schon vor 15 jahren *[186]* darüber gemacht gehabt undt vermaindt, auf ain aigentliches quantum zu kommen. Es ist aber unmöglich gewesen, weillen bey der hoffbuchhalterey aus denen schuldtenbüchern underschiedtliche tomi oder jahrsbücher ermanglen, welche in dem königsmarckhischen einfall zu Praag[b] verlohren wordten sein solten. So seindt auch vor diesen der alten schuldten halber umb vielmahl hundert tausendt guldten anweisungen* an chur*[fürsten]* und fürsten des Reichs hinaus gegeben wordten, da man nit waiß, ob sie bezahlt seyen oder nicht. Zue geschweigen, dass wohl millionen annoch in abrechnungen stehen, maßen allein die reichspfennigmaisterische schmidtische erben[c] in die 300m fl richtig zu fordern haben undt die cameral gegenforderung fast eben auf an solches, wo nicht höcher kommen. Was im königreich Böhaimb annoch ausständtig, solches ist beraits oben p*[agina]* 30[144] erindert und belaufet sich auf 19,723.537 fl, darunder fast zwey dritl interesse. *[187]* In Schlesien hat man noch kein richtiges schuldenbuch. Sonsten hat man bishero auf die von kayser Maximiliano, und Rudolpho 2do, auch Mathia, seeliger gedächtnues, herrührendte schuldten keine so große reflection gemachet und ohne gethanen großen nachlass nichts bezahlet; wirdt man auch hinführo so stricte daran nicht gebunden sein. Ich habe sonsten bishero observirt, dass von denen vorkhommenen schuldten der wenigste thaill von baarem geldt, sondern das mehreste von gnadten, auch in denen türckhenkriegen hergegebene

---

[a] *Gnaden, Pensionen, Provisionen: Finanzielle Leistungen als Anerkennung oder zur Versorgung.*

[b] *Die Eroberung der Kleinseite Prags durch Hans Christoph Königsmark am 26. Juli 1648.*

[c] *Erben nach dem Reichspfennigmeister Stephan Schmidt [Freihofen].*

sehr hoch angeschlagenen jubellen, tüechern und anderen wahren herrühren, derentwegen ein großer undterschaidt darunder zu machen. Undt wann jährlich etwas gewiesses zu der bezahlungen deputirt* würdte, möchte ein großes darmit zu erhalten und solche alte schuldten nach und nach auszulösen sein. Ich habe mich selbsten höchlich verwundert, ja fast nicht glauben können, dass ein so große summa alter schuldten, *[188]* pensionen und gnadten in die 15,170.377 fl oder nach abzug der 1,972.248 fl gleichwohl 13,198.149 fl in 22 jahren bezahlt sein sollen. Weillen ich aber vernehmbe, dass alles mit euer kayserlichen mayestät allergnädigsten vorwissen und auf dero befelch geschehen seye, als werden die ursachen und circumstantien sich in denen referaten befindten müessen. Meinerseits hab ich um die wenigste wissenschaft gehabt und zweiffle nicht, dass viel credits schuldten darunder undt[145] posten aus extraordinari mitlen* bezahlt, auch starckhe posten auf reichsbewilligungen angewiesen sein wordten, die vielleicht annoch unbezahlt sein. Man hat sonsten ohne nachlass nichts zu bezahlen gepflogen, maßen ich sogar mit dem fürsten von Lobkhowitz, seelig, als ihm auf seine alte praetensiones ein anweisung* erthailt werdten sollen, derenwegen tractiren müessen, so er zwar anfänglich zimblich empfunden, jedoch auf die ihme repraesentirte regulam etwas weniges gethan und soviel ich *[189]* mich erindere, in die 10m fl nachgelassen. Süntemahlen nun etliche posten ohne nachlass einkhomen, wirdt die ursach angeregtermaßen gefundten werdten müessen. Anjezo muess man mehresten auf die neuen schuldten gedacht sein, umb den credit zu erhalten, dann wann man diesen bishero nicht gehabt hette, so würdte es schlecht daher gegangen sein. Bey mehr angeregter anno 1671 gehaltenen cameral commission hat sich befundten, dass euer kayserlichen mayestät vom ersten Juni 1657 bis endt 1670 gemachte aigne anticipationes* auf 7, 629.896 fl kommen, daran dazumalen schon 6,939.853 fl bezahlt gewesen und nur 690.042 fl ruckhständtig verblieben, daran derzeit gar wenig unbezahlt ist, so thails partheyen freywillig anstehen und sich mit dem interesse vergnügen lassen. Was seithhero anno 1672 geschehen, solches ist bey ainem jeden ambt vorgemerckhet. *[190]*

Abreittung mit den ländtern *[fünfte Frage]*

Ob und wie, fünfftens, die abraittungen mit denen gesambten erbkönigreich undt landten gepflogen wordten, was selbige annoch in rest verbleiben und und was für ainen standt dieses contributionsweesen* sonsten seye, erindere ich hierauf, dass in Hungarn, wie schon oben anregung geschehen, das repartitionsweesen annoch in voller confusion stehe, auch von dorten her nicht wohl ein verlössliche abrechnung zu hoffen.

[Böhmen]

In Böhmen ist man bis anno 1674 inclusive richtig und werdten von der hoffcammer aus in die 300m fl resten praetendiret, darzue sich die ständt nicht bekhennen wollen. Derentwegen erst vor etlichen wochen der böhmischen cammer anbefohlen wordten, zwey räth zu verordtnen, welche neben dem obrist kriegscommissario Jachs mit den obersteyerambt sich zuvernehmen[146] und einen richtigen calculum zu ziehen haben[147], worinnen sie in werckh begriffen seindt. *[191]*

[Schlesien]

In Schlesien ist es in contributionsweesen* fast allzeit etwas verwirt dahergangen undt haben selbige fürsten undt ständt vor undt nach euer kayserlichen mayestät angetrettenen regirung die abrechnung bisweillen auf 5 und 6 jahr protrahirt[a], interim die resten von jahr zu jahr bis auf ein große summa anwachsen lassen, hernach selbige deprecirt[b] oder vermitls einer pauschhandlung quid pro quo darfür gegeben. Anjezo treibt man die abraittung schon widerumb in das vierte jahr und haben fürsten unnd ständ oder vilmehr ihre advocaten undt landsbestelte gar verwaigern dürffen, die schlesische cammer oder ainen *[ihrer]* räth aus dero mitl darzue zu admittiren. Man ist endtlich zufrieden gewesen, dass solche abraittung allein durch den ober kriegscommissarium Keller geschehen möchte, es ist aber auch noch nicht erfolgt undt wann sie schon bisweillen etwas zu der böhmischen hoffcanzley geschickhet und diese es der hoffcammer communicirt, so ist es doch nur ein stuckh*[192]*werch gewesen. Es ist erst unlengst widerumb ein kayserliches rescriptum* hinein ergangen, diesen rechnungwerckh ein endt zu machen, da dann der erfolg zu erwartten. Die schlesische cammer hat erst im verwichenen monath Julio erindert, dass die resten allein in denen cammeral verwilligungen auf 200m fl kommen werdten. In denen militaribus dörffte es nit weniger sein.

[Mähren]

Im marggraffthumb Mähren ist man so weit richtig bis auf das jüngst verwichene 1677 und 1678te jahr. Der ober kriegscommissarius Sieber hat erst neulich abraittung gepflogen und sich befundten, dass dieses landt bis endt Junii jüngsthin 135.773 fl schuldtig verbleibe.

[Österreich unter und ob der Enns]

Mit Österreich under der Enns ist alles adjustiret, maßen der hoffcammer rath graff Breiner und ich *[Selb]* erst den 7. Julii jüngsthin mit denen verordneten über die 1678jährige verwilligung abraittung gepflogen und befundten, dass sie auf bemeltes jahr umb 18.530 fl 2 ß 2 d *[193]* zuvil bezalt, so sie an der heurigen bewilligung zu defalciren* haben. Die ständt in Österreich ob der Enns haben in brauch, alle drey jahr durch ihren einnember abraittung pflegen zu lassen, welches erst vor zwey jahren widerumb geschehen. Undt ist man mit ihnen allzeit richtig.

[Innerösterreichische Länder]

Die in denen innerösterreichischen landten geschehene verwilligungen hat man in denen negst verwichenen 7 jahren ad militaria gewidmet, auch in jedesmahls die repartition[c] darauf gemachet. Undt ob man schon von dem quanto der beschehenen verwilligung nachricht erlanget, so haben die ständt doch nur herausgegeben, was sie gewolt, und ist allzeit ein großes zuruckh geblieben, welches dem vernehmen nach zu bezahlung gnadten und anderer ausgaben verwendet wordten. Man hat über öffters begehren niemahl zu ainer abrechnung kommen können. Ja, sie haben sich dessen, als der ober kriegscommissarius von Sartori sich derentwegen bey dem pfennigambt angemeldet, absolute *[194]* verwaigert. Die hoffcammer kann hierbey ein mehreres nicht thuen, als die österreichische hoffcanzley umb assistenz anzurueffen, bey euer kayserlichen mayestät aber stehet, nachtruckhlich zu befehlen. Es ist euer kayserlichen mayestät erst vor ungefehr 2 monathen, da ainige übel informirte vorgeben wollen als ob die länder ein weith mehrers

[a] protrahiren: *hinausziehen, verzögern.*
[b] depreciren: *bitten [hier: auf die Bezahlung zu verzichten?].*
[c] *Repartition machen: die Aufteilung vornehmen.*

verwilliget, als auf den krieg verwendet wordten, in einer kurzen tabella klare demonstration geschehen, dass in denen negst verwichenen 6 jahren, als von anno 1673 bis 1678 inclusive, die böhmischen und österreichischen provinzen 17,156.394 fl verwilliget, daran aber nur 10,517.609 fl in baaren geldt in die general veldkriegscassa abgeführet, als 6,306.524 fl in denen ländtern verblieben. Welches aber für keine resten zu halten, weillen solches, wie aus denen gepflogenen abraittungen zu ersehen gewesen, die in denen landten gestandene regimenter, quarnisonen, recrouten durchzüeg und andere *[195]* militaria consumirt haben. Wo es aber in Innerösterreich, darinnen allein 1,133.914 fl verblieben undt die nichts zu verpflegen oder durchzüg gehabt, hinkommen, solches müessen andere wissen oder es künfftig die abraittung zaigen.

Reittungen der beambten *[sechste Frage]*

Wie, sechstens, die raittungen der beambten durch besagte zeit aufgenommen und befördert wordten, darvon währe viel zu[148] schreiben. Es ist vor und zum thail nach euer kayserlichen mayestät regirung zimblich unrichtig daher gegangen, die rechnungen viel jahr hinder denen beambten gesteckht undt endtlich große resten herauskommen, so mehresten thaill in verlust gegangen. Wann man es bey dem liecht besicht, so ist die niederösterreichische buchhalterey mehresten thaill daran ursach gewesen, da etliche aus ihnen[a] mit den beambten sich luestig gemacht und an die raittungen gleichsamb nicht gedacht, ja selbige bisweillen heimblich selbst aufgesezt, mängl ausgestelt und wieder erläuttert *[196]* haben sollen. Nachdem nun dieses allgemach abgestelt und auf beförderung der raittungen getrieben wordten, hat die buchhalterey selbsten dubia movirt und mordicus defendirt,[b] dass ein hoffzahlmaister zwey und ain kriegszahlmaister ein jahr termin zu einraichung seiner raittung haben müessen, dergestalt, dass pro exemplo ein hoffzahlmaister seine 1678jährige raittung erst in dem 1681^{isten} jahr zu erlegen schuldtig währe.[c] Und wann man einen beambten die handt gleichsamb in sackh erwischt, ist gleich die verandtworttung gewesen, dass solches in der schlüssrechnung[d] schon anderst herauskommen würdte. Als ich nun diesem mich allzeit widersezet und vermainet, dass weder die langen termin noch schluessraittung vonnöthen, mir auch schon vor 11 oder 12 jahren die obsicht der raittungen aufgetragen wordten, habe ich gar balt einen modum gezaiget, dass nit vonnöthen sey, um der vorgeschüzten auswechslung willen, die hoff- und kriegszahlmai*[197]*sterische rechnungen so lang steckhen zu lassen, sondern man die richtigkeit auf einen kürzern weeg haben könne. Dieses auch gar leicht dahin gebracht, dass der hoffzahlmaister kein halbes jahr termin gebraucht und sich nunmehr in der erfahrenheit zaiget, dass er[149] nach endt des jahres gar leicht inner vier monathen seine raittungen ainraichen könne, auch bishero de facto eingeraicht habe, welches auch von dem hoffkriegszahlmaister ambt zu verstehen. Die also genandte schluessraittungen währen, reverendo,[e] besser diebsraittun-

---

[a] *Kommentar durch Reischl:* Selb hette sagen sollen, wer es gethan.

[b] dubia movire und mordicus defendere: *Zweifel vorbringen und mit ‚Klauen und Zähnen' verteidigen.*

[c] *Kommentar durch Reischl:* ist nit wahr, die buechhalterei hat alles bericht, die hoffcammer hat sye nit darzue gehalten.

[d] *Damit ist die Abrechnung am Dienstende zum Unterschied von einer Jahresrechnung gemeint.*

[e] reverendo: *mit Respekt.*

gen zu nennen gewesen, dann es hat ain beambter große posten in seinen raittungen auslassen, selbige interim genießen, selbige verschweigen oder, wann man endtlich darauf kommen, nur vemeldten dürffen, es werdten selbige in der schluessraittung folgen. Diese aber ist gemainiglich bis an seinen todt zuruckh geblieben oder doch die guetmachung mit allerhandt eingehandleten scheinen und partiten[a] gesucht wordten. *[198]* Hat er nun guete freundt bey der buechhalterey gehabt, so ist es durchgeschlichen. Diese nun seindt völlig abgebracht undt wirdt ain jede jahres für die schluessrechnung gehalten. Undt weillen euer kayserliche mayestät anno 1672 auf meine suggestion durch den fürst von Lobkhowitz, seelig, ein scharffes rescript* ergehen lassen, dass alle beambte auf ihren raittag, so ainem jeden in der instruction vorgeschrieben ist, ihre raittungen also gewiess einraichen solen, als ihnen nach ainen quartal die besoldtung und nach 6 monathen das officium suspendirt werden solte, hat man sie zimblich in die[150] schranckhen gebracht und müessen beede buechhaltereyen nach eingang eines jeden jahrs einen ausführlichen extract eingeben, wie ein jeder ambtmann mit seinen rechnungen stehe und ob er mit einraichung derselben oder mit erleutterung der mängl in mora seye. Undt hab ich schon von zwey jahren hero wahrgenommen, dass die beambte fleißiger mit einraichung *[199]* der rechnungen, als die buechhalterey mit der erledigung gewesen. Stehen also die raittungen derzeit gar wohl, außer was bey denen veldtproviandt bedienten dato zurück bleibet, welches die buchhalterey magis specifice[b] zue berichten wissen werdten. Undt wann man in dieser ordtnung verbleibet, so ist nicht wohl möglich, dass ein beambter in ainen großen rest, wie vor diesen geschehen, einrinnen könne.

Eingebrachte raithresten *[siebente Frage]*

Siebentens, ob, wie und wasgestalt die gemachte rest eingebracht und euer kayserlichen mayestät zum besten angewendet wordten, erindere ich mich soviel, dass bei euer kayserlichen mayestät angetrettener regirung nachfolgendte raittrest von ainer importanz verhandten gewesen:

1mo Des freyherrn Miniati, gewesten generalcommissarii in Mähren, welcher bis in die 143m fl schuldtig verblieben. Daran ist sein haus undt gartten bey St. Ulrich eingezogen und dem grafen Kurzen, seelig, an seine hoffpraetensionen* per 4.000 überlassen wordten. Das übrige *[200]* hat der fiscal in Mähren bey der angeordnet gewesten crida in die 17 jahr urgirt[c] undt der sentenz schlecht für ihn ausgeschlagen.

2do Dem Nuesser, gewesten rendtmaister in Mähren, hat man mehr weckhgenommen gehabt, als sein rest gewesen, wie solches erst vor drey jahren ausfindtig gemacht wordten und man anjezo hinaus bezahlen muess. Sonsten hat das ihme weckhgenommene guett Neuschloss der jüngst verstorbene churfürst zue Trier[d] überkhommen, welches seithero in die vierte oder 5te handt gewandert.

3tio Der Eckstain, gewester obrist proviantambts leutnant, soll auch über 100m fl schuldtig verblieben sein, welches ich nie geglaubt habe. Allein weillen nach seinem todt kein defensor verhandten gewesen, hat man ein guett in Schlesien hinweckh genom-

---

[a] partiten: *Betrügereien.*

[b] magis specifice: *wesentlich genauer.*

[c] urgiren: *einmahnen.*

[d] *Karl Kaspar von der Leyen-Hohengeroldseck.*

men, welches hernach andere creditores evinciret[a]. Das übrige, so man an dem freyhaus allhie und dem dorff Ellents zu suechen vermaindt gehabt, ist dem gewesten reichshoffrath, grafen Notthafft, auf sein berichtung überlassen wordten.

4to Der alte Ulrizi,[b] *[201]* als gewester vicedomb allhier, ist in die 142m fl in rest verblieben. Der cammerrprocurator hat bey der angeordnet gewesten crida die notturft gehandlet und bey dem guett Schwarzenau etwas zu überkhommen verhoffet. Er ist aber von der landtschafft und anderen elteren creditoren excludirt wordten.

5to Der reichspfennigmaister Hubert Bleumann hat fast in 100m rthlr noch zu verrechnen, dessen töchter aine der pfaltz–neuburgische canzler gehabt[c] und sich ainsmahls umb die sach angenommen. Seithero der krieg selbiger ortten überhandt genommen, hat nichts urgirt werdten können.

6to Der geweste salzambtmann Nagl hat in die 18m fl restirt, deme seine grundstuckh eingezogen, die weingartt noch von Ferdinando 3[tio] dem gewesten hoffcanzler, freyherrn von Goldteckh,[d] das haus vor dem Stubenthor aber dem fürsten von Gonzaga[e] gegeben worden.

7mo Der Pfaiffer, ebenfahls gewester salzambtman, hat etlich und *[202]* zwainzig tausendt guldten restirt, derentwegen seine nachgelassene wittib dem fisco die prioritet disputirt undt ist endtlich die sach durch güettlichen vergleich beygelegt wordten.

8vo Der Elbagner, gewester grundtbuchshandler und desselben bestandtinnhaber, hette 11m fl rest bezahlen sollen. Er ist aber darüber gestorben und hat der fiscus mit seinen erben nahmens Hauzinger viel jahr lang bey gericht litigirt und bisweillen etwas weniges bekhommen, darauf arme partheyen angewisen gewesen, und haben im übrigen die process noch kein endt.

9no Der Keroschitz, hoffsummelier, ist noch anno 1653 auf der rais nachher Regenspurg gestorben und über 5m fl schuldtig verblieben, derenwegen man den regress an dem gewesten hoffcontralor Triller gesucht, es ist aber der sentenz contra fiscum ergangen.

10mo Dem gewesten hoffkriegszahlmaister[151] Kiesling hat die niederösterreichische buchhalterey einen rest auf 54m fl gezogen, auch gleich das ambtsdarlehen per 4m fl *[203]* hinweckh genohmen, thails an ausständtiger besoldtung, thails an einer gnadt under sie verthaillet. Als aber hernach die erben sich gereget, ist gleich ein contrari bericht erfolget, man sey 15m fl hinaus schuldtig, die man endtlich auf 4m fl herab gebracht und aus dem salzambt Tärnowitz bezahlen lassen.

Nach euer kayserlichen mayestät angetrettener regirung ist

1mo Der geweste hoffzahlmaister Thoma Eder, anno 1660 mit todt abgangen, deme die buechhalterey über 130m fl mängl ausgestelt. Weillen aber die gantze verlassenschafft mehr nit als 6.000 fl ausgetragen, haben die erben, nachdem sie bis in 1.000 fl zu verfertigung der raittung empfangen und die sich viel jahr herumbgezogen gehabt, sich weiter nicht darumb annehmen wollen. Dieser rest muess schon in vorigen jahren entstandten sein, dann er in 8 gantzen jahren kein raittung gethan. Ich zweiffle

---

[a] evinciren: *hinwegnehmen [auf Grund eines rechtlichen Anspruchs].*

[b] *Carl Ulrici [Gänghofen].*

[c] *Julia Bleumann war mit Johann Simon Weveld verheiratet.*

[d] *Johann Matthias Pricklmayer [Goldegg].*

[e] *Hannibal Gonzaga.*

auch nicht, es würdten sich noch viel tausendt guldten haben erläutteren *[204]* lassen, wann sich ein wohl informirter darumb angenommen hette. Ich habe schon oft im rath gefragt, wohin die 6.000 fl effecten der verlassenschafften kommen, damit man gleichwohl selbige beneficiren möchte und wirdt derentwegen billich, weiter[152] nachzuforschen sein.

2do Der von Mühlerstain, gewester aufschlagseinnember an denen böhmischen und mährischen gränizen, ist ebenfahls von fünff bis 6.000 fl richtig schuldig verblieben.Und weillen der fürst von Schwarzenberg[a] für ihn cavirt gehabt, hat man ihme *[Schwarzenberg]* derentwegen zugesprochen, welcher dieses excipiendo[b] eingewendet, er negir die caution nicht, widerspreche aber, dass er, Mühlstain, etwas schuldtig verblieben, dan man habe nach seinen todt die cassa nicht gespört, sondern die wittib lenger administriren lassen, für welche er nicht bürg wordten. Diese aber hat sich baldt darauf aus dem *[Land?]* begeben und darmit ist alles steckhen blieben.

3tio Der Bormann, gewester gränitzzoll commissarius *[205]* in Böhmben, hat in die 17m fl nit verantwortten können, derentwegen er vom ambt verstoßen, sein haus und mobilien eingezogen, auch dem baron von Piessnig und Cappaun, seelig, an ihren hoffpraetensionen* übergeben wordten. Undt weillen sie alles in höchern werth acceptirt, so ist der schaden desto geringer gewe*[se]*n.

4to Der Hartmann, gewester mauthner zu Ybbs, ist heimblich entlauffen und in die 8m fl in die cassa und anderen schuldtig verblieben. Es hat sich aber der Buell anerbotten, wann man ihme das ambt conferirte, er die harttmanische raittungen justificiren und den rest guetmachen wolte. Welches auch geschehen, wiewohl es viel jar darmit zuegangen, dass man also darbey keinen schadten gelitten.

5to Der verweser zu Ebensee, von Seau, hat nach seinen todt einen rest bis 4m fl verlassen, daran man an mobilien und andern etwas über 2.000 fl *[206]* eingebracht, darvon einen thail der forstmaister Fasaldt seiner gnadt bekhommen, das übrige wirdt verlohren sein.

6to Der hoffzahlmaister Carlo Miglio ist in seiner schluessrechung 26m fl schuldtig verblieben, welche seine erben mit soviel eingehandleten scheinen, so schwerlich über 4m fl gekhostet, guetzumachen gesuchet.[c] Darwider ich mich zwar anfänglich opponirt, es sollen aber euer kayserliche mayestät gnädigst resolvirt haben, selbige zu acceptiren und passiren zue lassen, welches auch geschehen. Wasmaßen

7mo Der hoffzahlmaister Städler über 100m fl in rest eingerunnen,[d] welche er mit verkhauffung haab und guetts erstatten müssen und des ambts entsezt wordten.[e] Solches ist noch in gueter gedechtnues.

8vo Der von Cronstetten ist in der bedienten haubtmannschaft der herrschafft Eberstorff 6.000 fl schuldtig verblieben, die seint nunmehr mit ihm gestorben.

---

a *Johann Adolph Schwarzenberg.*

b excipiendo: *als Ausflucht.*

c *Kommentar durch Reischl:* NB nicht wahr.

d *Kommentar durch Reischl:* NB 250m fl. *Diese Aussage steht im Widerspruch zu Reischls Bericht an den Kaiser, in dem von 210m fl die Rede ist.*

e *Kommentar durch Reischl:* aber wegen der *(rest)* sagt er nichts, so der witib *(...)* gegebene gnaden ine, Selb damit seine schuldten bezallet worden.

9no Wegen *[207]* des salzversilberers* zu Stain, Znaimb, Igglau und Holleschau ist schon oben bei dem wiennerischen salzambt pagina 95[153] meldtung geschehen. Ingleichen ist schon erindert wordten, dass in Schlesien große unrichtigkeiten in denen raittungen, davon ich aber in specie nichts melden kann.

10mo An dem gewestern mauthner zu Lintz nahmens Kautt hat man große praetensiones* zu stellen vermainet,[a] nicht zwar als raithrest, sondern als zuviel an sich gezogene kleine mauth*. Als man aber die sach ins examen gezogen, hat sich befundten, dass er alles ordentlich seinen jahresraittungen eingetragen, welches die buechhalterey approbirt und darüber raithbrief erthailt hat, so zwar[154] bey weiten nicht soviel importirt, als im anfang angegeben, dahero nicht weiter movirt wordten.

Andere exempl von ainer importanz erindere ich mich nicht, wohl aber undterschiedtlicher kleiner *[208]* von 1, 2, 3, ja wohl auch 400 fl, welche bey denen viertleinnembern, proviantsbedienten im veldt und dergleichen leuthen steckhen geblieben, die thails in corpore gebüeßet, thails mit richtigen gegenforderungen compensiret, von euer kayserlichen mayestät thails armen wittiben und waisen aus gnaden nachgesehsen worden und bey etlichen hat es geheissen, mors omni solvit[b]. Dergleichen kleinere sachen seindt zu verhüetten unmöglich und eraignen sich gemeiniglich mit denen todtfählen, da andere in die geldter greiffen. Und wirdt kein privatus, der nur zwey oder ainen pfleger hat, wizig genueg sein, einem solchen unglück zu entgehen. Obiges hat ich allein aus meinen notatis domesticis extrahirt undt werdten die buchhaltereyen mehrere particulariteten wissen.

Erkauffung wahren *[achte Frage]*

Achtens, wie es mit erkhauffung der wahren, jubellen, victualien* und anderen notturfften* gehalten, auch ob und wie auf die in der hoffcammer vorgeschriebene wohlfailkeit die ge*[209]*bührendte obsicht getragen wordten?[155]

Wahren

Hierauf wirdt erindert, dass sovil die wahren betrifft, allzeit bräuchig gewesen selbige durch den hoff- und hoffzahlambts–contralor erhandtlen und den obrist hoffmaister ratifiziren zue lassen. Süntenmahlen nun der hoffcontralor wissentlich ein genauer mann, vermaine ich nit, dass hierunder einiger vortl vorgegangen. Sonsten ist fast communis fama, dass der hoffcammer rath undt hofhandelsmann Barthalotti bey denen hofflibereyen, die er schon viel jahr allein gehabt, einen excessiven gewinn genossen, maßen dann sich andere handlsleuth verlautten lassen, die liberey in eadem bonitate zu stellen und gleichwohl etliche tausendt gulden weniger anzunehmen.[c] Dahero mich bedunckhet, man solte sich nit so gar an einen kauffman bindten lassen,[d] sondern die wahren bey mehrern suchen, auch es ainsmahls wegen der liberer mit einem anderen probiren.

---

[a] *Kommentar des Bearbeiters:* NB.

[b] mors omni solvit: *der Tod löst alles auf.*

[c] *Siehe dazu auch Körbl, Bartholotti, 323–324. Der Preisnachlass für eine umfangreiche Lieferung (nicht nur Livreen) betrug rd. 44m fl bzw. 27 Prozent, wobei das Geschäft sicherlich immer noch einen Gewinn abwarf.*

[d] *Kommentar des Bearbeiters:* fiat.

Jubellen

Umb den jubellen einkhauff hat sich die cammer *[210]* niemahlen in corpore angenommen, es möchten sich auch die wenigsten räth darauf verstehen, sondern es ist der hoffcammer praesident darmit umbgegangen, welcher selbige nit allein selbsten wohl verstehet, sondern auch bisweillen noch anderer erfahrnen sich bedient. Und hab ich gehört, daß alle stuckh zuvor von euer kayserlichen mayestät gesehen, auch bisweillen der kauff bey hoff gemacht wordten.

Insgemain hat man davor gehalten, dass der de Harde[a] ainen großen profit darbey gehabt,[b] welches ich, zumahlen er in meinen haus etliche jahr gewohnt, aus dem praesumiret[c], daß er außer derley factoreyen[d] kein gewerb oder einkhommen gehabt, gleichwie große spesen gemacht und in kostbahrlichen tractamenten[e] keinem cavallier gewichen. Es ist aber gemainiglich mit dem entschuldiget wordten, daß die jubellen teurer nachher hoff gegeben werdten, weillen kein baares gelt verhandten, sondern bisweillen lang auf die bezahlung gewarttet und spendiret werden muess.[f] *[211]*

Darbey ich sonsten dieses observirt gehabt, dass ermelter hoffjubellier de Harde, seelig, andere jubellier nit admittiren[g] noch verstatten wollen, dass selbige etwas nacher hoff verkauffen sollen, darvon es doch entlich widerumb kommen, dann sonsten hette er alles nur pro arbitrio schäzen können. Anjezo haben sich ihrer viel in dem mauthambt jährlich auf ain gewisses überhaubt verglichen, die kleinodien[h] (welche sonsten alle ohne mauth heimblich herein geschwärzet* wordten)[i] ins landt zu bringen, dahero selbige auch häuffiger kommen und dem verlauth nach wohlfailler werdten. So zwar nit zu verwunderen, weillen dergleichen stain täglich mehr aus den erdten gebracht und nit wie goldt und silber verspunnen oder verschmiret werdten können. Süntemahlen nun der kauff von erster handt allzeit für den besten gehalten wirdt, als könte ain versuch gethan[j] und für eine gewisse summa ledige stain aus Hollandt gebracht, auch durch den hoffgoldtschmiedt und goldtarbeither in gewiesse beliebige stuckh und form nach und nach verarbeittet werden. *[212]*

Dann der hoffgoldtarbeither, wie auch andere dergleichen künstler und handtwerkhsleuth genießen ihre gewisse besoldtung und hoffquartier, arbeiten darneben fast nicht oder da sie das geringste verrichten, muess ihnen selbiges fast theurer als anderen bezahlt werdten.[k] Dannehero ganz billich währe, sie gleichwohl so weith zu occupiren[l], dass sie ihre besoldtung verdienen müessen. Einem solchen goldtarbeither könte zugleich mitgegeben werdten, die alten kleinodien, so bisweillen von denen privatis aus noth wohlfaill

---

[a] *Franz Wilhelm de Harde.*

[b] *Kommentar des Bearbeiters:* vero.

[c] aus dem presumirt: *woraus sich schließen lässt.*

[d] *Faktoreien: Geschäfte, Kommissionen, Vertretungen.*

[e] tractamenten: *hier im Sinne von Einladungen, Bewirtungen.*

[f] *Kommentar des Bearbeiters:* vero, auch den *(neuen dero)* gedechnus.

[g] *Kommentar des Bearbeiters:* ecce.

[h] kleinodien: *Schmuckstücke, Edelsteine.*

[i] *Kommentar des Bearbeiters:* mala facta.

[j] *Kommentar des Bearbeiters: (wenn möglich).*

[k] *Kommentar des Bearbeiters:* abzustellen und eine *(...).*

[l] occupiren: *beschäftigen.*

verkhaufft werdten, mit vorwissen des hoffcammer praesidenten,[a] welcher die mitl dazue verschaffen müesste, so genau man kann einzuhandlen, welche sodan zu zerbrechen und in eine neue beliebige formb zu versezen währen.

Sonst waiß ich anderst nicht, als wein, getreid, haber und heu, so immediate durch die cammer oder vermittls commissarien erhandlet werdten. Dann die victualia* werden durch das contralorambt, kuchenschreiber, ziergardtner etc., die baumaterialia durch das bauambt,[b] *[213]* die canzley notturften durch den registratorem etc. erkhaufft, welche ihre raittungen darüber ablegen müessen.

Weinkauff

Soviel die wein betrifft, waiß ich wohl, dass es vor diesen etwas selzsamb darmit daher gegangen. Undt haben etliche partitanten[c] (darunter auch hoffcammer räth gewesen) dem hoff fast allein mit wein versehen undt keinen anderen einkhomen lassen,[d] welche die wein wohlfaill gekaufft und fast in doppelten werth wider angebracht, so jährlich etliche tausendt guldten geschadet. Nach euer kayserlichen mayestät angetrettener regirung werden sich im anfang noch wohl exempla findten, dass man bisweillen einem zu gefallen eine anzahl wein angenommen, die man bey ainem anderen besser und villeicht[156] wohlfailler hette haben können. Es ist aber nach und nach abkhommen undt wirdt schon von etlichen jahren hero darmit dieser modus observirt, dass anfänglich durch den hoffcontralor und kellermaister die wein, ob sie nacher hoff tauglich, ausgekhostet undt ratione pretii[e] *[214]* ihre parere[f] gegeben werdten. Darauf verordnet die hoffcammer ainen commissarium, welcher gemainiglich in beysein des obrist kuechelmaisters oder contralor mit der parthey des werths und der bezahlung halber tractirt[g] und der hoffcammer relationiret[h], welche es sodann[157] euer kayserlichen mayestät pro ratificatione allergehorsamst vortraget.[i] Wann nun die bezahlung nit leicht mit baaren geldt oder ganz richtiger anweisung* geschicht, so ist nit zu zweiflen, dass die verkhauffer ihr interesse darzue schlagen.[j] Sonsten kann hierundter nit wohl mehr ein vortlhafftigkeit gespillet werden.

Man hat zwar offt dahin gedacht, in gueten und wohlfaillen jahren einen ergäbigen vorrath zu schaffen, es ist aber nicht ohne gefähr undt könte nur von drey jahren hero klar remonstrit werdten,[k] wann man sich im kauffen übereillet hette, dass darbey kein nuz, sondern ein nahmbhaffter schaden von etlichen tausendt guldten gewesen währe.[l] Ist also principaliter dahin zu sehen,[m] wie der hoffkeller allzeit *[215]* an denen bedörfftigen wei-

[a] *Kommentar des Bearbeiters:* fiat.
[b] *Kommentar des Bearbeiters:* achtung auf den burggraben.
[c] partitanten: *Lieferanten, Teilhaber an den Geschäften.*
[d] *Kommentar des Bearbeiters:* vero.
[e] ratione pretii: *in Hinblick auf den Preis.*
[f] parere: *Gutachten.*
[g] tractiren: *verhandeln.*
[h] relationiren: *berichten.*
[i] *Kommentar des Bearbeiters:* placet.
[j] interesse darzue schlagen: *die Zinsen [auf den Preis] aufschlagen.*
[k] *Kommentar des Bearbeiters:* fiat.
[l] *Kommentar des Bearbeiters unleserlich.*
[m] *Kommentar des Bearbeiters:* ersterer kauff und faß.

nen nur auf 6 monath zu genüegen versehen seye, das übrige thuet nach und nach die zeit undt wirtschafft schon selbst an die handt geben.

Treidtkauff

Mit dem traidtkauff ist es anfänglich auch nit so genau daher gegangen und hat man bisweillen aine offerirte summa in dem mitlmäßigen werth von ainer favorablen parthey angenommen, ohne frag, wie es conditionirt sey oder es andere geben möchten, welches aber auch baldt abkhommen.

Bishero wirdt dieser modus observirt, dass so oft ein vorrath an traidt zu machen vonnöthen, dem obrist proviandtambts obrist leuthenandt undt gegenschreiber anbefohlen wirdt, sich hin und wider bey denen landtsinnwohnern in Hungarn undt Österreich um getraidt zu bewerben undt in was preis man es haben könne, zu berichten. Wann die relation* einkhombt, wirdt selbige der niederösterreichischen buchhalterey (allwo alle wochen die zetl, was allerley getraidt und mehl auf denen allhieigen wochenmärckhten gegolten, einlauffen) *[216]* zuedecretiert[a]. Diese gibt hierüber ain guetachten, welches die hoffcammer, worbey gleichwohl die mehresten räth in denen ländtern angesessen, deliberirt* und was man für guet befindet, euer kayserlichen mayestät pro ratificatione[b] eingerathen und nach ergangener resolution den kauffschluess zue machen anbefohlen, auch, wann das baare geldt nicht verhandten, noch ain rath deputirt* wirdt, auf anweisung* und billiche[c] termin zu handlen. Dahero ich nicht begreiffen kann, wie in ainer sach, welche durch so viel handt, augen und ohren gehet, ein vortlhafftigkeit begangen werdten könne. Undt fallet sodann einem getreuen rath sehr schwer anzuhören, was erst unlengst, als ein solcher kauff den muth* zu 28 fl vorgetragen undt darbey, dass es andere schon umb 30 fl nit mehr geben wolten (allermaßen es die klare landtkündtige wahrheit gewesen) erindert wordten, ein vornember minister in euer kayserlichen mayestät angesicht positive sagen dörffen, die cammer wolle deroselben den muth traidt um 28 fl einraumben, da doch leuth genueg *[217]* verhandten, die den muth per 20 fl geben wolten, da ich dann nichts liebers als solche partheyen nennen gehört hette[158]. Ich hab in continenti finito consilio intimo[d] die verhandtene ministros gefragt, ob ainen umb diesen werth sein getrait faill seye, welche darüber gelachet.

Habern

Den habern thuet gemeinigleich der hofffuettermaister aussuchen und das pretium benennen, sodann wirdt es ebenfahls durch die buchhalterey examinirt, von der hoffcammer überlegt und die ratification von euer kayserlichen mayestät eingehohlet.

Heukauff

Wegen des heukauff erindere ich mich wohl von 18 jahren hero (dann vorhero ist der casus pro amico[e] zimblich undergelauffen), dass der hofffuettermaister sich um heu beworben und wieviel an einen jeden orth zu findten, dem obrist stallmaister und dieser

---

[a] zuedecretiren: *mit Dekret zusenden.*

[b] pro ratificatione: *zur Genehmigung.*

[c] *billig: angemessen.*

[d] in continenti finito consilio intimo: *im Anschluss an eine Sitzung des Geheimen Rats.*

[e] casus pro amico: *Angelegenheit unter Freunden.*

es[159] der hoffcammer angezaigt, welche ainen commissarium verordnet, so ich selbsten etlichmahl neben dem graffen von Hochenfeldt, seelig, und öffters allein verrichtet. Da ich dann mit zuziehung gedachtes hofffuettermaisters und heumaisters*[160] mich an die angezaigte orth *[218]* [161] verfüeget, das heu in augenschein genommen und ratione quantitatis[a] bestätigen[162] lassen, sodann in gegenwarth des fuettermaisters mit denen partheyen auf genaueste als immer möglich gewesen tractirt[b] und der hoffcammer mein relation* erstattet habe. Es wirdt sich darneben befinden, wie ich in underschiedtlichen relationen[163] aperte[c] erindert, dass der secretarius* von Abele sein[164] heu, die fuehr allzeit um 3 oder 4 fl höcher geschäzt, als es gegen baaren geldt werth undt anderwerthig[165] zu bekhommen seye. Man hat es aber gleichwohl[166] nur derentwegen acceptirt, weillen er sich auf mitl in Innerösterreich weisen lassen, so man bey der hoffcammer gleichsamb für ain extraordinari mitl oder gar geschenkhte sach gehalten.

Sonsten ist nicht ohne, dass mich oft bedunckht, es könte wegen des heu, so gleichwohl jährlich in die — fl kostet, ein bessere wirthschafft eingeführt werden, in bedenckhen zu Himberg und Eberstorff, *[wie]* viel wissen, umb ainen spottzins verlassen werdten, *[219]* welches viel besser zu der stallsnotturfft* zu genießen währen. Da man nun obangeregtes heumaisterambt* sambt der ersparung zur Neustatt, auch was man etwann in Brader[d] entübrigen oder auch von Hungarisch–Altenburg herbey bringen könte, zusambenziehen würdte, möchte man umb ein zimbliches weniger baares geldt auszulegen haben. Ein bessere und sichere ordtnung in einkhauffen wüsste ich derzeit nicht an die handt zu geben, als bishero erzelt und dato practicirt wordten.

Keuff auf borg

Dabey ich dieses zu erinderen nicht undterlassen kann, dass meines bedunckhen bey vorermelten und underweillen auch anderen käuffen der größte schaden aus dem entsprungen, dass man alles auf borg genommen und die bezahlung mit anweisungen* gelaistet. Umb willen nun die partheyen gewusst, dass sie bisweillen lang zuerwartten und an denen angewisenen orthen viel spendiren müessen, wie sich dann fast eben derentwegen keine creditsparthey *[220]* mehr auf die niederösterreichische landtagsbewilligung wollen weisen lassen, haben sie dieses alles gar wohl zu calculiren und offt dreyfaches interesse dem werth des verkaufften guets zu addiren gewusst. Dannenhero heylsamb und nuzlich währe, die quotas aus denen landtcammern, auch was etwan aus Innerösterreich und Tyroll jährlich beygetragen werdten möchte (so aber alles zu denen bestimbten terminen richtig ins hoffzahlambt abgeführt werdten müesste) allein zu denen käuffen der hoffsnotturfften* zu deputiren* und darein nicht zu greiffen. Sodann würdten die partheyen die hierauf beschehenen anweisungen schon für baares geldt halten, zum fahl es nit allzeit gleich parat in der cassa ligen thette. Ja, da man verspürete, dass im mangl baaren geldts eine parthey zu viel auf die wahr schlagen wolte und man selbige gegen baarer bezahlung umb ein zimbliches leichter haben könte. So solte das geldt hiezue ehendter anderwertig anticipirt* werdten. *[221]*

---

[a] ratione quantitatis: *hinsichtlich der Menge.*

[b] tractiren: *verhandeln.*

[c] aperte: *offen.*

[d] *Prater: das kaiserliche Jagdgebiet bei Wien (heute 2. Bezirk von Wien).*

Eingangenen gelder anwendung *[neunte Frage]*

Ob undt wie, neundten, die eingegangenen geldter zu dem gewidtmeten endte angewendet wordten, darauf waiß ich derentwegen wenig zu sagen, weillen mir nit bewusst, was für geldter oder ämbter jemahl zu ainen particular endt gewidmet gewesen seyen, außer des proviandtambts, welches seine anweisungen* auf undterschiedtliche ambter gehabt undt selbige gleich immediate selbsten eingefordert.

Anno 1673 ist zu Eger aine division[a] der militargeldter geschehen, dass nemblich die verwilligung des königreichs Böhaimb und marggraffthumb Mähren für die armada im Reich und die übrigen für die völckher in Hungern applicirt* werdten solle, welches bis auf dieses jahr möglichist observirt wordten.

Anno 1665 hat der hoffcammer praesident die hoffquota in Hungarn, Böhmen und Schlesien, nemblich aus jedem landt 60m fl[167], eingeführt oder verneuert und disponirt, dass selbige allein zu hoffsnotturfften*, als kuchel, keller und stall, applicirt* werdten sollen, welches über zwey oder drey jahr nicht getauret, *[222]* sondern wegen militarischer ausgaben widerumb zerrüttet wordten.

Wie sonsten die in das hoffzahlambt eingangenen gelder widerumb in ausgab kommen, solches thuen selbige rechnungen und die daraus gezogene extracten ausweisen.

[Verwaltung der unterstellten Ämter – zehnte Frage]

Zehndten wirdt gefragt, wie in den proviant-, salz-, müntz-, hoff- und kriegszahl-, rendt-, handtgraffenambt und anderen ambtern, auch denen pergstötten dato gehauset wordten. Hierauf folget zu gehorsambster andtwortt, dass mehr vorerzelte und andere ambter, so ihre aigne einkhomen haben, wie sie bishero gestandten und sich annoch befunden, beraits oben über den ersten punct ausführlich beschrieben seyen, darunder man das proviandt-, auch hoff- und kriegszahlambt nicht ziehen können, weillen selbige, sowohl als das hoffbau-, kuchl-, keller-, fuetterambt etc. keinen besonderen fondo[b] oder einkhommen haben, sonderlich nur aus anderen ambtern verlegt[c] werdten.

Proviantambt

Soviel das proviandtambt betriefft, ist *[223]* schon oben bey denen ambtern des mehresten notirt, was vor mitl ordinarie darzu gewidmet sein, welche ich kürzlich repetire: nemblich aus dem handtgraffenambt von denen fleischgefellen* 15m fl, wiennerische salzgefell 30m fl, gmundtnerische salzgefell 25.500 fl, Mendling undt weyerischen salzaufschlag* 3.350 fl, taborischen weinaufschlag 1.500 fl, wiennerische judtengeldter, so die von Wienn übernommen 10m fl, mährische judtenquota 4m fl, cammer Crembnitz altes deputat* 5.200 fl, item neues traidtgelt 7m fl, hainburgische herrschafft undt mautgefell 2.000 und freye leuthgebens bestandt* in denen gränitzhäusern 1.500 fl. Summa 105.050 fl. Dieses ist bis dato in dem lauff verblieben. Darzu haben vor diesen noch gehört aus dem handtgraffenambt 9m fl, mauthstaigerung im waaghaus allhie 8m fl, mauthstaigerung zu Linz 7m fl, mauthstaigerung zu Ybbs 3.650 fl, böhmische und mährische

---

[a] division: *Aufteilung, Umwidmung, Umleitung.*
[b] fondo: *Finanzierungsquelle, Fonds.*
[c] verlegen: *finanzieren.*

weinaufschlagstaigerung 5.500 fl *[224]* und aus der pragerischen judtencontributionen[a] 6m fl, zusamben 51.150 fl, welche mitl samentlich der hoffcammer und consequenter dem proviandtambt entzogen wordten, also aus anderern mitlen ersezt und bisweillen noch ein mehrers beygetragen werdten müessen.

Sonsten ist nicht zu widersprechen, dass vor diesen allerley und zwar solche subtile vortlhafftigkeiten undergelauffen, die man nicht so leichtlich ergründten können, sonderlich da ain und andere buchhalterey persohnen, wo nicht gar andere cameralisten, selbige verdeckhen helffen. Ich habe mir fast allein derentwegen anno 1661 bey Eberstorff eine mühl gekhaufft undt nit allein von innländischen, sonderen auch ausländtischen mühlnern von allerhandt getraidt und auf undterschiedtliche weis die proben machen lassen, also dardurch guete fundamental wissenschafft erlanget, welches gleich verursachet, dass man in denen raittungen behuetsamber gangen. Es seindt *[225]* aber die vortlhafftigkeiten viel mehr gewesen, die nicht aus dem mahlwerck, sondern anderwertig entstandten, als in dem schiff- und fuhrlohn ablösung, holtz und sonderlich vässerkauf etc., welche zum thail zimblich lang, jedoch an ainem orth mehr, in dem anderen weniger gewesen, daran aigentlich die niederösterreichische buchhalterey ursach, als die ain oder anders wohl gewusst oder wissen sollen, gleichwohl solches in denen raittungen guetgehaissen und nit allein die beambte darinnen gestärckhet, sondern auch denen sucessoren zur nachfolg anlass gegeben.

Undt dieses hette zum thaill, sonderlich allhir zue Wienn, wann nicht der handl mit dem neu angangenen obrist proviandtambts obrist leuthenandt Haasen ins mitl kommen währe, noch lenger gewehret. Dann als dieser zu diesem ambt aus gehabten gewissen ursachen[b] dem grundbuchshandlern Müller in der promotion vorgezogen wordeten, hat solches seinen *[226]* schwächervättern, den buchhalter von Reischlberg verdrossen, dannenhero alles dasjenige, was vor 20 oder mehr jahren hero[168] von ihme selbsten approbirt[c] gewesen, zusamben gesucht, vor betrug und falsiteten angegeben, auch selbiges dem hungarischen cammerpraesidenten[d] hinderbracht. Als dann die hoffcammer selbst die commission aufgetragen gehabt nachzuforschen, ob er etwas in dem proviandtweesen verbessern könte, welcher aber auf solche reischlische und müllerische ungleiche informationes sich so weith verleiten[169] lassen, dass er in die mainung gerathen, als ob er, Haas, der untreueste allerschlimeste mensch auf der weldt währe. Undt wann euer kayserliche mayestät nicht selbsten vielleicht anderwertige information gehabt oder die justiz vor augen gestelt hetten, der Haas ganz ungehörter von dem ambt in das ambthaus verstoßen oder wohl gar gehengt hette werden müessen. Da doch nachgehents über eyferiges wohlerwogenes *[227]* undersuchen sich fast durchgehents und sonderlich in denen gravioribus das contrarium befundten[e], es sich auch ganz leicht aus denen raittungen, so annoch bey der buchhalterey ligen, vor ainem jedem unpartheyischen wirdt remonstriren lassen, dass euer kayserliche mayestät in dero gantzen regirungszeit keinen besseren undt nuzlicheren mann[f] als eben diesen Haasen bey dem proviantweesen gehabt haben. Es fallet mir nur ein exempl bey,

---

[a] *Judenkontributionen: Toleranzgelder.*

[b] *Kommentar des Bearbeiters:* c*[ontra]* Reischl.

[c] approbiren: *anerkennen.*

[d] *Leopold Kollonitsch.*

[e] *Kommentar des Bearbeiters:* nachzusehen.

[f] *Kommentar des Bearbeiters:* ecce !

dass euer kayserliche mayestät allezeit ein mehlvass umb 1½ fl verraittet wordten, sowohl zu Wienn als in anderen gränitzvestungen. Nachdem der Haas nacher Raab komen, hat er aines umb 1 fl und endtlich um 18 groschen eingestellet, welches die buchhalterey anfänglich gelobt und hernach gleichwohl für eine vortlhafftigkeit ausgedeutet und noch wohlfailler haben wollen. Entgegen eben selbiger zeit in favorem der reschkalischen wittib[a] ein *[228]* vass umb 1½ fl passiren lassen, da doch solche zu Wienn wohlfailler als zu Raab zu erzaigen, indem die materialia mehresten thaill mit unkhosten von hier hinab gebracht werten müessen. Beziehe mich derentwegen auf die klare raittungen.

Beneben ist gleichwohl aus diesen lährmen die nuzbargkheit entsprungen, dass etliche dardurch herfürkommene unordtnungen und vortlhafftigkeiten, welches sonsten die buchhalterey, wann des buchhalters aiden[b] *[Müller]*[c] oder ein anderer favorit anstatt des Haasen promovirt worden währe, in infinitum würdte haben passiren lassen, sowohl allhir bey dem haubtambt, als denen gräniz proviandtverwaltungen, allwo man gern lenger connivirt[d] hette, auf ainmahl abgestelt werdten können.

Wie es mit dem traidtkauff gehalten wirdt, darvon ist beraits oben meldtung geschehen. Und währe freylich bisweillen mit zeitlicher *[229]* einkauffung des getraidts etwas mehrer zue erwirtschafften gewesen, wann man die geltmitl allzeit in promptu gehabt hette.

Es hat auch diese jahr hero mit dem proviandt so ordentlich nicht daher gehen können, weillen in denen mehresten gränizhäusern freycompagnien und extraordinari völckher[e], sonderlich von dem massinischen regimendt[f] mit eingemischet wordten, auch man solchen extraordinari völkchern, wann sie campirt, von denen gränizvestungen aushelffen müessen. Wann nun das königreich Hungarn widerumb zu ainen ruehestandt gelangete undt man wiessen wirdt, wieviel mannschafft aigentlich an einen jeden orth zu verpflegen, so wirdt sich etwan ein bestandtigere einrichtung thuen lassen, auch gantz billich hierauf gedacht werdten müessen. Dann mit zeitlichen und vorthafftigen einkhauff kann bisweillen ein sonderbahrer nuz geschafft werdten. *[230]*

Hofzahlambt

Das hoffzahlambt hat seithero der stadlerischen absezung der Gattermayr, zuvor gewester handtgraff, bedinet und seine raittung jährlich zu ersten zeit eingeraichet, also dass einiger defectus darbey nicht vorkhomen.

Hofkriegszahlambt

Das hoffkriegszahlambt hat der Lueger bedint, dem das veldtkriegszahlambt[170] zugleich aufgetragen. Als er aber zur interims administration des generalcommissariats kommen, ist solches ambt widerumb dividirt[g], dem Ferdinand Kayser, gewesten rendtmaister in Mähren, das hoff- und dem von Agradin das veldtkriegszahlambt aufgetragen wordten, welche beede ihre raittungen bis zu endt des verwichenen jahrs eingeraicht. Und wirdt der

---

[a] *Der verstorbene Rescali war ein Vorgänger von Haas.*
[b] aiden: *Eidam, Schwiegersohn.*
[c] *Kommentar des Bearbeiters:* NB.
[d] connivere: *übersehen, hinwegsehen.*
[e] extraordinari völcker: *nicht reguläre militärische Einheiten.*
[f] *Massinisches Regiment: Regiment des Oberst Massini, das zwischen 1672 und 1679 bestand.*
[g] dividiren: *aufteilen.*

letzere nach nunmehr geendeten krieg im Reich seinen schluess gleichfahls zu erstatten haben, dann da man auch im frieden verbleiben solte, wirdt keines veldtkriegszahlmaisters vonnöthen sein; undt hette man dessen vielleicht auch *[231]* bishero nicht vonnöthen gehabt, wann nicht privat respectus darunder gelauffen währen. Darbey noch dieses zu errinderen, dass zwar gedachter buchhalter von Reischlberg vor 1½ jahren den Lueger beschuldigt, als ob er in seinen veldtkriegszahlambts raittungen 30.000 rthlr von denen holländischen subsidien* in seinem empfang verschwiegen, derentwegen er auch schon darauf eine gnaden begehret. Es hat aber gedachter Lueger gantz klar dargethan, dass er selbige niemahl empfangen gehabt.

De Massis 30m rthlr

Durch dieses disputat ist endtlich herauskommen, dass solches geldt ein holländischer kauffmann nahmens Franciscus De Massis, welchen der resident Cramprich in denen holländischen subsidien zu der lezt zum factoren gebrauchet, in handten behalten, welcher seithero ins falliment gerathen. Der Reischl beschuldigt den Cramprich, dass er übl gethan, *[232]* einen unangesessenen menschen in ainer so wichtigen sach zum factor zu gebrauchen. Dieser entschuldigt sich, es seye der De Massis dazumahlen gar wohl gestanden, dessen rechnungen er, Cramprich, zu rechter zeit hieher geschickt und wann die buchhalter etwas darinnen auszustellen gehabt, warumb man es nicht alsobalt suggerirt[a], dann er noch gelegenheit und mitl geneug gehabt hette, solches geldt einzubringen.

Dieses werckh wirdt anjezo commissionaliter examinirt und dürffte dem Cramprich schwerlich beyzuekommen sein, weillen schon heraus kombt, dass der von Reischlberg angeregte raittungen 2½ jahre, und zwar ohne ainiges wissen der ihme zugeordneten raithräth, hinder sich behalten, und erst nach geregten disputat und entzwischen geschehenen falliment mit denen mängln herfürkommen. Ist also wohl zu besorgen, euer kayserliche mayestät werdten solche 30m rthlr oder 45m fl reinisch verliehren und anderer nachlessigkheit büessen müessen. *[233]*

Bestandverlass *[elfte Frage]*

[Münzämter]

Ailftens, was für bestandt* auch mit wemb undt welcher gestalt selbige bishero aufgerichtet und gehalten wordten, solches habe ich schon oben bey einem jeden ambt annotiert. Da mir noch das wiennerisch und pragerisch wie auch glazerische müntzambt (welches leztere der De Lisola, seelig, zwar nur eine kurze zeit innen gehabt) beyfallet, welche auf etliche jahr solcher gestalt denen münzmaistern überlassen gewesen, dass sie von einer markh goldt und silber ein gewisses geraichet, mit dem underschaidt des zu inn- und ausländischen. Und obschon euer kayserliche mayestät dardurch einen ansehentlichen nuzen, auch keine einige gefahr oder verlag* darbey gehabt, so hat doch gedachter Reischl angegeben, der wiennerische münzmaister Cetto hette euer kayserlichen mayestät über 300m fl entzogen, worüber in die 1½ jahr inquirirt, ein iudicium delegatum von reichshoff-, hoffcammer- und niederösterreichischen regimentsräthen darüber gesezet und der Cetto (so zwar baldt darauf vermuethlich aus *[234]* keiner[b] der erlittenen

---

[a] suggeriren: *darlegen, mitteilen.*

[b] keiner: *einer?*

diffamirung gestorben) ex iustitia absolvirt, darbey aber euer kayserlichen mayestät weit über 100m fl geschadet. Jedoch solcher modus hernach bey aufrichtung der münz zu Presspurg widerumb also practicirt, auch für gut und nuzlich gehalten wordten.

[Bergwesen]

Die überlassung der kupfer zu Neusohl denen Joanellischen wirdt auch under die bestandt* gezehlt, wiewohl selbige billlicher* verläger genennet werdten, denen man hernach das kupfer in einen gewissen preis geben muess undt sie es darfür anzunehmen schuldig sein. Man hat[171] schon von vielen jahre hero deliberirt*, ob es guet seye, solches[172] auf aigne administration zu nehmen, solches aber auf keine weis für thuenlich befundten. Und ist dieser contract billich* zu observiren, bis ainsmahls ein versicherter verläger, so bessere conditiones machete, gefundten werden möchte.

[Verwaltung der Güter]

Sonsten ist dieses eine gemaine questio, *[235]* ob es besser seye, die cammergüetter und ambter durch besoldete beambte zu administriren oder in bestandt* zu verlassen? Es findet sich in denen alten raittungen und schrifften, dass beedes, jedoch mit ungleichen effect, practicirt wordten, zumahlen under denen zeiten und leuthen großer underschiedt, auch die circumstantien und bisweillen unversehens sich eraignete accidentia[a] viel veränderen thuen. Was die güetter betrifft, seindt deren zwar wenig verhanden undt währe gefährlich, selbige in bestandt* zue verlassen, zumahlen man noch vor diesen wahrgenommen und bey denen privatis annoch die erfahrenheit zeiget, dass die bestandtleuth ordinarie nur aus denen güettern so viel sie können ziehen und so wenig als möglich hineinsteckhen, alles nur auf den schein bauen, die underthannen beschwären und endtlich die güetter ruinirt hinderlassen.

[Mauten und andere Ämter zur Einhebung von Abgaben]

Was aber die mauthen (darunder ich auch die *[236]* aufschläg* von wein, getraidt, viech etc. verstehe) betrifft, ist gewiss, dass selbige kein bestandtmann leichtlich deterioriren[b] werdte, noch solches ohne seinen schaden thuen könte, sonderen es ist ain jeder vielmehr dahin gedacht, selbige zu verbesseren, die verschwärzungen* und underschlaiff[c] abzustellen und dardurch zugleich sein einkhomben zu vermehren. Darumben schwerlich exempl zu findten, dass aine mauth deterioriter zuruckh kommen währe. Ja, man hat etlichmahl die durch der beambten nachlässigkeit gantz in abnehmen gerathene geföhl durch fleißige bestandtleuth widerumb zu recht bringen lassen müssen, wie frische exempla bey der mauth am Tabor, dem handtgraffenambt und denen mauthen an Thonaustramb, ungeachtet dieser bestandt* nicht lang gewehret, genugsamb ausweisen. Ich hab aber bey denen bestandten bishero dieses allzeit observirt, dass, wann man bisweillen schon einen bestandt auf etliche jahr aufgerichtet und der bestandtmann [173] im ersten oder anderten jahr nicht auf sein conto kommen können, man ihme gleich mit nachlass gratificiret, *[237]* da man doch das endt des lezten bestandtjahrs hette erwartten und sehen sollen, ob nit ain jahr das andere übertragen habe, wie dann zum öffteren würckhlich geschehen und die leztern

---

[a] accedentia: *hier im Sinne von Umständen.*

[b] deterioriren: *zugrunde richten, verschlechtern.*

[c] *Unterschleif: Unterschlagung.*

jahr reichlicher ausgegeben haben. Woraus dann erfolget, dass euer kayserliche mayestät allzeit den schaden allein getragen und dem bestandtman der nuzen gewiss gewesen, welches hinführo nicht mehr zue verstatten währe.

[Allgemeine Probleme bei der Vergabe in Bestand]

Nicht weniger ist dieses schädtlich gewesen, dass, wann man ainen ehrlichen fleißigen bestandtmann gehabt, welcher sich auf das eyßerste bemüehet, das ambt eingerichtet und ihme das glück gewolt, dass er balt in ersten oder anderten jahr einen zimblichen überschuess gehabt, sich gleich neydige leuth, und zwar gemeiniglich bey der niederösterreichischen buchhalterey (zumahlen die bestandtleuth keine raittungen legen, also sich mit denen mängeln nit[174] vexiren[a] und emungiren[b] lassen) herfürgethan, welche allerhandt vortlhafftigkeiten fingirt und die leuth nicht allein von dem bestandt* vor der zeit getrieben, *[238]* sondern auch ihnen fiscalischen process an den hals geworffen. Darbey sie zwar nichts erhalten, euer kayserliche mayestät aber den größten schaden gelitten, dass man nachgehents sobalt keinen gueten bestandtmann mehr findten können, dann sich ein jeder vor solchen bösen leuthen geförchtet.

Ingleichen hat sich bisweillen ainer oder der andere angegeben, der sich zu ainem größeren bestandtgelt anerbotten, welches doch ordinarie nur dahin angesehen gewesen, den alten nuzbahren bestandtmann weckhzutreiben undt weill hernach keiner mehr verhandten, gleich widerumb umb nachlass anzuhalten. Allermaßen erst vor wenigen jahren ain exempl an den allhierigen vicedomb, dem von Kriechpäumb und seinen consorten, dem Triangl, verhandten gewesen, welche vor den centen kupfer zu Neusohl 24 rthler anerbotten, da sie doch nie ainen gedanckhen gehabt, selbiges zu bezahlen, noch ohne größten schaden bezahlen können, sondern nur die *[239]* Joännellischen aus dem bestandt* zu heben undt hernach, weillen man wohl gewußt, dass des großen verlags* halber sich nicht leicht ein anderer bestandtmann findten werdte, nicht allein das anerbottene quantum zu verminderen, sondern auch in andere weeg der hoffcammer nach belieben leges vorzuschreiben[c]. Sie haben sich aber gar unvorsichtig praecipitirt[d] gehabt und nach wenig monathen zu verhüettung ihrer endtlichen ruin, die dazumahlen in euer kayserlichen mayestät handten gestandten, darvon gewichen. Dahero in dergleichen begebenheiten einer großen vorsichtigkeit vonnöthen, damit man nicht hindergangen und gefähret werdte.

Dienstersetzung *[zwölfte Frage]*

Wie und wasgestalten, zwölfftens, die dienst ersezet und ob diesesfahls die tauglichkeit, anzahl und beschaffenheit der subjecten[e] nachgegangen wordten? Darauf erindere ich, dass, soviel die vornehmbern ambter betrifft, wegen ersezung derselben im hoffcammerrath selten etwas vorkommen. Wann ich aber *[240]* alle ambter durchgehe, so findte ich die mehresten mit gueten subjectis besezt, halte auch die andere alle für ehrliche leuth, wiewohl ich nicht zweiffle, dass andere zu findten gewesen währen, die es vielleicht besser verstandten und nuzliche dienst laisten können.

---

[a] vexiren: *plagen, belästigen.*
[b] emungiren: *betrügen.*
[c] leges vorschreiben: *Bedingungen diktieren.*
[d] unvorsichtig praecipirt: *unvorsichtig hineingedrängt.*
[e] subjecte: *das Personal.*

Nur pro exemplo, der waldtmaister von Pauersberg ist ain ehrlicher mann, darneben aber gantz forchtsamb und zimblich nachlässig, welcher zwar mehr durch die bey der türckhischen gefahr hergegebene 20m fl als große qualiteten zum ambt kommen. Wider den salzambtmann zue Gmundten, baron Schieffer, wirdt geklagt, dass er sehr aigensünnig und schieffrig die leuth hart tractire, also ihme mehr authoritet aus seinem standt zugeaignet als das ambt an sich selbsten hat, welches an diesen orth nicht viel nuzen schaffen dörffte. Es ist unlengst der Frantz von Catani aus seinen spizenkram*[241]*laden zu dem rendtambt[175] in Mähren befördert worden, allda er die vornembste cammeralpersohn im landt vertretten, auch die undergebene contributionseinnehmber, zollbestelte und überreitter* dirigiren solle, welcher doch, wie es sich schon zaiget, nit einen schlechten bericht verfassen kann. Allein vernehme ich, dass sein darlehen per 100m fl causa promotionis gewesen. Das übleste ist, dass auch der contralor Kiellman nicht viel nutz oder sich auf ihn zu verlassen sein soll. Ist also keine wunder, wann hernach under solchen leuthen bey denen ämbtern unordtnungen einreissen, daran man nachgehents lang widerumb zu flickhen hat. Meinerseiths thue ich keinen beambten hoch aestimiren[a], der das ambt, wie er es gefundten, richtig erhaltet, wann er nicht zugleich sein ingenium undt industriam[b] daran streckhet, selbiges zu verbessern.

Unter denen minderen buchhalterey persohnen *[242]* wie auch canzellisten befindten sich viel schlecht qualificirte, undt schamme ich mich bisweillen selbst, wann aine so liederliche handtschrift euer kayserlichen mayestät zur undterschrifft überraicht wirdt, da man doch under vielen qualificierten subjectis die wahl hette. Undter denen concipisten soll auch ainer nahmens Zimmermann gantz untauglich sein. Dieses kombt mehresten thaill daher, dass wann die geringste stell erledigt wirdt, gleich 10 oder 20 darumb anhalten undt fast jeder seinen patronum und recommendanten[c] hat, sonderlich aus der geistlichkeit. Welcher nun den mächtigisten hat, der tringet durch undt müssen die mehrer qualificirten zuruckstehen. So werdten auch zu denen geringern bediente, als proviandtverwaltern und einnembern, überreutern*, bisweillen von denen oberbeambten und der buchhalterey aus privatinteresse untaugliche leuth vor*[243]*geschlagen, weillen schon ein sprichwortt ist, dass ain jeder umbs geldt einen bericht haben könne, wie er wolle. Ja, es ist gar von etlichen jahren hero in genere von der cammer geredet wordten, als ob daselbst die dienst dem plus offerenti conferirt[d] würdten, darvon ich scientifice[e] nicht waiß und die testimonia ex auditu alieno[f] nicht gelten. Vielleicht möchte anderen räthen ein mehreres bewusst sein.

Accessisten

Nicht weniger findte ich, daß die mänge der accessisten[g] nichts nuz seye, dann obschon nicht ohne, dass sie ohne besoldtung dienen, also ohne euer kayserlichen mayestät entgelt sich informiren können, so wirdt doch bey dem aufnehmen, weillen es kein würklicher

---

a aestimiren: *schätzen, einschätzen.*

b ingenium undt industria: *Begabung und Fleiß.*

c patronum und recommendanten: *wichtige Personen, die hinter ihm stehen und ihn empfehlen.*

d dem plus offerenti conferiren: *demjenigen übertragen, der am meisten bietet.*

e scientifice: *aus eigener Wahrnehmung.*

f testimonia ex auditu alieno: *von anderen vernommene Berichte.*

g accessist: *Beigestellter, Assistent.*

dienst ist, wenig consideration[a] gehabt, was es für leuth seyen, auch ob sie die capacitet und den fleiß haben, etwas zu begreiffen. Da nun schon einer nichts nuz ist, so vermaint er *[244]* gleichwohl bey sich ereignenter vacanzen[b] ein ius quaesitum[c] zu haben und thuet zum öfftern ainen qualificirten ausschließen. Dannenhero von nöthen, bey annemmung solcher accesssiten die qualiteten eben sowohl als bey würckhlichen diensten zu considerien, insonderheit aber, wann eine stelle erlediget wirdt und man schon bekhandte taugliche subjecta dazue hat, mit der ersezung ohne verzug zue verfahren und nicht zu wartten bis die mänge der recommendanten herfür kommet, wodurch gemainglich der schlechteste den vorzug bekhommet.

Ich erindere mich, dass balt von anfang der von mir bedienten rathsstell ein rath, zugleich referendarius und secretarius*, pro maxima gehalten haben wollen, die dienstersezung zu protrahiren[d], weillen dardurch bessere subjecta herfür kommen möchten. Es hat ihme aber nachgehents einer geandtworttet, *[245]* diese maxima seye für seinen beutl, damit ihme desto mehrer zum opfer gehen. Über dieses währen die exspectanzen[e], sonderlich auf ambter und dienst in specie, gänzlich abzustellen, dann dardurch manchen statlichen subjecto der weeg nuzlich zu dienen verschränckht wirdt. Undt seindt exempla verhanden, dass, wann man nach sich eraigneten apertur[f] den exspectaten nicht recht tauglich befundten, man ihme für den dienst ein geldtgnadt geben müessen. Und da man die expectanz decreta ohne anderwertige recompens* zuruckhnimbt, thuet es der authoritet und credit zuwider lauffen.

[Dienstbetrieb in der Hofkammer und dessen Mängel – dreizehnte Frage]

Observanz der instruction

Dreyzehnten, ob und wie die in der mir ohnedas wohl bekhandten instruction begriffene mehrere rubricen von anfang euer kayserlichen mayestät bis auf gegenwärtige zeit gehalten worden seye; ferers da etwann wider verhoffen bey ainem oder anderen aus oben benendten oder anderen mir sonsten bekhandten *[246]* puncten ainiger mangl, excess oder missbrauch eingeschlichen und vorgangen währe, ich in allweeg deutlich an die handt zu geben haben werdte, wie selbige wenigst inskünfftig abgestellet und sonsten euer kayserlichen mayestät sich anjezo in so schlechten standt befindente würthschafft auf das beste aingerichtet, zu dem endte, wie die einkhommen mit gueter billichkeit[g] vermehret, die ausgaben hingegen möglichist eingestelt werdten mögen. Undt diesen abgeforderten bericht und guetachten solte ich in der obbestimbten zeit der 14 tagen ohne ainzigen respect, forcht, reservation und abhaltung sein, frey, offen, klar und deutlich dergestalt gehorsambist abgeben, wie solches mein euer kayserlichen mayestät abgelegter aydt undt pflicht erfordert und ich es mir in der ewigkeit vor Gott dem Allmächtigen zu verandtwortten getrauen. *[247]* Hierauf berichte ich allerundterthänigist, dass in erkhandtnus meiner weni-

---

[a] considertation haben: *prüfen, erwägen.*

[b] vacanz: *freie Stelle.*

[c] ius questium: *Recht auf ein Stellenanbot.*

[d] protrahiren: *hinausziehen, verzögern.*

[e] *Expektanzen: Ansprüche auf (bestimmte) freiwerdende Stellen.*

[f] sich eraignende apertur: *wenn eine/die Stelle frei wird.*

[g] guete billichkeit: *angemessen, vernünftig.*

gen talenten ich niemahl erkhünet währe, die hoffcammer rathstell zu begehren. Nachdem ich aber den 25ten October 1658, dazumahlen von hier abwesendt und unwissent, motu proprio[a] (wie mein intimationsdecret ausweiset) zu dieser function beruffen wordten, hab ich mir gleich anfangs vorgenommen, alle meine kräfften auf die cameralprofession (von welcher sich das politicum, auch das justizweesen nit wohl separiren lasset) zu appliciren*, also zu gehorsambst schuldigster dankhbarkheit treüe und nuzliche dienst laisten zu können.

Hierinnen nun ein rechtes fundament zu legen, ist mein erste frag um die instruction gewesen, welche ich auf den raths*[248]*tisch gefunden und selbige mit gehabeter licenz nacher haus genommen, fleißig gelesen und abschreiben lassen, welche aber von kayser Maximiliano dem Anderen den 1. Julii 1567 ausgegangen, also dazumahlen schon 91 Jahr alt gewesen. Ich *[Selb]* hab mich erkhundiget, ob nichts jüngers verhandten, von dem damaligen directore von Radolt, seelig, und anderen senioribus vernomben, dass seithero nicht neues ausgegangen, die impracticabilitet[b] der mehresten puncten seye bekhandt und observire ein jeder praesident diesen modum wie selbigen sein antecessores[c] hinderlassen, welches ich auch ainesmahls aus das jezigen hoffcammer praesidenten[d] mundt vernohmben. Ist mir also pro instructione mein abgelegtes jurament[e] gewesen, crafft dessen ich geschworen, euer kayserlichen mayestät nuzen und fromben zu befördern, schaden undt nachthail aber zu wahrnen undt *[249]* zu wendten. Wie ich nun diesem nachkhomen seye, darvon werdten hoffentlich alle meine collegae, etiam malevoli[f], zeugnis geben müssen undt werdte sie sich samentlich wohl erindern, wie ich oftmahls, wann sonderlich die buchhalterey in auswerffung der besoldtungen, lifergelder* und anderen derogleichen ausgaben gar zue large gehen wollen, ich dieses erindert, ich erachte euer kayserlicher mayestät wirtschafft für meine aigne und was ich in dieser nicht zu thuen pflege, könne und wolle ich in jener nicht einrathen. Lebe auch der hoffnung, es werdte ein jeder diese gedankhen gehabt haben. Dass ich also in conscientia sicher lebe[g], dass mit meinen voto und um meines privatinteresse willen, eure kayserlichen mayestät nichts geschadet, sondern dero nuzen pro posse[h] befördert wordten. Solte aber etwas ex ignorantia vel errore[i] geschehen sein (dessen ich mich zwar nicht erindere, auch nicht importirliches sein könte), *[250]* so würdte mir das allgemaine proverbium[j] zuestatten kommen, errore humanum est[k]. Kann ich also wohl pura conscientia[l] auch respectum meines praesidenten undt collegen affirmiren, dass in allem dem, so collegialiter[m] und in meiner beywesen-

a motu proprio: *aus eigener Erwägung, ohne Antrag.*
b impracticabilität: *Undurchführbarkeit.*
c antecessores: *Vorgänger.*
d *Georg Ludwig Sinzendorf.*
e jurament: *Amtseid.*
f malevoli: *die Missgünstigen.*
g in conscientia sicher leben: *ein gutes Gewissen haben.*
h pro posse: *nach Kräften.*
i ex ignorantia vel errore: *aus Unwissen oder Irrtum.*
j proverbium: *Sprichwort.*
k errore humanum est: *Irren ist menschlich.*
l pura conscientia: *reinen Gewissens.*
m collegialiter: *im Rat.*

heit geschehen, wider diejenige puncten der alten instruction, so die beförderung eurer kayserlichen mayestät nuzen oder schadenverhuettung concernirt, nichts gehandlet oder geschlossen wordten.

So wirdt auch ain jeder, der das cammerweesen nur ein wenig verstehet, wie nemblich pro exemplo, wann nur 3 oder 4 gulden aus einem ambt bezahlt werden solten, hierzu ein geschafftl gemacht, von dem praesidenten, einen rath (welches zwar nit allzeit observirt wordten, noch in denen ordinariis[a] von nöthen ist) undt secretario* underschrieben, in die registratur* oder expedit* gegeben undt von dannen dem ambtmann zuegeschickt, *[251]* solches hernach[176] seiner raittung beygelegt und bey der buchhalterey widerum viellen persohnen in die händt kommen müssen, selbsten für unmöglich halten, dass ein praesident und viel weniger ein rath ihme das geringste zueaignen könte. Nichstdestoweniger hielte ich sowohl für euer kayserliche mayestät als die hoffcammer selbsten vortreglich zu sein, wenn mehrbesagte alte instruction secundum modernum rerum statum[b] verneuert und eingerichtet würdte, worzue ex praecedentibus viel materia zu nehmen und vielleicht noch mehre suppeditirt werden könte.

Menge der räth

Wann ainige missbräuch vorgegangen, so erachte ich diesen für den vornembsten, dass das hoffcammer mittl mit so gar vielen räthen übersezt[c] wordten, woraus euer kayserlichen mayestät nit allein wegen der besoldtungen undt accidentien*, auch der gnadten und in anderweeg große onera[d] zugewachsen, sondern es ist auch *[252]* denen negotien[e] verhinderlich gewesen undt sein andere inconvenienzen[f] daraus entsprungen. Dann andere zu geschweigen hat der wenigste thail sich um das camerale* recht angenommen und applicirt*, auch der praesident, indem gleichwohl ein jeder etwas reden wollen und dardurch die zeit verlohren worden, im rath nimmer fortkhommen und wann man von aufbringung geldts deliberirt*, ainige assistenz nicht haben, ja nicht alle wegen der enge der rathsstuben mehr sizen können. Derentwegen er *[der Präsident]*[g] fast necessitirt[h] gewesen, sonderlich in militaribus und anderen eillfertigen[i] sachen, sich wenigerer räth zu bedienen, worzue ordinarie[j] der graf Jörger, Breinner, Trautmanstorff, Pfaff und ich, auch bisweillen andere berueffen wordten. Wann nun vornemblich nachmittag die mehreste ausgeblieben oder theils bezecht kommen, so haben die secretarii* den zuetritt allein *[253]* gewunnen, mit welchen die allermehreste gnadten und anweisungen* eingerichtet wordten, die ihres interesse darbey nicht werdten vergessen haben, dann wann bisweillen räth darbei gewesen währen, würdten sie ihnen nicht alles haben angehen lassen. Darzu ihnen dann die niederösterreichische buchhalterey, vornemblich in gnad-

[a] ordinarii: *Vorschriften.*
[b] secundum modernum rerum statum: *nach heutigen Verhältnissen.*
[c] übersezt: *überbesetzt.*
[d] onera: *Belastungen.*
[e] negotien: *Geschäfte, Amtshandlungen.*
[f] inconvenienzen: *Unannehmlichkeiten, Ungelegenheiten.*
[g] *Georg Ludwig Sinzendorf.*
[h] necessitirt: *genötigt sein.*
[i] eillfertig: *dringend.*
[j] ordinarie: *in der Regel.*

ten und in pergstöttischen sachen, gar stattlichen vorschub geben, wie es die bericht, daran ich zwar nur etliche gesehen, genuegsamb ausweisen, und zwar auch nicht ohne interesse. Ob nun einer und der andere sich dieser occasionen[a] bedienet undt extra consilium[b] aigennutzig gewesen, schuldten an sich gehandlet und under des debitoris[c] nahmen eingebracht oder darvon participirt haben, solches kann ich weder affirmiren noch negiren[d], dann die mit derley unzimblichen sachen umbzugehen pflegen, wissen selbige heimblich genug anzustellen. Vor etlichen jahren hat die würdige frau bey dem *[254]* Himmelporthen[e] durch ihres closters hoffmaister mir klagen lassen, wie sie der kayserlichen hoffcammer ein richtige obligation, per 15m fl wie mir wissent, schon etliche jahr mit einen großen nachlass zu verhandlen anerbotten, wormit man sie allzeit aus mangl der mittl abgewisen. Sobaldt selbige aber einen hoffcammer rath in die händt kommen, sey gleich das baargeldt vorhanden gewesen, wie dann selbige post in dem extract völlig für bezahlt einkhombt.[f]

Ich hab erst in dem jüngsten salzambtmannischen quartalsextract observirt, dass auf den Reichardt Stitter eine vor 50 jahren gemachte münzschuldt per dreytausendt etlich hundert gulden ohne ainigen nachlass für baar bezahlt eingetragen ist, die man vor etlichen jahren um 100 duggaten haben können, welche mir gantz suspect vorkhommet, auch ungezweiffelt eine partita[g] darhinder stekhet; *[255]* dergleichen sich noch mehr findten möchten. Es ist auch fast probabile, daß die secretarii* umb solche händl wissen und participiren. Villeicht werden andere räth ein mehreres wissen oder indicia an die handt geben.

Gnadensachen

Die gnadens sachen sein[177] ohne das schon lang in großer confusion gestanden und sehr ungleich ausgethailt wordten, sowohl respectu der persohnen als der summa. Quo ad personas[h] ist es nunmehr schon dahin kommen, dass man nur gefragt oder considerirt[i] ob und wieviel jahr der supplicant gedienet, nicht aber, ob er fleyßig oder unfleißig gewesen. Undt werdten die gnadten fast denen besoldtungen gleichgehalten, außer dessen, dass sie nicht so punctual bezahlt werdten. Dahero sich wenige befleißen sich viel zu bemüehen, extraordinari dienst zu laisten und sich viel zu bemüehen oder in gefahr zu sezen, weillen *[256]* sie sehen, dass fleißig und unfleißige gleich gehalten, auch diese bisweillen noch besser tractirt wordten, nachdem ihm ein jeder nur freundt machet.

Noch weniger kommt in consideration[j] was die jenige, so ein gnadt begehren, für besoldtung und accidentia* genossen, in welchem doch under denen bedienten ein großer undterschiedt ist. Insonderheit erlangen die beambten in denen geldtambtern ihre erge-

---

[a] occasiones: *Gelegenheiten.*

[b] extra consilium: *außerhalb des Rats.*

[c] debitor: *Schuldner.*

[d] weder affirmiren noch negiren: *weder bestätigen noch verneinen.*

[e] *Anna Jakobina Fürstenberg.*

[f] *Kommentar der Bearbeiters:* NB.

[g] partita: *Teilhaberschaft, Beteiligung*; *Betrug.*

[h] quoad personas: *was die Personen betrifft.*

[i] considerиren: *überlegen.*

[j] consideration: *Erwägung.*

bige gnadten mehresten thaill ex hoc argumento, dass sie euer kayserlichen mayestät so umb soviel tausendt guldten oder millionen verraittet, worzu sie doch vigore instructionis[a] verbundten gewesen und eben in diesen ihre gantze verrichtung bestandten. Wirdt also die gnadt in effectu nicht derentwegen gegeben, dass er guete dienst gelaistet, das ambt melioriret[b] undt etwas ersparet oder sonst extraordinem praestirt[c], sondern weill er nichts veruntreut hat.

Wann bisweillen einer aus denen gemainen beambten oder *[257]* geringeren bedienten umb ein gnadt einkhombt und die buechhalterey gefragt wirdt, was vor exempla vorhanden, wirdt sie wohl bisweillen vermeldten, sie findte keines, thuet gleichwohl darbey annectiren, der supplicant[d] währe einem anderen in alia classen gleich zu halten. Dardurch bekhommen sie ein exempl und gehet die sach hernach gleichsam in infinitum[e]. Solten also billich* nicht allein keine neue exempla ohne große ursach mehr eingeführet, sondern auch, wo etliche wider ordtnung eingeschlichen, nach und nach widerumb cassirt werdten.[178] Wolte ich also pro remedio dahin concludiren, man solte die gnaden nit sogar gemain machen undt nicht nur die bloßere zeit des dienens, sondern auch, und zwar vornemblich, wie fleißig undt nuzlich gedienet wordten, in consideration[f] ziehen.

Respectu summae[g] sihet man ebenfahls ein große ungleichheit, dann diese wirdt ingleichen *[258]* nicht nach denen verdiensten, sondern nach der bloßen dienenszeit gerichtet. Ja, es wirdt auch dieses sehr offt observirt, dass bey der buchhalterey, nachdem man ainem übl oder wohl will, groß oder kleine, bisweillen auch wohl gar impertinentia exempla[h] ohne ainige consideration der zeiten und umbständt allegirt[i], also dardurch unwissente räth leichtlich verführt werdten.[j] So wachset auch durch diese *[unwissenden Räte]* ein schröcklicher last herbey, dass gleich wie in denen politischen mitlen die räth, secretarii* etc., also in denen militaribus soviel general wachtmeister, veldtzeugmaister, veldtmarschal leuthenandt etc. ohne noth creirt[k] werdten. Undt wann mancher höret, dass vor zeiten einem general zu 30, 40 undt 50m fl gnadt gegeben, vermainet er, dass ihme dieses ebenfahls gebühre, obschon der aine viel rüehmliche thatten gethan und der andere nur die mehreste zeit zu haus gesessen oder die armen leuth in quartier emungirt[l] hat. *[259]*

Nicht weniger ist diesfahls schödtlich die große mänge der cammerherrn undt truckhsessen, dann obwohlen ihnen gleich anfangs zu erkennen gegeben wirdt, dass sie keine besoldtung zu genießen haben sollen, so thuet es doch nit allzeit darbey verbleiben und hat die erfahrenheit gezaigt, dass undterschiedliche solche nit schuldtige besoldtungen,

---

a vigore instructionis: *kraft der Instruktion.*

b melioriren: *verbessern.*

c extraordinem praestare: *etwas Besonderes leisten.*

d supplicant: *Bittsteller, Antragssteller.*

e in infinitum: *in Ewigkeit.*

f in consideration ziehen: *in Betracht ziehen.*

g respectu summae: *in Hinblick auf die Beträge.*

h impertinenta exempla: *unverschämte Beispiele.*

i allegiren: *beibringen, beilegen, vorlegen.*

j *Kommentar durch Reischl:* ist von dem inspector niemahls nichts geändert worden.

k creire: *ernennen, befördern.*

l emungire: *betrügen.*

wo nit directe, jedoch per indirectum sub titulo einer gnadt[a] durchgetruckhet: der ajuten, hochzeitpraesenten und dergleichen, zue geschweigen auch künfftig der große anlauff der gnadten nicht ausbleiben wirdt.

Vor diesen bey zeiten kayser Ferdinand 1[i] undt Maximiliani 2[di] findet sich, dass einen obrist hoffmaister zu 6*[m fl]*, obrist cammerer 4m fl undt so fort an zur gnadt ausgeworffen, jedoch auf ordinari mittl, maßen dan ex exemplo verhandten, dass selbige bis[179] zu erfolgter bezahlung mit 5 per cento offt vile jahr verinteressirt* *[260]* wordten. Die gar großen summen haben erst undter kayser Ferdinand 2do überhandt genommen, welches auch selbiger zeit wegen gehabter großer confiscationen leicht geschehen können. Weillen aber seithero keine königreich undt ländter mehr eingenommen und gewunnen wordten, also solte cessante ratione et causae auch billich cessiren[b], solche große summen auszuwerffen.

Es ist zwar nicht ohne, dass bey denen ambtern undt rathsstellen die jezige denen vorigen gleich arbeithen müessen, auch seithero die pretia rerum[c] oder vielmehr der luxus viel höcher gestigen, dass weith[180] größere spesen geführt werdten müessen. So ist aber dargegen wissendt, dass die gnadten ex mera liberalitate[d] her fließen und aigentlich keine schuldigkeit, sonderlich ainer gewissen summa seyen, auch niemandt sich mit fueg zu beschweren hat, wann ain herr gegen einen seiner bedienten sich *[261]* freygäbiger als gegen dem andern erweiset oder auch seinem antecessori nit in allem nachfolget, bevorab da er dessen manifestam rationem hat, wie diesfahls der underschaidt inter tempora Ferdinandi 2[di] undt euer kayserlichen mayestät vor augen liget. Undt müßten die einkhomben vorhero umb ein großes vermehret werdten, wann alles ersezt werdten solte, was der luxus derzeit consumirt.

Vor jahren seindt die gnadten dem camerali nit so beschwerlich und häuffig, weillen der ministrorum, räth, generalen, cammeralisten und dergleichen anzahl nicht so groß gewesen, auch das wenigste mit geldt, sondern das mehreste mit beförderung zu bessern diensten, nobilitirung, standtserhöchung, erthaillung des cammerschlüssl, privilegia, palatinat und dergleichen ehrengnadten geschehen, daraus aber nunmher fast nur regalia[e] der canzleyen etc. gemacht und dardurch das cammer*[262]*weesen, in dem nunmehr alles auf das geldt auslauffet, zum höchsten gravirt[f] wordten. Wie dann diejenige, so mit solchen erhöchungen und beförderungen begabt werdten, solches nicht allein für keine gnadt erkhennen, sonderen auch ihnen einbildten, dardurch in besseres meritum und gelegenheit erlangt zu haben, ein größere geldtgnadt zu begehren. Ob sich nun hierinnen ein remedium[g] möchte findten lassen, solches wirdt an höchern orthen zu deliberiren* sein. Interim solte geichwohl allzeit bey einrathung der gnadten ein reflection[h] hierauf gemacht und solche in dem referat erindert[i] werdten.

---

[a] per indirectum sub titula einer gnad: *auf indirekte Weise als Gnade.*

[b] cessante ratione et causae auch billich cessiren: *wegen des Wegfalls der Grundlagen vernünftigerweise einstellen.*

[c] die pretia rerum: *das Preisniveau, die Preise (von Waren und Dienstleistungen).*

[d] ex mera liberalitatae: *aus reiner Großzügigkeit.*

[e] regalia: *Geschenke.*

[f] graviren: *belasten.*

[g] remedium: *Heilmittel.*

[h] ein reflection hierauf machen: *darauf Rücksicht genommen werden.*

[i] in dem referat erindern: *in der Vorlage an den Kaiser erwähnen.*

Was die bezahlung der gnadten betrifft, seindt selbige schon von vielen jahre hero auf extraordinari mitteln*, sonderlich nach dem die summen so hoch gestigen, gewisen wordten. Es hat sich aber gar wohl oft begeben, dass selbige per potentiam, ex commiseratione oder anderen favor[a] *[263]* auf ordinari mitl und geföhl transferirt wordten. Die großen posten währen hinführo annoch darbey zu lassen. Was aber die geringern persohnen und armen partheyen betrifft, als die seindt buchhaltereybediente, canzellisten und canzleybediente bey allen stellen, auch andere nothleidente partheyen, errachtette ich nit allein für dieselbe, sondern auch euer kayserlichen mayestät und dero hoffcammer vorträglicher zu sein, dass ihnen hinführo ein kleinere summa ausgeworffen, entgegen aus ordinari mittlen bezahlt würdte. Pro exemplo, wo man ainen auf extraordinari mittl* 1.500 fl gegeben, auf ordinari den dritten thaill, als 500 fl, auswerffen solte. Dann auf diese weis wüssten gleichwohl die arme leuth, dass sie etwas bekhommen undt sich dessen zu ihrer notturfft* gebrauchen könten, da sie es doch sonsten gemainiglich nur umb einen spott verhandlen oder von denen sollicitatoren[b] undt anderen bösen leuthen darumb gebracht werden. *[264]* Für die cammer währe es derentwegen besser, weillen die gnadensdecreta auf größeren summen angeregtermaßen gemainiglich in andere, und zwar solche händt kommen, die es schon heraus oder was sie zu thuen nit vermögen, anderwertig anzubringen wissen, also, dass man völlig bezahlen muesst undt bisweillen wohl aus ordinari mittlen. Dargegen könte die contrabanta*, straffen und andere dergleichen extraordinaria, die man sonsten ohnedas zu bezahlung solcher gnadten applicirt* zu denen ordinari geföhlen[c] gezogen und dieses dardurch erleichtert werdten. Dieses habe ich etlich mahl in acht genommen, dass in denen gnadensdecreten der verraitten*[den]* beambten[d] oder die in geldtambtern sizen, gemainiglich dahin stylisirt gewesen, dass sie aus allerhandt vorfallendten extraordinari – NB: undt andern thuenlichen mittlen – bezahlt werden sollen. Wann nun nur der buchhalter eines solchen beambten gueter freindt gewesen[e] *[265]* undt solche gnadt nach und nach in raittungen eingestelt wordten, so hat schon alles thuenlich sein müssen, darauf hinführo besser achtung zu geben.

Bezahlung alter schulden

Was die vorgegangene bezahlung der alten schuldten betrifft, hab ich bereits oben anregung gethan, dass die summa zimblich groß sey undt erreichet der nachlass dasjenige quantum bey weiten nicht, wie die böhmische cammer, oben pagina 30, gewirthschaffet hat; die ursach wirdt in denen referaten zu finden sein. Soviel im rath vorkhommen, ist an dem treuen examine nit zu zweifflen.

Hinfüro währe nicht unthuehnlich[f] zue bezahlung derley alten schuldten jährlich ain gewisse summa zu determiniren[g], allermaßen bishero in dem königreich Böhaimb jährlich in die 46m fl darzue verwendet wordten. Undt wann solche praetendenten fürkhommen,

---

[a] per potentiam, ex commiseratione oder anderen favor: *wegen (ihrer) Machtstellung, einer Verbindung oder einer andern Anerkennung.*

[b] sollicitator: *Betreiber, Verhandler, Interessensvertreter.*

[c] ordinari geföhle: *normale Abgabeneinkommen.*

[d] verraitten*[de]* beamte: *abrechnende Beamte.*

[e] *Kommentar durch Reischl:* warum hat der inspector Selb dieses, wenn es geschehen were, nit geändert.

[f] unthuenlich: *unzweckmäßig.*

[g] determiniren: *festlegen.*

in der hoff*[266]*cammer per tertium aliquem[a] handlung pflegen zue lassen, wordurch gemainiglich mehr zu erhalten, als wann die hoffcammer selbst suo nomine tractiren[b] thuet. Vorangeregte summa aber währe keinesweegs zu überschreitten, wo nicht ein sonderbahrer[c] großer nuzen darmit zu erhalten, darüber sich euer kayserliche mayestät allzeit specialiter würdten zu resolviren haben. Sonsten ist nothwendig, mit denen anweisungen* auf solche alte schuldten ganz sicher zu gehen, die legitimationes[d] genau zu examiniren undt wann man den principalen[e] nit gewiss waiß, sich nit gleich in tractation oder schluess[f] einzulassen, dann es können leichtlich darunder allerhandt vortlhafftigkeiten gespillet und der nuzen, so euer kayserliche mayestät sonsten darbey haben könten, anderen an die händt gebracht werdten. Es währe auch wohl achtung zu geben, wann eine schuldt schon mit nachlass eingehandlet *[267]* und die anweisung* darauf erthailt wordten, dass selbige nicht verrer mit großem nachlass in andere händt, wie bishero öffters geschehen, gelassen, sondern das bare[181] geldt anticipirt[g] und der überschuess euer kayserlichen mayestät beneficirt[h] werdten, dann aus der beraits gethanen anweisung kann man die anticipation* schon widerumb bezahlen und den überschuess anderwertig anwendten. Dann ob es schon bisweillen ein weniges ist, so ist doch gleich wie in allen anderen oeconomicis nicht zu verwerffen, weillen man auch[182] viel kleine ausgaben zu bestreitten hat.

Extracten nit gar verlässlich

Darbey kann ich zur nachricht unerindert nicht lassen, dass die ertragnues der ambter und onera, auch was sonst denen raittungen anhängig[i], ich mehresten thail aus der buchhalterey gemachten extracten genommen, die nit allzeit gantz verlesslich, zumahlen sich in revidirung dieses aufsatz einige errores *[268]* calculi[j] aus, dass bisweillen etwas zu viel oder zu wenig gesezt wordten, advertiret. Dahero wann etwan andere räth die müehe des extrahirens auf sich nehmen thetten, ain undt andere discrepanz herauskommen möchte. Da aber selbige nur gezaigt würdten, solte es an der erleutterung nicht ermanglen und wirdt dieses endtlich so[183] ausgelassen, auch zuviel oder wenig angesezt wehre, wie ich dann deren etliche selbsten animadvertirt[k], wenig austragen, auch euer kayserlichen mayestät zu einigen schaden nicht geraichen, dann der beambte ainen als anderen weeg die rechnung richtig führen, also talis error veritati nichts praejudiciren[l] wirdt. Die zeit ist etwas zu kurtz gewesen, alles ex fonte herzunehmen, ich werde aber nit underlassen, die befindtliche fähler soviel möglich zu ergäntzen.

---

[a] per tertium aliquem: *durch einen Dritten.*

[b] suo nomine: *im eigenen Namen.*

[c] sonderbahr: *besonders.*

[d] legitimation: *Berechtigung.*

[e] principal: *Geschäftsherr, eigentlich Anspruchsberechtigter.*

[f] tractation oder schluess: *Verhandlung oder Abschluss.*

[g] antizipiren: *vorschießen.*

[h] beneficiren: *zugute kommen.*

[i] denen raittungen anhängig: *aus dem Rechnungswesen entstammen.*

[j] errores calculi advertiren: *Rechenfehler beseitigen.*

[k] animadvertiren: *ausbessern.*

[l] talis error veritas nichts praejudiciren wird: *ein solcher Fehler die Richtigkeit nicht beeinträchtigt, verfälscht wird.*

Modus der anweisungen

In dem modo der anweisungen* ist bishero dieses fast beschwärlich gewesen, dass man posten zu 100 mehr oder weniger guldten *[269]* auf 2 oder 3 ambter eingethaillet oder assigniret, da dann auf ainen jedes ain besonders geschäfft[a] und hoffzallmaisterische quittung ausgefertigt und erthailt werden müssen, welches der canzley mehr arbeith gemacht und etlichen beambten zu mehrern vortl dienen können, auch die partheyen mit der sollicitatur größere müehe anwenden müssen. Dannenhero man etliche mahl der mainung gewesen, aus allen ambtern die geldter in das hoffzahlambt einlauffen und von dannen aus die partheyen bezahlen zu lassen, wordurch man nicht allein der canzley und dem hoffzahlambt viel müehe ersparen, sondern auch die partheyen besser beförderen könte. Nachdem man es aber ainesmahls nur mit einem und anderen ambt angefangen, ist gleich darauf erfolgt, dass man auf der potentiorum creditorum importunes anhalten[b] die eingebrachte gelder gleich zu denen ersten benöthigten ausgaben gebraucht, dass die auf solchen ambtern angewiesenen partheyen, wo nicht alle doch zum thail zuruckstehen *[270]* müessen, welches sogleich großes lamentiren verusachet. Daraus man leicht colligiren[c] können, was geschehen würdte, wann man von allen ambtern die geldter hereinziehen thätte, als welches einen allzu großen, auch euer kayserlichen mayestät selbsten beschwerlichen anlauf verursachen möchte. Wann aber die partheyen auf denen ambtern angewisen und die einkhomen nicht alle quartal erkleckhlich sein, so müessen sie sich auf die negst künfftige patientiren[d] und verbleibt der hoff sambt cammer unangelauffen und andere, so aus dem hoffzahlambt contentirt werden sollen, stehen gleichfahls leichter in geduldt, wenn sie wissen, daß kein gelt in der cassa, und erwartten dasjenige so hierzue gewidmet ist. So ist auch denen armen partheyen offt darmit gedienet, wann sie anweisungen* auf underschidtliche ambter bekohmmen, dann wann schon eines überwisen ist, so können sie doch in dem anderten oder dritten etwas bekhommen. Könte ich also *[271]* nit wohl rathen, derzeit ein veränderung vorzunehmen, dann es würde unfehlbahrlich mehrer confusiones verursachen. Wann aber künfftig mit der gnadt Gottes die einkhommen für den hoff in ainen solchen standt gebracht würdten, dass sie mit denen ausgaben in einer gleichen bilanz stehen thetten, also man allenthalben mit der bezahlung zuhalten könte, so währe in allweeg gueth, alles in das hoffzahlambt zu ziehen.

Geschenck

Es ist bereits oben anregung geschehen wie sehr die hoffcammer diffamirt seye, dass fast alle beschaidt umb geldt erkaufft werdten müssten, welches zwar von dem gantzen mitl niemandt praesumiren[e] wirdt, dann es hette under so villen nichts gekleckhet[f]: muss es also nur auf particulares[g] hinauslauffen. Ich vermaine es seye disfahls eine distinction[h]

[a] geschäfft: *hier im Sinne von Zahlungsanweisung.*

[b] auf der potentiorum creditorum importunes anhalten: *auf unverschämtes Ansuchen der bedeutenderen Gläubiger.*

[c] colligere: *daraus schließen.*

[d] patientiren: *gedulden.*

[e] praesumiren: *annehmen, vermuten.*

[f] gekleckhet: *gefruchtet; es wäre nicht möglich gewesen.*

[g] particulares: *Einzelfälle.*

[h] distinction: *Unterscheidung.*

zu machen, zwischen dem, die etwan wegen angewendter großer müehe und arbeith ohne ainiges verlangen von einer parthey ultro[a] remunerirt werdten und denen jenigen, *[272]* die es begehren, pactiren und mit aufhaltungen der expeditionen* oder auf andere weis extorquiren[b]. Das erste ist zu keiner zeit weder bey denen cammern noch anderwertig verbotten gewesen, wirdt sich auch nicht wohl verbietten lassen, man wolte dann zugleich die tugendt der danckhbarkheit neben dem contractu donatonis[c] (qui iuris gentium est et raro practicatur una cum obligatione antidorali[d]) aufheben.

Undt negire ich selbsten nicht, dass wegen angewendter müehewaltungen bey commissionen und in andere weeg, auch aufgesezten schrifften undt contracten, vergleichungen und interpositionen[e], zwar fast mehrer in extraneis als aigentlich cameral negotiis[f], oftmahls, so vor als nach meiner cammerraths bedienung von dankhbahren leuthen ein gratiale[g] empfangen. Wann man aber zaigen wirdt, dass ich von einigen menschen (wie ich[184] es bisweillen wohl befuegter gewesen währe) directe vel per indirectum etwas begehret und zu dem endt etwas aufgehalten oder aber das geringste angenohmen, ehender sich *[273]* das negotium geendet und in der partheyen händten gewesen, so erbiette ich mich, das decuplum[h] zu restituiren. Ja, ich kan erweisen, dass ich viel hundert duggaten und reichsthaller widerumb aus dem haus tragen lassen, wo ich vermaindt, dass es nicht verdient gewesen seye.[i] Seithero ich die obsicht auf die raittungen gehabt, damit selbige nicht anstehen verbleiben, sondern zu rechter zeit eingetriben werden mögen, hab ich über hundert raittbrieff in meine händt bekhommen, gelesen und undterschrieben, keinen aber jemahls (es seye dann, welches solte geschehen, ein dubium[j] vorgefallen, so zuvor von der buchhalterey erörthert werdten müessen) aufgehalten, weniger ainigen heller[185], obwohlen freywillig etwas offerirt wordten, angenomben habe. Derentwegen mir dann umb so viel schmerzlicher fallet, wann ich bisweillen anhören müessen, dass alles bey der hoffcammer in genere venal[k] seye. Dieses ist schon von geraumben jahren hero ein gemaine klag, dass die secretarii die leuth sehr *[274]* hart gehalten und die expeditiones* so lang aufgeschoben, bis sie ihren contento[l] erlanget, ja es haben noch ihre schreiber eine besondere tax[m] abgefordert. Ich waiß mich etlicher zue erindern, dass bekhandte leuth, welche umb einen dienst, gnadt oder anweisung* einkhommen wollen, mir einen calculum[n] vorgezaigt,

---

a ultro: *freiwillig.*

b extorquire: *erpressen.*

c contractus donationis: *Schenkungsvertrag.*

d qui iuris gentium est et raro practicatur una cum obligatione antidorali: etwa: *[die Dankbarkeit,] welche ein Recht unter allen Völkern ist und kaum mit dem Verbot einer Schenkung verbunden sein kann.*

e interposition: *Einschreiten.*

f fast mehrer in extraneis als aigentlich cameral negotiis: *(hauptsächlich) außerhalb von Kammerangelegenheiten.*

g gratiale: *Zuwendung.*

h decuplum: *das Zehnfache.*

i *Kommentar durch Reischl:* NB ecce, wie man zugetragen.

j dubium: *Zweifel.*

k in genere venal: *allgemein käuflich.*

l contento erlangen: *zufrieden gestellt werden.*

m besondere tax: *gesonderte, zusätzliche Gebühr.*

n calculum: *Berechnung.*

wieviel sie dem secretario, seinem schreibern, dem buchhalter*, expeditori*, etc. geben müessen, auch bisweilllen wohl höchere darunder gesezt. Ich waiß aber nicht, ob alles wahr gewesen. Es sey doch wie ihm wolle, so währe diese unzimbliche wucherey und wider pflicht lauffende proceduren abzustellen und zu staturien, dass wann einer oder der andere bey der hoffcammer hoch und nider, insonderheit secretarii*, buchhalter und expeditores, ergriffen und uberwiesen würdte, dass sie mit ainiger parthey pactirt[a], mediate vel immediate[b] etwas begehrt, ein gewisses vorgeschrieben, auch durch aufhaltung der expedition* oder alle andere *[275]* ersinnliche weis die partheyen wider ihren willen etwas zu geben necessitirt oder solches zu thuen nur tentirt hetten, selbige gleichsam ex canone lato sententiae[c] cum infamia[d] aus der hoffcammer und von ihren diensten verstoßen werdten solten.[e] Man wirdt über ein oder zwey exempla nicht statuiren dörffen, so wirdt die intention erhalten sein. Wann dieses bey andern stellen ebenfahls observirt wurdte, so dörffte man nicht so viel räth und generalen, dargegen bessere, auch tauglichere officier[f] mit der zeit bekhommen.

Ambtsdarlehen

Es ist noch bey euer kayserlichen mayestät herrn vattern[g], seelig, zeiten aufkhomben, dass die beambten in denen verraitten diensten loco cautionis[h] ein gewisses stuckh geldt herleihen müessen, so man bis dato ambtsdarlehen nennet, so mit 6 per cento verinteressiret* und von denen successoribus[i] abgelöset werdten müessen. Welches zwar nicht übl undt zur versicherung etwas dienet, jedoch nicht sufficient ist, in dem exempla sich eraignet, *[276]* dass etliche solches darlehen tacite hinaus[j] undt gleichwohl bisweillen auf viel jahr die interesse in delicte[k] eingenommen, dass die versicherung endtlich gleichsamb in rauch aufgegangen. Uberdies seindt diese interesse beschwährlich und machen sich die beambte quartaliter vor allen anweisungen* darmit bezahlt. Und welches das ärgste: wirdt mancher erlicher, erfahrener mann, welcher die baare mitl nicht hat solche darlehen abzulösen, von dem dienst abgehalten und muss oft einem schlechten kerl weichen, welcher nur gelt hat. Dannenhero fast besser währe, solche ambtsdarlehen nach und nach abzulösen,[186] fideius*[s]*oriam cautionem[l] anzunehmen und das mehreste absehen auf des candidati redlichkeit, undt damit man bey ihm keine raittung anstehen lassen, zu haben. Weillen es aber nicht also gleich geschehen kann, so währe interim billich, die interesse von 6 auf 5 per cento zu reduciren, dessen sich keiner *[277]* zu verwaigern ursach hat, weillen er capital und interesse in seinen händten hat. Eben dieses währe von etlichen capitalien, die

---

[a] pactiren: *vereinbaren.*

[b] mediate vel immediate: *indirekt oder direkt.*

[c] ex canone lato sententiae: *nach der allgemeinen Regel eines Urteils.*

[d] cum infamia: *mit Schimpf.*

[e] *Kommentar durch Reischl:* Ich, Reischl, *(rathe)* selbst darzue.

[f] officier: *höherer Beamte.*

[g] *Kaiser Ferdinand III..*

[h] loco cautionis: *anstatt einer Kaution.*

[i] successor: *Nachfolger.*

[j] tacite hinaus: *stillschweigend zurückgezahlt.*

[k] in delicte: *strafbarerweise.*

[l] cautio fideiussoria: *Bürgschaft als Kaution.*

auf denen ämbtern zu 6 per cento anliegen, zu verstehen undt werdten es die mehresten gern ligen lassen, wann sie nur die 5 per cento richtig zu erheben haben. Da sich je ainer widersezen wolte, würdten sich schon andere mitl zur ablösung findten.

Liefergelder

Nicht weniger hab ich bishero wahrgenommen, dass mit denen liffergeldtern* ain großer missbrauch vorgegangen, in dem die beambten zu offtern undter dem praetext[a] nothwendiger ambtsgeschäfft licenz[b] nacher hoff zu kommen verlangen, welches hernach der mühe nit werth oder doch also beschaffen ist, dass es in ein baar tagen expedirt werden könte. Derenwegen sie gleichwohl viel wochen, ja *[278]* viel monath um ihrer gelegenheit undt privat geschäfft willen alhier verbleiben, ja auch bisweillen etliche ex negligentia cameralium[c] aufgehalten werdten, denen täglich die lifergeldter* lauffen undt fast unvermerkht auf etliche tausendt gulden hinauf staigen, worauf billich inskünfftig besser achtung zugeben und solcher missbrauch länger nicht zu verstatten. So hab ich auch dieses[187] wahrgenommen, dass, wann mancher rath nur nachher Pressburg oder Neustatt auf 3, 4 oder 5 tag geschickt wordten, derselbe gleich den tag 10 fl liffergeldter eingefordert, da doch sonsten solche kurze raisen nur auf ein particular oder raittung[d] geschehen; dann ein persohn sambt dem diener gibt dem landtgutscher hin und her 3 oder 4 fl und da ihme schon pro exemplo noch darzu in 5 tag 10 mahlzeiten, für jede 1½ fl und den diener ½ fl *[279]* (so sie doch schwerlich verzehren können) passirt[e] würdten, thette es erst 24 fl austragen, dagegen das lifergeldt* um 26 fl höcher kommet. Darauf inskünfftig reflection zu machen.

[Sonstige Mängel – vierzehnte Frage]

Luxus

Der bisherige je länger je hocher gestigene luxus hat dem cammerweesen nicht wenig geschadet, in dem der agent ein resident, der resident ein ablegatus und dieser ein ambassador, consequenter darnach bezalt sein will. Dardurch seindt die ausstaffierungen und intertenimenta* gewaltig gewachsen. Es will gleich ainer dem andern in der hoffarth alles nachthuen, welches den adl ruinirt. Es wollen auch die deputat* undt besoldtungen niergendts erkleckhen[f], welches den anlauff der gnadten, besoldtungsverbesserung und ajuten vermehrt. Würdte also ein heilliges werckh sein, wann diesem gemainen übl durch eine pragmatic[g] oder andere weeg abgeholffen würdte.

Ländter wirtschafft

Nachdem nun ausbrechen wirdt, dass euer *[280]* kayserliche mayestät bey dero hoff selbsten die ausgaben restringiren und genauere wirthschafft einführen wollen, so haben sie desto bessere befuegnues, die ständt gleichfahls hierzu anzumahnen, worinnen in dene

---

[a] praetext: *Vorwand.*
[b] licenz: *Erlaubnis.*
[c] ex negligentia cameralium: *aus Nachlässigkeit der Kammer.*
[d] particular oder raittung: *detaillierte Spesenabrechnung.*
[e] passiren: *akzeptieren.*
[f] erkleckhen: *ausreichen.*
[g] pragmatic: *Dienstordnung.*

österreichischen provinzen bishero am mehresten excedirt, große ausgaben gemacht undt thails privati ihre aigennuzigkeit darunder gesuchet. Welches auch in etlichen erbfürstenthumben in Schlesien geschehen sein[188] solle, allermaßen vor etlichen jahren wieder die fürstenthumben Opl und Ratibor ein große denunciationsschrifft[a] eingekhommen. Dann wann man dieses abstellete, so würdten die undterthannen von einem großen stuckh der contributionen* sublevirt[b] undt könten euer kayserliche mayestät das ihrige desto williger und richtiger raichen.

Eingriff der hofcantzleyn und stellen

Es haben euer kayserliche mayestät gleich nach angetrettener regirung gnädigist resolvirt und auf allen stellen intimiren lassen, auch nachgehendts etliche mahl widerhollet, dass von denen hoffcanzleyen der hoffcammer nicht *[281]* eingegriffen, auch ohne vorgegangenen vernehmung mit derselben in geltsachen nichts vorgetragen werden solle. Wie es aber, sonderlich in denen jüngsten verwichenen 7 oder 8 jahren observirt wordten, solches werdten euer kayserliche mayestät selbsten gueten thails wissen und wie viel beschwerdten derentwegen einkommen. Die reichscanzley hat mit ansehentlichen posten gar ohne der cammer wissen disponirt, in Hungarn hat nit allein die hungarische sondern auch österreichische hoffcanzley anweisungen* erthaillt. Wann nun die hoffcammer vermaindt gehabt, etwas zu euer kayserlichen mayestät diensten zu appliciren*, so hat es schon ein anderer verwisen* gehabt, woraus dann nicht anderst als lautter confusiones necessario entstehen müessen. Wie dann auch kein privatus in seiner wirtschafft würdte forthkommen können, wann sein hoffmaister, camerdiner, secretarius etc. in oeconomicis disponiren wolte. Es sein sogar der hoffcammer in oeconomicis *[282]* geschlossene contract ea non audita retractirt[c], auch selbige dardurch verschimpfet und discreditirt wordten.

Gleichwie nun die canzleyen übl empfindten, auch nicht unbillich vor etwas ungereimbtes, unziembliche eingriff und turbatione ordinis[d] halten würdten, wann die hoffcammer sich in das justizweesen einmischen, sententias[e] reformiren, moratoria[f] erthaillen, fideicomissa vel maioratus* confirmiren thette etc., also solten sie auch in ihrer sphaera verbleiben, worinnen ain jeder genueg zu arbeithen findten würdte. Es währe ein große lista derley eingriff beyzubringen undt öffters zu klagen materia genueg gewesen, allein muess sich ein jeder scheuchen, nicht allein die canzleyen, sondern auch nur die regirung mit anzeigung der warheit zu offendiren[g] und continuirlich besorgen, weillen die mehresten räth[189] process haben, man mochte es ihnen widerumb nur gar zu hart empfindtlich eintrenckhen[h]; villeicht hat es mancher schon empfundten. Wann also euer kayserliche mayestät der cammer und dero membris *[283]* nit schutz halten und der aignen iura manu-

---

[a] denuntiation: *(anonyme) Anzeige.*

[b] subleviren: *entlasten.*

[c] contract ea non audita retractiren: *[von der Hofkammer geschlossene] Verträge ohne deren Gehör zurückziehen.*

[d] turbatio ordinis: *Verwirrung der Ordnung.*

[e] sentantia: *Urteil.*

[f] moratorium: *Zahlungsaufschub.*

[g] offendiren: *beleidigen.*

[h] eintrenckhen: *vergelten.*

tenire[a], so wirdt es mancher schlecht gehen lassen, wie es gehet. Die vornemmen straffen, so von 15 jahren hero gefallen undt vor diesen der cammer eingegangen, seindt alle ohne dero vorwissen und geringste erinderung durch die canzleyen vergeben wordten. Villeicht hetten selbige, wann man die cammer gehört, nuzlicher applicirt* oder wenigist, wann die vergebung durch ihre expedition* gegangen währe, solches bey denen buchhaltereyen* vorgemerckht und solche persohnen, die es empfangen, bey anderwertiger gnadtensansuchung defalciren* lassen können. Durch diese unordtnung aber rinnen euer kayserliche mayestät in doppelte bezahlung, anderer inconvenienzen[b] zu geschweigen, die euer kayserliche mayestät durch eine fassente starckhe resolution abstellen müessen undt wirdt ihnen sonsten allzeit der schaden verbleiben.

Kriegsrat

Es ist notorium, dass an der zerrüttung undt ruinirung des cammerweesen fast zu allen zeiten *[284]* die principal ursach die krieg gewesen sein undt ist unbeschreiblich, wie es in denen jüngst verwichenen 7 jahren zugegangen, was vor ain geldt verschwendet, übl disponirt und so gar keine oeconomia gelitten wordten. Maßen dann zu remonstriren[c], dass nur in denen lezten drey jahren mehrere baares geldt aus denen erbländern geschickt werdten müessen, als vor diesen in dreyßig jährigen[190] teütschen krieg geschehen, so gleichwohl alles nicht erkleckhet undt hat das ansehen gewunnen, als ob nicht salus publica[d] oder dem feldtherrn glorios, sondern nur[191] die generales, obristen und officir reich zu machen der scopus[e] gewesen währe. Dannenhero die unumbgängliche höchste notturfft* erfordert[f], die militaria in aine bessere regl zu sezen, auch hinführo eine gute disciplin und oeconomiam einzuführen undt dieses von denen camerali ganz zu separiren, zumahlen nun ohnedas unmöglich, solches aus denen cammermitlen zu tragen. Dannenhero vor sich selbsten alles auf *[285]* die ländter und deren verwilligung fallet, als würdte man auch darbey zu verbleiben haben. Maßen dann, als euer kayserliche mayestät sich unlengst auf einen certum numerum der sodatesca[g], so sie derzeit zu underhalten gedacht, gnädigst resolvirt, die repartiton[h] darüber gemachet, auch darneben 600m fl über die verpflegung eingethailt wordten, welche beyläuffig aus dem hoffkriegszahlambt auf die hungarischen gränizen, fortificationes, proviandt, zeughaus, underhalt der türkhisch undt moscowittischen gesandtschafften, currir, pensionen[192] und anderen dergleichen kriegsausgaben jährlich bezalt werden müssen. Obwohlen nun dieses die ländter, welche nach erlangten frieden eine sublevation verhoffet, im anfang etwas schwer ankhomen wirdt, so wirdt doch darfür gehalten, dass bei continuirenden frieden die anzahl der regimendter sich allgemach und damit der quartierslast zugleich verminderen und das übrige desto leichter *[286]* zu ertragen sein werdte. Dieses zu stabiliren wirdt allermöglichster fleiß angewendet und an der effectuirung nicht zu zweifflen sein, wann euer kayserlichen mayestät nur treulich an

---

[a] manuteniren: *schützen.*
[b] inconvenienzen: *Unannehmlichkeiten, Ungelegenheitein.*
[c] remonstriren: *darlegen.*
[d] salus publica: *das öffentliche Wohl.*
[e] scopus: *Ziel, Zweck.*
[f] unumbgängliche höchste notturfft erfordert: *unbedingt höchst notwendig ist.*
[g] numerum der soldatesca: *Mannschaftsstärke des Militärs.*
[h] repartition: *Aufteilung, Zuordnung.*

die handt gestanden wirdt. Da man auch durch verhängnues Gottes widerumb in ainen neuen krieg gerathen solte, so währen vor allen dingen die kräffte der ländter, item was man etwan vor extraordinari mitl* practiciren und daraus beyläuffig erheben, auch von frembden subsidien* zu gewartten und sich derauf zu verlassen habe möchte, reifflich zue überlegen und zu examiniren, auch nach denselben der apparatus belli[a], so verlösslich es immer möglich einzurichten und die cameralia, sonderlich so lang man mit der neuen schuldten bezahlung zu thuen hat, nicht zu berühren, noch ainige reflection darauf zu machen, sondern selbiges auf den äußerste nothfahl zue versparen. Insonderheit aber müsste dem hoffkriegsrath keineswegs gestattet werdten, *[287]* neue regimendter aufzurichten, neue vestungsgebäu anzufangen oder auf ainig andere weis die ausgaben zu vermehren, man habe dann solches zuvor wohl überlegt undt ainen fondo[b] gezaigt, woher solches ohne antastung der cammermitl zu nehmen und zu underhalten. Dann außer dessen würdten euer kayserliche mayestät mit vermehrung der regimendter und soldatesca ihre macht mehrer verminderen als vermehren, in dem schon bishero die experienz[c] gezaigt, dass, wo man nit gleich mit dem undterhalt oder bezahlung fortkhomen können, man alsobalt mit revolten betrohet, also dass man für einen feindt zween hette.

Cammereinrichtung

Das obbeschribene aber recht anzugreiffen, auch nach und nach in effectum zu bringen, erachte ich für eine nothwendigkeit, den numerum[d] der würcklichen hoffcammer räth auf eine geringere zall, etwan wie selbige anno 1657 ordinirt gewesen[e], zu restringiern und darzu die *[288]* capableste und welche neben der aufrichtigkeit (die ich allen beymässe) eine lust zur arbeith haben undt ihnen das camerale* echt angelegen sein lassen, auch im nothfall einigen credit haben und denselben zu interponiren[f] sich nicht verwaigern, zu elegiren[g]. Wann auch selbige mit einer gueten instruction versehen und rechtschaffen zusamenstehen werdten, wirdt ungezweiffelt mehrer als mit der bisherigen mänge auszurichten sein.

Darneben ist auch die reflection dahin zu machen, dass solche subjecta darunder, die das punctum iuris[h] etlichermaßen und die österreichischen landtbräuch verstehen, also an denen gewöhnlichen camertägen[i] die niederösterreichische regirung frequentiren undt bey denen hoffcanzleyen bey vorfallendten processen gebraucht werdten können, woran euer kayserlichen mayestät nit wenig gelegen ist. Worbei auch dieses in acht zu nehmen, dass nicht allzeit an denen cammertägen, so ordinari der Montag und Freytag ist, hoffcammer-

---

[a] apparatus belli: *das Kriegswesen.*

[b] fondo: *Finanzierungsquelle, Fonds.*

[c] experienz: *Erfahrung.*

[d] numerum: *Anzahl.*

[e] *Beim Regierungsantritt Kaiser Leopolds* I. wurden nur n*eun Räte (von bisher 16) bestätigt. Deren Anzahl hat sich dann bis 1672 neuerlich auf 17 Räte erhöht (*Körbl*, Hofkammer, 114–118, insbes. Anm. 421).*

[f] interponiren: *einsetzen, verwenden.*

[g] elegiren: *auswählen.*

[h] punctum iuris: *rechtliche Gesichtspunkte.*

[i] *Kammertage: darunter wurden die Sitzungstage der Regierung verstanden, an denen Finanzangelegenheiten (gerichtlich) abgehandelt wurden.*

rath *[289]* gehalten, sondern bisweillen ausgesezt undt gelegenheit gegeben werdte, dass desto mehrer räth auf die regirung kommen können. Denn dass bishero fast das contrarium geschehen, hat nit allein bey der regirung klagen, sondern auch in cameralibus selbsten praejudicia[a] verursachet. Es ist allerseiths nicht geholffen gewesen, wann man schon bisweillen leuth geschicket, die weder im cameral- noch landtssachen wissenschaft gehabt haben, die gleichwohl offt ausgeblieben.

Majora vota

Bishero ist practicirt wordten, dass der hoffcammer praesident nach dem exempl seiner antecessoren an die majora[b] nit gebunden gewesen, sondern hat secundum pauciora[c] schließen können. Undt wann es nicht geschehen währe, so würdten manchesmahl inconvenientia et maxime nociva[d] herauskommen sein, zumahlen etliche ex senioribus auf die sachen, so proponirt[e] werdten, wenig achtung geben, *[290]* denen hernach die juniores und noch unerfahrne nachfolgen, wann nit bisweillen etwan ainer mit einer besser information ins mitl kommete. Dieses möchte hinführo noch wohl continuiren, vornemblich aus der ursach, dass der hoffzahlambts cassabestandt allein dem praesidenten bekhandt und bishero nicht gueth gewesen wehre, wann alle darum gewusst hetten. Also er die besten wissenschafft hat, wie weith man in einem oder dem anderen, sonderlich was gelt betrifft, gehen oder nicht gehen könne, jedoch mit dem beysaz, dass in denen gravioribus[f], so euer kayserlichen mayestät vorgetragen zu werden pflegen, die discrepirente vota[g] mit aines jeden rationibus und motiven[h] dem referat einverleibt werdten solten, wie es ohnedis dem § 9 der alten instruction gemäß ist. Ingleichen solten vornemblich in denen gnadten und anweisungssachen* die nomina derjenigen räth, so bey dem concluso gewesen – allermaßen bey dem reichshoffrath geschicht – under das referat gezeichnet, *[291]* wo nit gar aigenhändig underschrieben wordten.

Buchhalterey

Wann das hofcammermitl recht stabilirt ist, so solte fast desselben erste arbeith sein, die buchhaltereyen*, absonderlich die niederösterreichische, etwas besser in die schranckhen zu bringen. Denn obwohlen deroselben buchhalter von Reischlberg[i] seine profession ex fundamento wohl verstehet und vor diesen fleißig gewesen, so ist ihm doch das vitium[j] der aigensinnigkeit, passionen[k], auch hizigkeit der zung und feder, allzeit angehangen, wormit er viel ehrliche leuth angetast, diffamirt, in große ungelegenheit gebracht und dardurch euer kayserlichen mayestät an mehresten geschadet. Er ist auch gegen dem

---

[a] praejudicium: *Nachteil.*
[b] majora: *Mehrheit.*
[c] secundum pauciora: *nach der Minderheit.*
[d] inconvenientia et maxime nociva: *Regelloses und höchst Schädliches.*
[e] proponiren: *vorschlagen.*
[f] graviores: *schwerwiegende, heikle Angelegenheiten.*
[g] discrepirente vota: *abweichende Meinungen.*
[h] rationes und motive: *Argumente und Beweggründe.*
[i] *Wolfgang Reischl [Reischelsberg].*
[j] vitium: *Makel.*
[k] passionen: *Leidenschaften.*

mitl, darauf er mit seinen respect gewisen ist, schon ain geraumbe zeit hero gantz renitent gewesen, gewisse acta und raittungen allein an sich gezogen, darüber man hernach in ain, zwey, ja wohl drey jahren über 10 und mehrer gangene auflagen keinen bericht haben können, *[292]* wardurch manche parthey um seiner mora[a] und passion willen unschuldtig, zum thail auch euer kayserliche mayestät selbst leiden müessen, wie die exempla in der sonnauischer und helmpachischer sachen ausweisen. Undt waiß Gott was noch vor wichtige sachen, so mir unbewusst, hinder ihm steckhen, die erst mit der zeit, aber besorge zu spat, wann die occasion etwas zu bekhomen vorüber ist, herfür kommen werdten, wie obangeregtermaßen mit des De Massis raittungen geschehen ist. Nicht weniger beklagen sich die ihme zugeordneten raithräth, dass er fast alles für sich allein und das wenigste collegialiter[b] thue, ja ihnen gar die von der hoffcammer an die buchhalterey ergehente verordtnungen nicht mehr in originali, sondern nur in abschriften verwiesen, wordurch sie gehindert werden, in dem buchhaltereyweesen sich vollstandtig zu informiren. Welches umb soviel *[293]* nachthailliger, weillen er gleichwohlen nunmehr in ainen hochen alter[c], welchem natürlicher weis die vergessenheit nachfolget. Wie unrichtig und bisweilen particalisch[d] die bericht gegeben werdten, ist schon oben passim[e] anregung geschehen. Es hat auch bishero das ansehen gehabt, als ob in denen über der partheyen gestelte praetensionen* nicht recht fleißig nachgesucht, also ziemliche fähler begangen worden. Wie dan erst unlängst der hoffcammer rat von Vestenburg im gesambten rath offentlich vermeldet, es sey nichts darauf zu trauen, und hette man ihme selbsten aine abraittung allda gemacht, worinnen ihm um 6.000 fl mehr als sein anforderung gewesen, zugeaignet und euer kayserlichen mayestät entzogen worden, welches er aber gewissenshalber nit acceptirt, sondern geändert hette. Auf solche weis könte der buchhalterey unfleiß inner wenig jahren mehr schaden als vieler räth *[294]* oder beambten untreu. Dannenhero einer correcten gueten instruction und genauer obsicht wohl von nöthen, zumahlen sonsten euer kayserliche mayestät in großen schaden gebracht werdten könten.

Landtcammern

Die hoffcammer werdte auch so guet bestelt als sie wolle, so würdte sie doch nit forthkhommen können, wann bey denen undergebenen landtcammern die subordination[f] nicht besser beobachtet, auch daselbst ein bessere ordtnung und parition[g] eingeführt wirdt. Dann wie es bishero in Hungarn und Schlesien zuegegangen, solches ist zu thail schon oben pagina 6 und 55[193] beschrieben wordten.

Assistenz der hofcanztleyen

Ja, wann auch die hoff- und landtcammern in aller vertrauligkeit und eyffer zu euer kayserlichen mayestät diensten (wie es in allweeg sein soll) zusamben hielten, so währe doch nicht möglich guet ordtnung zu erhalten, wenn ihnen von denen hoffcanzleyen und

---

[a] mora: *Verzögerung.*

[b] collegialiter: *gemeinsam.*

[c] *Reischl war damals 71 Jahre alt.*

[d] particalisch: *einseitig.*

[e] passim: *da und dort.*

[f] subordination: *Unterordnung.*

[g] parition: *Gehorsam.*

subordinirten mitteln, *[295]* als königliche statthalterey in Böhmen, niederösterreichische regirung, oberambt in Schlesien und landtshaubtmannschafft in Mähren nicht rechtschaffen assistirt und an die handt gestanden würdte. Dann wann man bishero nur die umbfertigung eines patents begehrt hat, die einreißente unordtnungen desto besser abzuwenten, ist man zu 2, 3 undt mehr jahren damit umgesprengt, entzwischen dem camerali großer schaden zuegefüget und manches geföhl gantz in confusion gesezt wordten. Dannenhero die unumbgängliche notturfft* erfordert[a], besagten hoffcanzleyen und durch dieselbe denen nachgesezten mitlen ernstlich und mit grossen nachtruckh anzubefehlen, in denen vorfallendten cameralibus nichts auf die lange banckh zue schieben, sondern causam domini allen anderen vorzuziehen, nit selbsten difficulteten zue machen, sondern selbige superiren[b] zu helffen. *[296]* Auch da von der hoffcammer einige saumbseligkeit geklagt, würdte alsobaldten ein ernstliches einsehen zu thuen.

Conjungirung der cammern

[c]Im übrigen hab ich offt considerirt, auch schon oben etwas gemeldet, dass euer kayserlichen mayestät nicht nuz sein könne, dass sie ihre cammermitl also zerstreuet und derzeit fast von drey oder vier[194] stellen administriren lassen. Mein argumentum nehme ich nur von einem privato, welcher 3, 4 oder 5 güetter in underschidtlichen ortten hat[195] und sein wirthschafft also anstellen wolte, dass ein jeder pfleger für sich selbsten agiren und mit dem andern nichts communiciren solte. Ob nun wohl alle diese pfleger treue leute währen und ein jeder sich auf das äußerste befleißigen thette, viel an seine rendten einzubringen, so würdte er doch nicht hoch achten, einen gulden in seine cassa zu bringen, obschon seinen[196] mitpflegern 10 dardurch entgehen thetten. Wann auch dem herrn *[297]* dieser gütter alles geldt gantz aufrecht und richtig einlauffen thette, so würdte er doch allzeit befinden, dass besser gewesen währe, wann die güetter under ainen oberpfleger gewesen under denen underpflegern eine guete correspondenz[d] gehalten, und was bey ainem guett abgegangen, aus dem anderen in natura[197] ersezt wordten währe, so sonst bey einem guet wohfaill verkaufft und bei dem anderen theuer gekauhfft werdten müssen.

Euer kayserliche mayestät müessen bisweillen gelt auf interesse nehmen und an dem andern orth ligt es feyerndt[e], einen wechsl nach Venedig in die Schweitz oder nacher Hollandt zu machen, so sie[198] aus Innerösterreich oder Tyroll umb ein schlechtes oder gar umbsonst haben können, müessen sie allhie[199] zu 2, 3, 4, ja wohl 10, 12, 15, und 16 fl lagio* bezahlen.

Mit dem saltz, eisen, mäuten und allen anderen könte zweifelsohne viel nuzlicher *[298]* und mit geringer spesa gewirthschafftet werten, wann es ein ainer handt währe, als also zerstreuet ist. Euer kayserlichen mayestät selbst würdte viel leichter fallen, wann sie dero mittl undt kräfften aus einem mundt oder hand zu jeder vorfallenheit wissen und sehen können, als wann sie solches erst von underschiedtlichen zusambenklauben sollen und gleichwohl selten ein gantzes machen können.

---

[a] unumbgängliche notturfft erfordert: *absolut notwendig ist.*

[b] superiren: *überwinden.*

[c] *Kommentar durch Reischl oberhalb des Absatzes:* haben die ainige cammer in adminstration, wie es sein sollen.

[d] correspondenz: *Zusammenarbeit.*

[e] feyerndt: *ungenutzt.*

Dieses zu schreiben bewegen mich die exempla aller potentaten in Europa, die zum thail noch mehr königreich undt landt under sich haben und selbige durch[200] ein persohn oder mitl administriren lassen. Ich hab nur von kurzen zeit her observirt und ist euer kayserlichen mayestät ohnedas bekandt, dass schon vor 6[201] wochen die landtschafft in Steyer 50m fl, auch die praelaten allda ebenfahls 50m fl würckhlich abgeführt, welches nit allein privatu schreiben vermögt, sondern auch der allhier gewesene landtshaubtmann affirmiret. Ungeachtet nun dieser geldter zu der oberhungarischen *[299]* gränitz und völkher[202] bezahlung noch vorlengst deputirt* undt gar die gefahr einer revolta gewesen, so hat man doch selbiger in vielen wochen nicht habhafft werden, ja gar nit erfahren können, wo sie eigentlich[203] steckhen, also dass man bey wissentlich verhandenen geldtern in die größte gefahr gerathen können. Und solche sachen seindt öfters vorgegangen. Dergleichen unordtnungen nicht leicht vorgehen könten, wann ainer oder ein mittl allein die oberhandt hette.

Undt wann euer kayserliche mayestät einem hoffcammer praesidenten oder dem mitl den größten thaill dero geföhl undt einkhomen (wie bishero geschehen) anvertrauen, warum wollen sie wegen des wenigern ein misstrauen haben? Bevorab, da sie allzeit der oberste praesident und herr verbleiben.

So erindere ich auch dieses nicht, etwan der hoffcammer ein größere reputation[a] zu machen, zumahlen ich nit waiß, wie lang mich Gott möchte leben oder eure kayserliche mayestät darbey verbleiben lassen. *[300]* Kann auch nicht anderst glauben, als dass es nur mehrere labores verursachen würdte, sondern allein aus allergehorsamst treuester devotion, indem ich glaube, dass es euer kaysterlichen mayestät zu ainer großen erleichterung ihres regirungslast und zimbliche vermehrung dero cameralgefehl geraichen würdte. So aber zu dero hocherleichten weiteren consideration gestellet wirdt.

Bestreittung des hofcammerweesens *[Sanierungsprojekt]*

Süntenmahlen auch bisero von underschiedtlichen darfür gehalten werden wollen, als ob das camerale* gantz zu boden ligen thette undt *[301]* denselben gar schwer aufzuhelffen währe, wie dann euer kayserliche mayestät in eingangs gedachten decrets selbsten vermelden, dass dero wirthschafft sich in ainen schlechten standt befündte, als habe ich mich understandten coronidis loco[b] ein kurzes project beyzufüegen und meine wenigen gedankchen zu eröffnen, wie etwan das cammerweesen undt zwar zeitlich[204] und ohne ainige violenz in ainen besseren standt zue sezen sein möchte.

Vor allen dingen seindt die hoffs- oder cameraleinkomben und -ausgaben* zu examiniren[c]. Worinnen die einnahmb bestehet, ist aus dem vorgehendten examine der kayserlichen, durch die hoffcammer administrirten ambter abzuenehmen und betragen jährlich nach abzug des darauf benöthigten uncosten, vermög ainer von denen buchhaltereyen* verfassten, euer kayserlichen mayestät durch den hoffcammer praesidenten überraichten und bey der restrictions*[302]*conferenz befindtlichen tabella (die zwar nit auf das genaueste genommen, jedoch wenig daran gelegen ist) 1,878.380 fl. Undt wann daran die geistliche stifftungen, beständtige besoldungen und deputat* mit 523.806 fl abgezogen werdten, so thuen mehr nicht als 1.354.574 fl verbleiben. Dargegen haben die hoffsausgaben bis-

[a] reputation: *Bedeutung, Ansehen.*
[b] coronidis loco: *als Schlussbemerkung, Anhang.*
[c] examiniren: *untersuchen.*

hero dem mitl nach erfordert 2,133.144 fl. Hiervon nun vorermelte einkhomen abgezogen, so befindet sich 778.570 fl abgang und ist die frag, woher selbige zu ersezen?

Wann nun, wie oben vermelt, die kriegszahlambts ausgaben und sonderlich das proviandtwesen und zeughaus under der länder bewilligung gezogen würdten, so könte dasjenige, so von denen ämbtern hierzu gewidet ist, ad cameralia applicirt* werdten, nemblich die obspecificirte proviantsposten mit 105.000 fl, auf das zeughaus, aus der Tabor mauth, vicedomb- undt *[303]* handtgraffenambt 22.000 fl (dan die wiennerischen 60m fl jahrliche verlag* sein aus denen landtagsbewilligungen genommen wordten), item 13m fl, so aus dem böhmischen täz-* oder tränckhsteuerambt zur fortification bisher gereicht wordten. Ingleichen wann man auch die hungarischen cammer *[-quota?]* 60m fl undt pragerische judenquota 12m fl widerumben herbeybringen, des gubernatoris in Hungarn besoldtungsbeytrag der 18m fl ersparen, die vier herrschafften in Böhmen abledigen und dardurch 25m fl ertragnues erlangen, die schlesische salzversilberung* recht stabiliren undt auf 50m fl verbesseren und manuteniren, auch die drey fürstenthumber in Schlesien mit 50m fl herzue ziehen thette, würdte es bey 345m fl importiren. Die accisen* in Schlesien, sonst vor zwey jahren der cammer entzogen wordten, würdten sich auch wider herbey bringen lassen, ertragt jährlich 107m fl. Und dass dieses alles mögliche sachen seyen, ist schon oben suo loco demonstriret, wann man nur recht handt anleget. *[304]*

Bey denen hoffsausgaben wirdt sich wenigist auch in die 150.000 fl restringiren lassen. Süntenmahlen nun die innerösterreichischen undt vorderösterreichischen landt vor diesen ein jedes seinen aignen landtsfürsten seinen hochen standt gemäß underhalten, als würdte hoffentlich aus selbigen camern einkhomen, das erste 150m fl undt das anderte 50m fl ihrem allergnädigsten erbherrn als aine quota oder hoffsdeputat[a] jährlich beytragen können. Welche posten zusammen 822m fl austragen thetten. Zu geschweigen dessen, so durch die bey einem jeden ambt an die handt gegebene kleinere ersparungen undt wirtschafften sich würdte vermehren lassen.

Dieses würdt sich zwar nicht in continenti[b] und auf einmahl alles, sondern successive richten lassen und zweiffle ich ganz nicht, wann man nur recht zusamenstehet und ein jeder das seine thuet, es möchte in zwey oder lengst inner drey jahren werckhstellig zu machen sein. *[305]* Undterdessen müsste man mit bezahlung der alten schuldten undt gnaden desto gesparsamber umbgehen undt dadurch empfang undt ausgab im aequilibrio[c] erhalten.

So währe auch nicht genueg, dieses werckh mit ainem eyffer anzufangen, sondern es muess unaufhörlich fortgetriben, auch vor erlangten gueten endt keinesweegs ausgesezt werdten, dann ich mich erindere, dass man schon öffter guete sachen angefangen und selbige unausgemachter steckhen lassen.

Ein große difficultet erzaigt sich hierbey wegen der neuen anticipationen*, so erst in dem vergangenen 7jährigen krieg gemacht undt weillen fast niemandt auf die generalcasse trauen wollen, auf die ambter versichert werden müessen, welche sich in capital nach eingegebner buchhalterey unten[205] in fine[d] beygefüegten lista auf 3,692.071 fl belauffen, darbey ich nur obiter beobachtet, *[306]* dass diejenige 50m fl, so der bischoff von Gurckh[e]

---

[a] *Quota oder Hofdeputat: Kostenbeitrag an den Hof.*

[b] in continenti: *alles zusammen.*

[c] aequilibrium: *Gleichgewicht.*

[d] in fine: *am Ende.*

[e] *Bischof Johann [VIII.] Goëss.*

auf die mauth am Rottenthurn, item die von Wienn anno 1677 auf ihr contingent hergelihene 70m fl ausgelassen wordten, also die summa auf 3,812.071 kommen thette.[a] Da nun diese schuldten denen verschreibungen gemäß (die doch ex fundamento auf der general veldtkriegscassa hafften) aus denen cammermittlen undt verschriebenen ämbtern bezahlt werden solten, würdte es denenselben einen großen abbruch thuen und zur hoffsnotturfft* gar zue wenig übrig verbleiben. Dannenhero in allweg auf mitl undt weeg zue gedenckhen, wie hierzue extra ordinem ein mittl zue finden.

Eines währe, denen gesambten ständten undter der militarischen repartition von 5*[00m]* bis 600m fl tacite einzuruckhen und selbige hierauf zu appliciren*, welches aber in dem ersten jahr, da die verpflegung fast das ganze quantum der gewesten kriegsjahr erfordert, *[307]* etwas schwer undt inpracticabl[b] sein möchte. Ein anderer modus währe, die landtständt dahin zue erhandlen, diese schuldten zu üebernemmen und denenselben noch andere, denen ämbtern beschwerliche ältere capitalia zu adjungiren[c], auch zu diesem endt ihnen gewisse extraordinari mitl* einzuraumben, die sie bishero ohne das euer kayserlichen mayestät nicht überlassen wollen, sonderen vielleicht lieber selbst practiciren werdten. Süntenmahlen aber die handtlung wegen undterschiedt der ländter undt humoren[d] etwas von langer handt, hielte ich gehorsambst darfür, man möchte dahin beflissen sein, die bishero ohne das zu freyer disposition in denen ländtern beschehen verwilligung, als in Böhmen die tranckhsteüer und nebenbewilligung, in Schlesien den biergroschen, in Mähren die jährliche 75m fl, auch in Österreich undter undt ob der Enns ein quantum von der pauschhandtlung, wie bishero in brauch gewesen, zue continuiren *[308]* undt solches zu ersezung dessen, was an vorgedachten mittlen abgehen möchte, das übrige aber zu bezahlung der neuen schuldten anzuwendten. Welches von denen ständten leicht zu erhalten, interim nicht destoweniger andere tractaten der übernehmung halber versucht werdten möchten.

Dieses neue schuldtenweesen in etwas zue erleichteren, wirdt bey angeregter lista erindert, das in dem calculo umb 5.000 fl zue viel ausgeworffen, der rotalische rest von 100m fl, als 20m fl ut n° 1mo, montecucculische 15m fl, n° 5, praelatenstandt ob der Enns 25m fl ut n° 10, der niederösterreichischen landtschafft vom 1678. jahr n° 92 150m fl, undt ob der Enns 50m fl, n° 93, auch n° 99 die barthalottische 38.721 fl, desgleichen an denen reichsanticipationen,* n° 102, wenigst 132m fl. Im salzambt wirdt mit negsten quartal für bezahlt zu halten sein die 50m fl n° 6, mehr n° 9 *[309]* [e] im mauthambt 5.000 und dem von Mayerberg sein bey n° 87 wegen Neukirchen um 7.600 fl zuviel ausgeworffen, die wegen der urbarsteüer (oben pagina 65) zuruckhkomen, undt die von Wienn haben an ihren 70m fl schon 20m fl überkommen, theute zuesamen 518.321 fl, so[206] beraits bezalt seyn. Des ertzbischoffen zue Gran 50m fl, n° 2, sein bey der hungarischen cammer angewisen undt nur die interesse begehrt werdten. Der österreichische hoffcanzler Hocher ist auf die innerbergische queckhsilberpergwerch mit seinen 10m fl, n° 4, der graf Sigmundt von Trautmanstorff mit 5.000 fl, n° 79, in Innerösterreich und der von Abele mit 300m fl auf die mauth zu Tarvis versichert, zusamben 365m fl, welche der hoffcammer mit der

[a] *Kommentar durch Reischl:* herrn von Selb lista falsch. Die 70m fl khomben netto ein.
[b] impracticabl: *undurchführbar.*
[c] adjungiren: *zuteilen, beifügen.*
[d] humor: *Flüssigkeit (finanzieller Art), Tragfähigkeit.*
[e] *Kommentar durch Reischl:* die rechnung ist gemacht bald, aber langsamb zahlt.

bezahlung kein ungelegenheit machen werdten. Der fürst von Schwarzenberg hat sich ut n° 75 mit 5m fl auf den weinaufschlag* an denen *[310]* böhmischen undt mährischen gränitzen und der graff von Windischgrätz lauth n° 97 mit 20m fl auf die herrschafft Hornstain anweisen lassen, welcher beede stuckh ohnedas versezt und undter die ertragende ämbter nicht gezehlt sein. Obstehendte posten nun bringen zuesamben 908.321 fl, diese von den 3,812.071 fl abgezogen, verbleiben 2,903.751 fl.

Die praelaten in Österreich under der Enns sambt anderen ministris undt räthen seindt auf ihr contingent der landtscontributionen*, ut n° 3, 12, 15, 16, 17, 21 bis 44 inclusive, item 53, 80, 90 undt die von Wienn wegen der ausgelassenen 70m fl zusammen[207] mit 324m fl undt ob der Enns mit 5m fl, n° 93,[a] desgleichen in Böhmen lauth n° 13, 14, 18, 20, 64, 89, 99 mit 120m fl versichert, diese machen sich insensibiliter[b] bezahlet. Ingleichen hat auch der von Mayerberg wegen seine auf dem markcht Neukirchen angesezten 26m fl, n° 87, *[311]* so balt nicht zu fordern, welche posten zusamben 475m fl importiren.

Und diese von vorermelten verblieben schuldenlast der 2,903.751 fl abgezogen verblieben 2,428.751 fl. Darbey noch dieses zu notiren, dass bey n° 98 die 262.500 fl auf den lezten spanischen wechsl der 500*[m]* rthler versichert seyen, danoch etwas eingehen wirdt, wo nit zum thail schon eingangen ist. Vorstehender rest der 2,444,751 fl[c] in 4 jahr eingethaillet, thette auf ain jahr 608.187 ¾ fl[d] kommen, darzue zwar auch die interesse zu rechnen, die aber jährlich abnehmen. Es würdten auch viel partheyen zu erhandlen sein, dass sie gegen erhebung ihres interesse mit denen capitalien noch lenger zurucksstehen thetten, da man in 4 jahren nit kleckhe thette.

Süntenmahlen nun euer kayerliche mayestät überfliessig gnädigst bekhandt, was an dem cammerweesen gelegen undt wie ohne dessen *[312]* guetter bestellung weder in frieden wohl regirt noch ein nuzlicher krieg geführt werdten könne, als werdten ungezweiffelt euer kayserliche mayestät ihnen dasselbe hoch angelegen sein lassen undt absonderlich wann das camerale* auf vorermelte oder ain andere weis recht stabilirt undt mit der gnadt Gottes in eine ordtnung gebracht würdte, dasselbe kräfftigist manuteniren undt nicht zuegeben, dass durch die canzleyen undt nachgesezte stellen, in sonderheit den hoffkriegsrath, eingrieff undt turbationes geschehen oder die einrichtung wohl durch camerale selbsten widerumb aus der ordtnung in confusion gebracht werdte, dann wo ainmahl in eine ordtnung ein loch gemacht wirdt,[e] theut es darbey nicht verbleiben, sondern allzeit größer oder deren mehr werdten.[f] So würdte auch guett sein, euer kayserlichen mayestät solches einrichteten *[313]* cammerweesen künfftig in ein verlässliches kurzes compendium zu verfassen,[g] auch jedes jahr besonder einen verlässlichen bericht, wie weit ein jedes kommen und woran es erwinde, einzurichten, damit sie sich, so oft es von nöthen, darinen ersehen, sobalt sie einen defectum vermerckhen, selbigen nachfragen und zeitlich emendiren könten.[h]

---

a *Kommentar durch Reischl:* Selbische lista ist falsch.

b insensibiliter: *ohne dass man es merkt.*

c *Es handelt sich dabei nicht um einen Schreibfehler, sondern die genannte Zahl ist zur vorherstehenden Summe laut Textgrundlage tatsächlich um 16m fl höher.*

d *Dieser errechneter Betrag wurde von keinem der beiden zuvor genannten Reste abgeleitet.*

e *Kommentar durch Reischl:* ein groß loch in die hoffcammer instruction gemacht.

f *Kommentar durch Reischl:* man sieht es anjezo.

g *Kommentar durch Reischl:* in den ainigen von Selb zu fassen.

h *Kommentar durch Reischl:* warumb ist es nit geschehen.

Undt dieses ist, was auf eingangs ermeltes gnädigste decret ich so in kurzer zeit aus meinen colligirten cameralschrifften undt notatis extrahiren können. Verhoffe auch, dass es euer kayserlichen mayestät ein zimbliches licht in dero cammerweesen geben werdte. Mit der allergehorsambsten erbietten, da etwas an ainem und anderen angestandten würdte, mehrers erleutterung zu geben.

Allerunderthängst bittendt, euer kayserliche mayestät geruehen, *[314]* solches in kayserlichen gnaden aufzunehmen, auch mich undt die[208] meinigen noch weiter in dero mächtigen schutz undt kayserlichen gnadt zu erhalten, darzue ich mich dann allergehorsambist befehle.

Euer kayserlichen mayestät
[eigenhändig:]
Allerunterthenigst gehorsambster
J. Gabriel von Selb, Freiherr
Wien, den 12ten Augusti 1679
[315–320 blank; 321]

Buchhalterey schuldenlista[209] *[Anhang über Antizipationen]*

[Die hier edierte Liste enthält nach Position 10 einen Kommentar von Reischl. Tatsächlich wurde der dort genannte Betrag nur vergessen aus der Urquelle abzuschreiben; er ist in der Summe berücksichtigt. Zum besseren Verständnis wird diese Position hier als Anmerkung des Editors so wiedergegeben, wie sie in der nicht edierten Liste Pöttings aufscheint. Weiters wird in der nicht edierten, aber aus der gleichen Quelle stammende Liste Pöttings unter Position 47 eine noch in voller Höhe als offen ausgewiesene Antizipation von Wilhelm Lueger genannt. Sie war jedoch nach der Liste Pöttings bereits teilweise getilgt, es waren von den ursprünglichen 50.000 fl nur mehr 47.000 fl ausständig. Auch dieser Eintrag wird hier als Anmerkung beigefügt. Pötting weist daher rechnerisch richtig insgesamt eine Summe von 3,216.071 fl aus, Selb hingegen 3,211.071 fl, die die oben genannte, aber in der Liste nicht aufscheinende Postition 10 enthält. Wenn man die Differenz aus der Antizipation Wilhelm Lueger berücksichtigt, verbleibt nur mehr ein Rechenfehler von 8.000 fl.]

Extract was an denen von anno 1673[ig] her zue kriegsnotturffen beschehenen anticipationen* bis dato noch hinterstellig *(Beträge in fl)*.

		Anticipation	bezahlt	Rest
1	Den 13. Martii 1675 die herren gräfflich rothalische erben,[a] die helffte aus denen innerösterreichischen 1675 und 1676 jährlich, die andere helffte aber von ihren anererbten rothalischen güettern fallenden contributions* contingenten zu zahlen, woran bereits guet worden	100.000	80.000	20.000
2	Den 20. Junii ihre fürstliche gnaden der hungarische erzbischof Georgius Zelepcheny gegen verpfendung der herrschafft Trentschinč	50.000	...	50.000

[a] *Vielleicht die Erben nach Johann Anton Rottal, mähr. Landeshauptmann.*

		Anticipation	bezahlt	Rest
3	Herr statthalter alhier[a], die widererstattung inner 3 jahren entweders aus eingehenden kriegsgeldtern oder der ländter verwilligungen	5.000	...	5.000
4	Herr baron Hocher, die wiederbezahlung inner 3 jahren aus denen innerösterreichischen queckhsilbergeföllen	10.000	...	10.000
5	*[322]* Ihre fürstliche gnaden von Montecucculi[b] underen 1. Julii, die widerbezahlung inner jahresfrist aus der general veldtkriegcassa	75.000	60.000	15.000
6	Den 17. Februarii 1677 Crorolanza 120.500 fl dargeschossen mit deren erstattung derselbe auf sein underhabendtes salzambt, in specie aber der reservirten kayserlichen quota und 4 x staigerungsgeföllen versichert wordten und hebet sich die bezahlung erst mit endt Martii des 1680isten jahrs mit 25m fl quatemberlichen ratis an, id est	120.500	...	120.500
7	Dem 31. Martii herr Johann Constantin Grundeman 50m fl, woran ihme 10m fl aus dene 1677 und 1678jährigen oberenserischen landtagsverwilligungen zu zahlen angewiesen und wegen der ubrigen 40m fl gewisse urbarsteuer von underschidlichen herrschafften, so sonsten in das oberenserische vizdombambt* bezahlt werden sollen, anstatt der interesse pfandtweis zu genießen uberlassen wordten, id est	50.000	14.750	35.250
8	*[323]* Den 22. Junii herr Viechter; aus denen mährischen militarischen verwilligungsmitlen inner 5 jahrsfristen mit jährlich 2.000 fl wider guet zu machen	10.000	...	10.000
9	Den 1. Augusti herr graf Rueber; auf die haubtmauth versichert mit NB: den 12. Septembis 1678 seindt diese 30m fl herrn Nicolai cedirt worden	30.000	5.000	25.000
10	Den 1. Sepembris gesambter herrn praelatenstandt in Österreich ob der Enns; in zwey jahren sich von ihren aigenen güettern und underthanen fallendten und schuldigen contingenten wider bezahlt zu machen; den lezten Januarii 1678 erlegt	50.000	25.000	25.000

[Diese von Reischl kritisierte Auslassung[c] befindet sich nur in der Liste Pöttings]

	[378v] Den 17. Novembris burgermaister und rath der statt Wienn mit welchen sie mit anfang des künfftigen 1678 jahrs auf ihr aignes contingent der landtagsverwilligung für jedesmahlen selbst bezahlt zu machen mit jährlichen 50m fl verwisen worden	*70.000*	*10.000*	*60.000*

[a] *Konrad Balthasar von Starhemberg.*

[b] *Raimondo Montecuccoli wurde nie Fürst, erst sein Sohn wurde zum Reichsfürsten ernannt.*

[c] *Kommentar durch Reischl:* NB: Herr von Selb schreiben ausgelassen die wiennerischen 70.000 fl.

		Anticipation	bezahlt	Rest
11	Dann seindt vermög 1677jährigen hoffbuechhaltery auszugbuech von fol. 326 bis 334 nachfolgende anticipationen, welche auf ihre aigene contributions* contingenten inner denen negsten 3 Jahren sich bezahlt zu machen, verwiesen worden beschehen, als	*[blank]*	*[blank]*	*[blank]*
12	*[324]* Herr Johann Maximilian graf von Lamberg den 29. Octobris 1677	4.000	...	4.000
13	Herr graf Martiniz, obrister burggraf, den 18. Julii 1677	10.000	...	10.000
14	Den 13. Novembris herr graf von Nostiz	10.000	...	10.000
15	Den 18. Septembris herr graf von Montecucculi	10.000	...	10.000
16	Den 18. Julii ihre excellentia herr hofcammer praesident[a]	15.000	...	15.000
17	Den 20. Augusti herr Gundtackher graf von Dietrichstein	10.000	...	10.000
18	Herr graf von Tschernin	30.000	...	30.000
19	Ihre fürstliche gnaden von Schwarzenberg den 22. Februarii 1678	15.000	...	15.000
20.	Herr graf von Martiniz, obrister landts erbhoffmaister	5.000	...	5.000
21	Herr graf Conradt Balthasar von Starhemberg	5.000	...	5.000
	[325] Praelathen Standt			
22	Den 29. Octobris 1677 herr praelat zum Heiligen Kreuz[b]	12.000	...	12.000
23	Dito herr praelath zue Mölckh[c]	18.000	...	18.000
24	Dito ein still ligendes capital[d]	6.000	...	6.000
25	Den 27. dito herr praelat zum Zwetl[e]	12.000	...	12.000
26	Den 8. Novembris herr praelat zue Göttweig[f]	15.000	...	15.000
27	Den 27. Octobris herr praelat zue Lilienfeldt[g]	15.000	...	15.000
28	Den 18. Novembris herr praelat zu Closter Neüburg[h]	12.000	...	12.000
29	Den 9. dito herr praelat zue St. Pöldten[i]	12.000	...	12.000
30	Den 9. Octobris herr praelat zu Seitenstetten[j]	8.000	...	8.000

[a] *Georg Ludwig Sinzendorf.*
[b] *Klemens Schäffer, reg. 1658–1693.*
[c] *Edmund Lueger, reg. 1676–1679.*
[d] *Edmund Lueger, reg. 1676–1679.*
[e] *Bernhard Kaspar reg. 1672–1695.*
[f] *Johannes V. Dizent, reg.1672–1689.*
[g] *Matthäus Kolweiß, reg. 1650–1695.*
[h] *Adam Scharrer, reg. 1675–1681.*
[i] *Patritius Zeller, reg. 1670–1683.*
[j] *Adam Pieringer, reg. 1674–1679.*

		Anticipation	bezahlt	Rest
31	Den lezten Augusti herr praelat zum Schotten[a]	6.000	...	6.000
32	Den 5. Novembris herr praelat zu Herzogburg[b]	6.000	...	6.000
33	*[326]* Den 29. Octobris herr praelat zue Gäming[c]	7.000	...	7.000
34	Den 3. Novembris herr praelat zue Maurbach[d]	6.000	...	6.000
35	Den 28. Augusti herr praelat zue Maria Zell[e]	3.000	...	3.000
36	Den 30. Octobris herr praelat zue St. Dorothea[f]	3.000	...	3.000
37	Den 18. Novembris herr praelat zu Neystadt[g]	3.000	...	3.000
38	Den 23. dito herr praelat zue Geras[h]	2.000	...	2.000
39	Den 27. Augusti herr praelat zue Artackher[i]	2.000	...	2.000
40	Den 1. Septembris herr passauischer weychbischoff[j]	2.000	...	2.000
41	Den 29. Octobris herr praelat zu Perneg[k]	2.000	...	2.000
42	Den 3. Novembris herr praelat zu Aspach[l]	3.000	...	3.000
43	Den 29. Octobris herr praelat von Diernstain[m]	3.000	...	3.000
44	Den 4. Septembris herr praelat zue Altenburg[n]	5.000	...	5.000
45	*[327]* Den 26. Decembris herr von Mayrberg mit quatemberlichen 4.000 fl von der haubtmauth, nachdeme herr graf Rueber contentirt sein würdet, wieder zu befridigen	20.000	...	20.000
	Anno 1678			
46	Den 1ten Jenner ihr excellentia herr hoffcammer praesident[o]; guetmachung general kriegscassa, auf ain jahr	300.000	...	300.000
47	Dito Wilhelm Lueger von Wassenhofen; guetmachung die haubtmauth am Rothenthurn, auf ein jahr *[in Liste Pötting]*	50.000 *[50.000]*	... *[3.000]*	50.000 *[47.000]*

a *Johannes XI. Schmitzberger, reg. 1669–1683.*
b *Anton Sardena, reg. 1669–1687.*
c *Ludwig von Zyrian, reg.1669–1687.*
d *Johann IV. Werner, reg. 1647–1678.*
e *Anselm Schiring, reg. 1654–1679.*
f *Hieronymus Hayden, reg. 1671–1698.*
g *Mattäus Eisenhart, reg. 1663–1683.*
h *Friedrich III. Urtica, reg. 1674–1693.*
i *Ferdinand von Pergen, reg. 1662–1700.*
j *Jodok Brendt, reg. 1670–1682.*
k *Franz von Schöllinger, reg. 1677–1707.*
l *Augustin Köberle, reg. 1661–1699.*
m *Honorius Arthofer, reg. 1668–1678.*
n *Maurus Boxler, reg. 1658–1681.*
o *Georg Ludwig Sinzendorf.*

		Anticipation	bezahlt	Rest
48	Den 23ten Februarii herr von Selb; guetmachung mauth am Rothenthurn oder salzambt, auf 3 jahr	50.000	...	50.000
49	*[328]* Den 1. Jenner Heinrich Christoph von Löwenstockh; auf 3 jahr, guetmachung seindt die handtgrafen ambtsgeföll	25.000	...	25.000
50	Den 22. Septembris freyherr von Selb; guetmachung niederösterreichisches salzambt, auf 3 jahr	40.000	...	40.000
51	Den 1. Octobris mehr freyherr von Selb; guetmachung niederösterreichisches salzambt, auf 2 jahr	25.000	...	25.000
52	Den 13. Decembris item freyherr von Selb	14.000	...	14.000
53	Den 15. Decembris Conradt Balthasar graf von Stahrnberg; guetmachung militargelter und die landtsanlagen seiner herrschafft Thürnstain auf 3 jahr	5.000	...	5.000
54	Den 31. Decembris Sigmundt Hofmann von Liechtenstern; *[329]* glatzische rändtambtsgföll guetmachung; auf 2 jahr	10.000	...	10.000
55	Den lezten Decembris Simon von Wagenhaimb und Andre Wildberger; guetmachung der statt Crembs, Stain und Corneüburg subsidien* und uberschussgeldter, auf 2 jahr	5.000	...	5.000
56	Den 20. Decembris hoffcammer secretarius Franz Gottlieb von Albrecht; guetmachung alle unnd jede camergeföllen, auf 2 jahr	2.000	...	2.000
57	Dito hoffcammer secretarius Johann Ferdinandt von Albrecht; auf 2 jahr, guetmachung niederösterreichisches salzambt	2.000	...	2.000
58	Den 13. Decembris Wolfgang von Reischlberg *[330]*; auf 3 jahr, guetmachung niederösterreichisches salzambt	1.500	...	1.500
59	Den lezten Decembris hoffcammer secretarius Jacob Theobaldt Mayr; auf 2 jahr, die guetmachung aus denen pergstetterischen münzmitlen	2.000	...	2.000
60	Johann Dietrich Rumerskirchen; auf 2 jahr	2.000	...	2.000
61	Den 20. Decembris Johann Peter Pfaff; auf 2 jahr, guetmachung die böhmischen deputirten ambtsmitl*	4.000	...	4.000
62	Den 15. Decembris Johann Rascher von Weyeregg	12.000	...	12.000
63	Dito hoffzahlmeister Gattermayr; auf ein jahr, guetmachung hoffzahlambt	6.000	...	6.000
64	Den 13. Decembris Philipp Sigmundt graff von Dietrichstein *[331]*; guetmachung sein aigenes pro quanto militari verwilligendtes contingent von seinen herrschaffen bis zu endlicher abstattung capitals und interesse	10.000	...	10.000

		Anticipation	bezahlt	Rest
65	Den 20. Decembris Wolf Carl Brunnmeister; auf 4 jahr, guetmachung handtgrafen und niederösterreichische ambtsgföll	5.000	...	5.000
66	Den 24. Decembris Christoph Mädl; auf 2 jahr, guetmachung die hiesige wassermauth ambtsgföll	1.500	...	1.500
67	Den lezten Decembris Leopoldt Constanz von Vestenburg; auf 2 jahr, guetmachung niederösterreichisches salzambt	2.000	...	2.000
68	Den 20. Decembris Heinrich Christoph von Löwenstockh; auf 4 jahr, guetmachung handtgrafengföll	5.000	...	5.000
69	*[332]* Den 19. Decembris Columban Mayr; auf 2 jahr, guetmachung der ybbserische weinaufschlagsgeföll	2.000	...	2.000
70	Den lezten Decembris Jacob Weigandt; auf 2 jahr, guetmachung mährischen rändtambtsgeföhl	1.500	...	1.500
71	Den 20. Decembris Michael Franz von Heindl; auf 2 jahr, guetmachung obermauthambt Linz	1.500	...	1.500
72	Den 31. Decembris Zacharias Adam von Pauersperg; auf 2 jahr, die guetmachung ausen kayserlichen waldtambt oder niederösterreichische landtagsbewilligung	5.000	...	5.000
73	Matthias Daniel Grießler; auf 3 jahr, guetmachung niederösterreichisches salzambt	1.000	...	1.000
74	Dito Franz Faber von Rosenstockh; auf 3 jahr, *[333]* guetmachung hiesigen münzambts ordinari schlagschaz	5.000	...	5.000
75	Den 23. dito Johann Adolph fürst zu Schwarzenberg; auf 3 jahr, guetmachung die weinaufschlag undt staigerungsgföllen an denen böhmischen und mährischen gränizen	5.000	...	5.000
76	Den lezten Decembris Johann Christoph Pibertaler; auf ain jahr, guetmachung Tabor pruckhmaut und weinaufschlagsgeföll	3.000	...	3.000
77	Den 15. Decembris Johann Maximilian von Seeau; auf 3 jahr, guetmachung niederösterreichisches salzambt	3.000	...	3.000
78	Den 22. Decembris Martin von Pruckheimb; auf 3 jahr, guetmachung niederösterreichische salzambtsgeföllen	1.000	...	1.000
79	*[334]* Den 13. Decembris graf Sigmund von Trautmanstorf; die guetmachung aus dero güettern in Steyermarkh fallendte contributionen*	5.000	...	5.000
80	Dito graf Seyfriedt Christoph Breiner; die guetmachung aus dero güettern in Niederösterreich fallenten contributionen*	2.000	...	2.000

		Anticipation	bezahlt	Rest
81	Den 22. Octobris Johann Wilhelm Lueger; innerhalb 2 jahren, die guettmachung aus denen handtgrafenambtsgföllen	2.000	...	2.000
82	Den lezten Decembris Ferdinant Kayser von Löwenheimb; auf 2 jahr, die guetmachung ist das hoffkriegszahl*[ambt]* und handtgrafenambt	10.000	...	10.000
83	Den 15. Decembris Johann Friedrich von Kriechpaumb *[335]*; auf 3 jahr, guetmachung der niederösterreichische vizthumbambts- und landtagsbewilligungs mitl	5.000	...	5.000
	Anno 1679			
84	Den 8. Jenner Franz von Cattani; die guetmachung auf 4 jahr die königlich mährische militärmitl	100.000	...	100.000
85	Den 1. Jenner Christoph Nicolai	4.000	...	4.000
86	Mehr; die guetmachung auf die haubtmauth am Rothenturn, ehender aber nicht, als bis die rueberische post per 30m fl und die mayerspergische per 20m fl abgestattet sein werdten	5.000	...	5.000
87	Den ersten Jenner Augustin freyherr von Mayrberg *[336]*; die guetmachung immediate von denen kayserlichen ämbtern Neuekirchen am Stainfeldt ohne bennennung der zeith oder wieviel jahr	33.600	...	33.600
88	Den ersten Jenner Lucas Ehrlinger von Ehrnthal; auf ain jahr, der guetmachung aus seinen, schöffambtsleuthenant, anvertrauten *[amt]* und niederösterreichisches salzambt	1.500	...	1.500
89	Den 10. dito Johann graf von Sporckh; die guetmachung aus seinen bömischen herrschaffts austragenten militar quanti contingents	50.000	...	50.000
90	Den 1. Jenner von denen herrn von Wienn[210], der Magdalena Catinin baare verlassenschaft; die guetmachung nach gestalt dero erben legitimierung aus der herren von Wienn zuetragungscontingent, innerhalb 3 jahren	40.000	...	40.000
91	*[337]* Den 24. Februarii Franz Carl Liebsteinsky graf von Kollowrath; guetmachung bis zur völligen bezahlung das quantum militare* seines schuldigen bewilligungscontingents aus seinen güettern Reichenau, Kraustowiz und Erzerinkowiz[a]	5.000	...	5.000

[a] *Wohl Czernikowitz.*

		Anticipation	bezahlt	Rest
92	Von der niederösterreichischen landtschafft ain anticipation im Februar auf die 1679jährige verwilligung	150.000	…	150.000
93	Ober Österreich	50.000	…	50.000
94	Helmhardt Christoph graf von Weissenwolf	5.000	…	5.000
95	Ihr excellentia herr marches de Grana	200.000	…	200.000
96	Herr Christoph von Abele; auf die mauth Tarvis	300.000	…	300.000
97	Herr Gottlieb graf von Windischgräz	20.000	…	20.000
98	Herr Bartholotti und Varena; auf die spanische wexl	262.500	…	262.500
99	*[338]* Mehr dem Bartholotti	…	…	38.721
100	Herr graf von Losinthal	450.000	…	450.000
101	Herr Janinalli	250.000	…	250.000
102	Suma drey million, zweymahl hundert ailff tausent ain und siebenzig gulden			3,211.071 fl
	Under vorstehendter summa sein nit begriffen diejenigen posten, so man im Reich anticipirt, welche austragen			481.000 fl
	Hierzue kommen noch 50.000 fl, so der herr bischof von Gurckh[a] auf die mauth am Rothenthurn und 70.000 fl, so die von Wienn auf ihr contingent hergelihen, so in diesem buchhalterischen extract ausgelassen			
	[339] Summa der Anticipationen Reichsschulden Ausgelassene			3,211.071 fl 481.000 fl 120.000 fl
				3,812.071 fl

[340 blank]

[341–344 enthalten ein als Index bezeichnetes Inhaltsverzeichnis, das die in den Text später hinzugefügten Randschriften als Abschnittsbezeichnung und Gliederungselemente verwendet. Dieses wurde nicht in die Edition aufgenommen.]

[a] *Bischof Johann [VIII.] Goëss.*

Textanmerkungen zum Gutachten Selb

[1] *Verbessert aus:* racht.
[2] *Durch Selb korrigiert aus:* und er dadurch.
[3] *Durch Selb korrigiert aus:* derent.
[4] *Durch Selb korrigiert aus:* scandalisirt.
[5] *Wort durch Selb ergänzt.*
[6] *Durch Selb korrigiert aus:* cammeralis.
[7] *Wort durch Selb ergänzt.*
[8] *Durch Selb wurde der Satz geteilt und mit einem neuem Satz begonnen.*
[9] *Wort durch Selb ergänzt.*
[10] *Durch Selb auf* militarischen *korrigiert.*
[11] *Wortfolge* vicarium oft besser als einen *durch Selb über der Zeile ergänzt.*
[12] *Wort durch Selb ergänzt.*
[13] *Wort durch Selb ergänzt.*
[14] *Durch Selb korrigiert aus*: es könte aber künftig.
[15] *Wort durch Selb ergänzt.*
[16] *Wort durch Selb ergänzt.*
[17] *Durch Selb korrigiert aus:* gehören.
[18] *Durch Selb verbessert von:* bey in angeregten bericht meinem voto.
[19] *Durch Selb korrigiert aus: (...).*
[20] *Wortfolge* Der graf Carl von Paar *von Selb ergänzt.*
[21] *Durch Selb korrigierrt aus:* sollte bilich widerumb reassumirt.
[22] *Durch Selb korrigierrt aus:* unndt.
[23] *Durch Selb von* —halb *auf* vierthalb *ergänzt.*
[24] *Die Bedeutung der vertikalen Striche durch den Schreiber ist nicht klar.*
[25] *Durch Selb korrigiert aus:* Michäels.
[26] *Wort* Deputat *durch Selb ergänzt.*
[27] *Durch Selb korrigiert aus:* pollitischen.
[28] *Durch Selb korrigiert aus:* seint.
[29] *Durch Selb korrigiert aus:* seint dem vergleich nach bezahlente.
[30] *Doppelte Klammer durch Bearbeiter ergänzt.*
[31] *Durch Selb korrigiert aus:* befundten.
[32] *Doppelte Klammer durch Bearbeiter ergänzt.*
[33] *Durch Selb korrigiert aus:* herr graff.
[34] *Durch Selb korrigiert aus:* 91m fl.
[35] *Durch Selb korrigiert aus:* solte.
[36] *Durch Selb korrigiert aus:* action.
[37] *Wort durch Selb ergänzt.*
[38] *Satz an dieser Stelle geteilt und mit neuem Satz begonnen.*
[39] *Durch Selb korrigiert aus:* 91m fl.
[40] *Doppelte Klammer durch Bearbeiter ergänzt.*
[41] *Doppeltes Wort* das *von Selb gestrichen.*
[42] *Doppelte Klammer durch Bearbeiter ergänzt.*
[43] *Durch Selb korrigiert aus:* lassen selbige.
[44] *Doppelte Klammer durch Bearbeiter ergänzt.*
[45] *Doppelte Klammer durch Bearbeiter ergänzt.*
[46] *Doppelte Klammer durch Bearbeiter ergänzt.*
[47] *Wort durch Selb ergänzt.*
[48] *Doppelte Klammer durch Bearbeiter ergänzt.*
[49] *Wortfolge* etliche kleine lehen freygemacht wordten. Das ambtsdarlehen *durch Selb über der Zeile ergänzt.*
[50] *Wort durch Selb ergänzt.*
[51] *Verbessert aus* 5.006.
[52] *Durch Selb korrigiert aus:* ordinarien.
[53] *Wort* Beschreibung *durch Selb korrigiert aus: (...).*
[54] *Durch Selb korrigiert aus:* übergangenen.
[55] *Durch Selb korrigiert aus:* welcher.
[56] *Wort durch Selb ergänzt.*
[57] *Verbessert aus:* aeconomia.
[58] *Durch Selb korrigiert aus:* bey-salz.
[59] *Durch Selb korrigiert aus:* preis erkauffen können, man.
[60] *Wort durch Selb ergänzt.*
[61] *Verbessert aus* racht.
[62] *Durch Selb korrigiert aus:* und die.
[63] *Durch Selb korrigiert aus:* selbst nicht.
[64] *Durch Selb korrigiert aus:* alsobalten durch die.
[65] *Durch Selb korrigiert aus:* werdte.
[66] *Wort durch Selb ergänzt.*
[67] *Durch Selb die Abkürzung* herrren *gestrichen.*
[68] *Wort durch Selb ergänzt.*
[69] *An dieser Stelle gibt es einen Vermerk des Bearbeiters, dessen Bedeutung unklar ist:* anzufangen extract.

70 *Unklare Einfügung durch Bearbeiter:* (8).
71 *Wort* er *durch Selb gestrichen.*
72 *Satz an dieser Stelle geteilt und mit neuem Satz begonnen.*
73 *Wort durch Selb ergänzt.*
74 *Wort durch Selb ergänzt.*
75 *Durch Selb korrigiert aus*: die canzleyen bisweillen adstipuliren.
76 *An dieser Stelle gibt es neuerlich einen Vermerk des Bearbeiters, dessen Bedeutung unklar ist, der aber vielleicht mit dem obigen Vermerk im Zusammenhang steht, in dem von einem Anfang eines Extrakts die Rede ist:* bis hierher.
77 *Wort durch Selb ergänzt.*
78 *Durch Selb korrigiert aus*: 5 monath.
79 *Durch Selb korrigiert aus*: sondern.
80 *Wort durch Selb ergänzt.*
81 *Wort durch Selb ergänzt.*
82 *Wort* ich *durch Selb gestrichen.*
83 *Durch Selb korrigiert aus:* under der Enns und ob.
84 *Durch Selb korrigiert aus*: gefeel.
85 *Wort durch Selb ergänzt.*
86 *Durch Selb korrigiert aus*: bey denen ausgaben.
87 *Durch Selb korrigiert aus*: so.
88 *Durch Selb korrigiert aus* anstaatt.
89 *Wort durch Selb ergänzt.*
90 *Durch Selb korrigiert aus:* solten.
91 *Durch Selb korrigiert aus:* neuees.
92 *Durch Selb korrigiert aus:* dem.
93 *Durch Selb korrigiert aus:* die.
94 *Durch Selb korrigiert aus:* welches bishero.
95 *Doppelte Worte* so vor diese *von Selb gestrichen.*
96 *Wort durch Selb ergänzt.*
97 *Name von Selb korrigiert aus:* Stellabandt.
98 *Durch Selb korrigiert aus:* ist auf.
99 *Wort durch Selb ergänzt.*
100 *Wort durch Selb ergänzt.*
101 *Durch Selb korrigiert aus:* oder.
102 *Wort durch Selb ergänzt.*
103 *Durch Selb korrigiert aus:* befolgten.
104 *Wortfolge* was euer majestät zu nutzen *durch Selb korrigiert aus:* was zu nutzen.
105 *Durch Selb korrigiert aus:* baumeister.
106 *Wortfolge* gewesten stattobristen grafen Copp, seelig, zukommen. Undt *durch Selb korrigierend eingefügt.*
107 *Durch Selb gestrichen:* gewesten stattobrist grafen Copp, seelig, zukommen.
108 *Durch Selb korrigiert aus:* aber etliche jahr entlich.
109 *Durch Selb korrigiert aus:* dannenhero man selbiges.
110 *Durch Selb korrigiert aus:* leuth.
111 *Durch Selb korrigiert aus:* stuckhen.
112 *Durch Selb korrigiert aus:* wo nit weniger.
113 *Durch Selb korrigiert aus:* halten.
114 *Wort durch Selb ergänzt.*
115 *Wort durch Selb ergänzt.*
116 *Verbessert aus* miesset.
117 *Weder die ursprünglich Fassung noch die Korrektur sind eindeutig lesbar.*
118 *Doppeltes Wort* geföhl *von Selb gestrichen.*
119 *Durch Selb korrigiert aus:* besoldterer.
120 *Wort durch Selb ergänzt.*
121 *Durch Selb korrigiert aus:* Leopoldt zue Österreich.
122 *Durch Selb korrigiert aus:* Pirckheimber.
123 *Wort durch Selb ergänzt.*
124 *Durch Selb korrigiert aus:* wassermachern.
125 *Durch Selb ergänzt* oder ausseerische.
126 *Durch Selb korrigiert aus:* aufgehalten, einen.
127 *Wort durch Selb ergänzt.*
128 *Verbessert aus:* merzen.
129 *Durcn Selb korrigiert aus:* diente.
130 *Wort durch Selb ergänzt.*
131 *Wort durch Selb ergänzt.*
132 *Betrag von Selb später ergänzt.*
133 *Wort durch Selb ergänzt.*
134 *Durch Selb korrigiert aus:* daraus.
135 *Wort durch Selb ergänzt.*
136 *Wort durch Selb ergänzt.*
137 *Durch Selb korrigiert aus:* daraus.
138 *Wortfolge* und euer kayserliche mayestät nur die vogtobrigkeit *durch Selb ergänzt.*
139 *Durch Selb korrigiert aus:* anzustellen.
140 *Durch Selb korrigiert aus:* 1670.
141 *Durch Selb korrigiert aus:* commissionen.
142 *Wortfolge* extract genommen, was *durch Selb korrigiert aus:* extract von.

143 *Durcn Selb korrigiert aus:* was für.
144 *Worte* p. 30 *durch Selb ergänzt.*
145 *Wortfolge* credits schuldten darunder undt *durch Selb eingefügt.*
146 *Durch Selb korrigiert aus:* zuvermehren.
147 *Wort durch Selb ergänzt.*
148 *Wort durch Selb ergänzt.*
149 *Durch Selb korrigierte aus:* dass ain hoffzahlmaister nach end des jahrs.
150 *Wort durch Selb ergänzt.*
151 *Durch Selb korrigiert aus:* hoffzahlmaister.
152 *Wort durch Selb ergänzt.*
153 *Worte* p. 95 *durch Selb ergänzt.*
154 *Durch Selb korrigiert aus:* welches zwar.
155 *Randmarkierung durch Bearbeiter.*
156 *Doppelte zwei Worte* und villeicht *durch Selb gestrichen.*
157 *Durch Selb korrigiert aus:* dann.
158 *Wort durch Selb ergänzt.*
159 *Wort durch Selb ergänzt.*
160 *Durch Selb korrigiert aus:* futtermaisters mich.
161 *Worte* und heumaisters *durch Selb gestrichen.*
162 *Verbessert aus*: bestaigen.
163 *Durch Selb korrigiert aus:* relation.
164 *Wort durch Selb ergänzt.*
165 *Wort durch Selb ergänzt.*
166 *Durch Selb korrigiert aus:* gleichwohl allzeit.
167 *Durch Selb korrigiert aus: (...).*
168 *Wort durch Selb ergänzt.*
169 *Durch Selb korrigiert aus:* verlauten.
170 *Durch Selb korrigiert aus:* hoffkriegszahlambt zugleich aufgetragen.
171 *Wort durch Selb ergänzt.*
172 *Wort durch Selb ergänzt.*
173 *Wortfolge* auf etliche jahr aufgerichtet und der bestandt *durch Selb ergänzt.*
174 *Wort durch Selb ergänzt.*
175 *Durch Selb korrigiert aus:* ambt.
176 *Doppeltes Wort* hernach *durch Selb gestrichen.*
177 *Wort durch Selb ergänzt.*
178 *Durch Selb korrigiert aus:* werdten. So fein denen geldt beambten wolte ich.
179 *Wort durch Selb ergänzt.*
180 *Durch Selb korrigiert aus:* dass ein weith.
181 *Verbessert aus:* baure.
182 *Durch Selb korrigiert aus:* weillen viel kleine.
183 *Wort durch Selb ergänzt.*
184 *Wort durch Selb ergänzt.*
185 *Verbessert aus* haller.
186 *Durch Selb korrigiert aus:* abzulösen, und fideius*[s]*oriam.
187 *Durch Selb korrigiert aus:* diese mussbrauch.
188 *Wort durch Selb ergänzt.*
189 *Wort durch Selb ergänzt.*
190 *Durch Selb korrigiert aus:* jahr.
191 *Wort durch Selb ergänzt.*
192 *Verbessert aus:* persionen.
193 *Seitennummern durch Selb ergänzt.*
194 *Durch Selb korrigiert aus:* von denen 2 oder.
195 *Wort durch Selb ergänzt.*
196 *Doppeltes Wort* seinen *durch Selb gestrichen.*
197 *Durch Selb korrigiert aus:* nature.
198 *Durch Selb korrigiert aus:* die.
199 *Durch Selb korrigiert aus:* sie 2.
200 *Wort durch Selb ergänzt.*
201 *Zahl durch Selb ergänzt.*
202 *Durch Selb korrigiert aus:* gränitz bezahlung.
203 *Wort durch Selb ergänzt.*
204 *Korrigiert durch Selb aus:* zeit.
205 *Verbessert aus:* unden.
206 *Wort durch Selb ergänzt.*
207 *Wort durch Selb ergänzt.*
208 *Wort durch Selb ergänzt.*
209 *Diese Bezeichnung enthält (nur) das Inhaltsverzeichnis.*
210 Durch Selb *korrigiert aus: h*erren der.

Der Bericht Johann Quintin Jörgers

Wien, 1679 Juli 31

FHKA, AHK, HFÖ, Akten K 1257, fol. 280r – 357v.

[280r] Allerdurchleichtigster römischer khaiser, allergnedigster könig, landtsfürst und herr etc.etc.

Zweiflsohne hat euer kayserliche mayestät bewogen, inligenden original befelch an mich, dero unwirdigen hofcammer vicepraesidenten und andere mitls räth ausferttigen zu lassen, weylen dasjenige under dato Laxenburg den 22. Maii negsthin an das gesambte corpus der hofcammer stilisirte decret unerledigt verbliben, auch kheinem cammerrath durch den praesidenten außer desjenigen von Selb ist intimiret worden.

[Zur ersten und zweiten Frage – Finanzieller Überblick in Tabellen[a]]

Sovil nun der ersten und anderten punct betrifft, weylen beede einander anhengig, beantworte ich solche gehorsambst dahin:

[1° Einnahmen und Ausgaben]

1° in was für posten euer kayserlichen mayestät järliche einkhommen und ausgaben bestehen, auch woher jede in specie rhürt nemlichen:

Von denen königlichen böhmischen rentambts* geföhlen

Empfang	fl	kr	d
Königlicher gränizen und die zu Comutau eingangene zollgeföhl, ertragen	112.279	38	3 ¼
[280v] Gräniz bruckhenzoll zu Prag	5.289	33	1 ¼
Ungelt in Thein[b] der alten statt Prag und von anderen könglichen stätten	15.749	16	2
Einkhomben von der königlichen herrschafft Collin	4.182	54	3
Herrschafft Königshoffen und der daselbstigen Carlhütten eisenhamers gföhl	9.333	21	4 ½

a *In vielen Fällen sind Rechenfehler in den Tabellen festzustellen. Alle hier enthaltenen Summen wurden in der Quelle dessen ungeachtet so ausgewiesen, wie sie geschrieben sind. Bei wesentlichen Differenzen zur Berechnung wird in der Fußnote darauf hingewiesen.*

b *Thein (in der deutschen Bedeutung „Ungeld“) wurden Einhebungsstellen für das Ungeld benannt; später ging die Bedeutung u.a. auf in der Nähe befindliche Kirchen (wie die Theynkirche in der Altstadt Prag) über [https://de.wikipedia.org/wiki/P%C3%A1tek; Jänner 2016].*

Empfang	fl	kr	d
Herrschafft Zbirau	12.176	26	¾
Herrschafft Parduwiz	12.783	20	–
Herrschafft Podiebrat	19.937	36	–
Herrschafft Prandeis	6.725	–	–
Herrschafft Totschnikh	2.500	–	–
Schlakhenwaltische zehentgeföhl*	7.320	–	–
Joachimthallische zehentgeföll	1.000	–	–
Commethauische allaun zehent	900	–	–
Kutenbergischer münznuzung	5.000	–	–
[281ʳ] Pachtzünsentgelt	506	4	–
Umb verkhaufftes hey von denen zu dem bauambt gehörigen wismaden	1.761	21	3
Summa des empfangs[a]	217.445	7	5 ¾

Ausgab	fl	kr	d
Perpetuirliche[b] deputata* vor die geistlicheit und andere	6.902	19	–
Provisionen[c] und allmosen	1.220	18	–
Cammerstatt besoldungen	24.536	41	1
Prager schlossbesoldtner	5.653	8	3
Artiglerie besoldtner	1.864	6	1
Ungelt- und gränizzollambts besoldungen	2.086	33	–
Extraordinari besoldungen[d]	10.982	18	–
Canzley notturfften* und neue jahrs vereherungen	2.235	55	–
[281ᵛ] Wegen allerley bau- und reparirung uncosten	10.432	29	1
Post- und pottenmeisterambt spesen	7.954	14	–
Königliche landttaffels cammer- und wisenzins, auch heyarbeiten	2.471	24	–
Rais- und zöhrungsuncosten[e]	3.510	36	–
Zu verpflegung der thier- und paumgarten, auch auf wiltprät und salzleckhen	452	33	–
Summa der ausgaben[f]	80.302	35	–
Verbleibt noch überschuss[g]	137.141	32	5 ¾

[282ʳ]

[a] *Errechnete Summe 217.444 fl 33 kr 1,75 d.*
[b] perpetuirlich: *auf Dauer.*
[c] provisionen: *Versorgungszahlungen.**
[d] extraordinaria besoldungen: *besondere Soldzahlungen.*
[e] rais- und zöhrungsuncosten: *Reisespesen und Verpflegungskosten.*
[f] *Errechnete Summe um 2 d höher.*
[g] *Errechnete Differenz 137.141 fl 58 kr.*

Schlesisches rentambt*

Empfang	fl	kr	d
An dreyzehen großen piergeldern	100.776	–	–
An erblichen piergeldern	4.238	–	–
Wegen ausgefierten pier anfuhrgroschen	2.275	–	–
An graniz zohlgeldern	134.751	–	–
An neusalzerischen ambtsgeföhlen*	31.819	45	–
An münzschlag schazgeldern	2.000	–	–
An postbrief geldern	3.089	–	–
An opplischen cammergüettern geföhlen	12.017	15	–
An schweidnizischen und jauerischen, taxa[a] auf lehen und briefgeldern	1.284	–	–
An holzgeldern	1.063	–	–
Summa des empfangs[b]	298.313	–	–

[282v] Ausgab	fl	kr	d
Oberambts- wie auch camerstats- und landtshaubtmanschaffts besoldungen	47.177	–	–
Auf provisionen und pensiones*	6.995	–	–
Rais- und zöhrungsuncosten	11.709	–	–
Auf interteniment* und deputata* des am pohlnischen hof anwesenden residenten[c]	6.512	–	–
Canzley uncosten und pottenlohn	4.400	–	–
Auf absonderliche schlesische cammerverwendungen	7.830	–	–
Auf bezahlte interesse*	1.073	–	–
Holzgeldt und gemeine rentambtsausgab	10.275	–	–
Summa der ausgaben	95.971	–	–
Verbleibt überschuss[d]	202.342	–	–

[283r]

[a] taxa: *Gebühren.*
[b] *Rechenfehler 5 fl.*
[c] *Hans Christoph Zierwosky [Zierowa], Resident.*
[d] *Durch Rechenfehler bei den Ausgaben stimmt der Überschuss ebenfalls nicht um 5 fl.*

Marisches rentambt*

Empfang	fl	kr	d
An wein- und täzgeföllen*	3.573	47	–
An khayserlichen piergulden	7.722	30	–
An mauthgeföhlen von denen hungarischen und mährischen gränizen	7.439	43	–
An der mährischen judencontributionen*	4.000	–	–
Summa des empfangs	22.736	–	–

Ausgab	fl	kr	d
Der gesambten hoffbuechhalterey besoldungen	4.926	–	–
Hofcammer registratoris besoldung	560	–	–
Rentambts besoldungen	3.176	–	–
[283ᵛ] Der königlichen mährischen Neüstat den auf ewig nachgesehenen piergulden	1.251	–	–
In das obriste proviantambt* die judenquota	4.000	–	–
Dem kayserlichen hoffspital stüfftgelder	775	–	–
Auf lifergeldt*, postgelt und potenlohn	192	–	–
Pau- und reparirungsuncosten	354	–	–
Canzley uncosten	50	–	–
Summa der ausgaben	15.284	–	–
Verbleibt noch überschuss	7.452	–	–

[284ʳ]

Salzgeföhl in Böhmen

Empfang	fl	kr	d
Zu Prag versilbertes* salz	167.940	–	–
Von unterschiedtlichen laadtstäten* wegen gleichfahls versilberten salzes	176.625	14	–
Von dem in das königreich Böhaimb eingefierthen churbayrischen und sächsischen salz an ungeldt*	22.368	36	–
Summa des empfangs	366.933	50	–

Ausgab	fl	kr	d
Zum gmundtnerischen wurzenverlag*	54.000	–	–
Ihro mayestät, der verwitibten römischen kaiserin[a], gegen hofzahlambt-quittung	45.000	–	–
[284v] Ihr excellentia, dem khayserlichen herrn obrist hofmeister und *[dem]* erzbischoffen zu Prag[b]	14.000	–	–
Des herrn abbten zu Bonns[c] järliche 3.600 fl, dann herrn Maximilian grafen von Dietrichstain 480 fl camerers besoldung, wie auch der freyle Bornamissin 200 fl jahrlich intertenimentt* und den salzambts bedienten järliche besoldungen mit 11.051 fl, zusamen aber	15.331	–	–
Dem appellationscollegio zu Prag besoldungen	15.813	20	–
Denen closterjungfrauen bey St. Anna und wallischen hospittal[d] zu Prag, wie auch dem königlichen closter in Wienn, jedem järlichen 500 fl, zusamen	1.500	–	–
Denen graf losenstainischen herren erben[e] von 43.478 fl 40 kr capital die järliche interesse* und denen tieffenbachischen herren erben per 34m fl wie auch *[285r]* denen patres Carmelitern per 45.000 fl, zusamen	7.008	40	–
Dem clostern Strohof bis zu restituirung des guets Potekh	3.500	–	–
Dem königlichen schazmeister zu Prag, Misseroni, zu bestreitung der stainschneiderarbeith bis auf verrer verordnung järlichen	1.200	–	–
Auf pau- und reparationsuncosten, wie auch salzcästen bstandt	5.669	–	–
Auf salzfuehr- und fleßerlohn[f], item eintrager- und salzarbeiterlohn	34.070	–	–
Denen geistlichen in Böhmen, die von jeder kueffen* salz gebürende 15 kr	19.050	–	–
Rais- und zöhrungsuncosten[g]	120	–	–
Canzley notturfften*	195	–	–
Summa der ausgaben	216.457	–	–
Verbleibt überschuss	150.476	50	–

[285v]

[a] *Kaiserinwitwe Eleonore [Gonzaga].*
[b] *Obersthofmeister Johann Maximilan Lamberg; Erzbischof Johann Friedrich Waldstein.*
[c] *Otto de la Bourde, Abt von Banz (reg. 1664–1677), späterer Bischof von Gurk (reg. 1697–1708).*
[d] *Das Spital (vor allem für italienische Bedürftige) der Wellischen Kongregation, einer Ordensgemeinschaft.*
[e] *Vielleicht* die *Erben nach Franz Adam Losenstein, n.ö.* Regimentsrat.
[f] fleßerlohn: *Lohn für die Flößer des zu Wasser gelieferten Salzes.*
[g] rais- und zöhrungsuncosten: Re*isespesen und Verpflegungskosten.*

Wein und pier tätzgeföhl* in Böhmen

Empfang	fl	kr	d
Von der königlichen alten statt Prag	22.154	40	–
Aus der neuen statt Prag	14.518	56	–
Aus der cleinen statt Prag	6.073	8	–
Von andern königlichen stätten als			
Aus dem leitmerizer crais	2.314	23	2
Aus dem sazer crais	6.693	20	–
Rakhonizer crais	902	4	–
Pobreder crais	502	36	–
Cziaslauer crais	2.221	34	–
Kaurziner crais	2.239	58	–
Bunzlauer crais	3.489	48	–
Prachiner crais	2.016	40	–
Crudiner crais	2.083	56	–
Pülsner crais	3.163	40	–
Bechiner crais	1.289	53	–
Königgrazer crais	3.853	56	–
Elbognerischer und egerischer crais	1.498	42	–
Summa des empfangs	75.017	14	2

[286r] Ausgab	fl	kr	d
Herren inspectoris, deputirten* und deren bedienten die 4 per cento mit	3.000	–	–
Der ambtsbedienten ordinari besoldungen	2.646	20	–
Dem khayserlichen stukhgießer[a] zu Prag, item feyerwerthern, dann dem zeügwarth[b] zu Eger und zeügwarthen zu Pülsen besoldungen mit	1.480	–	–
Canzley notturfften*	150	–	–
Perpetuirliche[c] deputata* und geistliche stüfftungen	10.260	–	–
Auf die pragerische und egerische fortification	13.433	20	–
Dem thumbcapitl zu Prag von denen noch anno 1638 dargelichenen 22m fl die järliche interesse mit	1.320	–	–
Auf ambtszüns	93	20	–
Summa der ausgab	32.383	–	–
Verbleibt überschuss	42.634	14	2

[286v]

[a] stuckhgießer: *Gießer von Geschützen.*
[b] *Zeugwart: Verwalter von Waffen, Geräten und Ausrüstungen.*
[c] perpetuirlich: *dauerhaft.*

Glazischem rentambt*

Empfang	fl	kr	d
An erbsilber zünsen	4.531	41	¼
Hausgenossen oder inwohner bey der königlichen cammer dorfschafften, des holzflöß robath, spinn- und khindergelts	446	1	–
Ross robath	251	9	–
Kalchoffen züns	39	40	–
Verkhaufften pren- und khuchlholz	1.696	51	–
Waldt- und forstgeföhl	2.972	57	2
Holzschaidtgelter	2.285	25	3
Von wildten raubthieren fehlwerkh[a]	221	54	–
Malz schrotgelter	284	40	–
Mez-, maz- und pfannengelder[b]	84	16	3
Walkhgeföhl	226	1	2
Gewandtschnidt gelter	2	57	2
Zohlgeföhl	7.065	33	4 ¼
Biergelder	8.108	14	¾
Ausstoßgelter	538	58	½
[287ʳ] Steinbruchsgeföhl	454	47	5
Canzley tax	778	30	4 ½
Abgegebnen traidtsorten aus den ambtsmitlen	1.115	16	–
Züns- und forsthaber	60	–	–
Schweinmastgelter	208	32	–
Aus dem vorwerkhen abgegebnes getraidt	440	3	–
Consens- und schuzgelter	39	30	–
Verkaufften kleinweis zoll salzes	104	13	4
Verkauffte glas- und fensterscheiben	4	31	1
Straffgrundt-, contrabant-* und extra gelder	224	6	–
Abgegebne ziegl	29	16	–
Summa des empfangs	32.215	6	1 ¾

[a] fehlwerkh: *Felle, Häute.*

[b] *Metzenmaß oder Maß messen? Eichungsgelder?*

[287v] Ausgab	fl	kr	d
Besoldungen, worunter von 2.000 fl rentambtsdarlehen 100 fl interesse verstanden	8.277	49	–
Paucosten kayserlicher ambtsmihlen bey Glaz	29	10	–
Schossgepäu	24	22	–
Kalchbrenner lohn	8	–	–
Allerhandt gepäue der ambtsheüser	126	2	–
Gepäue der ambtsmihlen[a] aufm landt	34	54	–
Neu aufgerichte häuser	27	36	–
Holzfleß rechnen	11	22	–
Holzfleß aufziechtagwerkher lohn	276	55	–
Canzley notturfften*	82	16	3
Neüjahr- und schüzenältisten verehrung	31	40	–
Geistliche zünsen	37	47	2
Straßenbau	148	4	4
Rais- und zöhrung, auch postspeses	1.022	32	3
Jägerrecht[b] von eingebrachten fehlwerkh der wilden raubtier	50	2	–
[288r] Teichs robath	1	40	–
Schüzenkönig, auch patres Franziscanern frey gebräu pier	49	24	–
Extra ausgaben	108	52	2 ½
Summa der ausgab	10.348	29	½
Verbleibt überschuss[c]	21.866	37	1 ¼

[288v]

[a] ambtsmihlen: *Amtsmühlen.*
[b] jägerrecht: *den Jägern zustehende Naturalleistungen vom erlegtem Wild.*
[c] *Geringfügige Rechenfehler.*

Vizedomambt* Wienn

Empfang	fl	kr	d
Salzsteüer	1.170	–	–
Ungeldt*	4.457	–	–
Kaltmauth* und plazgeldt	1.937	37	–
Zohl vom viech am Oxengries	1.681	21	–
Fisch- und heümaisterambt	600	–	–
Pflaster-, zoll- und mehlgruebensgeföll	300	–	–
Aus denen bestandtmäuthen	1.595	–	–
Zehentambt	2.286	30	–
Grundtbuechsgeföhl	409	–	–
Dienstgeldt	29	12	–
Täz*	3.867	5	–
Urbarsteüer	12.912	50	2
Robathgeldt	1.160	52	2
Contributionen*	41.943	54	2
Hausgulden	146	–	–
[289ʳ] Soldaten übermaßgelder	2.620	–	–
Landtjuden toleranzgelder	4.000	–	–
Zehen pro cento interesse	1.764	15	–
Summa des empfangs	82.880	37	2

Ausgab	fl	kr	d
Auf besoldtung der ambtleüth	5.347	51	–
Auf gartner besoldung	464	–	–
Auf das khayserliche hauszeügmaisterambt	10.638	32	–
Auf das jägermaisterambt	23.160	48	–
Hofpostmeisterambt	3.803	24	–
Canzley notturfften*	561	29	–
Hofpauambt	30.725	45	–
[289ᵛ] Kayserliche heyfexung[a]	361	13	2
Summa der ausgaben	75.063	2	2
Verbleibt überschuss	7.817	35	–

[290ʳ]

[a] heyfexung: *Heuernte.*

Salzambt* Wienn

Empfang	fl	kr	d
Aus denen niederösterreichischen salzlegstetten* umb versilbertes* salz	111.544	39	–
Aus den mährischen salzlegstett* auch umb versilbertes salz	277.364	42	–
Aus denen mässl versilberungen in Wienn[a]	19.575	–	–
Contrabanta*	825	52	–
An der salzförttiger einfihl und abgang	1.771	58	–
Summa des empfangs	411.082	11	–

Ausgab	fl	kr	d
Von der ganzen massa auf ihro mayestät der verwittibten khaiserin[b] järliches deputat* und salzfuhren in Mähren	82.392	22	2
[290v] Auf die kayserlichen salzförtinger[c]	68.704	27	–
Auf das bistumb Wienn	10.867	3	–
Auf die niederösterreichische regierung	28.541	46	–
Auf die niederösterreichische landtsrechten	2.535	50	–
Auf die niederösterreichische cammer	468	–	–
Auf die niederösterreichische buechhalterey	6.972	53	2
Auf ambtsbesoldungen	12.099	12	–
Auf gemeine oder ordinari ausgab	815	17	2
Auf interesse und ambtsdarlechen	1.746	–	–
Auf interesse von geistlichen und anderen stilligenden verweisungen	3.305	26	–
Auf stüfftung und deputata*	2.002	–	–
Auf järliche beim ambt hafftendte ordinari ausgaben	4.410	–	–
Ausgab von 3 kr neüen küeffl* aufschlag* auf das seminarium zu Öedenburg und in das kayserliche obrist proviantambt	17.618	46	2
Summa der ausgaben	242.479	4	–
Verbleibt überschuss	168.603	7	–

[291r]

[a] *Detailverkauf von Salz in Wien.*

[b] *Kaiserinwitwe Eleonore [Gonzaga].*

[c] Salzfertiger: *Gruppe der (privilegierten) Personen, die Salz für den Transport zurichteten und auch für die Fracht sorgten. Siehe dazu* Körbl, *Salzamt.*

Handtgrafenambt* Wienn

Empfang	fl	kr	d
Traidt- und mehlaufschlag*	915	39	–
Ochsengries geföhl* in zweyen summen	88.056	54	–
Auftriebgeldt	606	18	–
Traidt- und viechaufschlag bestandtgelter*	19.960	27	–
Gräniz viechgeföhl	1.140	52	3
[291ᵛ] Extraordinari viechgeföhl	278	–	–
Contrabant* geföhl	1.134	2	–
Passier- und glaitzetlgeld	26	54	–
Landtviechaufschlags bestandtgelt*	4.386	12	–
Märische geföll* über abzug der besoldungen	24.608	31	–
Summa des empfangs	141.113	49	3

Ausgab	fl	kr	d
Besoldungen	7.149	50	–
Contrabant*	558	1	–
Provisionen[a]	1.504	–	–
[292ʳ] Extraordinari	356	57	–
In das obriste proviantambt	15.000	–	–
Summa der ausgab	24.568	48	–
Ubertrifft der empfang	116.545	1	3

Haubtmauth Wienn

Empfang	fl	kr	d
Von vermauthen* wahren und güeter	75.450	19	–
[292ᵛ] An eingangenen filial- oder gränizgeföllen	3.107	42	3
An schlagbruckhen oxenmauth geföhlen*	57	59	–
An accordirter pauschmauth von jubellen handlern	982	30	–
An eingangenen contrabanten*	941	31	–
Summa des empfangs	80.540	1	3

[a] provisionen: *Versorgungszahlungen.**

Ausgab	fl	kr	d
Auf die mauthbeambten und andere dahin gewisene partheyen järliche ordinari besoldungen	10.810	–	–
[293r] Auf die bey dem ambt stettigs anliegenden capitalien verfallene järliche interesse*	6.217	52	2
Auf die kayserlichen stüfft- und deputatagelder*, wie auch andere dahin gewisene posten	4.243	–	–
Summa der ausgab	21.270	52	–
Verbleibt überschuss	59.269	9	1

[293v]

Wassermauth Rottenthurn

Empfang	fl	kr	d
An wasser-, landt- und lähren pöcher* mauth	14.919	39	1 ½
Klain mauth*	856	5	1
Podenrechts geföhl*	580	52	2
Verkauffte zillen[a] und läden[b]	2.238	44	–
Khalte mauth*	87	18	–
Contrabanta*	49	52	–
Urfahrbestandt- und steegrecht[c]	39	18	–
Summa des empfangs	18.771	49	½

Ausgab	fl	kr	d
Verbleibende ausgab auf järliche besoldungen	4.113	18	–
[294r] Auf die anligendte capitalien[d]	3.600	–	–
Auf allerhandt mauthambts notturfften*	238	18	2
Umb eingeleste und erkauffte schiff und zillen	901	45	–
Summa der ausgab	8.853	21	2
Verbleibt noch überschuss	9.918	27	2 ½

[294v]

[a] zillen: *flache kiellose Schiffe, wie auch Plätten.*
[b] läden: *Bretter.*
[c] *Stegrecht: Anlandungsabgaben.*
[d] *Zinsen für Schulden.*

Pruckhmauthgeföhl am Tabor

Einnamb	fl	kr	d
An eingangenen pruckhmauth geföllen*	29.818	18	–
Bstandtgelt* vom wierthshaus alda	200	–	–
Summa des empfangs	30.018	18	–

Ausgab	fl	kr	d
Von stättiger anligenden capitalien, das jährliche interesse*	12.000	–	–
Auf järliche ordinari besoldungen und deputata*	7.299	–	–
[295r] Auf erkhaufftes prukhbauholz	2.312	–	–
Auf erkaufftes prukheisenwerkh	516	15	–
Auf schöff und plöten[a], wie auch schöffmieth uncosten	1.881	–	2
Auf extra zimerleith	280	11	2
Auf gemaine tagwerkher	1.336	45	–
Auf cost und unterhalt der leüth	600	–	–
Auf habern, hey und streü	279	33	–
Auf canzley notturffen*	13	29	–
Auf reparirung des kayserlichen mauth- und pruckhaus	703	4	2
Summa der ausgab	27.221	18	2
Verbleibt überschuss	2.796	59	2

[295v]

Mauth Lintz

Empfang	fl	kr	d
An vermauthen wahren und güetter	31.620	58	2
Der landtjuden leibmauth	1.464	45	–
An unbeschribnen geldt	999	46	–
An contrabant* und straffen	4.107	15	–
Von den aufgestelten kayserlichen filialmäuthen an vermauthen wahren und güetter	6.550	51	–
Summa des empfangs	44.743	35	2

[a] Plätten: *flache kiellose Schiffe.*

Ausgab	fl	kr	d
Auf der mauthbeambten und andere dahin gewisener partheyen järliche ordinari besoldungen	7.443	–	–
[296r] Auf die von denen bey dem mauthambt stettig anligenden capitalien verfallene järliche interesse[a]	1.770	6	2
Auf kayserliche stüff- und deputatgelder*, wie auch andere dahin gewisene posten, so järlich bezahlt werden	2.737	12	–
Auf allerhandt mauthuncosten	553	29	1
Auf reparirung des schöfwegs in der wandt	90	33	–
Auf reparirung des fartwegs jenseits der Thonau	84	15	–
An churpayrischen abschußgelderen	10.293	55	3
Summa der ausgab	22.972	31	2
Verbleibt überschuss	21.771	4	–

[296v]

Mauth Ybbs

Empfang	fl	kr	d
Von hierdurch gefiehrten wein und rossen, mauth	1.917	49	–
Von denen mauthbaren wahren	9.222	25	3
Neue mauthstaigerung von gefierthen freywahren	265	5	–
Neue mauthstaigerung von geführten freywahren	92	33	1
Eingangene 6 d zillenrecht	118	12	–
An contrabant* und straffen	37	30	–
Summa des empfangs	11.653	35	–

Ausgab	fl	kr	d
Auf die mauthbeambten und andere dahin gewisene partheyen *[297r]* järliche ordinari besoldungen	6.488	–	–
Auf die von denen bey der kayserlichen mauth stettigs anligenden capitalien verfallene järliche interesse*	1.193	36	1
Auf kayserliche stüfft- und deputatgelder*, wie auch andere dahin gewisene posten, so järlich bezahlt werden	4.054	–	–
Auf allerhandt mauthambts uncosten, als canzley notturfften*, rais- und zöhrungsuncosten, ausbesserung des mauthhauses, röhrbrunn	179	45	–
Summa der ausgab	11.915	21	1
Verbleibt überschuss	NIHIL		
Also übersteigen die ausgab den empfang umb 261 fl 46 kr 1d			

[297v]

[a] verfallene järliche interesse: *fällige Zinsen des Jahres.*

Schlisslambt* Crembs

Empfang	fl	kr	d
Von vermauthen wahren und der juden khopfgelt	11.830	56	1
Von denen filial- und gränizmäuthen	727	54	3
An contrabanten* und straffen	44	–	–
Summa des empfangs	12.602	51	–

Ausgab	fl	kr	d
Auf bezahlte interesse*	–	–	–
Auf khayserlicher hofcammer anschaffung	90	–	–
Auf ambtsbesoldungen	1.218	–	–
Auf filial graniz uncosten	200	–	–
[298ʳ] Auf geistliche stüfftungen und almosen	28	–	–
Auf ambts- und schreibereyen notturfften*, wie auch raisuncosten	182	8	–
Auf bösserung des schlisslhaus	6	7	–
Summa der ausgab	1.724	15	–
Verbleibt überschuss	10.878	36	–

[298ᵛ]

10 kreizer weinaufschlag zu Sarmingstain

[Diese Tabelle rechnet mit Schillingen; die Summen werden ebenfalls so angegeben. Die Summen unterscheiden sich damit von den Beträgen der Übersichtstabelle, die Kreuzer verwendet.]

Empfang	fl	ß	d
10 kr weinaufschlag*	14.804	4	8
Summa des empfangs wie oben	14.804	4	8

Ausgab	fl	ß	d
Auf besoldungen	820	–	–
Zimerzins	200	–	–
Auf canzley notturfften* und raisuncosten	98	3	10
Summa der ausgab	1.118	3	10
Verbleibt überschuss	13.686	–	28

[299ʳ]

Ain schilling aufschlag zu Ybbs

Empfang	fl	kr	d
1 ß weinaufschlag*	16.056	–	16
Summa des empfangs wie oben			

Ausgab	fl	kr	d
Auf ambtsbesoldungen	300	–	–
Auf canzley notturfften* und raisuncosten	50	–	–
Summa der ausgab	350	–	–
Verbleibt überschuss	15.706	–	16

[299v]

Münzambt Wienn

Empfang	fl	kr	d
In gemünzten 609 stukh ducaten	1.827	–	–
An ducaten lagio*	304	30	–
Sechs kreuzer münzung	166.083	48	–
Kreuzer	2.209	24	–
Zwayer[a]	2.349	30	–
Schaiderlohn	534	45	2
Von geschmolzenen eingeliferten ungeschmeidigen plikhlsilber[b] abtrieb uncosten	39	42	–
Summa des empfangs	173.348	39	2

[300r] Ausgab	fl	kr	d
Umb eingelöstes goldt	1.644	–	–
Umb das eingeleste vergoldte silber, ohne das drinige goldt	5.600	–	–
Das eingeleste weiße silber mit pagament[c]	158.740	16	–
Besoldungen	2.859	1	–
Bezahlte schein, auszüg, materialien sambt canzley und extraordinari	833	16	–
Summa der ausgab	169.676	44	–
Verbleibt überschuss	3.671	55	2

[300v]

[a] zwayer: *Münze für zwei Kreuzer.*
[b] *Blicksilber: ein Zustand des Silbers im Zug der Silberverhüttung.**
[c] silber mit pagament: *Silber in eingelösten Münzen.*

Vizedombambt* Lintz

[Diese Tabelle rechnet mit Schillingen; die Summen werden ebenfalls so angegeben. Die Summen unterscheiden sich damit von den Beträgen der Übersichtstabelle, die Kreuzer verwendet. Außerdem sind Rechenfehler in der Tabelle enthalten.]

Empfang	fl	ß	d
An mauthbestandten*	143	7	10
An ungelt* bstandt	2.750	–	–
An bestandtgeld* von vischwassern	28	–	–
An überlendt dienst	3	–	–
Von denen hofmaisterischen underthonen ordinari dienst	12	3	6
Von regerischen ambtsunderthonen ordinari dienst	17	6	12
An ordinari steüer und dienst	224	2	23
Anfrey- und herbgeldt[a]	1.918	6	10 ½
An straffen	10	–	–
Von kayserlichem vicedombambts underthonen järliche ristgelder	3.112	4	–
Von salzambt Gmundten wegen *[301r]* eines übergebenen vicedombambts underthon	50	–	–
An anderthalb doppelten urbarsteüer von denen unverpfendten ämbtern und underthonen	452	7	16 ½
Urbar steüer von denen peuthlehen[b]	958	7	16 ½
Vicedombambts underthonnen angelegtes robathgelt	510	2	13
An anderthalb dopelten urbarsteüer von denen unverpfendten herrschafften	8.768	2	10 ½
Von der herrschafft Wildenegg ordinari bstandt	1.000	–	–
Summa des empfangs	19.961	1	28

[301v] Ausgab	fl	ß	d
Auf ordinari besoldungen	4.461	4	16
Herrn landträth besoldungen	942	2	12
Auf gesambte jägerey	3.252	5	10
Aus Gotts gaben	118	–	–
Auf burgg thorsteher und nachtwachter	448	–	–
Auf bezahltes interesse	7.686	2	15
Auf pottenlohn	122	4	24
Auf raisuncosten und zöhrung	57	3	14

[a] herbgeld: *Herdgeld?*

[b] *Beutellehen: Lehen an nichtadelige Personenen gegen finanzielle Leistungen.**

Canzley notturfften*	60	–	16
Auf allerhandt jarliche ordinari ausgab sambt dem allmosen	450	2	17
Summa der ausgab	17.599	2	4
Verbleibt überschuss	2.361	7	24

[302r]

Einnemberambt Gmunden

Empfang	fl	xr	d
Von denen clainen salzküeffel* ladtstätten	7.100	–	–
Von der kayserlichen mauth aldort ordinari geföll*	56.985	42	–
Neue salzstaigerungs geföhl*	23.188	40	–
Hödlfueder zu Ischl	446	12	–
Urfahrgeldt[a] vom markht Ischl	10	–	–
Von denen deputirten* herrn commissarii auf Böhaimb	51.000	–	–
Schellenperger aufschlag[b]	495	45	–
Landtmauth staigerung Schwarzenau	64	46	–
Wassermauth staigerung	91	31	–
Salzstraffen durch die 3 salzbereiter	69	51	–
Extraordinari empfang	4.180	–	–
Summa des empfangs	143.632	27	–

[302v] Ausgab	fl	xr	d
Aufs salzsieden zu Haalstatt	22.290	40	–
Auf Ischl	19.845	16	–
Auf Ebenesee	19.058	39	2
Hofcasten	118	–	–
Kueffenhandl	25.758	45	–
Mauthambts notturfften*	3.532	22	–
Auf besoldungen	5.408	23	2
Auf järliche gülten	1.286	–	–
Auf provisoner[c]	3.031	13	–
Auf capital und interesse	840	–	–

[a] *Urfahr: Überfuhr.*

[b] *Schellenberger Aufschlag: eine Abgabe auf das Halleiner/Schellenberger Importsalz als Schutzzoll.*

[c] provisioner: *Bezieher von Unterstützungen.*

Auf befelch gschäfft[a] und gnadengelder	17.278	17	–
Auf zöhrung und lifergelder*	427	50	–
Auf pottenlohn	31	56	–
Auf wassermachen in der Ausseer Traun	3.401	24	–
[303r] Auf extraordinari	1.102	16	2
Auf tscheükhen[b]	660	45	2
Auf canzley notturfften*	236	–	–
Neue salzstaigerung geföhl dem kayserlichen obrist proviantambt* Wien	23.188	40	–
Summa der ausgab	147.496	28	–
Verbleibt überschuss	NIHIL		
Übersteigen die ausgab die empfang umb 3.864 fl 1 kr			

[303v]

Mauth Gmunden

NB: würdt alles im einnemberambt übernohmen und alda verraith *[aus diesem Grund sind in der Übersichtstabelle keine Beträge ausgewiesen]*

Empfang	fl	xr	d
Wegen der verfierthen oder ausgangenen fueder* salz	80.009	24	–
An thor- und prukhpfennig	10	48	–
Wegen der schuechmaßen* von verfierthen klein khüeffel* salz	45	23	–
An gemainen schuechmaßen* von abgefierthen pletten-, see-, wolfganger- und anderen zillen[c]	2	30	–
Extraordinari empfang	106	17	–
Summa des empfangs	80.174	22	–

Ausgab	fl	xr	d
In dasselbitige einnemberambt an eingangenen ordinari geföhlen	56.985	42	–
[304r] Der aufs fueder* geschlagenen 40 kr staigerung, welche geföhl in das kayserliche proviantambt* abgefiehrt würdt	23.188	40	–
Summa der ausgaben	80.174	22	–
Nota: Under denen 56.985 fl 42 kr seindt die ambtsbesoldungen, interesse wegen ihres darlehen, wassergebeu, der beambten wohnungsreparationen uncosten, wie auch lifergelder*, canzley notturfften* und andere ausgaben begriffen.			

[304v]

[a] gschäfft: *hier im Sinne von Zahlungsanweisung.*

[b] tscheükhen: *Tschaiken, Schiffe des Militärs auf der Donau mit Rudern und Seglen; hier vermutlich ein Kostenbeitrag für solche Schiffe. Siehe dazu* SCHAEFER, *Nassern, Tschaiken.*

[c] zillen: *flachbodige einfache Holzschiffe.*

Eisenobmanische geföhlen

Empfang	fl	xr	d
Anno 1677	6.185	20	¼
Summa p*[er se]*			

Ausgab	fl	xr	d
Anno 1677	5.421	38	¾
NB Diese eisenobmanische ambtsausgab bestehen in lauter besoldungen, pottenlohn und raisuncosten			
Summa p*[er se]*			
Verbleibt überschuss[a]	2.285	29	¾

[305r]

Waldtambt*

Empfang	fl	xr	d
Hausdienst von denen behausten güettern	93	51	1
Wisen-, äckher- und holzdienst	538	2	½
Dienst wegen etlich abgebenen neuen raumben	26	55	2
Umb verkhaufftes holz	9.911	29	2
Umb abgebenes prenholz per 15 kr	23	–	–
Item die claffter[b] per 8 kr	6	24	–
Umb abgebenes zimerholz und gerecht holz	1.372	18	–
Umb abgebnes gesägholz	30	52	2
Umb abgebnes pindtholz	287	28	–
Rindtviech waidtgeldt	150	48	–
Schweinwaidtgeldt und schweingästgeldt	363	56	–
Stubgeldt	36	20	3
[305v] Des forsthabern	81	48	–
Straßgeldt	5	20	–
Klaingeding		35	–
Dienstmostgeldt	27	30	–

[a] *Ein äußerst grober offensichtlicher Rechenfehler, der in die Übersichtstabelle übernommen wurde.*

[b] *Klafter: als Holzmaß ca 3,4 m^3.**

Weinzaiger[a] bestandt*	18	–	–
Weinsteckhenklieber[b] geldt	332	18	–
Vierter pfennig 800 fl und mauthgeföhl järlichen 400 fl, so herr Abele genießet	–	–	–
Umb abgebnes kalchholz	457	42	–
An kollzins	40	–	–
Ungelt*	42	–	–
Grundtbuechsgeföhl	485	47	2
Umb verkhauffte neue raumbwisen	96	4	2
Tazbestandt*	560	–	–
Stainbruchzüns	107	–	–
Verkhauffte hütten- und bstandtgeldt*	5	–	–
[306r] Bstandtgeldt von den unverkhaufften raumbwisen	635	15	–
Straffen an baarem geldt	682	52	–
Straffen an wein ..... 246,5 emer*			
Umb allerley abgebnes windtholzfähl, güpfl, prigl und taumbholz	1.979	38	2
Summa des empfangs	18.398	16	½

Ausgab	fl	xr	d
Besoldungen	2.781	–	–
Auf befelch und geschäfft[c], auch darlehens interesse	6.228	33	2
Aufs schloss gepäu zu Burkherstorff	84	42	–
[306v] Auf malefiz persohnen[d]	4	24	–
Holzhackher lohn	4.985	22	2
Extraordinari ausgaben	3.970	29	3
Auf holzfuehrlohn	895	–	–
Extra holzfuehrlohn	1.790	57	–
Summa der ausgab	20.740	28	3
Verbleibt überschuss	NIHIL		
Übersteigen die ausgaben den empfang umb 2.342 fl 12 kr 2 ½ d			

[307r]

[a] *Weinzeiger: Hinweis für Getränkeausschank.**
[b] *Klieber: Holzspalter.*
[c] geschäfft: *hier im Sinne von Zahlungsanweisung.*
[d] malefiz persohnen: *Verbrecher.*

Herrschafft Eberstorf

Empfang	fl	xr	d
Deren empfang bestehen in abgebung pau- und brenholz, äkherzünsen, wisflekhen in den auen, fischwassern auf der Schwechat und anderer orthen, vöglgejader, bibergejader[a], robathgeltern, traidtzehent, hausdiensten und aigenen täz*, zusamen	2.145	–	–
Summa des empfangs wie oben			

Ausgab	fl	xr	d
Abraumbung der kayserlichen wiesen	36	–	–
Fexung[b] der kayserlichen hofstalls notturfften*	113	–	–
[307v] Hakhung und aufrichtung des camin und kuchenholz	36	–	–
Kuchen- und caminholz, auch hey- und eisenfuehren	126	–	–
Allerley handtwerckhsleüth	194	–	–
Zapfenmaß[c] bstand*	500	–	–
Unterhaltung der wilden thier	51	–	–
Interesse und besoldungen	878	–	–
Zehrung	3	–	–
Säuberung des schloss und zimmer	17	–	–
Schreiberey uncosten	5	–	–
Extraordinari ausgaben	27	–	–
Summa der ausgaben	1.985	–	–
Verbleibt überschuss	160	–	–

[308r]

Cammer Crembniz

Empfang	fl	xr	d
Von dem vermünzten goldt	312.795	–	–
Gemünzte pfennig[d], fünfzehner[e] und groschen[f]	1.218.332	46	–

[a] *Gejaid: Jagd, also hier Einnahmen aus der Federwild- und Biberjagd.*
[b] *Fechsung: Ernte, hier: Gewinnung von Heu und Stroh.*
[c] zapfenmaß: *eine landesfürstliche Verbrauchsabgabe auf ausgeschänkte alkoholische Getränke.**
[d] pfennig: *Kleinmünze; vier Pfennig entsprechen einem Kreuzer, 240 Pfennig einem Gulden.*
[e] fünfzehner: *Münze für 15 Kreuzer (¼ Gulden).*
[f] groschen: *Münze für drei Kreuzer.*

Umb verkhaufft khürent* 15lötig schembnizer silber[a]	3.091	30	–
Khürent* khupfer	594	–	–
Zeüg[b] ausm zeügschafferambt	9.629	37	–
Gföhl* von der cammer Schembniz	248.848	15	–
Neusohl	5.000	–	–
Umb verkhaufftes hey	25	–	–
Laggio[c] von ducaten	7.685	45	–
Extraordinari	851	33	–
Summa des empfangs	1.806.853	26	–

[308v] Ausgab	fl	xr	d
Umb eingelöste gölder[d]	246.360	55	–
Silber zu 15 loth[e]	740.089	50	–
Auf zimendt-, schaidt-, goldt- und silbermünzwesen	32.103	32	–
Prengaden	15	11	–
Auf angeschaffte besoldungen und provisionen	10.705	47	–
Verrer besoldungen und stüfftungen	7.378	40	–
Goldtkhunsthandlung[f]	62.909	52	–
Auf zöhrung über land und pottenlohn	1.040	4	–
Allerley gemeine schreibstuben-, silberwagenuncosten	595	58	–
Für allmosen undt extraordinari	216	55	–
Auf kriegsuncosten	1.445	45	–
[309r] Umb erkhaufftes khupffer	8.418	7	–
Umb erkhaufften zeug	11.781	35	–
Prenholz uncosten	134	20	–
Summa der ausgaben	1.123.196	31	–
Verbleibt überschuss	683.656	55	–

[309v]

---

a *Ungemünztes Silber mit dem Feingehalt von 938/1000.*
b *Zeug: Geräte, Maschinen, Vorrichtungen.*
c laggio: *Kursaufschlag beim Umwechslen von Dukaten.* *
d gölder: *Gold*
e 15 loth: *Angabe des Feingehalts von 937,5/1000.*
f *Goldkunsthandlung: Goldbergbaubetrieb (Ferber, Abhandlungen, 150).*

Cammer Schembniz

Empfang	fl	xr	d
Vermünztes cammergoldt	73.856	30	–
Fünfzehnlötiges feinsilber[a]	531.673	37	2
Schaiderlohn	56	28	–
Mihlgoldtgeföhl	3	47	–
Umb verkhauffte geringhaltige ☾erzt[b]	35	37	–
Khürent* khupfer	396	–	–
Umb verkhaufften zeüg[c]	84.190	42	2
Umb verkhaufft schaidgadens zeüg, prenholz, cammer*(*ross*)*, *(*ross*)*verdienen	274	4	2
Cammergueth Revischa	11.489	30	–
An geföhl von denen khies und eisenstain	1.606	5	–
Auf befelch und extraordinari einnamb	7.631	3	2
Summa des empfangs	711.213	25	–

[310r] Ausgaab	fl	xr	d
Umb die eingelöst 15löttige feinsilber	191.493	1	2
Umb die eingelest silberhaltige erzt und schlich	284	43	2
Umb erkhaufftes khürnkhupfer*	396	–	–
Umb erkhaufften zeüg	72.942	13	2
Umb erkhauffte wagenroß	32	12	2
Besoldung und provision	7.309	9	–
Underschidliche uncosten	16.212	29	–
Berg rösten*	138.176	5	–
Buechwerkh rösten*	3.587	41	2
Schmölzhütten rösten*	142.192	36	–
Auf angeschaffte besoldungen und andere ordinari passierungen	1.810	33	–
Auf bergwerkhs verlag*	2.422	5	2
[310v] In der extraordinari ausgab befündet sich des postmaisters bezahlung, so vor ein ordinari zu rechnen	15	–	–
Summa der ausgab	576.873	50	–
Verbleibt überschuss ertragsnus	134.339	35	–

[311r]

[a] fünfzehnlötig: en*tpricht einem Feingehalt von 937,5/1000.*

[b] ☾erzt: *Silbererz.**

[c] *Zeug: Geräte, Maschinen, Vorrichtungen.*

Cammer Neusohl

[Diese Tabelle verwendet ungarische Gulden mit den entsprechenden Pfennigen]

Empfang	fl	xr	d
Umb allerley verkhaufftes khupfer und zeügsorthen	158.822	–	34
Umb vermünztes prandtsilber*	10.402	–	38
Aus dem zeügschafferambt an verkhaufften zeüg[a]	25.512	–	86
Aus der eisenhandlung Rhoniz	6.981	–	29
Aus dem pau- und rechenschreiberambt	1.383	–	67
Aus dem hütwerch Mosteniz	2.132	–	68
Aus der neüen schmölzhütten	497	–	71
Aus der schmölzhütten Altgebürg	8	–	–
Aus der spleißhütten* Theoba	205	–	–
Preühaus und khornmichl	3.322	–	35
Aus dem herrngrundter zeügvorrath	2.284	–	29
[311ᵛ] Per verkhaufftes hey	108	–	–
Von denen dorffschafften und anderen grundtstuckhen abgenommenen züns und robathgelt	623	–	24
Um verkhaufftes khiesleg aus der schmölzhütten	3.757	–	20
Eingangenes weingelt	5.368	–	27
Umb verkhaufftes klufftenholz[b]	9.010	–	65
Unter denen ordinari empfäng seint herrschafftsgeföhl* begriffen	10.874	–	80
Summa des empfangs in hungarischem gelt	241.294	–	75
macht reinisch	201.078	57	–

[312ʳ] Ausgab	fl	xr	d
Auf das pergwerkh Herrngrundt	75.861	–	51
Auf die schmölzhütten im Altgebürg	5.263	–	15 ½
Auf die neue schmölzhütten	19.340	–	32 ½
Auf die spleiss- und saigerhütten* Mosteniz	16.949	–	45 ½
Theyoba	3.173	–	95
Khupfer- und neuer eisenhamer	6.088	–	18 ½
Eisen- und zeügssorthen	5.956	–	43

[a] *Zeug: Geräte, Maschinen, Vorrichtungen.*

[b] klufftenholz: *Scheitholz.**

Eisenhandlung Rhoniz	5.854	–	48 ¼
Auf das pau- und rechenschafferambt	2.139	–	30
Auf das preuhaus Ulmansdorf	1.935	–	10
Auf das jessener khispergwerkh[a] in Rodnover et Pollona[b]	309	–	55 ¾
Kiespergwerkh im borowitscher grundt	147	–	18
[312v] Auf des neue eisenpergwerkh Preznizkha	271	–	38 ½
Aus das pergzeügschafferambt	21.435	–	70
Zehendt uncosten	4.306	–	80
Auf einfechsung hey	175	–	94
Zins und bestandtgelt*	312	–	–
Auf bezallung interesse	788	–	–
Auf canzley	121	–	10
Allmosengeldt	86	–	90
Auf besoldtung, provisionen, zöhrung, potenlohn, gemaine uncosten, canzley notturfften*, in 10 posten zusammen	12.101	–	93 ½
Auf die catholische capellen	1.491	–	68
Auf extraordinari	3.718	–	31
Umb erkhaufftes klufftenholz*	7.653	–	60
Um erkhauffte wein	3.465	–	99
[313r] Summa bringt die ausgab in hungarischem geldt	198.948	–	7
bringts reinisch	165.790	53	–
Verbleibt überschuss in hungarischem gelt	42.346	–	68
bringts reinisch	35.288	4[1]	–

[313v–314r]

[Salzämter Tarnowiz und Pless]

Empfang	fl	xr	d
Kayserliche salzämbter zu Tarnowiz und Pless haben inhalt der tarnowizischen eingeschikhten wochenexträcten und plessischen rechnung dises 1677te jahr ertragen	175.920	–	–

[a] khiespergwerkh: *ein Bergwerk für erzhältigen Kies (vermutlich Kupferkies).*
[b] *Die heutige Ortsbezeichung und Lage konnte nicht festgestellt werden.*

Ausgab	fl	xr	d
Zum wurzenverlag*, auch frachten in Tarnowiz und Pless, als auch vor evicta-, cammer-, mauth- und quittgelder, item pindter und laderlohn zu Wiellizka	117.952	–	–
Um erkhaufftes privatsalz	1.048	–	–
Auf gesambte ambtsbesoldungen	4.706	–	–
Lifergelder*, rais-, zöhr- und fuehrlohns uncosten, confoy, extra pottenlohn und andere extra ausgab	5.375	–	–
Ordinari pottenlohn und abgeschikhte expressen, auch post befürderungs uncosten	1.010	–	–
Laggio*	183	–	–
Canzley notturfften*	76	–	–
Denen herren patres missionariis järlich	400	–	–
Summa der ausgaben	130.750	–	–
Verbleibt rest nach abzug der ausgab ins hofzahlambt	45.170	–	–

NB: Darauf aber hafften angewisen ihro mayestät der verwittibten kaiserin Eleonorae järlich	20.000	–	–
und ihro mayestät der königin in Pohlen järlich[a]	18.000	–	–
bleibt übrig	7.170	–	–

[314v–316r]

[Übersichtstabelle[2]]

	Empfang			Ausgab			restirt Uberschuss		
	fl	xr	d	fl	xr	d	fl	xr	d
Königlich böhaimbisches rentambt	217.445	7	5 ¾	80.302	35	–	137.142	32	5 ¾
Schlesisches rentambt	298.313	–	–	95.971	–	–	202.342	–	–
Mährisches rentambt	22.736	–	–	15.284	–	–	7.452	–	–
Salzgeföhl in Böhmen	366.933	50	–	216.457	–	–	150.476	50	–
Wein- und piertaz geföhl alda	75.017	14	2	32.383	–	–	42.634	14	2
Glazisch rentambt	32.215	6	1 ¾	10.348	29	½	21.866	37	1 ¼

[a] *Königin Eleonore Maria Josefa.*

	Empfang			Ausgab			restirt Uberschuss		
Vizedombambt Wienn	82.880	37	2	75.063	2	2	7.817	35	–
Salzambt Wienn	411.082	11	–	242.479	4	–	168.603	7	–
Handtgrafenambt Wienn	141.113	49	3	24.568	48	–	116.545	1	3
Haubtmauth Wien	80.540	1	3	21.270	52	2	59.269	9	1
Wassermauth Rottenthurn	18.771	49	½	8.853	21	2	9.918	27	2 ½
Pruckhmauthgeföhl am Tabor	30.018	18	–	27.221	18	2	2.796	59	2
Mauth Lintz	44.743	35	2	22.972	31	2	21.771	4	–
Mauth Ybbs	11.653	35	–	11.915	21	1	–	–	–
Schlisslambt Crembs	12.602	51	–	1.724	15	–	10.878	36	–
10 kreuzer weinaufschlag* zu Sarmingstain	14.804	32	–	1.118	25	–	13.686	7	–
Ain schilling aufschlag* zu Ybbs	16.056	4	–	350	–	–	15.706	4	–
Münzambt Wienn	173.348	39	2	169.676	44	–	3.671	55	2
Vizedomambt Linz	19.961	14	2	17.599	16	–	2.361	58	2
Einnemberambt Gmunden	143.632	27	–	147.496	28	–	–	–	–
Mauth Gmunden[a]	–	–	–	–	–	–	–	–	–
Eisenobmanische geföhl	6.185	20	1	5.421	38	3	2.285	29	3
Waldtambt	18.398	16	½	20.740	28	3	–	–	–
Herrschaft Eberstorff	2.145	–	–	1.985	–	–	160	–	–
Cammer Crembniz	1.806.853	26	–	1.123.196	31	–	683.656	55	–
Cammer Schembniz	711.213	25	–	576.873	50	–	134.339	35	–
Cammer Neusohl	201.078	57	–	165.790	53	–	35.288	4[3]	–
Salzämbter zu Tarnowitz und Pless	175.920	–	–	130.750	–	–	7.170[b]	–	–
Summa summarum[c]	5.135.662	29	1	3.247.813	52	1	1.857.841	14	–

[316v]

[a] *Für die Maut Gmunden werden in fol 303v–304r Einnahmen und Ausgaben von jeweils 80.174 fl 22 xr angegeben, die in den Gesamtsummen fehlen. Der Überschuss ist dadurch aber nicht betroffen.*

[b] *Dieser Überschuss, der rechnerisch nicht stimmt, ergibt sich durch die im Detailblatt genannten Zahlungen an die verwittwete Kaiserin Eleonore und die Königin von Polen, Eleonore Maria Josepha. Rechnerisch stimmt der Überschuss bei dieser Tabelle nicht, weil die Zahlungen an die Kaiserinwitwe und die Königin bei den Ausgaben nicht berücksichtigt wurden.*

[c] *Geringfügige Rechenfehler bei den Summen.*

2do Ämbter deren empfang und ausgab gleich aufgehen:

Hofcammer, niederösterreichischer regierung, niederösterreichischer landtscanzley[4] taxämbter;
Obrist Schiffambt*;
Statt und landtgerichtsgeföhl in Wienn;
Einlass beim Kärnerthor und Rothenturn;
Khayserliches hoffspittal und herrschafft Woikherstorf;
Mauth Haimburg;
Burggrafenambt zur Neustatt;
Schotwienn;
Hofschreiberambt Hallstatt;
Verweserambt Yschl und Ebensee;
Fischmaisterambt in Oberösterreich.

[317^r^]

3° Verhypothecirte ämbter, so die creditores in würklicher possess haben.

Hornstain hat man den 6ten Augusti 1676 dem grafen von Windischgräz[a] wegen einer alten, sogenannten schmirzschizkischen post[b] per 160m fl pfandtweis auf 6 jahr gegen verraittung überlassen. Es hat aber bemelter graf den 12. Martii 1676 noch 20m fl darzue baar gelichen und solche summa auf 180m fl augirt, dabey der raittung entlassen und die pfandtschafft auf bemelte 6 jahr unablöslich erhalten. Nach ausgang deren aber khönnen ihr kayserliche mayestät selbe vor sich selbsten ablesen, auch sich dises iuris für sich und dero erben in perpetuum bedienen.

Weinaufschlag* an denen böhaimbischen und mährischen gränizen dem fürst von Schwarzenberg per .... 92.000 fl
Mauth Schwechat dem graf von Trautmanstorf[c] per .... 120.000 fl
[317^v^] Mauth Himberg dem marches de Granna[d] per .... 25.000 fl
Wassermauth Stain ihrer churfürstlichen durchlaucht in Bayren[e] per .... 303.149 fl
Vokhlabrugg und Englhartszell ingleichen per .... 429.183 fl
Mauth zu Freystatt der statt dasebst per .... 21.200 fl

Sengstenappalto* dem grafen Albrecht von Zinzendorf über bezahlte 200m fl; ist vermög ihrer kayserlichen mayestät befelch vom 27. Julii 1671 dieser appalto dem herrn grafen auf 10 jahr lang umbsonst zur kayserlichen gnade verwilliget worden.

Die herrschafft Toberschiz in Bohaimb sambt aller zugehör ist anno 1627 herrn grave Bruno von Mansfeldt ad dies vitae gnädigst uberlassen und anno 1628 darauf noch 40m fl gnade versichert, folglich anno 1630 erb- und aigenthomblich eingeraumbt worden.

[318^r^] Die herrschafft Mellnikh anno 1646 hat graf Hörman von Tschernin per 95.000 fl mit dieser condition, dass gegen erlegung des pfandtschillings mit zwayjäriger aufkhündtung solche herrschafft wider abgetretten werden solle.

---

[a] *Gottlieb Windischgrätz, Reichshofrat.*
[b] *Es handelt sich um die Ablöse eine Forderung der Familie Smiřický [Smiřice] gegen den Kaiser.*
[c] *Johann Friedrich Trauttmansdorff-Weinsberg; siehe dazu Himberg.*
[d] *Otto Heinrich Caretto, Marquese di Grana.*
[e] *Kurfürst Ferdinand Maria.*

Die herrschafft Carlstain ist anno 1655 dem freyherrlich khaffkhischen erben per 50.000 fl pfandtweise verschriben worden.

Die herrschafft Pirgliz anno 1658 dem fürsten von Schwarzenberg per 150m fl ohne verraittung.

Die herrschafft Pressniz anno 1667 dem gewesten erzbischoffen zu Salzburg von Thun und dessen erben wegen gewisser praetensionen* per 150m fl auf widerablesung mit halbjäriger aufkhündtung verpfendet worden.

NB: Veralienirung* des täzes* in Österreich ob und unter der Enns mit schlechten eur kayserlichen mayestät nuzen, desgleichen die bürgvogtey Wels dem fürsten von Auersperg.

[318v] Die herrschafft Steyr dem gaven von Lamberg.

Die kheüffliche überlassung des guts Wildenegg in Österreich ob der Enns dem praelaten zu Mannsee.[a]

[4to Eingelöste Länder, Herrschaften, Güter und Ämter]

4to Seindt beede herzogthumber in Schlesien, Oppl und Radipor mit 1,100.000 contra mentem camerae allein ex iussu ihrer kayserlichen mayestät propter certam status rationem[b] abgelediget worden.

Item haben eur kayserliche mayestät drey herzogthumber in Schlesien, Ligniz, Brükh *[= Brieg]* und Wohlau ererbt

Verrers hat die camer die graffschaft Ungarisch–Altenburg widerumb herzugebracht und die herrschafft Lipsch in Oberhungarn denen pergstetten incorporiret.

Alhir soll man auch über die confiscirte güeter im königreich Ungarn billiche reflexion machen.

Die mauth Mauthausen ist gleichfahls von den starnbergischen erben[c] redimiret worden.

[319r]

5to Järliche verwilligungen der erbländer in statu pacis

Böhmen

	fl	fl
Trankhsteüer, über abzug der ordinari ausgaben	350.000	
Item eine nebengab zu freyen dispositionen[d], wenigst	50.000	
Summa		400.000

[a] *Cölestin Kolb.*

[b] contra mentem camerae allein ex iussu ihrer kayserlichen mayestät propter certam status rationem: *gegen die Meinung der Kammer allein auf Befehl ihrer kaiserlichen Majestät wegen bestimmter gegebenen Ursachen.*

[c] *Vielleicht die Erben nach Heinrich Wilhelm Starhemberg, Obersthofmarschall.*

[d] zu freyen disposition: *Bewilligte Zahlungen der Stände zur freien Verfügung des Kaisers.*

Schlesien

	fl	fl
Accisen uber die ordinari ausgaben[a]	215.000	
Dann zur freyen disposition	100.000	
Summa		315.000

Mähren

	fl	fl
Contingent zur freyen disposition		121.000

[Österreich]

	fl	fl
[319v] Österreich unter der Enns	300.000	
Item die doppelte gült*	114.000	
Österreich ob der Enns	150.000	
Summa summarum ein million und viermahlhundert tausend, id est		1,400.000
Von Steyr, Kärndten, Crain und Tyrol werden eur kayserliche mayestät durch die hofcanzley zu benachrichtigen sein		
[Überschuss des Camerale – siehe 316r]*		*[1,857.841]*
Summa summarum beeder haubtempfäng		3,257.841

6° Ausgaben

[Österreich]

	fl	fl
Zuetrag zum vicedom ambt*	60.000	
Die helffte des halben vierten standts nachgesehen contingents	37.500	
Item die helfft der steüer	5.428	
[320r] Für die uncatholisch pupillen[b]	4.000	
Die trautsonische legation[c]	26.250	
Wiennerische statt quardi[d]	32.000	
[Österreich unter der Enns]		*[165.178]*

[a] *Akzise: Verbrauchsabgabe; in diesem Fall der Nettoertrag nach Abzug der Einhebungkosten.*

[b] pupillen: W*aisen.*

[c] trautsonische legation: *Paul Sixtus Trautson war Botschafter in Spanien (1677–1678) und ist dort gestorben.*

[d] statt quardi: *Stadtgarde, militärische Wacheeinheit in der Stadt Wien.*

Dem graven von Lamberg	4.000	
Landtshaubtmanns[a] adjuta*	1.000	
Gemeine statt Steyer	5.000	
Wels	3.000	
Enns	2.000	
Gemeine statt Vökhlabrukh zuetrag an rüstgeltern landtsteür unnd zapfenmaß*	2.500	
Vicedom* ambtscontingent	2.600	
Englhartszell	481	
Dem closter Lambach wegen der 50 städlingerischen feüerstett contingent	312	
Gemein statt steüer contingent	663	
[Österreich ob der Enns]		*[21.556]*

[320v]

Hungarische gränizbezahlungen in tuech und gelt

	fl	fl
Deren die räberische zwar von denen ständten unter der Enns beschiht, weillen sie aber in empfang einkhombt, als würdt sie auch per ausgab gesetzt	114.000	
Die oberhungarische miliz wirdt von Caschau abgeführt mit 38.750 fl, daher nit ausgeworfen, sondern nur ad notam gesezt		
Pergstetterische gränizen	63.098	
Cänische und bänäische gränizen	32.865	
Plattenseerische 5 castell	8.075	
Die teutsche quarinson zu Raab	11.320	
Die teutsche zu Comoron	12.710	
Zu Lewenz	3.060	
Filekh	6.105	
Presspurg und Hungarisch-Altenburg	1.863	
[Militärische Besoldung]		*[253.096]*

[321r]

[a] *Helmhard Christoph Ungnad [Weissenwolff].*

Proviantierung der hungarischen gränizen

	fl	fl
Järlichen 104.122 fl. Diese summa aber khombt in unterschiedlichen ämbtern für das obrist proviantambt* albereit ein, also khan man solche alhier nit doppelt in ausgab stellen		
Järliche proviantierung der wiennerischen stattquardi dem mitl nach	8.750	
Zuetrag zu selbiger bezahlung	8.000	
Auf fortificationen ein jahr ins andere 160m fl, dazu verwilligt Böhmen und Schlesien gemeintlich gegen 60m fl, würdt demnach nur ausgewirffen	100.000	
Für das haubtzeughaus in Wienn järlichen	60.000	
In das hofkriegszahlambt für tägliche ausgab	100.000	
[321v] Järlicher zuetrag für das hungarische guberno	18.000	
[Andere militärische Ausgaben]		*[294.750]*
Summa aller obstehenden ausgaben zusammen		734.580

[322r]

7º Hoffausgaben

	fl
In die geheimbe cammer, worunter[5] das järliche deputat* der 30m fl, wie auch die guldene ketten und kleinodien, neben dem baren geldt verstandten, zusamen	300.000
Geheimber *[rat]* und reichshofrath	80.000
Hofcamer	50.000
Kriegsexpedition	20.000
Hofcapellanen und musici	60.000
Obrist hofmeister und obrist cammerstab	26.000
Hofmaschallstab	3.000
Hartschier quardia[a]	20.000
Trabanten quarida	12.000
Regierenden khaiserin[b] deputat* und hofstattsbesoldungen	70.000
[322v] Für die junge herrschaft	3.000
Provisioner, deputata*, pensiones und studienverlag*	100.000
Auf potschafter, residenten, curir, rais- und lieferungsuncosten	100.000

[a] quardia: Ga*rde.*

[b] *Kaiserin Eleonore Magdalena.*

Umb ausnehmende wahren in die khayserliche quarderoba sambt liberey	100.000
Contralorambt	1.500
Khuchenschreiberambt	70.000
Khellermaisterambt	30.000
Liechtcamerambt	9.000
Fuetermaisteramt	95.000
Cammerfouriers ausgab samt denen tapezereyen	3.000
Obrist jägermaisterambt	15.000
Falkhnerey	14.000
[323r] Obrist postambt	4.000
Hochzeitpraesenten, hofsabfertigungen, recompensen*, adjuten*, neue jars und andere verehrungen	100.000
Extraordinari spesen	150.000
Verwittibte khaiserin[a] von hiesiger cammer järlich 137.000 fl[6]; diese bezahlung ist albereith vorhero in anderen unterschidlichen ämbtern einkhommen, würdet also diesorths nit ausgeworffen	
Summa bringen die hoffausgab zusammen	1,435.500
Die extraordinarien mittel seindt nit aus der acht zu lassen, weylen man aber nichts gewisses ansezen khan, als werden solche disorths allein ad notam genommen	
[Zusammenfassung][7]	
[Verschiedene Ausgaben aus fol 319v–321v]	*[734.580]*
Summarum aller eur kayserlichen mayestät järlich ordinari ausgaben zusammen	2,170.080
[Gesamte Einnahmen aus fol 319r]	*[3,257.841]*
Überschuss	1,087.761

[323v]

8° Ungarische Kammer

[Einnahmen]

Deren einkhommen bestehen in dreyen orthen, nemblich bey der cammer zu Presspurg, scepusiensischen oder caschauischen cammer und in Croaten, oder dem dreyßigist* zu Medliz, welche alle, deductis necessariis expensis[b] bey der cammer und haubt perceptorat zu Presspurg einlaufen sollen.[c]

---

[a] *Kaiserinwitwe Eleonore [Gonzaga].*

[b] deductis necessariis expensis: *nach Abzug der lokal notwendigen Ausgaben.*

[c] *Zur Struktur der Finanzverwaltung in Ungarn und deren Einnahmen und Ausgaben sowie ihr Zusammenwirken mit der Hofkammer siehe unter der jüngeren Literatur insbesondere* Kenyeres, *Einkünfte und Reformen,* Oross, *Kammern und* Nagy, *Kammer.*

Die ordinari einkhommen, dessen so immediate nacher Presspurg khomet, ist der ordinari ganze und halbe dreyßigist

Der ganze dreyßigist, welcher an 38 orthen eingefordert würdt, hat von anno 1660 bis 1670 inclusive in 11 jahren 849.015 fl 2 kr ertragen, khombt dem mitl nach auf ein jahr 73.455 fl.

[Die hier angegbenen Zahlen enthalten einen groben Rechenfehler oder eine falsche Angabe des Gesamtbetrages. Rechnerisch ergeben sich im Mittel auf ein Jahr 77.183 fl; die Differenz beträgt 3.728 fl.]

Der halbe dreyßigist hat sambt dem contrabant* in bemelten jahren 438.902 fl abgeworffen, als in einem jahr 39.900 fl. Darbey zu notiren, das dieses geföhl* darumb etwas über die helfft steiget, weylen darumb niemandt befreyet ist, dagegen von dem ganzen dreyßigist sich ihrer vill eximiren.

[324ʳ] Unter der caschauischen cammer seindt 15 dreyßiger[a], die haben in obermelten jahren 291.656 fl eingebracht, als dem milt nach 26.514 fl und von dem halben dreyßigist mit contrabent* 178.808 fl, bringt auf ein jahr 16.255 fl. Alda khönnte denen ordinari geföhllen* noch beygerukht werden die herrschafft Zattmar und Kallo, so järlich khaumb 5.000 fl sambt der münz zu Nagibania, so anno 1670 2.400 fl ertragen.

Der croatische dreyßigist, welche in das haubt dreyßigist ambt zu Medliz eingehen und von dannen aus nacher Presspurg gelifert werden, haben in berieten 11 jahren von anno 1660 bis 1670 inclusive ertragen 37.499 fl und der halbe 9.582 fl, also auf ein jahr dem mitel nach der ganze 3.409 fl und der halbe 871 fl. Notetur, dieser halbe dreyßigist hat anno 1660 und 1661 mehr als der ganze ertragen, hernach anno 1662, 1663, 1665 bis inclusive 1670 wirdt nichts ausgeworffen.

[324ᵛ] Wann also die ertragnus des ganzen und halben dreyßigist an allen dreyen orthen zusamen getragen würdt, so khomen selbige järlich auf 161.404 fl. Dazu wegen Zatmar und Kallo 5.000 fl, item wegen der münz von Nagybania 2.400 fl, thuet zusamen 168.224 fl.

[Der oben aufgezeigte Rechenfehler hat auch in der Gesamtsumme Auswirkungen. Rechnerisch korrekt beträgt die Gesamtsumme (mit den oben genannten 77.183 fl, jedoch ohne Zatmar und Kallo) 164.133 fl. In dem Bericht wird als Summe der darin genannten Teilbeträge ein Betrag von 161.404 fl ausgewiesen. Korrekt wäre jedoch 160.404 fl].

Belangendt die extraordinari einkhommen, ist diese jahr her das vornembste in denen confiscirten rebellengüetteren bestandten, deren ertragsnus man per pausch järlich auf 25m fl angeschlagen, es befündt sich aber aus denen quartals exträcten vom 1. Octobris 1675 bis letzten September 1676 dass in einem jahr 56.659 fl verreitet werden, darfür man doch nach etlicher mainung wol 100m fl oder in mehreres in bstandt hette haben können. Weylen aber schon ein gueter thail darvon vergeben, auch noch mehrer zu bezahlung der creditores verkhaufft werden müssen, als ist derentwegen nichts aigentliches auszuwerffen, jedoch möchte *[325ʳ]* bey den tekhelischen und etlichen anderen güetteren noch beyläuffig in die 20m fl einkhomben verbleiben. Zu Oberhungarn haben die rebellen alles verwiestet und wirdt noch imer darvon vill restituirt, also nit vil reflexionen darauf zu machen.

---

[a] *Dreißiger: hier Zollstellen, Zolleinnehmer für die Einhebung des Dreißigsten, des in den Ländern der ungarischen Krone eingehobenen Zolls.*

Die zrinisch und frangepanische güetter seindt mit einem großen schuldenlast belegt und haben bishero beyläuffig des jahres 7.500 fl ertragen.

Die taxa[a] der königlichen freyen stätt dis- und jenseits der Thonau bis an Croatien, werden mit 69.400 fl ausgeworffen, die seindt aber nie völlig in villen jahren eingebracht, sondern wegen der unvermöglichkheit und anderer umbständt das mehriste nachgesehen werden, maßen auch etlich auf vill jahr hinaus befreyet sein: jedoch darfür um 5.000 fl ausgeworffen ist.

Zu Oberhungarn und bey der caschauischen cammer sollte berirte taxa gleichfahls 37m fl abwerffen, *[325ᵛ]* hat aber darmit die beschaffenheit wie mit Niderhungarn und darfür järlich 3.000 fl einzustellen.

Die dica[b] pflegt allein bey denen landtägen bewilliget zu werden, ist also ein ganz ungewisses geföhl.

Wie ingleichen die contrabant und straffen, welche baldt etwas, baldt nichts einbringen, vom 1. Octobris anno 1675 bis 30. Septembris 1676 seint 3.208 fl eingangen, werden also nur 1.000 fl ausgeworffen.

Darzue khommen noch bey der caschauischen administration gewisse accidentia*, von denen salzgruben zu Sowar, so bishero auf 560 fl khommen, wirdt man also diese extraordinari einkhomben järlich beyläuffig nit wol über 37.000 fl anschlagen können. Darzue were noch beyzuruckhen der erst vor wenig jahren introducirte salzaufschlag*, darvon auf a 1° Octobris 1675 bis endt 1676ten jahrs in denen exträcten 12.827 fl einkhommen

[326ʳ] Möchte also die reditus[c] in ordinari und extraordinari geföhlen sich auf 218.051 fl oder endlich, da man die zehendtbständt und andere cleinere accidentia* zusamben ziehen wolte, in die 220m fl (außer der repartition) järlich erstreckhen.

[Ausgaben]

Folgen die ausgaben.

Für die ungarische cammerstatt, als camerae praefectum, räth, secretarien, canzley und buechhalterey persohnen 6.840 fl.

Dann wirdt für diese persohnen vermög der von weyland kaiser und könig Ferdinando 1° anno 1531 aufgerichten und hernach öfferts confirmirten ordtnung für das neue jahr, holz, liecht und tägliche ausgaben bey 2.773 fl eingestellet, ob aber diese zu passiren, verbleibt dahingestellt.

Der dreyßiger[d] besoldtung khomet auf 10.396 fl 40 d.

[326ᵛ] Bey der zipserischen cammer khombt des cameralstatt ordinari besoldung auf 3.005 fl, der dreyßigen[e] absonderlich auf 4.742 fl 80 d.

Und bey dem oberambt zu Medliz 2.924 fl zins, von dem camerhaus 1 fl 60 d und in specie von dem halben dreyßigist* auf militarische bediente 43.170 fl 19 d, darunter aber 31.403 fl 99 d für die hoffquota begriffen, nach deren abzug verbleibt 11.767 fl.

Bey der caschauischen camer erfordern die ausgab auf militares und hungarische kriegsvölkher 26.751 fl und postbestellungen 2.830 fl.

---

[a] taxa: *die von den königlichen Städten eingehobene Kriegssteuer.*

[b] dica: *die von den Ständen bewilligte Kriegssteuer.*

[c] reditus: *Einkünfte*

[d] dreißiger: *hier im Sinne von Zollbeamten.*

[e] dreißiger: *hier im Sinne von Zollbeamten.*

Hiezue khomen noch extraordinari ausgaben auf pensionisten und provisoner, zu bezahlung der schulden, raisuncosten und lifergelder*, auf geistliche allmosen, gemaine und extraordinari ausgaben, welche beyläuffig 27.970 importiren *[327r]* möchten, wirdt also für die ordinari und extraordinari ausgaben ausgeworfen .... 100.000 fl.

Wann nun diese von dem einkhommen .... 220.000 fl
abgezogen würdten, thette sich gleichwohl noch ein überschuss erzaigen per ...... 120.000 fl.

Der unterhalt des salarii des hungarischen guberno, so sich bis in die 36m fl erströckht, hat die hofcamer mit der helfft übernommen, verbleibt bey der hungarischen cammer noch 18.000 fl, nach deren abzug gleichwohl noch 102.000 fl verbleiben thetten, darmit anderwertig zu disponiren.

Es ist zwar nit ohne, dass sowol in Nider- als Oberhungarn die stellen mit räthen, secretarien und anderen bedienten zimblich vermehret worden, allein vermainet man auch, dass durch bössere bestellung die geföll inmitls so weith zugenommen, dass die ubermaß darauf zue ersezen, maßen sich dann aus mehr angeregten exträcten von 1. Octobris 1675 bis *[327v]* letsten Septembris 1676 zaiget, dass die ordinari ganzer und halber dreyßigist in disem jahr in Niderhungarn (dann ich nit fündten kann, dass die oberhungarischen darunder begriffen) 141.146 fl, also umb 27.791 fl mehrer als vor disem ertragen. Man lasse auch per pausch, da etwan in dem empfang noch etwas ab- und in ausgaben zugehen möchten, noch 22m fl hindan, so würdten dannoch 80m fl übrig verbleiben.

De cetero seindt die einkhommen eur kayserlichen mayestät ämbter und geföll seith anno 1658 bis anhero in schlechten unterschiedt, außer der österreichischen mäuth und handtgrafenambt, welche nit durch die hoffcammer, ungehündert solches deren ambt aigentlich erfordert, sondern die Orientällische Compagnia umb vill tausendt gulden melioriret worden. Gleiche beschaffenheit hat es auch mit dem alhiesigen waldtambt.

[Zur dritten und vierten Frage – Schulden, Gnaden, Pensionen]

[328r] Zum dritten[8] und vierdten punct belangendt haben eur khayserliche mayestät seit antretung deroselben regierung verschenckht 5,175.108 fl, davon seindt noch unbezahlt 1,420.049 fl, item von weyland Ferdinandi II. et III. herrührende alte gnaden abstatten lassen 1,678.526 fl, summa .... 6,853.634 fl.

[9]Desgleichen seindt durch die hofcammer alte schulden, welche nit von eur kayserlichen mayestät, sondern dero herrn vorfahren contrahirt, gleichwol abgefiehrt[10] wurden 7,353.067 fl.
Summa der schulden und gnadensposten .... 14,206.701 fl.

So seindt auch von eur kayserlichen mayestät in 22 jahren nachgehende pensiones und intertenimenta* unterschiedlichen persohnen tam civilibus quam militarius allergnädigst ertheylt worden .... 2,362.725 fl.

Summa summarum der gnaden, alten schulden und pensionen zusammen 16,569.426 fl.

[328v] Nun haben euer kayserliche mayestät deroselben hofcammer noch im Jahr 1667 per decretum anbefohlen, dass sie mit einrathung der gnaden innen halten und also gespäriger mit denenselben umbgehen solle, welches doch nit beobachtet worden. Solches bezeugt das bey der hofbuchhalterey* ligendte gnadensbuech von 585 bletteren, warauf ich mich als eine authentische beylag gehorsam beziehe. Darinnen alle individua mit nammen benennet, deren vil bey gehaimer inquisition aussagen werden, wie hoch ihnen solche remunerationes in die gwalt khomen, weylen insonderheit des herrn wachtmeisters graven

Gözen, seelig, exempl eur kayserliche mayestät dahin anweiset. Dessen gnadt per 95m fl der hofcammer praesident an sich gehandelt und damit er ihr kayserlichen mayestät herrn vattern[a] zum consens bewogen, darüber sich zwar einiges referat nit befindet, ist er mit besagten Gözen umb eine gewisse herrschafft in Böhem kheufflichen aines wordten, doch deren geringen valor ihr kayserlicher mayestät probabiliter verschwigen, wie er sich dann wider sein jurament nicht wol unterfangen dörffen, einen solchen unzimblichen *[329r]* vortheyl ultra dimidium[b] gögen sie zu bekennen. Als hat ernennter Göz an dem böhmischen gueth vermög beyligenden extract[c] der königlichen landtaffel ein mehres nit dann 35.925 fl und einer puzischen übernamb 10m fl, zusam 45.925 fl, die ubrige 49.075 fl aber, er praesident laut aigener quittungen, welche nicht dem stylo curiae[d] gemäß durch das hoffzallambt geloffen, paar erhoben. Deren erpressung sich des Gözens, seelig, brueder, landtshaubtmann zu Glaz[e], gegen mir nach vor villen jahren ganz wehemietig beschwärdt. Zu deme er nun bey einziger gnadenspost erweislich soviel genossen, was werden ihme die assignationes von fünfzehend halb millionen N[11] eingetragen haben, welche man doch mit 4 oder hechstens 5 millionen hette bestreitten, auch damit euer kayserliche mayestät formidabel machen khönnen. Und ist dieser modus acquirendi nicht schwär, woher wollte sich sonst des praesidenten unmessiger reichthum deriviren, der vor seiner ersten verehelichung nur 30m fl in substantia vermögt, anjezo *[329v]* aber in dem erzherzogthumb unter der Enns 1.387 pfundt herrngült* und 1.946 heüser ohne der verschwigenen, ob der Enns die herrschafft Poirbach mit etlich hundert feyerstetten und im königreich Böhm dem verlaut nach gegen einer million güetter in possess hat. Im übrigen seindt euer kayserlichen mayestät vierthalb millionen, welche sie pro statu militari aufgebracht, annoch zu bezahlen schuldig.

[Zur fünften Frage – Kriegsgelder und Abrechnung mit den Erbländern]

Der fünffte punct wegen abrechnungen der hoffcammer mit denen erbländern wirdt nicht tempestive gepflogen, dahero man in ewiger unrichtigkheit stehet, maßen weder die cammer noch deren untergebene buchhaltereyen de facto wissen khönnen, wohin die nachfolgende 42,373.624 fl kriegsgelder NB[12] äigentlich verwendet wurden, welches der posteritet zu merklichen praejudiz[f] und eur kayserlichen mayestät selbst ad confusionem gereichen muss.

---

[a] *Kaiser Ferdinand III.*

[b] ultra dimidium: *über die Hälfte (des wahren Wertes).*

[c] *Dieser liegt nicht bei.*

[d] stylus curiae: *Gepflogenheiten des Hofes.*

[e] *Johann Georg Götz.*

[f] praejudiz: *Nachteil.*

[Länder der böhmischen Krone]

Kriegsgelder	annis	fl	fl
Verwilligungen des königreichs Böheimb pro militia	1673	1,152.840	
[330r]	1674	1,152.840	
	1675	1,152.840	
	1676	1,152.840	
	1677	1,152.840	
	1678	1,152.840	
			6,917.040
Herzogthumb Ob- und Niderschlesien pro militia	1673 1674	954.081	
	1675	500.000	
	1676	550.000	
	1677	500.000	
	1678	600.000	
			3,104.081
Mähren pro militia	1673	384.280	
	1674	300.000	
	1675	280.000	
	1676	250.000	
	1677	250.000	
	1678	250.000	
			1,714.280

[Österreich]

[330v] Von verwilligungen des erzherzogthums Österreich unter Enns seindt ad militia nebstehende summen appliciret* worden	1673 1674	893.987	
	1675	324.374	
	1676	348.396	
	1677	329.844	
	1678	200.000	
			2,096.601
Österreich ob der Enns insimili	1673 1674	170.808	
	1675 1676	661.728	
ungefähr über	1677 1678	200.000	
			1,032.536

[Innerösterreich]

Kriegsgelder	annis	fl	fl
Item von Steyer, Kärnten, Crain ingleichen	1673	43.000	
	1674	91.212	
	1675	224.674	
	1676	246.253	
	1677	253.136	
	1678	350.811	
			1,209.086

[Antizipationen, Subsidien, Ungarn]

[332ʳ] Anticipationes* der innerösterreichischen cammer auf das quecksilber und die mauth Tarvis	500.000
Subsidiengelder* von der cron Spanien	2,010.000
Von Hollandt	900.000
Aus dem königreich Hungarn de annis 1673, 1674, 1675, 1676, 1677 et 1678 von denen accisen*, halben und ganzen dreyßigist*, welche auch usus militares seindt, verwendet werden: N*[ieder]* hungarischen repartition: die getreyder von Oberhungarn sambt denen laboribus gratuitis, wenigst	1,200.000
Unbezahlte anticipationes	3,500.000
Extra mitl vom fürst von Lokhwiz	190.000

Andere anticipationen*, die man aus eur kayerlichen mayestät hofzallambt und deren camerämbtern erhoben, auch ad usum bellicum dargeschossen, seindt noch nit extrahiret, die werden sich ebenmessig auf ein hoches belauffen.

Summa zusamen vierundzwainzig millionen und dreymahlhundert dreyundsibenzig tausendt, sechshundert vierundzwainzig gulden, id est

24,373.624 fl.

[Eingelegter Zettel 331ʳᵛ:]

	25,526.464	soll sein
(loco)	24,373.624	
	1,152.840	

[332ᵛ] Aus dem Römischen Reich, absonderlich denen schwäbischen und frankhischen craüsen, hat die kayserliche armee obstehende 6 jahr, deren eins ins andere, auf das geringste von denen quartiren erhoben 3 millionen

Summe 18 millionen

Summa summarum, sovil derzeit wissent, zweyundvierzig millionen, dreymalhundtert dreyundsibenzig tausendt sechshundert vierundzwainzig gulden, id est

42,373.624 fl.

[Zur sechsten und siebenten Frage – Abrechnungreste von Beamten, Liste]

[333r] Der sechste[13] und sibendte punct, die raittungen der beambten und ihre gemachte resten betreffen, befündten sich solche erst seit der städlerischen straff und niederösterreichischer buechhalterey noch anno 1669 an eur kayserlicher mayestät gethane anzeigung und erinnerung in besserer ordnung, doch wirdt hievon im 13. punct ein mehrers gehandelt. Die gegenwürtigen restanzien aber seindt in dem standt, wie eur kayerliche mayestät folgendts zusehen.[a]

Extract[b]

[14]Der gewester kayserliche hofcontralor Daniel Keimb verbleibt von anno 1631 bis 1643 in 8.000 fl raittungs mengl zuerleuttern, die erben seint unwissendt wo;

Des gewestern hofkuchenschreibers Stükhlrüssers erben bleiben von anno 1664 einen rest schuldig bis 681 fl, umb den nachsechung zur gnadt sie öffters angelangt;

Des gewesten hoffuederschreiber Zauners erben verbeiben schuldig 281 fl, khünnen aus armuth nit bezallen; *[333v]*

Des gewesten hofkellermaisters Laminths erben verbeiben von anno 1636 bis 1659 schuldig 1.339 ½ emer* wein, zu gelt angeschlagen 8.062 fl, cammerprocurator agirt wider sie;

Des geweste hofliechtcammerers Losy erben verbeiben anno 1643 bis 1654 2.771 fl, seint bluetarm und khönnen nit bezallen;

Reichspfennigmaisters Bleyman, seelig, hündterlassene erben seint von 1641 bis 1659 aigner bekhantnus nach schuldig 35.920 fl und ausser deren zu erleüteren habenden zweiflhafftigen 26.249 fl noch 73.204 fl;

Weyland Stephan Schmidts, gewesten rentmaisters in Mähren und volglich reichspfennigmaisters erb verbleiben inhalt gedachten Schmidts raittungen von anno 1606 bis 1619 vermög verfaster hofbuechhaltery abraittungen nach abzug ihrer stölenden gegenforderungen noch 124.535 fl capital, ohne das zu praetendiren habenden interesse; *[334r]*

Der geweste contributionseinnember zu Brünn, Znam und Iglau Georg Haller, verbleibt ihro kayserlichen mayestät von anno 1633 bis 1641 einen baren cassa rest per 4.155 fl, warvon bishero die interesse über 8.000 fl betragen, wider dessen erben der cammerprocurator in Mähren agirt;

Der geweste obermauthner zu Hradisch in Mähren, Martin Hortensius, welcher sich selbst entleibt, verbleibt ihrer kayserlichen mayestät bis 1649 3.200 fl schuldig; weillen aber nichts in der verlassenschafft gefunden, als gehet dieser rest verloren;

Antonius Miniati, gewester zahl- und mustercommissarius in Mähren, verbleibt ihrer kayserlichen mayestät bis anno 1648 ainen rest per 144m fl, westwegen bishero der mährische cammer procurator agirt;

Der geweste contributionseinnember in Mähren zu Hradisch, Johann Franz Leütner, verbleibt ihr kayserlichen mayestät von anno 1670 raitrest 1.438 fl, dessen caventen und burger zu Hrädisch, Paul Wadura und *[334v]* Johann Bollin, zur zahlung angehalten werden sollen;

Der geweste salzversilberer* und täzeinnember zu Znämb, Adam Franz Särtori ist ihr kayserlichen mayestät bis anno 1673 verblieben 8.535 fl, waran ihre kayserliche mayestät

---

[a] *Verweis des Bearbeiters:* vidi 61. *Der fol. 61 des Berichts entspricht archivalisch fol. 346.*

[b] *Unklarer Kommentar des Bearbeiters. Vielleicht bezieht sich dieser auf eine vorgenommene Abschrift.*

demselben wegen gestölten gegenpraetensionen* den rest auf 2.500 moderiret; darauf der niederösterreichische secretarius Häkhl mit 2.500 angewisen;

Der contributionseinnember zu Znämb, Lachner, verbleibt bis 1677 ihro kayserlichen mayestät 1.500 fl schuldig, warauf beraits herr general Würmb mit seiner praetension* angewisen;

Der geweste contributionseinnember im brünner crais, Johann Philipp Castner, verbleibt ihro kayserlichen mayestät nach abzug bezahlter 419 fl: 3.581 fl;

Der geweste salzversilberer* zu Pless, Matthias Hochenwarther, verbleibt ihro kayserlichen mayestät bis in 1.100 fl. Er selbst zwar gegenpraetensionen*, im übrigen *[335r]* aber ist er in solchen armenstandt, dass nichts bey ihme zu hoffen;

Die gräflich collaltische herren erben[a] haben auf dem ybbserischen 3 ß weinaufschlag* 300m fl reichsthaler gnad und 100m fl reichsthaler, oder 600*[m]* fl, welche zu 5 per cento verzinset werden, und haben bishero seith anno 1674 über 1.700m fl davon genossen, westwegen öffters erinnerung beschehen und hafftet itzo dieses werkh an einer haubtconferenz, ob der 3 ß weinaufschlag noch länger den gräflich Collaltischen zu lassen seye;

Die mölzer in der statt Iglau verbleiben ihro kayserlichen mayestät wegen ungleicher[b] piervertäzung nunmehr schuldig 7.269 fl;

Des gewesten hofzallmaisters Thomae Eders cum beneficio legis et inventarii[c] erclärte erben, seelig, so weith sich das inventatrium erstrekht 6.450 fl;

Des gewesten weinaufschlagseinnember an den böhaimbischen und mährischen granizen, Gerhard von *[335v]* Mihlstain wittib 6.070 fl 42 kr;

Der geweste hofcastner Johann Gasser 1.801 fl 53 kr;

Weyland Christoph Friedrichen Hansen, gewesten hofkriegszahlmaisters nachgelassene wittib und kinder, so sie an ihre gnad der 4.000 fl zu compensiren bitten, 1.100 fl.

[Zur achten Frage – Einkauf von Waren und Juwelen]

Den achten punct wegen wohlfailigkheit und kluegheit der wahren, beantworte ich gehorsam in dem 13ten; von denen jubellen aber hab ich das geringste niemahlen gesehen, doch werden durch die kauffleith und jubilier viel ungleiche reden[d] wider den praesidenten destwegen gefühnet, aus deren mund das übrige leicht zu vernemmen sein würdt.

[Zur neunten Frage – Auszahlungen der Hofkammer]

Der neunte punct von dem dispendio[15] camerali, welches der praesident allein auf sich genommen und mit eur kayserlichen mayestät geldern per multas praeposte rationes[e] gar zu arbitrarie[f] gehandelt, dessen verantwortung stehet auch billich ihme allein zue. *[336r]*

---

[a] *Erben nach Claudius Collalto?*

[b] ungleich: *mangelhaft. Siehe dazu das Gutachten Selb pag. 76–77.*

[c] beneficium legis et inventarii: *eine bedingte Erbserklärung, bei der Erbe für Schulden des Erblassers nur bis zur Höhe des übernommenen Nachlasses haftet.*

[d] ungleiche reden: *Beschuldigungen.*

[e] per multas praeposte rationes: *aus vielen vorgeschützten Gründen.*

[f] arbitrarie: *willkürlich.*

[Zur zehnten Frage – Wirtschaft in verschiedenen Ämtern]

Der zehndte punct, wie bey denen ämbtern und sonsten gehauset, ist leicht zu gedenckhen, nam a bove maiore discit aerare minor,[a] dahero die gebreüchige visitationes per qumquemnia[b] fürzunemmen, umb die befündtliche fähler selber orthen zu corrigiren. In münzsachen aber ist eur kayserlichen mayestät durch deren staigerung vermitels der fünfzehner[c] ein unwiderbringlicher schaden zugefüegt worden, welcher khünfftig mit villen millionen nit zu ersezen und doch allerseits auf eur kayserlichen mayestät cammer und erbländer nothwendig wirdt redundiren[d] müssen. Kundte dahero nicht schaden, wann eur kayserliche mayestät die münzacta des verstorbenen Cetto durch dero hofcanzley revidiren ließen, worinnen sich vil privat vortheylhafftigkheiten und aigenuz befündten dürffte.

[Zur elften Frage – Bestandverträge, Liste]

Der äilffte punct, was für beständt*, auch mit wehme und wasgestalt selbige aufgerichtet, geruhen eur kayerliche mayestät nachgehendts allergnädigt zu ersehen: *[336v]*

Extract[16]

Das kayserliche castenambt* ist den 6. Feburari 1668 dem herrn grafen von Hochenfeldt und seinen erben gegen järliche raichung 8 muth* waiz, 80 muth korn, 70 muth habern, 15 mut gersten und 15 mezen* prein[e], nach der wiennerischen gladtmaß[f], auf 6 jahr lang in bstandt verlassen worden, welcher bestandt* annoch continuirt.

Herrschafft Eberstorff hat herr Inskho in bstandt genommen auf drey jahr, so sich den ersten Januarii 1671 angefangen und gibt järlich 1.500 fl.

Mauth Hainburg mit darzue gehörigen filialen hat vom 1. Maii 1677 auf drey jahr Johann Bernhardt Pindter per 1.800 fl in bstandt, fieret solchen von quartal zu quartal in das obrist proviantambt ab.

Leopoldtstatt provisorambt hat Johann Sigmund Gmainer, proviantverwalter aldort, nach ableiben *[337r]* des *[Amtsinhabers]* von Raab vom 1. April 1677 bis lezten Martii 1679 auf 2 jahr per 4.350 fl järlich, und erlegt solche in das proviantambt aldort. Ist, weillen die zeit verflossen und die gefähl* verbössert, auch ein dorff darzue erkhaufft worden, eine neue tractation[g] vorzunemben, warzue auch bereits commissarios deputiret*.

Der mendlingische salzaufschlag* ist dem herrn Georg Reicharden auf 3 jahr, als von 6. Julii 1677 umb järliche 2.800 fl in bstandt verlassen und besagter bstandt auf das erste jahr, als von 6. Julii 1677 bis dahin 1678, in das obrist proviantambt erlegt worden.

---

[a] nam a bove maiore discit arare minor: *denn vom großen Rindvieh lernt das kleine das Pflügen.*
[b] cumquem: *durch wen auch immer.*
[c] fünfzehner: *Münze für 15 Kreuzer (¼ Gulden).*
[d] redundare: *hinüberfließen, sich ausdehnen.*
[e] *Brein: Hirse, Buchweizen.*
[f] *Glattmaß: Hohlmaße für Trockenprodukte gab es „glatt gestrichen“ oder „gegupft“.*
[g] tractation: *Verhandlung.*

Handtgräfliche aufschläg*, dise sein vermög hofcammer decret an herrn handtgrafen datirt 27. Junii 1677, alle vom ersten Aprilis 1677 bis lezten Martii 1682 als auf 5 jahr lang, nachvolgenden partheyen in bstandt verlassen worden: *[337ᵛ]*

Dem Jonas Christoph Wasserer der traidtaufschlag alhier umb järlich NB: hievon seint ihme auf 1679 1.000 fl nachgelassen worden	6.300 fl
Dem Christoph Seisser, handtgrafenambts überreither*, das rossgeföhl alhier per 2.600 fl und das aufm landt per 130 fl, zusammen järlich per	2.730 fl
Dem Johann Wilhelm Moller der hungarische schweinaufschlag umb järliche NB: diesem seindt nachgelassen worden järlich 200 fl.	1.600 fl
Dem Bruno Amon der junge viechaufschlag umb järliche	1.000 fl
Den bürgerlichen schweinefleischhackhern alhier, das was sye von schwein erkhauffen, per järliche	550 fl
[338ʳ] Auf gleiche weis denen brätlbratern umb järliche	80 fl
Der statt Neustatt der traidtaufschlag daselbst um järliche	350 fl
Dem markt Mödling traidt- und schweinaufschlag um järliche	120 fl
Dem markt Perchtoldtstorf der traidtaufschlag per	20 fl
Der statt Baaden mit ihren gezürckh[a]	400 fl
Dem Johann Osterhofer die beede Schwechat und Vischament viertl[b] per	1.100 fl
Dem markt Langenlois der traidt- und schweinaufschlag per	400 fl
Die geföhl zu Crembs bleiben auf verrechnung ungefähr järlichen	130 fl
Dem Wenzl Schwarz der mistelbacherische, *[338ᵛ]* pollstorffererische sambt dem marchfeldtische gezürkh umb järliche	350 fl
Dem stattrichter zu Waidthofen an der Theya selbige geföhl per järlich	180 fl
Dem postmaister zu Stokherau, Christoph Nicolao Moser, der traidtaufschlag daselbst per 900 fl, Oberhollaprun 200 fl und Carneuburg 100 fl, zusamen per järlich	1.200 fl
Dem kaiserlichen gegenschreiber zu Ybbs derselbige und walseerische traidtaufschlag umb järliche 50 fl, id est	50 fl
Dem markht Mölkh per	90 fl
Der statt St. Pölten und Herzogburg beyleüffig per	20 fl
Dem stättl Wilhelmspurg per	110 fl
Dem markht Neuenlengbach per	30 fl
[339ʳ] Der statt Tuln per	45 fl
Dem markht Träsmauer per	20 fl
Nussdorf, Closterneüburg und Neünkhürchen seindt auf rechnung.	
Dem Hanns Michael Praun, überreitern*, der aufschlag zu Ambstetten per	100 fl
Dem Sigmund Landtstainer das viertl ob Manhartsberg, traidt- und viechaufschlag per järlich	300 fl

[a] gezürckh: *Bezirk.*

[b] viertl: *hier im Sinne von Umgebung, Bezirk.*

Der statt Waidhoven an der Ybbs ist von ersten Julii 1671 bis end Junii 1674, als auf 3 jahr lang, der kayserliche weinaufschlag alda, von jedem emer* 40 kr vermög contract datiert 20. Maii 1671 in bestandt verlassen worden, bey dem es bis lezten Junii 1677 verbliben, von *[339v]* *[340r – An dieser Stelle ist eine Abschrift des Textes 336v bis 339v eingelegt, der archivalisch mit der Follierung von 340 bis 344 versehen wurde. Er ist wörtlich ident mit dem hier bereits edierten Text. Daher wird auf eine Wiederholung verzichtet.]* dato an aber ist mit bemelter statt der bestandt järlich geschlossen worden, auf	400 fl
Der vierten pfennig holzaufschlag ist dem herrn von Abele etc. umb järliche 400 fl in bstandt verlassen, derent noch nichts intimiret worden, id est	400 fl
Das fisch- und heymeysterambt zu Himberg und Gundramstorf ist dem von Kriechpaumb, niederösterreichischen vicedom den 5. Maii 1672 um jährliche 600 fl in bstandt verlassen worden, welche dato continuriet, id est	600 fl.

[Zur zwölften und dreizehnten Frage – Einhaltung der Instruktion; Personalliste]

Der zwölffte punct wegen dienstersezungen beziehe ich mich gehorsamst auf den folgenten und letzten.[a]

Der dreyzehende punct von haltung derer instruction *[345r]*[17] ist solcher durch alle articulos schlecht observiert worden, denn:[18]

1° Notorium[b], dass die wichtigste cameralia nicht in offenem rath sondern per conciliabula[c] tractirt werdten, wodurch der namen des gesambten mittels in praejudicium[d] eur kayserlichen mayestät würklichen räth müssbraucht, welche dem praesidenten nicht allein in partem curarum, sondern auch als inspectores vilicationis suae adjungirt[e] seindt, darwider sich nicht einwenden lasset, quod saepe ne*[que]* ratio rerum neq*[ue]* occasio patiatur, consilia cunctis prasentibus tractari[f] zumahlen solches axioma[g] nur den supremum consulentem[h] und dessen hochen orth bedeitet, allwo die summa der haubtsachen gezogen: die arcana domus[i] gehandelt und deren ultima ratio[j] geschlossen, welches sich khein executor mandatorum der nur potentiam mu-

---

[a] *Verweis des Bearbeiters:* vide 62. *Die fol. 62 des Berichts entspricht archivalisch fol. 347.*

[b] notorium: *allgemein bekannt.*

[c] conciliabulum: *hier eine gesonderte Versammlung.*

[d] in praejudicium: *zum Nachteil.*

[e] in partem curarum, sondern auch als inspectores vilicationis suae adjungirt: *nicht nur zur Unterstützung, sondern auch als Kontrollore seiner Amtsführung beigestellt.*

[f] quod saepe ne*[que]* ratio rerum neq*[ue]* occasio patiatur, consilia cunctis prasentibus tractari: *[frei, orientiert an den Vorwürfen Jörgers:] dass weder aus sachlichen Gründen noch wegen der Gelegenheit erlaubt ist, [nicht] im gesamten anwesenden Rat zu verhandeln.*

[g] *Axiom: (unwiderlegbarer) Grundsatz.*

[h] supremum consulentem: *der oberste Rat[geber].*

[i] arcana domus: *die geheimen Angelegenheiten des Hauses.*

[j] ultima ratio: *endgültig, letzten Endes.*

tuatitiam hat[a], mit fueg arrogiren[b] khan, will geschweigen, dass inter consilia secreta et occulta[c] ein großer unterschied ist – contra instructionem; *[345v]*

2do Wirdt sich seith etlich und zwainzig jahren nicht zaigen, dass eur kayserlichen mayestät einige ungleiche[d] nota, außer den von Chaos, und stäigerung der groben münzsorten betreffend zur decision wären vorgetragen worden, dahero sich von selbsten schließt, wer determinator rerum[e] seye. Und ob exempli gratia[f]: das michnische absolutorium[g] und anderes, darwider die böhmische hofcanzley noch den 14. Augusti anno 1669 starkhe instanz eingewendet, in subterraneis der rathsstuben seye concipirt worden – contra instructionem;

3o Fündet sich undter denen cammerräthen kheine inspection* und austheillung der expeditionen* ohne des ainige münz- und mautwesens, auch selbiges nicht ambulatorie[h], sondern wider ordnung continuo in des von Selb handten. Daher die übrigen räth in diesen, gleichwie andern cameräl negotiis eur kayserlichen mayestät dienst zuwider inexpertes verbleiben – contra instructionem;

4o Werden die gehörige ambts- und andere wichtige notturfften* denen buchhaltereyen* und registraturen* nicht intimiret, sondern gar dem expedit* entzogen, gestalten er, praesident[i], von dorten über 146 referat *[346r]* noch vor villen jahren erhoben und in seine behausung transferirt, auch solche über öffters ersuechen dem expeditori* nicht zuruchkgeschickht, wodurch die registratur*, welche lang noch intacta[j] verbliben, der posteritet[k] zu unwiderbringlichen schaden vilfältig evacuirt[l] wirdt – contra instructionem;

5o [19] Ware das ganze raitttungsweesen bis zu des Städlers amotion[m] in höchster verwirrung und zu der extremitet[n] gerathen, daß die niederösterreichische buchhalterey* noch anno 1669 durch ein ordentliches libell[o] die hofcammer bey eur kayserlichen mayestät de neglectu[p] großer geltsummen angeklagt, die wochen exträct[q] gegen denen continuationen[r] falsch befunden, die ambtleith ohne caution und die aufnembung

---

a executor mandatorum, der nur potentiam mutuatitiam hat: *der Vollzieher von Aufträgen, der nur über eine übertragene Macht verfügt.*

b arrogiren: *anmaßen.*

c secretus et occultus: *geheim und heimlich.*

d ungleich: *hier im Sinne von zweifelhaft, bedenklich.*

e determinator rerum: *der Entscheidende.*

f exemplum gratia: *beispielsweise.*

g *Es handelt sich um das abschließende Dokument der Prozesse gegen Wenzel Michna im Zusammenhang mit der Langen Münze.*

h ambulatorie: *abwechselnd.*

i *Georg Ludwig Sinzendorf.*

j *intakt: unversehrt.*

k posteritet: *Nachfolger.*

l evacuiren: *leeren.*

m amotion: *Entfernung.*

n extremitet: *außerordentliche Situation.*

o libell: *formelle Eingabe.*

p de neglectu: *wegen der Vernachlässigung.*

q wochen exträct: *Wochenberichte.*

r continuationen: *gegen die vorigen (Berichte), im Ablauf.*

der raittungen per conniventiam praesidis[a] bis zum falliment[b] dero hof-, veld- und khriegszallmaister in suspenso[c] fürgestelt, auch letzlichen ihre darüber bey der hofcammer ex officio[d] eingeraichte bericht ohne erledigung angezaigt; wie solches alles durch die städlerische action genugsamb docirt wurden – contra instructionem;

6to [20] Hat[e] offtbesagter praesident eur khayserlichen mayestät zu nach*[346v]*sehung viller tausendt gulden raittungsrest eingerathen. Solches bezeugt under andern des Carlo Miglio exempl, in deme er praepostere[f] über das referat der cammer ein guetachten von dem procuratore fisci[g] abgefordert, auch ohne fehnerer raths deliberirung* das allerweith von zehn räthen unanimiter[h] gestelte conclusum mitigirt[i] und also eur kayserlichen mayestät die sach contra stylum et notum cameralae[j] in dero gehaimben rath vorgetragen, zugleich auch dem niederösterreichischen buechhalter anbefohlen, sothane menglsposten hünfüro nicht mehr publice in den hoffcammerrath, sondern zu seinen handten einzuraichen – contra instructionem;

7° [21] Verbleiben die visitationes der ämbter und filialcammern zu eur kayserlichen mayestät ernstliche nachtheil und schaden beyseits gestelt, maßen von villen jahren ein anonymus die gräniz zolleinnember der böhmischen cammer criminose angegeben, welche man auch nach gehalterner inquisition culpabel[k] und threulos befunden, also dass ihrer vil haben abgestrafft[22] und ab officio müssen removiret werden. Seithero dann *[347r]* selbige gefähl, sovil nach der zeit warzunemben, järlich umb vil tausendt gulden mehr ertragen. Von welchem doch das geringste eur kayserlichen mayestät unter dem praetext dero cammermittel und ambtleith nicht zu discreditiren oder vil mehr die üble administation des alhierige praesidenten, etiam in hac classe[l] zubedeckhen, durch die hofcammer nicht referit worden – contra instructionem;

8° [23] Werden eur khayserlicher mayestät gethreuer diener bey begebende vacanzien[m] zuruckhgestelt, hingegen frembde denen officiis aus particular inclination[n] und interesse des cammer praesidentens eingefiehrt, wobey schändliche lucra[o] vorbey gehen, allermaßen er, praesident, von dem oberregenten[p] zu Glaz bis vierthalb tausendt gulden geschunck für sein ehefrau extorquirt, hat dieser anderst das intimations decret erhalten und zum jurament[q] gelangen wollen, wodurch die ambtleith zu würkhli-

---

[a] per conniventiam praesidis: *mit Duldung des Präsidenten.*
[b] falliment: *Bankrott.*
[c] in suspenso fürstellen: *verzögern lassen.*
[d] ex officio: *von Amts wegen.*
[e] *Durch Bearbeiter durchgestrichen und am Rand auf* hette *ausgebessert.*
[f] praepostere: *unzulässigerweise.*
[g] procurator fisci: *Kammerprokurator.*
[h] unanimiter: *einstimmig.*
[i] mitigiren: *abschwächen.*
[j] contra stylum et notum cameralae: *gegen die Gebräuche und ohne Wissen der Kammer.*
[k] culpabel: *schuldig.*
[l] in hac classe: *in diesem Zustand (?).*
[m] vacanzien: *freie Stellen.*
[n] particular inclination: *spezielle Neigung.*
[o] lucra: *Gewinne.*
[p] *Johann Georg Götz.*
[q] jurament: *Amtseid.*

cher unthreu necessirt werden. Wievil er aber deren ersezt, zaiget nachgehende lista in genuegsamber anzahl, die ime nit wenige werden eingetragen haben. *[347v]* Es gibt zwar der cammer praesident einige erlaubnus der regalien von eur kayserlichen mayestät bey denen dienstersezungen, vero[a], die lassen sich aber nicht ad venalia et turpia extendiren[b] – contra instructionem.

Lista[c]

[In der folgenden Liste wurden gelegentlich durch Bearbeiter Namen mit einem Kennzeichen versehen. Dieses wird hier durch ° vor dem Namen angezeigt]

Herr Georg Andre von Seeau *(+)*[24], als obrister cammergraf[d] in pergstetten	Zacharias Adam vom Pauersberg, waldmeister
Johann Andre Joanelli	Eisenobmann, Schrefl
Johann Georg von Schulzen, administrator	Münzmaister, Johann Franz Faber
Einnehmber zu Crembniz, Philipp Bernhardt von Prun	Bstandtinhaber, Cetto
Einnember zu Neusohl, Philipp Jacob Haasens	Münzmaister zu Neuburg, Barlme Triangl *[349r]*
Einnember zu Schembniz, Hanns Andreas Viechter von Grueb	Mauthner am Waaghaus, Leopold Mährl
Dessen successor Hanns Georg Posch	Christoph Nicolai sucessor
Herr von Hochenfeldt, Reichspfennigmaister	Gegenschreiber, Ostermayr
Reichspfennigambts contralor herr Hunefeldt	°Mauttner undern Rotthenthurn, Caspar Aidtmayr, izt salzversilberer zu Stain, so 3.760 fl schuldig und in die casse griffen
Ferdinandt Khaiser, Rentmaister in Mähren *[348r]*	Nicolai successor
Rentmaister zu Glaz, Hofman	Mautner zu Ybbs, Hartmann
Salzambtman zu Tärnowiz, Kürnberger	°Johann Heinrich Buell
Successor Thobias Joseph Eitner	°Columbanus Mayer
Carl Miglio, Hofzallmaister	°Pruckmautner und wassermautinspector zu Stain, zugleich auch schlisslambtman zu Crembs, Simon von Wagenheimb
°Stadler	°Weinaufschlags einnember am Tabor, Johann Wilhelm Lueger
Maximilian Ernst Gadermayr	°Peter Güntter
Loysel	°Johann Christoph Pibertaller
°Lueger	°Aufschlager am Särmingstain, Sigmundt Paukher

[a] vero: *in der Tat.*

[b] ad venalia et turpia extendiren: *auf Käuflichkeit und Schändlichkeit ausdehnen.*

[c] *Ergänzung des Bearbeiters (Reischl?):* der dienstersezungen dero zeiten des herrn hoffcammer praesidenten.

[d] *Georg Andreas Sonnau war Visitator und Administrator des Oberstkammergrafenamte.*

°Wurzer	°Johann Heinrich Buell *[349v]*
Kriegszallmaister Franz Pimiller	°Claudi Sigimundt von Jurmanowich
Christoph Friedrich Hansen	Aufschlager an der behaimbischen gränzien, Georg Reineckher
Ferdinandt Khaiser	Mauttner zu Linz Franz von Heindl
Leopoldt Traut	Vizdomb zu Linz, Johann Antoni Eckhart
Johann Tozman, feldtkriegszahlambts verweser und als veldtkriegzallmaister	Hofpauschreiber Johann Philipp Quenzer
°Johann Wilhelm Lueger	Grundbuchshandler Michael von Michlberg
Hans Christoph Agrädnig	Oberzehethandler Neündlinger
°Johann Baptista Morarth, deputierter in Böhmen	Sucessor Pischl
Gegenhandler Partscherer(?)	Caspar Naupp
Hans Friedrich von Kriechpaumb, vicedomb *[348v]*	Mautner zu Gmunden, Plass
Crollalanza, Salzambtman	°Anthoni Pottgieser Successor
Gegenhandler Georg Diener	Einnember zum Gmunden, Springer
Handgraf, Heinrich Christoph Stöckhl	°Hofschreiber zu Haalstatt Sauber als Einnehmer
Obrist proviant leytenant, Schindler	Hofschreiber von Seeau
Franz Carl Reschali	Großkhuffenhandler, Obenaus *[350r]*
°Johann Haas von Hochburg	Clement Merkhlin successor
Gegenhandler Andre Wunderlich	Verweser zu Ebensee, Seeau
Proviantverwalter zu Raab, Johann Haas	°Salzversilberer alhier Hanns Jacob Wurmb, so erst gestorben
Proviantverwalter zu Hungarisch–Alternburg, Leonhardt Härtl	
Obrist proviantmaister im veldt, Johann Siber	
Proviant commissarius in Mähren Schilling	
Obrist schiffamts leytenant, Erlinger	

9° [25] Procedirt er in schuldensachen contra iustitiam und bezahlt pro lubitu[a] seiner amicos oder befreundte, also haben eur kayserliche mayestät seinem vettern den graven Seyfriedt Preüner 80m fl alter verlegner schulden, die umb einen spoth von denen juden zu bekhommen waren, bar abstatten müssen, bey welcher partialitet[b], wan nemblichen rechtmessige creditores zuruckstehen müssen, der credit von der hofcammer abweicht – contra instructionem;

10° [26] Bringt er eur kayserlichen mayestät kheinen special uberschlag der järlichen hof- und kriegsnotturfften* in tempore[c] vor, sondern erst dazumahl, wan es summa neces-

[a] pro lubito: *nach Belieben.*
[b] partialitet: *Zuteilung; Einseitigkeit.*
[c] in tempore: *zeitgerecht.*

sitas erfordert. Unter dessen dissimulirt[a] er die mittel, wan gleich schon vorhero durch einen kauff- oder handelsman, wie so lengst in denen pohlnischen sachen mit *[350v]* Bertaloti geschehen, der schluß gemacht. Und exaggerirt[b] penuriam[c] der hofcammer so lang, bis eur kayserliche mayestät ad aestimationem sui dahin stingirt[d], als wan er persona media wäre, vermitels der alle negocia status khundten facilitiret werden. Deswegen gibt er auch endlichen sub praetextu fidelitatis[e] die interposition[f] seines credit zu verstehen, dessen er doch selbst nit versichert ist. Zumahlen notorium, daß ihn albereit jederman dem cammer officio responsabl zu sein, ex reatu[g] verutheillet. Zudeme fundiren sich alle anticipationes* auf die mittel eur kayserlichen mayestät substanz und aigenthomb, sonsten mieste nachdenkhlich folgen, dass der valor seiner güetter die cautiones imperatoris überträffe. Dieses ist nun proprie sein artificium, cuius astutia[h] er bis auf heütigen tag über euer kayserlichen mayestät hoche dispositiones einen so starkhen ascendentem[i] gehabt – contra instructionem;

11° [27] Handelt nicht oeconomice in erkhauffung allerhandt sorthen, mit dene eur kayserliche mayestät hofstaat nothwendig zu ver*[351r]*sehen, weniger in proviant vorrath. Dagegen khein geltmangl einzuwendten, zumahlen man dergleichen notturfften* folgendts durch vilfache stäigerung erhandeln und die mitel gleichwol dazue fündten muess. Wie nicht weniger in anderen wichtigen anstellungen, dadurch eur kayserliche mayestät auch in rebus status unwiderbringliche occasiones quae in omnibus rebus humanis maxime pollent, praesertim in bellicis aus handen gehen[j] – contra instructionem;

12ten [28] Ist er all zu sehr interessirt und hat solches an eur kayserlichen mayestät selbst erwisen, in deme er 1° von dem grafen Erasmo von Starnberg ein alte georg–wilhelmb–jörgerische schuldt contra legem ab Anastasio[k] et rescriptum* Ferdinandi III. per cessionem[l] an sich gehandelt und solche eur kayserlichen mayestät für voll zugeraitet; 2° hat er dergleichen ihme zugefallene jörgerische posten contra legem ab Anastasio et rescriptum Ferdinandi III. umb etlich und neünzig tausendt, wie nit weniger die wegen seines vatters regimentsrathsstell erthailte recompens* der 50.000 fl, dann für eine absonderlich ihme aufgesetzte gnad per 60.000 fl und also

---

a dissimuliren: *verheimlichen.*

b exaggeriren: *übertreiben.*

c penuria: *Mangel, Geldmangel.*

d eur mayestät ad aestimationem sui dahin stingirt: *etwa: euer Majestät zu seiner [des Präsidenten] Meinung bringt.*

e sub praetextu fidelitatis: *unter dem Vorwand der Treue.*

f interposition: *Einsatz.*

g reatus: *Anklage, Schuldiger.*

h proprie sein artificum, cuius astutia: *seine ihm eigene Kunst, durch dessen Schlauheit.*

i *Aszendent: hier vermutlich im bildhaften Sinn von Ausstrahlung.*

j in rebus status unwiederbringliche occasiones quae in omnibus rebus humanis maxime pollent, praesertim in bellicis aus handen gehen: *bei dem gegebenen Zustand der Dinge (entgehen) Gelegenheiten, die in allen menschlichen Angelegenheiten das meiste vermögen, vor allem im Krieg.*

k contra legem ab Anastasio: *gegen die Vorschriften der Lex Anastasiana, die auch für die Hofkammer galt (ein Übernehmer von Forderungen darf nicht mehr vom Schuldner erhalten, als er selbst dafür aufgewendet hatte).*

l per cessionem: *mittels Abtretung.*

über 200.000 fl der an*[351v]*weisung zuwider – welche ihme vermög der ersten und letzten versicherung nur auf restantien, extraordinari und andern dergleichen thueliche[a] mitel ertheillet würden – maistens von eur kayserlichen mayestät täglichen geföllen*, auch denen freyen verwilligungen des landt Österreich ob der Enns (deren zallungsterminen kheinen restantis zu vergleichen) in specie aber von der mauth Linz 15.112 fl, von denen ungerischen pergstötten 12.000 fl, von denen salzgeföllen zu Tharnowiz 46.000 fl, von dem mährischen rentambt 10.000 fl, von denen oberösterreichischen landtagsverwilligungen 43.000 fl, zusamben 126.112 fl, hingegen von extraordinari mitteln ein mehrers nit als 60.612 fl (wirunter er die wurmbprandtische sach wegen der vessten Schwarzenbach mit eingriff der österreichischen hofcanzley sub pratextu eur kayserlichen mayestät *(dienst)* in gehaimben rath zu Prag tamquam causam propriam[b] selbsten vorgebracht) erhoben, so lauth auch sein decret contra stylum consuetum[c] / wirinnen er ihme die macht vorbehalten, ohne ferner begreifung eur kayserlichen mayestät auf ein anders extraordinari *[352r]* mittel selbst pro lubitu zu greiffen. Dergleichen decreta ambitiosa zwar ex ipso zu rescindiren[d]. Die mitlere anweisung* der 50.000 fl auf die auf dem Churbayrischen über die abgerichten interessen* von denen zu Linz järlichen reservirten 6.000 fl sich befündenden überschuss und der ertragnus des ybbserischen 1 schilling weinaufschlags* betreffend, ist[29] ihme von dannen auch nur 34.887 fl, das überige aber gleichfahls contra assignationem aus anderen eur kayserlichen mayestät bar eingehenden mitteln in khurzer zeit guetgemacht und bezahlet worden;

13 [30] Hat er umb einer von dem grafen Seyfridt von Kollonitsch herrhürenden schuldt willen eur kayserlichen mayestät zum zallen eingemischt, die er sonsten directe an besagten grafen zu fordern gehabt. Zue vermeidung aber der gerichtlichen contradictionen die sach umb seines fortl willen dahin gerichtet, daß ihme von Kollonitsch sovil an seinen hofpraetensionen* (ungehündt dergleichen capitalien umb den zehenten, deren interesse aber umb den vierzigsten theil genuegsamb einzuhandlen) abgeschriben worden. Und weillen das capital nur 4.200 fl *[352v]* 9 kr, die interesse aber 12.348 fl 26 ½ kr ausgetragen, dardurch dann die interesse zweymahl höcher als das capital gestigen, als hat er von seinen aigen herrn usuram ultra alterum tantum[e] exigiret.

Und da eur kayserliche mayestät nicht ein zeitliches einsechen thuen möchten, hatt[31] er dergleichen alte jörgerische schulden, welche seith fünfzig jahren bis sie endltichen auf ihn als einen des cammer mittl gedigen kheinen zaller gefundten noch in capital 29.984 fl und interesse 83.478 fl 6 kr übrig, bey handten, welche khünfftig nit weniger, ja umb sovil mehr auf euer kayserlicher mayestät redundiren[f] werdten, weillen er albereith sein absehen in der kayserlichen gnadens verschiebung der 60.000 fl dahin gerichtet, dass die noch weiters an ihn khommende jörgerische an-

---

[a] thuelich: *geeignet.*

[b] tamquam causam propriam: *obwohl in eigenen Angelegenheiten.*

[c] contra stylum consuetum: *entgegen der gewöhnlichen Vorgangsweise.*

[d] rescindiren: *aufheben, ungültig sein.*

[e] usurae alterum tantum excedentes: *Zinsen über das Kapital hinaus (Oberländer, 727); verbotene Zinsen.*

[f] redundiren: *hinüberfließen.*

forderung (daruntern des von Kollonitsch mehrerwente post schon ein genugsambe prob gethaen) von eur kayserlichen mayestät gleichsamb indebite[a] bezallet werden missen;

14 Hat er die landtsfürstlichen lehen zu Neüburg am Yhn, welche umb 80.000 fl heten dem landtmarschall Traun sollen verkaufft werden, aus ihrer natur *[353r]* und aigenschafft gratis an sich gebracht – contra instructionem; dass er aber

15. euer kayserliche mayestät contra generalia unterschiedliche darlehen mit zueschlägen vorgestreckht und die ihme versetzte mäuth am Rothenthurn um 14 und mehr percento cum turpi lucro[b] genossen, solches wirdt allein incidenter allegirt[c].

Schließlichen beruffe mich auf[32] mein sub dato Wien den 14. April dis jahres eur kayserlichen mayestät[33] eingereichtes guettachten, absonderlich den ersten punct wegen revidirung der hofcammerinstruction, deren altes exemplar hiebey und die böse norma ist, eine neue zu verfassen. Desgleichen 4., aufrichtung einer generalcassa, item 7., ausarbeitung des von mir erträglichen[d], möglichen und perpetuirlichen[e] vorgeschlagenen extraordinari mitls, wie nit weniger alle übrige monita obberierhten guttachtens.

Mit mehrers gehorsamb eur kayserlichen mayestät mich hierunder zu beharrlichen gnaden allerunterthenigst befehlendt eur kayserlichen mayestät allergehorsamster

Johann Quintin grave Jörger

Wien den 31. Julii 1679

[353v bis 357r blank, dann Deck-/Endblatt:] Cameralgutachten des vice praesidentens herrn Johann Quintin graffen Jörgers de dato Wienn 31. July 1679 über die ihme untern 17. July 1679 zudecretierte 13 puncten

N° 3

---

a indebite: *ungebührlich.*

b lucrum turpis: *ein Gewinn gegen die gute Sitten.*

c incidenter allegiren: *etwa: als Beispiel bringen.*

d erträglich: *hier im Sinn von ertragreich.*

e perpetuirlich: *auf Dauer.*

Textanmerkungen zum Gutachten Jörger

1 *Verbessert aus 54.*

2 *Die in der Quelle angegebenen Verweise auf die Seitenzahlen des Berichts werden hier nicht angeführt.*

3 *Verbessert aus 54.*

4 *Durch Jörger korrigiert aus:* canzley.

5 *Doppeltes Wort* worunter *durch Jörger gestrichen.*

6 *Durch Jörger korrigiert aus:* 157.000 fl.

7 *Die Tabelle ist unvollständig, weil für die rechnerische Richtigkeit Beträge fehlen. Diese sind in der Editionsgrundlage an anderer Stelle enthalten. Sie werden hier durch den Editor ergänzt, ohne dass sie an ihrer originären Stelle entfernt sind.*

8 *Kommentar des Bearbeiters:* 3 puncten, *vielleicht um auf eine Trennung der im Text zusammenfassend genannten dritten und vierten Punkte hinzuweisen.*

9 *Kommentar des Bearbeiters:* 4 puncten, *vielleicht um auf eine Trennung der im Text zusammenfassend genannten dritten und vierten Punkte hinzuweisen.*

10 *Durch Jörger korrigiert aus:* abgestattet.

11 *Im Original durch den Schreiber am Rand eingefügte Kennzeichnung:* N. *Es könnte sich dabei um einen für den Leser gedachten besonderen Hinweis auf die Textpassage oder den Betrag handeln.*

12 *Im Original durch den Schreiber am Rand eingefügte Kennzeichnung* NB. *Es könnte sich dabei um einen für den Leser gedachten besonderen Hinweis auf die Textpassage oder den Betrag handeln.*

13 *Kommentar des Bearbeiters:* 6 puncten, *vielleicht um auf eine Trennung der im Text zusammenfassend genannten sechsten und siebenten Punkte hinzuweisen.*

14 *Kommentar des Bearbeiters:* 7 puncten, *vielleicht um auf eine Trennung der im Text zusammenfassend genannten sechsten und siebenten Punkte hinzuweisen.*

15 *Durch Jörger korrigiert aus: (...)*

16 *Kommentar des Bearbeiters (Reischl?):* geschriben. *Vielleicht bedeutet das, dass der eingelegte Text des Extrakts in den Bericht übertragen oder dass eine Abschrift vorgenommen wurde.*

17 *Die Foliierung ist korrekt. Zwischen 339*^{v} *und 345*^{r} *befindet sich der erwähnte eingelegte Extrakt, der die vorher beschriebenen Verpachtungen kopiert hat und daher nicht transkribiert wurde.*

18 *Die Anordnung der folgenden Punkte Jörgers wurde durch Bearbeiter mit Bleistift teilweise korrigierend umnummeriert und neu zusammengefasst; insgesamt ergeben sich dadurch nur 12 Punkte.*

19 *Abschnitt durch Bearbeiter mit geänderter Nummerierung versehen:* 6 puncten *(...).*

20 *Abschnitt durch Bearbeiter mit geänderter Nummerierung versehen:* 5.

21 *Abschnitt durch Bearbeiter mit geänderter Nummerierung versehen:* 6. *die allerdings schon verwendet wurde.*

22 *Durch Jörger korrigiert aus:* gestrafft.

23 *Abschnitt durch Bearbeiter mit geänderter Nummerierung versehen:* 12 puncten 59. *Vielleicht bedeutet 59 einen Verweis auf fol. 59 des Berichtes, archivalisch fol. 339.*

24 *Unklares Zeichen: in der Editionsgrundlage ist das Zeichen ~ durch einen vertikalen Strich | geteilt in einem Kreis eingefügt.*

25 *Abschnitt durch Bearbeiter mit geänderter Nummerierung versehen:* 7.

26 *Abschnitt durch Bearbeiter mit geänderter Nummerierung versehen:* 8.

27 *Abschnitt durch Bearbeiter mit geänderter Nummerierung versehen:* 8. *(...), die allerdings schon verwendet wurde.*

28 *Abschnitt durch Bearbeiter mit geänderter Nummerierung versehen:* 9.

29 *Durch Jörger korrigiert aus:* wirdt ihme.

30 *Abschnitt durch Bearbeiter mit geänderter Nummerierung versehen:* 10.

31 *Durch Jörger korrigiert aus:* hete.

32 *Über dem Text ergänzte unlesbare Bemerkung des Bearbeiteres.*

33 *Wortfolge* eur kayserlichen mayestät *durch Jörger eingefügt.*

Der Bericht Johann Sebastian Pöttings

Wien, 1679 August 2
FHKA, AHK, HFÖ, Akten K 1257, fol. 373r – 415v

[Bericht an den Kaiser]

[373r] Allergnädigister herr herr etc., eur kayserliche mayestät allergnädigisten befelch vom 17ten dis habe ich noch eadem die alleruntertthängist erhalten. Deme dan zu gehorsambister folge, den allergnädigisten befohlchenen bericht undt gehorsambistes gutachten hiemit alleruntertthängist erstatte.

Und zwar erstens so seindt seithero eur kayserlicher mayestät glorwürdigist angetretenen regierung nachfolgende herrschafften undt ämbter von eur mayestät hoff- undt anderen gefällen* hinweg kommen, alls nemblich in Oberösterreich die herrschaft Steyer, welche pro 360m fl anno 1663 für eur mayestät obristen hofmeister[a], dann dem fürst von Schwartzenberg anno 1658 die in Böhaimb liegende herrschafft Pirglitz pro 150m fl pfandtweis *[373v]* undt dem cardinal von Thun undt dessen erben anno 1667 ebenfalls in Böhaimb die herrschaft Preßnitz per 150m fl pfandtweis überlassen worden.

Wie nit weniger seint auch laut beylag A nach ferrner etliche ämbter theils verkaufft undt theils versetzt, herentgegen aber wieder zu eur mayestät cammergefällen* die opplische eingelöste gütter zugestanden, die fürstenthümber Prieg, Liegnitz, und Volau eur maystät zugefallen undt laut oben allegati A etliche gefäll ebenfalls eur mayestät camerali wieder zuruckkommen.

Dan ersehen eur mayestät aus der beylag B allergnädigist, dass von anno 1674, 1675 et 1676 dem mittel nach von eur mayestät erbkönigreich undt landen anjetzo noch sich befindenden cameralien ein million achtmahl hundert achtundsiebenzig tausendt dreyhundert undt achtzig gulden ertragen.

Wogegen auch die beylag C zeiget, was de anno 1658, dan wieder anjezt 1678 vor hoffausgaben sich befunden, dass ungeachtet anno 1658 annoch eur mayestät nit verehliget gewesen, gleich sehr wohl das verwichene 1678ste jahr gar umb ein geringes gegen durch eur mayestät verehligung vermehrter hoffstatt undt zwar umb 87.356 fl[b] allein mehr ausgegeben worden.

[374r] Was aber 2do vor anweisungen* bey jeden ambt bis anjetzo bezahlet undt noch darauff hafften, das ist wegen kürtze der zeit aus eur mayestät buchhaltereyen nit zu handen zu bringen gewesen.

---

[a] *Johann Ferdinand Portia und Brugnera.*

[b] *Siehe dazu jedoch die Bemerkung in der Beilage C zur Tabelle für 1658.*

Ad 3[um] aber was vor gnaden, pensionen und provisionen von eur mayestät glorwürdigster regierung an ausgeworffen, angewiesen undt würklichen abgeführet undt daran noch abzuführen seye;

undt was ad 4[um] unter eur mayestät 22 regierungsjahren vor schulden erhandlet, bezahlet undt noch zu bezahlen sein, das zeiget der summarische buchhalterey extract D.

Ad 5[um] die abrayttung mit dero gesambten erbkönigreich undt landen undt was annoch bey selben in rest rückständig sey, das ist, als eine meistens ohne communication des hoffcamerraths beschehene handlung, mir unwissent.

Wie aber ad 6[um] die beambten rayttungen ausstehen bewandet undt was noch vor rayttungsrest zuruckstehen, das zeiget zwar der hoffbuchhalterey extract E, jedoch noch verlässliger von den buchhaltereyen zu vernehmen sein wirdt.

[374v] Wie aber pro 7mo undt was gestalten die gemachte rest eingebracht undt zu eur kayserlichen mayestät besten angewendet, auch wie ad 8[um] die erkhauffung der wahren, jubellen, victualien* undt andern nothurfften gehandlet, ob undt wie nach der in der hoffcammer instruction vorgeschribener wohlfeylligkeit die gebührende obsicht getragen; dan 9no wie die eingangene gelder zu dem gewidtmeten ende oder sonsten angewendet; folgents 10. wie bey den proviant-, salzt-, müntz-, hoff- und kriegs-, rendt-, handtgrafen*[amt]* und anderen ämbtern, auch denen hungerischen berckstätten durchgehents gehauset, das ist ebenfalls, weill mehristes anderst als es der 7. § hoffcammer instruction ansetzet tractiret worden, mir undt den mehristen hoffcammerrathen verborgen.

Ad 11[um] was vor bstandt undt mit wehme selbe auffgericht, das ersehen eur mayestät in etwas aus dem oben sub A buchhaltery extract.

Die diensterstzung ad 12[um] anlangent, ist selbe ebenfalls mehresten theils privatim undt ohne wissen oder nachricht der mehristen hoffcammerräth vorgenommen undt eingerathen worden.

[375r] Will auch glauben, dass eur kayserliche mayestät praesident durch die große menge der hoffcammerräth veranlasset worden, sowohl umb erhaltung der gehaimbe in eur kayserlicher mayestät cameralien alls auch der schleinigen expedirung selber willen, von der hoffcammer instruction abzuweichen und fast alle importirende negotia dergestalt privatim zu handlen. Dahero der unterthänigisten meinung wehre, dass die zahl eur mayestät hoffcammerräth auf 10 meistens restringiret wurde, ungeachtet dass bey eur mayestät angetretenen glorwürdigsten regierung selbe zahl auff 8 allergnädigist benennt gewesen sein solle. So geschicht gleichwol öffter, dass einer oder anderer erkranket, auch billich ein jedtwederer inn 2 monath des jahrs den seinigen zuzusehen[a] erlaubnus vonnöthen hette. Auff welchen fall eur mayestät praesident dergestalten die erlaubnussen geben kunte, dass gleichwohl allzeit 8 räthe in loco anwesendt zu eur mayestät dienst beförderung verbleiben.

Were auch weiter vor allen die höchste nothurfft, dass, sintemahlen die hoffcammer instruction 116 jahr alt, auch 84 § (worunter etliche niemahls ad praxim kommen) in sich haltet, anjezt eine neue ad modernum statum eingerichtet, allerdings aber darinnen der heylsahme 7. § *[375v]* wohl exprimirt wurde, dass eur mayestät praesident alle cameralia im rath vortragen undt secundum majora schlüssen thete, maßen ohnedies bey dem erfolgenden vortrag vor eur mayestät ihme, praesidenten, der weg offen, dass er auch saniorum

[a] *Wohl ein Schreibfehler, richtig wäre:* zu sehen.

votorum opiniones[a] ungeacht des per majora in hoffcammerrath gemachte conclusi, allerunterthänigist referirn undt hierüber eur mayestät allergnädigiste resolution einhollen könne.

Worbey auch der 9. § meines unterthänigisten erachtens höchst nothwendig zu attendiren, dass die expeditiones* unter die rathe inspectionsweis* vertheilet, nach undt nach verwexelt wurde, damit hierdurch eur mayestät hoffcammerräthe in allen expeditionibus plenam informationem einziehen undt zugleich auch keine eur mayestät dienst offt viel importirende expedition von einigen secretario* zuruckgehalten werden könne.

Dann fernners auch denen rathen weder das expedit*, registratur* noch auch buchhalterey* gesperret werden, damit er nach belieben sich zu eur mayestät dienste vollkomblich informiren könne. Wie dan viel weniger denen beeden buchhaltereyen* einige sach bey besagten expedit oder registratur in geringsten vorenthalten werden, *[376ʳ]* sondern in allen vermög instruction ihre nothurfft zu handlen ihnen die offene handt gelassen werden solle.

Dan dass folgents der buchhaltereyen* erinderungen undt berichten jedesmahls zeitlich im rath vorgenommen, attendirt[b] undt dardurch der beambten saumbseeligkeiten, vorthelhafftig- undt unrichtigkeiten zu eur mayestät diensten praecaviert[c] wurden. Undt were ebenfalls der 28. § nit aus der acht zu lassen, dass zeitlich die jährliche überschlag der hoff- undt kriegsausgaben gemachet, die mittel darauff zu einen und anderen zeitlich determiniret undt hierdurch aller wirtschafft undt wohlfeyller einhandlung höchster vorschub gegeben wurde.

Weillen dan eur kayserliche mayestät das verflossene 1678ste jahr ihre hoffausgaben ohne der militarien mit zwey millionen fünffundneuntzig tausendt dreyhundertundtzwantzig gulden bestritten worden undt obwohlen zwar, wie oben gezeiget, das mittel von den drey letzten jahren an eur mayestät cammer gefällen mehrer nit, als ein million achtmal hundert achtundtsiebentzig tausend dreyhundertundachtzig gulden ertragen undt allso die ausgab die einkommen oder cameral ertregnussen umb zweymal hundert sechzehen tausend neunhundert und viertzig gulden übersteiget *[376ᵛ]*, so wirdt doch durch allergnädigist vorhabende restriction auch künfftig die ausgab in etwas gemindert undt hierdurch die cameralien etwas zulangen werden können. In gehorsambister anmerckung, dass bey obbemelter specification B der cameral ertragsnussen nit einiges kreutzers von eur mayestät inner*[österreichischen]* und oberösterreichischen cammern gedacht, welche ja hoffentlich mit dem quecksilber undt dem oberösterreichischen saltz zu eur mayestät hoffsausgaben jahrlich wenigstens ein halbe million gulden subministriren werden könne. Wormit eur mayestät völlige ausgaben nit allein bestritten, sondern wegen baarer mittel (weillen alles in tempore verschafft werden kann) viel erspahret undt solchemnach von obgedachter eur kayserlicher mayestät cameralgeföllen noch wenigstens über 300m fl erübriget undt an dem annoch lauth F verhandenen bey gewehrten krieg undt vorhero gemachten schulden abzuzahlen angewendet werden kunten. Woraus dan ganz klahr erhellet, dass zu eur mayestät hoffstatts künfftiger bestreittung keineswegs vonnöthen von dero erbkönigreich undt landen contribution* etwas darzu anzuwenden, sondern allein zu bestreittung eur mayestät millitaris selber gebrauchen könne, welches, wie aus meiner *[411ʳ]* gehorsambisten deduction G allergnädigist abzunehmen,

---

[a] saniorum votorum opiniones: *etwa: vernünftige [abweichende] Meinungen.*

[b] attendiren: *darauf achten, verfolgen.*

[c] praecaviren: *verhüten.*

dass in fall eur mayestät in 12 regimentern zu fueß 36m man, in 8 regimentern zu pferdt und 1 regiment dragoner 9m, zusammen 45m man bey den jetzigen friedenstandt zu behalten, jede sowohl mundt- alls pferdtportion per 3 fl bezahlen lassen wollten, selbe sambt der fortification undt artiglirie, auch der hungarischen gränitz bezahlung, eur mayestät mit drey millionen undt 500m fl gantz wohl zulangen würden. Dass nun eur mayestät erbkönigreich undt lande dahin beweget werden möchten, mit vier millionen undt 500m fl wegen des beygeführten krieg angewachsenen schulden lasts, allerunterthänigist eur mayestät an die handt zu stehen, so wurde hiervon über den unterhalt der millicie ein million zu bezahlung der schulden angewendet werden können, welches auch meines unterthänigisten erachtens vielleicht noch wohl von denen ländern zu erheben wehre, wan ein gleichformiger universaler fuß der contribution* ergriffen, anbey auch eur mayestät treu erbkönigreich undt länder sowohl mit keinen andern weiteren *[411v]* postulatis belanget zu werden, alls auch aller quartier undt marsch costen undt allso aller excessen der millicien des jahrs über verwahret zu werden, von eur mayestät allergnädigist versichert wurden, wie aus meinem beiliegenden project H zu weisen mich gehorsambist bemühe.

So wehre ich auch ferner der unterthänigisten und gehorsambisten meinung, dass wegen vor zeiten von der kayserlichen hoffcammer denen innerösterreichischen landtschafften auffgebürdeten undt von ihnen übernommenen acht oder wenigstens fünff millionen kayserlicher alten schulden (welcher interesse zu bestreitten besagte länder das jahr über 300m oder wenigstens 250m fl verwenden) von eur kayserlicher mayestät mit gleicher justitia aufgehoben wurden, mit welcher bey eur mayestät königlicher böhaimbischer cammer verhandene acht millionen schulden, weder an capitali noch interesse bis dato, ja nit mit hundert völlige tausendt (wie sie es verlangen undt annehmen wolten) zu dato nit bezahlet werden können, wordurch eur kayserliche mayestät von der innerösterreichischen landen eingehende contribution*, *[412r]* so der arme contribuent richtig abführt, *[(]*aber nit zu eur mayestät, sondern zu der übernommenen creditorn interesse bezahlung verwendet wirdt) zu eur mayestät dienste undt dero kayserlichen ausgaben, alles der versezten ämbter auslösung des jahrs 250m fl zuwachsen würden.

Es thuen auch obgesagte drey innerösterreichische ländern, wie verlautet, das jahr über auff die croatische gräntzen von ihrem contributions* quanto in die 400m fl anwenden, welche ebenfalls eur mayestät dergestalten entgehen müssen. Indeme aber in eur mayestät hoffcammer instruction 50mo klahr versehen, dass die praelaturn in eur mayestät landen alls ein cammergueth zu consideriren, dannenhero, wie es unter eur mayestät Maximilian den anderten seeligen andenckens beschehen sein soll, visitirt undt was über den funda*[men]*tum et congruum numer*[os]*um[a] der geistlichen undt der praelathen ehrlichen, jedoch moderirten unterhalt übrig befunden, verzeichnet werden könne, woraus von denen in denen österreichischen *[412v]* landen sich befindeten sehr viel undt reichen praelaturn unfehlbahr 100m fl zuweg gebracht wurden, welche eur mayestät, ohne schmählerung der fundation[b] undt des gottesdienstes, zu erhaltung solche türckhischer gräntzen ganz billich anwenden undt sodan abermalen von eur mayestät innerösterreichischen landen zu dato lauffender contribution* 100m fl zu ihrem anderwerttigen dienst applicirt werden könten.

---

[a] funda*[men]*tum et congruum numer*[os]*um der geistlichen: *Grundlage und Lebensunterhalt der zahlreichen Geistlichen.*

[b] fundatio: *Aussstattung, Stiftung.*

In eur mayestät hertzogthumb Schlesien, da ich die mir allergnädigist aufgetragene visitation der cameralien gehorsambist verrichtet, habe ich durch vorgeschlagener aufrichtung gewisser salzsiederey selbes landes saltzgefäll* ohne billicher beschwerde des landes hoffentlich mit 100m fl des jahr zu vermehren gehorsambist angebracht, worzu auch bis dato von eur mayestät hoffcammer die handt angeleget undt hierzu im Teschnischen ain güttel erkauffet worden, worbey auch sich fast ein hoffnung zeigen will, einen saltz steinbruch undt berckwerch (so eur mayestät ein sehr großes ertragen wurde) gefunden zu werden. Dahero *[413r]* der gehorsambiste mainung wehre, dass solchem werckh fernner mit allem eifer nachgesezt wurde.

Undt sintemahl die proviantierung undt versehung der magazinen offt ein großes erfordern, da aber zu bequemer undt wohlfeyller zeit einige reflexion darauff gemacht undt bey öfftern ganz wohlfeyllen werth des getreydts ein nahmhaffer vorrath geschafft, so offt mit nutzen wieder mit einem neuen verwexlet und solcher gestalt eur mayestät viel tausendt gulden vorträglich erspahret wurden, westwegen dan auff dergleichen nahmhaffte vorsehung zu bequemer und wohlfeyller zeit nachtruckliche reflexion zu machen, keineswegs unterlassen werden solle.

Ingleichen werden die von eur mayestät böhaimbischer cammer pfandtweis versezte herrschafften (so umb ein weit ein höchers genossen werden) von eur mayestät cammer allda auch mit anticipirung* baarer gelder nach undt nach einzulösen undt von deren ertragnus überschuss die hierzu anticipirte gelder wieder khünfftig zu bezahlen. Da auch gleich die pfandts inhabern den höchern *[413v]* genuss ihren meliorationen[a] zuschreiben undt destwegen ihnen selbe auch zu bezahlen praetendiren wurden, so were ich doch der gehorsambister meinung, dass darumb solche praetendirte meliorationes ihnen nit zu bezahlen weren, weillen sie durch so langwürig darvon erhobene nutzen selbe genugsamb bezahlter überkommen haben.

Dan ferrners were ich nit weniger der unterthänigisten meinung, dass, obwohlen kein großer monarch ohne die böse *[diener]* zu bestraffen und die treue diener zu begnaden bestehen könne, doch gleichwohl die kayserliche gnad niemahls auff eur mayestät ordinari (wie viel geschehen) sondern auff der hoffcammer alten stylo nach extra ordinari mittel künfftig verwiesen werden sollten, absonderlich weillen bey eur mayestät 1679jährige hoffausgaben (welche ich in diesem meinem unterthänigisten gutachten vor ein fundament undt regel setze) in der rubric der gnadengaben in baarem gelde undt allso aus eur mayestät ordinari mitteln des jahres 120m fl schon ausgeworffen sein, das allso die *[414r]* übrige jährliche gnadens anweisungen* gar wohl auff extra ordinari mittel gestellt werden können.

Undt alldieweillen in das camerale* nit allein wie obengedacht das millitare, sondern auch das politicum sehr viel mit einlaufft, alls habe allerunterthänigist einrathen wollen, den allzusehr einreissenden undt dem camerali höchstschädtlichen luxum, sowohl bey eur mayestät hofstatt alls dero erbkönigreich undt landen moderiren zu lassen, absonderlich aber diejenige allergnädigiste vorsorg zu thun, dass alle kleidungs nothurfften, welche so viel tausent aus eur mayestät erbländern hinwegziehen, dahin mit ernst restringirt wurden, dass nicht, was nit in eur mayestät erbländern fabriciret wirdt, sowohl von gemeinen, alls auch den adel undt sogar auch bey dero hoffstatt getragen wurden, wormit

---

[a] melioration: *Verbesserung.*

das geldt in eur mayestät erblanden, umb desto leichter zu contribuiren zu können, erhalten und die manifacturn dardurch mehrer in die ländern gezieglet undt mit selben die consumption vergrößert wurde.

Undt were letzlich auch aller fleiß vorzukehren, dass *[414v]* in eur mayestät erbkönigreich undt landen aus den seegen Gottes häuffig wachsende getreydt undt wein in andere entlegene länder zu verführen undt dahero ein commertium anzurichten weg undt mittel gesuchet undt die destwegen öffters angestelte commissiones wieder reassummiert wurden.

Habe auch anbey eur mayestät gehorsambist zu erindern nit unterlassen sollen, dass bei eur mayestät cameral einkünfften die quotta von der königlichen hungarischen cammer nit beygeruckt, welche gleich sehr wohl, weillen die hungarische gränitz bezahlung bey den militarischen ausgaben würcklich eingetragen, eur mayestät camerale* gegen 90m fl vermehren wirdt.

Wormit auf eur kayserlichen mayestät allergnädigisten befelch alle forcht beyseith gesezt undt alles, das was ich gegen Gott undt eur mayestät pflichtschuldigist zu erindern gewusst hiemit beygebracht in unterthänigister hoffnung, dass eur mayestät dero angebohrener gütte nach vor aller *[415r]* künfftiger verfolgung allergnädigist mich zu verwahren belieben werden.

Zu kayserlicher und königlicher gnad mich allerunterthänigist empfehlche.

Eur kayserlicher undt königlicher mayestät allerundertänig gehorsambister underthan Johan Sebastian graff von Pötting mp

[415v] An die römisch kayserliche, auch zu Hungarn und Behaimb königliche mayestät allerunterthänigister bericht und gehorsambistes gutachten Johann Sebastian graffens von Pötting mp

Allerunterthänigister bericht und gehorsmbistes gutachten
Johann Sebastian graffens v Pötting mp
[Kanzleivermerke]
(praes) 2. Augusti 1679
Herrn hoffcammerraths graffen von Pötting bericht undt guttachten über die 13 fragpuncten die cameral wirtschafft betreffend
praesentatum den 2. Augusti 1679
Nr 6

[Beilage A – Verkaufte und versetzte Ämter, Herrschaften]

[404r] Den 8. Octobris 1678 ist die herrschafft Wildenegg in landt Österreich ob der Enns, dem herrn praelathen zu Mannsee per 81.550 fl dergestalten kaufflich uberlassen worden, dass er die 61.550 fl darlehen unndt stiftungen compensiren, die übrigen 20m fl aber baar in das kayserliche hoffzahlambt erlegen sollen, welches auch beschehen.

Den 10. Octobris 1678 ist die mauth Mauthhausen, so der geweste hoffmarschall herr graff Heinrich Wilhelmb von Starmberg de anno 1652 an wegen seiner hinterstelligen 24m fl hoffmarschallischen cammerer undt mundtschenckchens besoldung in genuss gehabt, wiederumben ohne weiterere auslag übernommen unndt der mauth Lintz als ein filial incorporirt worden.

Sub eodem dato ist die Mauth Struden, so dem 1. Septembris anno 1649 per cessionem an ermelten herrn grafen von Starmberg kommen, wiederumben per 13.500 fl von denen lintzerischen *[404v]* mauthgefällen* redimirt unndt ebenmäßig als ein filial der mauth zu Lintz incorporirt worden.

Von dem weinzehentambt ist der verwittibten römischen kayserin[a] NB [1] das bergrecht[b] zu Währing undt Baumgarten, der weinzehet in Äzgerstorff undt St. Veitambt, der klein halbtraidt zehent* zu Währing, von dem kayserlichen vicedombambt die unterthanenen zu Brun, St. Ulrich, Nußdorff und Baumgarten, sambt dem tätz* undt der dorffobrigkeit zu Baumgartten, das ungeldt zu Haderstorff undt das fischwasser zu Schönbrunn neben noch andern stuckhen per 20.591 fl den 28. Juli 1678 käufflich überlassen worden.

Das kayserlichen castenambt ist den 6. Februarii 1668 dem herrn graffen von Hochenfeldt undt seinen erben gegen jährlicher reichung 8 muth* waitzen, 80 muth kornn, 70 muth *[405r]* habern, 15 muth gersten undt 15 metzen* prein, nach der wiennerischen gladtmaß auf 6 jahr lang in bestandt verlassen worden, welcher bestandt annoch continuiret.

Wegen des 1 ß zu Ybbs undt 10 kr am Sarmingstein ist albereith bey denen anticipationen* gedacht worden. Item ratione der 200m fl, so auff der Tabor mauth liegen insimili an denen behaimb*[ischen]* undt mährischen granitzen. Eodem modo bey der Rothenthurn- undt haubtmaut.

Anno 1657 unndt anno 1666 wurde (titulus *[ponatur]*) herrn graffen von Weißenwolff die burggvogtey Enns gegen 17.002 fl verpfändet.

[Beilage B – Erträge der Ämter]

[403r] Summarischer extract über empfang undt ausgaben de anno 1674, 1675 undt 1676 undt zwar dem mittel nach auff ein jahr gerechnet, was nach beschehenen abzug der uncosten oder ordinari ausgaben bey nachfolgenden orthen die jährlich ertragnus ist

[Anmerkung: In dieser Tabelle sind fix gewidmete Verweisungen für Besoldungen, geistliche Stiftungen und andere Empfänger nicht enthalten.]

	Gulden
Böhambisches saltzambt	332.910
Wein undt bier tätzambt in Böhaimb	61.700
Rendtambt in Böhaimb	132.930
Rendtambt zu Glatz	24.960
Rendtambt in Schlesien	199.590
Saltzambter Darnowitz undt Pleß	46.060
Rendtambt in Mähren	12.400
Hungarisch berckstatterische cammer	500.000
Müntzambt Wien	16.800
Vicedomambt Wien NB: übersteigen die ausgaben den empfang undt muss jährlicher über 40m fl von andern ambtern zugetragen werden.	

[a] *Kaiserinwitwe Eleonore [Gonzaga].*
[b] bergrecht: *hier im Sinn einer vom Weinberg zu entrichtende Abgabe.*

Niederösterreichisches saltzambt	295.770
Handtgraffenambt	90.530
Haubtmauth Wien	68.370
Mauth Rothenturn	12.550
Mauth Lintz	35.080
Mauth Ybbs	4.880
Mauth Tabor	21.110
Weinaufschlag* am Sarmingstein	7.070
Ein schilling weinaufschlag* Ybbs	8.245
Weinaufschlag* Tabor	7.425
[Summe]	1.878.380

[403ᵛ Beilagenkennzeichen] B

[Beilage C – Verwendung der Einnahmen, Hofausgaben]

[406ʳ] **Summarische Ausgaben de anno 1658**

	fl	xr	d
Auf ordinari undt extra ordinari besoldungen ihrer kayserlichen mayestät hoffstatt	46.708	32	–
Hoffcammer praesident undt räthe, auch gesambte expedition	47.543	4	–
Hoffkriegsräth undt gesambte expedition	15.591	58	–
Elleemosinarius[a], caplan undt gesambte musici	59.940	2	–
Kayserliche hoffofficir undt cammerpersonnen	34.655	–	–
Hartschier quardy	31.294	42	–
Trabanten quardy	18.305	7	–
Auff ihrer mayestät, der verwittibten römischen kayserin[b] deputat* undt hoffstatts besoldungen	168.682	43	–
Auf ihrer hochfüstlichen durchlaucht Carll Josephi zu Österreich[c] cammernothurfften, dero undt beeder kaiserlicher princessin[d] cammerpersonen besoldung	4.051	37	2
Provisioner	6.383	12	2
[406ᵛ] Pensiones, deputa*[ta]*, intertenimenta* unndt studienverlag*	92.189	52	–
Gehaimbe cammer	253.260	4	–
Hoffcontralor ambt	14.517	37	–
Hoffkuchelschreiber ambt	88.282	15	2

---

[a] elleemonsinarius: A*lmosenverwalter.*

[b] *Kaiserinwitwe Eleonore [Gonzaga].*

[c] *Erzherzog Carl Josef, der spätere Kaiser Josef I.*

[d] *Erzherzogin Maria Antonia.*

Hoffkellermeister ambt	15.671	57	–
Cammerfourrirs nothurfften	8.146	44	–
Hofflichtcammer ambt	4.743	32	–
Tappetzerey nothurffen	233	–	–
Hofffuttermeister ambt	177.830	22	–
In das kayserliche vicedombambt	44.328	39	–
In das niederösterreichische saltzambt	11.792	–	–
Auf die falknerey	6.553	30	–
In das vicedombambt in Oberösterreich	4.829	18	1
Auf liefer- und costgelder, auch rais, commission und courrir uncosten	117.456	37	–
[407r] Hoffpraetensiones*, capitalia unndt interesse*	13.492	17	–
Gnadengaben undt hoffsabferttigungen	110.898	35	–
Wahren undt auszug	104.960	27	–
Auf recompens*, adiuta undt verehrungen	39.610	36	–
Hochzeitspraesenta	420	–	–
Neue jahr verehrungen	1.991	–	–
Extra ordinaria undt böhaimbische zuraittende posten	198.271	14	–
Summa dises 1658ste Jahrs	2.007.964	2	1 ½

[Die hier ausgewiesene Summe ist nicht nachzuvollziehen. Rechnerisch ergibt sich ein Betrag von 1,742.635 fl 35 kr 7 d und damit eine beachtliche Differenz. Jeder Erklärungsversuch ist angesichts dessen eine Spekulation. Doch muss darauf hingewiesen werden, dass Pötting die von ihm genannten Summen als Basis für seine Aussage verwendete, dass die Kosten in den 20 Jahren nur um 87.356 fl. gestiegen seien.]

[407v] **1678**

Ausgaben	fl	xr	d
An die kayserliche gehaimbe cammer	216.238	17	–
Deputata*, pensiones undt studienverlag*	200.353	30	–
Hoffcontralor ambt	4.360	–	–
Hoffkuchenschreiber ambt	100.000	–	–
Hoffkellermeister ambt	21.874	15	1
Hofffuttermeister ambt	92.799	57	–
Liechtcammer ambt	10.288	24	1
Cammerfourrier	1.500	–	–
Tappetzerey nothuerfften	210	–	–
Niederösterreichisches saltzambt	108	–	–
Niederösterreichisches vicedombambt	146.892	32	–
Oberösterreichische vicedombambt	2.374	45	–

Obrist jägermeisterambt	1.195	–	–
Kayserliche falcknerey	13.532	23	–
Obrist postambt	3.948	–	–
Besoldungen	72.953	52	–
[408ʳ] Hoffcammer expedition	51.941	54	3
Hoffkriegscantzley	15.487	20	–
Elleemosynarius, hoffcaplan undt gesambte musici	65.468	45	–
Kayserliche hoffofficir undt cammer personen	24.224	30	–
Obristhoffmarschall stab	4.136	–	–
Kayserliche hartschier quardia	25.007	53	–
Leibtrabanten quardia	12.837	–	–
Ihro mayestät der regierenden römischen kayserin cammerausgaben undt hoffstatts besoldungen	63.803	50	–
Kayserlicher jungen herrschafft hoffstatts besoldungen	2.935	30	–
Provisioner	3.040	40	–
Auf rais, commission, currier uncosten, liefer- und costgelder	201.698	44	–
[408ᵛ] Hoffpraetens-capitalia undt interressen*	336.606	2	–
Ambtschein, ambtsquittungen und raithrest	36.033	49	–
Wahrn und auszüg	60.190	26	2
Kayserliche gnadengaben, hoffsabferttigungen undt ausstaffierung	120.405	43	–
Recompens*, adiuta undt verehrungen	78.702	37	–
Hochzeit praesenta	1.484	30	–
Neue jahrs verehrungen	3.229	–	–
Extra ordinarien undt böhaimbische zurayttungs posten	98.457	33	2
Summa dieses 1678sten jahrs in anweisungen*	550.395	16	3
undt in baaren	1,544.925	22	3
Zusammen in einer Summa baar undt anweisungen	2,095.320	39	2

[409ᵛ Beilagenkennzeichen] C

[Beilage D – Gnaden und Schulden]

[410ʳ]

Summa deren von anno 1657 bis 1678 in 22 jahren zeit kaysers Leopoldi regierung ausgesezter kayserlicher gnaden. .... 5,175.108 fl.[a]

Summa deren daran angewiesenen undt bezahlten gnaden .... 3,776.059 fl.

Summa der noch restierenden gnaden .... 1,420.049 fl, alles inhalt eines verfassten extracts.

[a] *Rechnerisch richtig wäre 5,196.108* fl. *Es fehlen in der Gesamtsumme 21.000 fl.*

Summa was jetzige kayserliche mayestät von anno 1657 bis 1678 vor alte gnaden bezahlen lassen, so weyland kayser Ferdinand 2dus undt 3tius ausgesetzt haben, benantlichen .... 1,678.526 fl.

Summa all undt jeder von anno 1657 bis 1678 bezahlten alten kayserlichen schulden .... 7,353.067 fl.

Summa derjenigen anticipationen* oder schulden, welche jetzt regierende kayserliche mayestät gemacht undt wiederumben bezahlt haben .... 3,330.074 fl

[Beilage E – Unbeglichene Rechnungsreste]

[399r] Extract was für undterschiedtliche khayserliche beambte, welche zur hoffbuchhalterey* raittung ablegen, resten schuldig verbleiben.

1mo Der geweste kayserliche hoffcontralor Daniel Keimb, verbleibt von anno 1631 bis 1643 in 8.000 fl raittungsmängl zu erlaittern; die erben seindt unwissent, wo.

2. Des gewesten hofkhuchelschreibers Stückhlrisers erben bleiben von anno 1664 einen rest schuldig bis 681 fl, umb dran nachsehung zur gnade sie öffters angelanget.

3. Des gewestern hofffuetterschreibers Zauners erben verbleiben schuldig 281 fl, können aus armuth nit zahlen.

4. Des gewesten hoffkhellermaisters Laminits erben verbleiben von *[399v]* anno 1636 bis 1659 schuldig 1.339 ½ emmer wein, zu geldt angeschlagen 8.062 fl. Herr cammerprocurator agiert wider sie.

5. Des gewestern hoffliechtcammerers Losy erben verbleiben von anno 1643 bis 1654 2.771 fl. Seindt bettlarmb, könen nit bezahlen.

6. Reichspfennigmaisters Bleyman, seelig, hinterlassene erben seind von anno 1641 bis 1659 aigener bekantnus nach schuldig 35.920 fl und außer deren zu erleüttern habenden zweiffelhafftigen 26.249 fl noch 73.204 fl.

[...] Weyland Stephan Schmidts, gewesen rentmaisters in Mähren und folglich reichspfennigmaisters erben verbleiben inhalt gedachtes Schmidts raittungen von anno 1606 bis ad 1619 vermög verfasster hofbuechhaltery abraittungen nach abzug ihrer *[400r]* stellenden gegenforderungen annoch 124.535 fl capital ohne des zu praetendiren habenden interesse.

7. Der gewester contributions einnember zu Brün, Iglau und Zwaymb, Georg Haller, verbleibt ihro kayserlicher mayestät von 1633 bis 1641 einen paaren cassarest per 4.155 fl, wovon bishero die interesse über 8.000 fl betrageten; wider dessen erben der cammerprocurator in Mähren agiret.

8. Der gewester obermauthner zu Hradisch, in Mähren, Martin Hortensius, welcher sich selbst entleibt, verbleibt ihro kayserlichen mayestät bis 1649 3.200 fl schuldig, weillen aber nichts in der verlassenschafft gefunden, als gehet dieser rest verlohren.

9. Antonius Miniati, zahl- und mustercommissarius in Mähren verbleibt ihro kayerlicher mayestät bis 1648 einen *[400v]* rest per 144m fl, westwegen bishero der mährische cammer procurator agiret.

10. Der geweste contributions einnember in Mähren zu Radisch, Johann Franz Leütterer verbleibt ihro kayserlicher mayestät von 1670 einen raitrest per 1.438 fl, dessen

caverten und bürger zu Radisch, Paul Wodura und Johann Bollin zur zahlung angehalten werden sollen

11. Der geweste salzversilberer* und tätzeinnember zu Znaymb, Adam Franz Sartori, ist ihro kayserlicher mayestät bis anno 1673 verbliben 8.535 fl, woran ihro kayserliche mayestät demsemben wegen gestellter gegenpraetensionen den rest auf 2.500 fl moderirt, darauf der niederösterreichische regierung secretarius Häckhl mit 2.500 fl angewisen.
12. Der contributions einnember zu Znaymb, Lahner, verbleibt bis 1677 ihro kayserlicher mayestät 1.500 fl schuldig, *[401r]* worauf aber bereiths herr general Würmb mit seiner praetension* angewisen.
13. Der gewester contributions einnember in brünner crais, Johann Philipp Castner, verbleibt ihro kayserlicher mayestät *(*nach abzug bezahlter 419 fl*)* 3.581 fl.
14. Der geweste salzversilberer* zu Pless, Matthias Hochenwartter, verbleibt ihro kayserlicher mayestät bis in 1.100 fl. Er stellet aber gegenpraetensiones, in übrigen aber ist er in solchen armben standt, dass nichts bey ihm zu hoffen.
15. Die graff collaldische herren erben haben auf dem ybbserischen 3 ß weinaufschlag* 300m reichstaler gnad und 100m reichstaler darlehen, zusamben 400m reichstaler oder 600m fl, welche zu 5 pro cento verzinset werden und haben bishero seidt 1647 über 1.700m fl davon genossen, westwegen öffters erinderung *[401v]* beschehen und hafftet jezo dises werkh an einer haubtconferenz, ob der 3 ß weinaufschlag noch länger den gräfflich Collaldischen zu lassen seye.
16. Des gewesten hoffzahlmaisters Thomae Eders erben 6.450 fl.
17. Des gewestern weinaufschlags einnember an denen böhmischen und mährischen granizen, Gerhardts von Millstain, hindterlassene frau wittib 6.060 fl.
18. Der geweste hoffcastner Johann Gasser 1.400 fl.
19. Weyland Christoph Friderichen Hansens, gewesten hoffkriegszahlmaisters wittib und kinder 1.100 fl.

[402r blank; 402v]

Extract was für undterschiedtliche khayserliche beambte, welche zur hoffbuchhalterey raittung ablegen, resten schuldig verbleiben.

[Beilagenkennzeichen] E
No 9

[Beilage F – Antizipationen und Verpfändungen]

[Seit 1675 aufgenommene und noch nicht bezahlte Antizipationen]

Was an denen von anno 1675 zu khriegsnotturfft* beschehenen anticipationen* bis dato noch hinterstöllig. *[fol 376v–385v]*

[Die als Beilage F von Pötting eingefügte Liste der noch nicht bezahlten Antizipationen stammt aus der selben Quelle wie der Anhang zum Bericht Selb, pag. 315–320, nämlich aus einer der beiden Buchhaltungen. Das geht aus der fast wörtlich gleichen Schreibweise (abgesehen von Schreibfehlern durch das Abschreiben und geringfügigen Abweichungen) und der Gliederung eindeutig hervor. Es kann daher auf eine Wiedergabe verzichtet werden.

Dennoch ist auf drei gröbere Differenzen hinzuweisen, die aber zweifellos Abschreibfehler des Schreibers von Selb sind.

In Pöttings Beilage F wird die von Selb nach Position 10 nicht genannte Antizipation der Stadt Wien (was Reischl kritisiert) mit 70.000 fl beziffert, von denen noch 60.000 fl offen sind. In der Tabelle Pöttings ist dafür folgender Eintrag enthalten:

	[378v] Den 17. Novembris burgermaister und rath der statt Wienn mit welchen sie mit anfang des künfftigen 1678 jahrs auf ihr aignes contingent der landtagsverwilligung für *jedesmahlen selbst bezahlt zu machen mit jährlichen 50m fl verwisen worden*	*70.000*	*10.000*	*60.000*

In der ausgewiesenen Summe von Selb ist dieser Betrag jedoch berücksichtigt. Es handelt sich also bei Selb offenbar um eine irrtümliche Auslassung.

Die von Selb unter Position 47 seiner Liste noch in voller Höhe als offen ausgewiesene Antizipation von Wilhelm Lueger ist in der Beilage Pöttings als bereits teilweise getilgt dargestellt, es sind von den ursprünglichen 50.000 fl nur mehr 47.000 fl ausständig. Da dieser Betrag in der richtig ausgewiesenen Summe der Beilage Pöttings seinen Niederschlag gefunden hat, kann man ebenfalls von einem Abschreibfehler Selbs ausgehen.

Selb nennt unter Position 100 seiner Liste eine Antizipation von Graf Losintal in Höhe von 400.000 fl, die allerdings später – möglicherweise von Selb selbst im Zuge seiner Durchsicht des Berichts – auf 450.000 fl korrigiert wurde. In der Summe der Liste Selbs ist jedoch der unkorrigierte Betrag von 400.000 fl enthalten. Pötting weist ebenfalls 400.000 fl aus.

Wenn man die in beiden Berichten gezogenen Summen vergleicht und dabei die hier genannten vermutlichen Abschreibfehler in der Tabelle von Selb berücksichtigt, stellt sich heraus, dass die Summe der Beilage von Pötting rechnerisch korrekt ist. Die Tabelle von Selb enthält jedoch einen Rechenfehler von 8.000 fl.]

[Verpfändete Ämter in Hand der Gläubiger]

[386r] Verhypothecierte ämbter, so die creditores in würckhlicher possess haben

[Diese Tabelle ist halbbrüchig rechts begonnen worden und wurde anschließend durch einige Details in der linke Rubrik ergänzt. Das führt zu einer Unübersichtlichkeit, die hier durch eine Umstellung verbessert werden soll, ohne dass es zu einer inhaltlichen Änderung kommt.]

[Gegenstand]	*[Pfandinhaber]*	*[Grund]*
Weinaufschlag* an denen böhmischen und mährischen grännitzen	ihrer fürstlichen gnaden von Schwartzenberg	nach jüngster abraittung unnd contentierung de novo 50m fl; item die graff lambergischen jüngst cedierte per 42m fl
Mauth Schwechat	herrn graffen von Trauthmanstorff	per 120m capital
Mauth Himberg	dem marchesen de Granna	per 25m fl

Wassermauth Stain	ihrer churfürstlichen durchlaucht in Bayrn	vermög abraittung noch per 303.149 fl
Vocklabruckh undt Englhartszell	ingleichen	429.183 fl
Mauth zu Freystatt	die statt daselbst	statt Freystatt hat darauf 21.200 fl capital, thails zu 5, thails zu 6 pro cento; ist anjetzo der mauth Lüntz incorporiert und wierdt ihnnen alda das jährlich interesse bezahlt
[386v] Mauth zu Enns	ebenfahls die statt	ist nur aine beyhilff der statt Enns ohne anligenten capital
Sengsen appolto*	herr Albrecht grafen von Zinzendorff	Über bezahlte 200m fl ist vermög kayserlichem befelche vom 27. Julii 1671 dieser appalto dem herrn graffen auf 10 jahr lang umbsonst zur kayserlichen gnadt verwilligt wordten. Außer des sengsen appalto thuet das interesse jährlich 51.700 fl
Drey schilling weinaufschlag* zu Ybbs,	das bistumb Wienn	mit landtsfürstlicher stüfftung 100m fl zu 6 pro cento; item mit andern 60m fl capital zu 5 pro cento von der ertzherzogin Claudia herrührent;
[ebenfalls]	graff Collaldo	herr graff von Collaldo 380m fl capital worunter 300m fl gnadt; mehr andere 4.890 fl 44 xr capital, so ain rest von 220m fl herrührig;
[387r] *[ebenfalls]*	closter Himmelporthen	zu 5 per cento 10.350 fl capital;
[ebenfalls]	die graf breünerische erben	item andere 30m fl, die von dem bischoffen Breünern, seelig, cediert worden, zu 5 pero cento.

[Beilage G – Militärausgaben]

[388r] Beyleufiger überschlag der römisch kayserlichen mayestät militiae ausgaben

Im fahl dieselbe 12 regimenter zu fueß zu 3.000 man	36.000 man	
Dan 8 regimenter zu pferdt undt ain regiment tragoner, jedes auf 1.000 köpf	9.000 man	
so in summa	45.000 man	
auf den fueß behalten wollten, so wurden diese 12 regimenter zu fueß, jedes auf 3.500 mundt- und 116 pferdtportiones, jede wie man vermuetet auf drey gulden auf ain regiment, zwölf monath *[je]* 130.176 fl, auf 12 regimenter aber austragen	fl	1,562.112

id est ain million fünfmahl hundert zweyunndtsechzig tausent ainhundert undt zwölf gulden.

[388ᵛ]	fl
Acht regimenter zu pferdt undt ain regiment tragoner, aber jedes zu 1.000 pferdten unndt auf 1.400 mundt- und 1.371 pferdtportiones, jede aber sowohl mundt als pferdt gleichenthails zu 3 fl geraitet, ertriege zwar ein regiment des jahrs 99.756 fl, das wenige aber zuegesezet unndt also auf 100.000 fl angeraitet, macheten dieser 9 regimenter	900.000
Die wiennerische stadt quardi	30.000
Die 2 quarnisonen zu Spilberg unndt Radisch	23.364
Die ungarische militia an den türckhischen gränitzen	360.000
Die kayserliche artoleria	60.000
Das general hauszeugambt	60.000
Das general commissariat mit etlicher officier pensionen	50.000
Fortifications des jahrs	150.000
Summe Summarum eur mayestät völligern militarischen fueßes[a]	3,455.467
[389ʳ] Undt etwo noch auf allerley unversehene zuestehente ausgaben den überrest zu dem vierthalb millionen	45.000
Summa Summarum aller militarischen ausgaben: Drey millionen und fünfmall hundert tausendt gulden, id est	3,500.000
Im fahl auch wie verlauthen will eur kayserlichen mayestät nur 40.000 man auf den fueß behalten unndt dergestalten ein halbe million durch die 5.000 man erhalten wurdten, so möchte villeicht darmit die in euer mayestät handen stehente vöstung Phillipspurg damit wol versehener erhalten unndt noch etwas zu eur mayestät anderwerdigen kriegsausgaben verwendet werden können.	

[fol 389ᵛ; Beilagenkennzeichen] G

[Beilage H – Projekt betreffend die Kontributionen]*

[390ʳ] Allerunterthänigistes projekt, welcher gestalten die in meinem gehorsambisten bericht angezogene vier millionen undt fünffmahl hundertausend gulden[b] von eur mayestät treu erbkönigreich und landen kinfftig etwas leichter zu erheben verhoffete.

[a] Auch *diese Tabelle ist rechnerisch unrichtig. Die Gesamtsumme beträgt nur 3,195.476 fl, wodurch sich ein um 259.991 fl zu hoher Ausweis ergibt. Durch die fast runde Summe von 260.000 fl kann angenommen werden, dass vergessen wurde eine Position aus der Grundlage dieser Darstellung abzuschreiben und die Summe daher richtig sein dürfte.*

[b] *Pötting bezieht sich dabei auf die Summe, die oben (fol. 411ʳ) unter Einschluss einer Erhöhung der Kontributionen um 1m fl zur Reduzierung der Schulden genannt ist. In Beilage G (fol. 388ʳ) wurden nur Kosten von 3,5m fl errechnet.*

Nun ist zwar nit zu widersprechen, dass eur mayestät obbemelte treue erbkhönigreich unndt lande bey so vilfältig eur mayestät zuegestandenen kriegszeiten undt destwegen öffterer erlitener eussersten *(ruinen)* ihren unterthenigsten eyfer unaussezlich dergestalten continuiren, dass sy billich zu etwern mehrern nit woll angetryben werden kunden, es were dan, dass pro 1° etwan ainige unter ihnen schwebente disproportion unndt zugleich in dern lendern selbst ob modam contribuendi[a] sich hervorthuente ungleichheiten abgethan unndt dann pro 2do mit der genauern observation eur mayestät ausgefórtigten villfältigen militar disciplins patenten obbesagte lender mehrer consoliert wurden. Damit aber auf das erste, als nemblich abhelfung der disproportion[b] unndt der in den lendern sich selbst hervorthuenter schwerer ungleichheit, ein erklöckliches remedium vorgekehrt wurde. So wehre ich der unvorgreiflichen gehorsambsten mainung, dass ein uniformer *[390v]* fueß der kinfftigen contribution durchgehents in eur mayestät erbkönigreich unndt lendern universaliter[c] ergrifen werden solle, ungeachtet der diferenten situation so wohl des gebürgs als ebenen, fruchtbahren undt unfruchtbahren landte, sintemallen woll bekennen mueß, dass unmöglich, dass bey einem so großen undt weitleufigen werckhe ein solche gleichheit zutröfen, die da nit gleichwoll etwas weniges ungleiches der situation halber in sich halte. So würdt doch gleichwoll nach unndt nach ein solche sich hervorthuente ungleichheit de tempore in tempus[d] sich[2] vermilten unndt remediren lassen. Wehre solchen nach der unvergreiflich unterthenigisten mainung, dass der in eur mayestät ertzherzogtumb Österreich von alters hero practicierter modus auf die heuser, et quidem indistincte et sine classificatione qualitatis[e], durchgehendt in eur mayestät königreich unndt landen die contributionen[3] zu verlegen der vortrefflichiste were[4], sintemalen durch sothane heuser der vermöglichere von den armen sich nit so leicht entziehen unndt auch das subiectum contributionis[f] in ein grössere zahl versezet unnd dahero, weil es universaliter unndt von mehrern getragen wurde, leicht in particulari herausfahlen thette.

Da nun in eur mayestät erbkönigreich Böheimb, herzogtumb Schlessien, markggrafthumb Mähren, graffschafft Glatz, ertzherzogtumb unter unndt ober Österreich, herzogthumb ober undt unter Steur, herzog*[391r]*thumb ober unndt unter Körndten, wie auch herzogthumb ober und unter Crain, in universum nur ain million unndt einmal hundertfünfzigtausend heuser gefunden unndt auf jedes alle quartal anticipato[g] zu bezahlen ain gulden unndt das jahr yber zusamben vier gulden beleget würden, so hetten eur mayestät bereits schon etwas yber die fünffthalbe millionen. Unndt sintemahlen eur mayestät innerösterreichische länder wegen der croatischen gränitzen ein peso[h] gegen viermall hunderttausent gulden jährlich besonder zu bestreiten haben, als wehre ich der gehorsambisten mainung, dass selbe gränitz bestreitung von derselb landtübigen herrngült* anlag erklöckhlich ausfallen unndt der heuser anlag allein vor eur mayestät contribution verbleiben

---

[a] ob modem contribuendi: *wegen der Art und Weise der Contribution.*

[b] disproportion: *Missverhältnis.*

[c] universaliter: *einheitlich.*

[d] de tempore in tempus: *im Laufe der Zeit.*

[e] et quidem indistincte et sine classificatione qualitatis: *und zwar ungeordnet und ohne qualitative Bewertung.*

[f] subiectum contributionis: *hier im Sinne von Kontributionssumme.*

[g] anticipato: *im Voraus.*

[h] ein peso: *eine Last.*

kunde. Worbey auch absonderlich noch diesses zu bedenckhen wehre, dass im fahl, wie nit zu zweifflen, wegen der steurischen, kärner und crainerischen volckhreichern gebürgen ein grössere anzahl der heuser sich hervorthuen unndt also die gesuchte zahl der ain million ainmal hunderfünffzigtausent heüser ausfahlen möchte, dass alsdann von selbigen steuer, kärner und crainerischen jedoch nur der in selbigen ländern höchern gebürgen sich befindenten heusern drey gulden angelegt wurden. Undt sintemallen auch in denen ertzherzogtumb Österreich unter der Ens die *[391v]* raberische gränitz durch die dopelte gült bestriten würdt, gleichwoll aber die pfundtgelter ein mörckhliches ertragen und obwollen zu dato nur sechzig tausent aufrechte haus bekhennet werden, so versichere ich mich doch unfehlbahr, dass sich deren bis hunderttausent finden werden. Und weylen die niderösterreichische landts contribution bis dato mehrestens sechsmahl hundertfünfzigtausent gulden ohne der raberischen gränitz bezahlung ausgetragen, durch die hunderttausent heüser aber nur viermal hundertausent gulden ausfahlen möchten, so vermainte ich, dass gleichwollen auf die pfundtgelter, in ansehung dass solches landt mit keinem quartier, march und soldaten excess weiters künfftig beschwert wurdte, auf zwey pfundt gelter vor ein haus angeraitet werden kann, welche regl auch durchgehents im landt ob der Enns, Steur, Kärndten unndt Crain mit den herrngülts anlagen zu observieren wehre.

Wan nun obgesagte euer mayestät treu gehorsambste länder gegen solcher verwilligung unndt das sye das jahr yber weiters mit keiner anderen bürthe beladen, dan volgents, wie gemelt, aller quartier, march undt durch der militae gewohnlichen excessen in keine weitere unkosten einführen zu lassen, von eur mayestät allergnädigist verwahret wurdten, *[392r]* so verhoffete ich, dass ihnen diser contribution last leichter als die bishero geringere summa[5] fallen wurdte.

Wie aber eur mayestät treue obere gehorsambste ständte aller einquartierungen befreyet unndt mit ferrern marchs unkosten nit beschwöhret werden möchten, wehre diesses mein unvorgreiflicher gedankchen, dass nemblich eur mayestät jeziger gantzen militiae jede mundtportion sambt den servicen mit drey gulden, die pferdt portion aber auch mit drey gulden, unndt zwar alle monath anticipato, durch eur mayestät bestelte commissarios par bezahlet unndt selbe in die allerorths verspörte königliche stätte compagnienweis mit ihren officierien verlegt, davon die musquetierer unnd reither mit den unterofficieren in die von denen stötten (gegen nachsehung des auf sye der heuser halber ainjahrig[6] kombenten quanti) erbaute paracah[a], die haubtleuth, rittmaister unndt höchere officier in bürgerheuser logiert wurden, worbey jedes land dahin die anstalt zu machen sich gantz billich bequemete, dass sowoll fourgai, als auch brodt, wein, bier und fleisch umb den jezig undt leichtern werth gegen parer bezahlung der nottdurfft nach also verschaffet wurdte, auf dass die militia nicht zu leiden oder eines erhöcherten werths sich in geringsten zu beschwehren *[392v]* hätte. Sothane logierung und verpflegung würde sowohl eur kayserliche mayestät als dero landten drumben auf alle weis vortreglicher fahlen, weylen erstens solcher gestalten die soldaten besser, als vorhin der weiten dislogierung halber beschehen, in ihren exercitiis unndt disciplin könten erhalten, dan durch anwesenheit und gegenwarth der officieren das gewöhr, pferdt undt mindierung[b] mehr beobachtet, auch die regimenter zu eur mayestät diensten completer (in deme selbe desto leichter unndt offter gemustert werden köndten)

[a] paracah: *Baracken, Kasernen.*
[b] mindierung: *Ausrüstung, Montur.*

verbleiben, wie auch die anjezo jingste publicirte allergnädigiste disciplin patenten in ihrer observanz bestehen, von keinen vorgehenten excess sich ainige officier zu entschulden vermögen, die königlichen stötte allerothen merckhlichen aufnemben der ihnen beschwöhrlich thorwacht befreyet, euer mayestät wein undt bier tätz* umb ein grössers wachsen, die fortifications gebew durch die einquartierte musquetierer gegen raichung nur zwey groschen des tags yber ihr verpflegung mit mörckhlich ersparung befördert, der umbligente landtman das seinige bösser *(anwechern)* und endlichen die durch solchen in allen stötten versamblete undt sehr heimende militia bey eur mayestät feinden ein größeren respect erwörckhen wurdte. Es wirden auch die marchs unkosten nicht weniger *[393ʳ]* durch die anticipato punctuale bezahlung der portionen mit den servicen gar leicht den landtman praecaviert werden khönen, in deme der alles umb den billichen werth verschaffet, der soldat umb die empfangene verpflegung leben unndt also seine zährung bezahlen könnte.

Wie aber ohne große mühe unndt zeit verlieherung auf die anzahl der heuser zu khomben wehre, schliege ich unterthenigist diese zwey mitl vor. Dass vors erste eur mayestät vermitls der in eur mayestät[7] erbkönigreich undt landten habente geistliche bischöff unndt ordinarios requisitorie[a] durch die untergebene pfarer unndt seelsorger ihnen die listas von ihrer unterhabenter seelsorg patrum familias in negsten zwey oder drey monath verzaichnerter einhendigen zu lassen unndt umb der sachen mehrer verlesslichkeit erbenfals durch eur mayestät königreich unndt lender habente ministros sub praetextio[b] einer zu eur mayestät landtfürstlicher regierung und erforderter notwentiger wissenschafft ihrer lender inwohner ebenfals iner zwey oder drey monath von jedweder gemain undt landtstandt die richtige attestation der unter sich befindente cuiuscumque qualitatis heuser[c], und zwar mit angehengter diser ernstlicher bestrafung einzuraichen, dass die etwa wider verhoffen verschwigene oder nit attestierte heuser ipso acto dem künfftigen denuncianten oder eur mayestät königlichen *[393ᵛ]* und landtsfürstlichen fisco heimgefallen verbleiben sollen, wordurch eur mayestät innerhalb negsten drey monathen ohne einige bereutungs unkosten in die cognitionem[d] der verlangten zahl der heuser gelangen wurden. Undt damit umb ersparung der auf das haus dergestalten kombenten vier gulden der fortlhafftigen demolierungen der heuser preacaviert wurde, so müesste heilsamb vorgesehen werden, dass die kinfftig ermanglete heuser ihre obrigkeiten ex proprio zu vergeben unnd guetzumachen schuldig wehre, wogegen auch in eur mayestät königsreich böheimbischen landten, die durch die geweste kriegsleüfe veröedete gründe aufzubringen, zu besezen unndt die zahl der heusser zu vermehren, durch eur mayestät lender ministros gewisse thueliche termini praefigirt[e] unndt hoce medio[f] denen bey jetzt herauskombenten zahl der heuser in den etwo höchern gebürgen aldort[8] vorberechnete praegravierung[g] pro iustitia de casu in casum einige sublevation[h] widerfahren kundte. Zu welchen endte, auch weil wie oben

[a] requisitorie: *etwa: im Wege der Nachforschung.*
[b] sub praetextio: *unter dem Vorwand.*
[c] cuiuscumque qualitatis heuser: *Häuser jedes Zustands.*
[d] cognitio: *Kenntnis.*
[e] termini praefigare: *Termine festsetzen.*
[f] hoce medio: *auf diese Weise.*
[g] praegravierung: *starke Belastung.*
[h] pro iustitia de casu in casum sublevare: *aus Gründen der Gerechtigkeit von Fall zu Fall erleichtern.*

eingang vermeltet in so großen werckhen unmöglich ein solche gleichheit einzuführen, dass nit hin undt wider einige privatus in etwas beschwehrt werde, als ist ebenfahls der stadt Wienn, Prag, Lintz, Grätz, Labach, Klagenfurth und derer volgenter mehrer anlegung (weylen die zahll der heuser allein *[394ʳ]* von dem landt angesehen) zu derley beschwert remedierung unndt conservierung der angezählten fünfhalb millionen vorbehalten bleiben, allein in ersten jahr zu erbauung der angezaigten militiae quartier oder paraquen[a] angewendt werden müssen.

[394ᵛ]
Projekt
[Beilagenkennzeichen] H

Textanmerkungen zum Gutachten Pötting

1 *Im Original durch den Schreiber am Rand eingefügte Kennzeichnung* NB, *vermutlich als einen für den Leser gedachten besonderen Hinweis.*

2 *Wort* sich *durch Pötting ergänzt.*

3 *Worte* die contribution *durch Pötting ergänzt.*

4 *Worte* der vortrefflichiste were *durch Pötting ergänzt.*

5 *Wort* summa *durch Pötting ergänzt.*

6 *Wort* ainjahrig *durch Pötting ergänzt.*

7 *Worte* in euer mayestät *durch Pötting ergänzt.*

8 *Wort* aldort *durch Pötting ergänzt.*

---

a paraquen: *Baracken, Kasernen.*

Anhang

Literaturverzeichnis

Gedruckte Quellen, Nachschlagewerke und Literatur vor 1800

Johann Joachim BECHER, Politischer discurs von den eigentlichen Ursachen deß Auf= und Abnehmens der Staedt, Länder und Republicken [...] ausführlich gehandelt (Frankfurt/Main 1668).

Türckische und ungarische CHRONICA, oder kurtze historische Beschreibung aller deren / zwischen dem Hochlöblichsten / Ertz=Hauß Oesterreichs / auch anderen christlichen Potentaten eines Theils und dann dem Erb= und Ertzfeind der ganzen Christenheit / dem Türcken / anders Theils / von Anfang biß hieher geführter Kriege sowohl in Ober= wie Unter=Ungarn alls Siebenbürgen [...], Nürnberg / In Verlegung Paul Fürsten / Kunsthändlern Gedruckt daselbst bey Christoff Gerhard MDCLXIII (1663).

CODEX Austriacus ordine alphabethico compilatus das ist: eigentlicher Begriff und Innhalt aller unter deß Ertzhauses zu Oesterreich, fürnemblich aber der Regierung Leopoldi I. außgegangenen in des Justiz- und Polizey-Wesens [...] einlaufenden Generalien [...], 6 Teile, hg. von Franz-Anton Edler von GUARIENT–Sebastian Gottlieb HERRENLEBEN–Thomas Ignaz Freihherr von PÖCK (Wien 1704–1777).

Christoph Traugott DELIUS, Anleitung zur Bergbaukunst [...] für die kaiserl. königl. Schemnitzer Bergakademie (Wien 1773).

Thomas FELLNER–Heinrich KRETSCHMAYR, Die österreichische Zentralverwaltung, I. Abteilung: Von Maximilian I. bis zur Vereinigung der Österreichischen und Böhmischen Hofkanzlei (1759), Bd. 2: Aktenstücke 1491–1681, Bd. 3: Aktenstücke 1683–1749 (VKNGÖ 4–6, Wien 1907).

Johann Jakob FERBER, Pysikalische-metallurgische Abhandlungen über die Gebirge und Bergwerke in Ungarn [...] (Berlin–Stettin 1780).

Elisabetta HELLMANN DALLA FRANCESCA, Matricula nationis Germanicae iuristiarum in Gymnasio Patavino, 2., 1605–1801 (Fonti per la storia dell'Universita di Padova, 21. – Natio Germanica 4,2, Roma 2008).

Abraham HERMANN, Abrahami Hermanni Praxeos heraldico-mysticae prima pars, das ist, Erster Theil des geistlichen Wappen-Brauchs, prima pars [...] (Budißin–Görlitz 1726; Nachdr. Berlin 2013).

Johann Georg Adam Freyherrn von HOHENECK, Die Löbliche Herren Herren Stände deß Ertz=Hertzogsthumb Oesterreich ob der Enns [...], 1. Teil (Passau 1727).

Johann Quintin JÖRGER, Unterschiedliche Motiven und Anderes, Vierter Teil (nur dieser erschienen; Linz 1690).

Adam Friedrich KIRSCH, Abudantissimum cornu copiae linguae Latinae et Germanicae selectum [...]. Latinum – Germanicum, 2 Bde. (Augsburg 1796; Nachdr. Graz 1970).

Johann Georg KRÜNITZ, Oekonomische Encyklopädie oder allgemeines System der Staats=, Stadt=, Haus= und Landwirtschaft in alphabetischer Ordnung, 242 Bde. (Berlin 1773–1858; http://www.kruenitz1.uni-trier.de).

Johann Joseph LOCHER, Speculum academicum Viennense, seu magistratus [...] Universitatis Viennensis in tres partes divisum (Wien 1773–1774).

Pierre Mortier, Histoire Des Troubles De Hongrie. Depuis 1655. Jusques à present. Avec le Siege de Neuheusel, et une Relation Exacte du Combat de Gran &c. Enrichie de Figures. Tome Premier (Amsterdam 1686).

Samuel Oberländer, Lexicon juridicium romano-teutonicum [...] (Nürnberg ^{4}1753; Nachdr. hg. von Rainer Polley, Köln–Weimar–Wien 2000).

Alfred Francis Pribram–Moriz Landwehr (Hg.), Privatbriefe Kaiser Leopold I. an den Grafen F. E. Pötting 1662–1678, 1. Teil (FRA II. Abt., 56, Wien 1903).

Peter Rigetti–Johann Christoph Pannich, Historische Nachricht sowohl von der Errichtung der Welischen Congregation [...] als auch des dazu gehörigen Hospitals [...] (Prag 1773).

Daniel Gottfried Schreber, Neue Sammlung verschiedener in die Cameralwissenschaften einschlagender Abhandlungen und Urkunden und anderen Nachrichten, 7. Teil (BützowWismar 1764).

Franz Joseph Schwoy, Topographie vom Markgrafthum Mähren, 3. Bde. (Wien 1793–1794).

Fritz Weigle, Die Matriken der Deutschen Nation in Siena (1573–1728), (Bibliothek des Deutschen Historischen Instituts in Rom 22, Tübingen 1962).

Johann Jakob Weingarten, Fürsten=Spiegel / oder Monarchia deß Hochlöblichen Ertz=Hauses Oesterreich [...] (Prag 1673).

Thomas Winkelbauer, Gundaker von Liechtenstein als Grundherr in Niederösterreich und Mähren: normative Quellen zur Verwaltung und Bewirtschaftung eines Herrschaftskomplexes und zur Reglementierung des Lebens der Untertanen durch einen adeligen Grundherrn sowie zur Organisation des Hofstaats und der Kanzlei eines „Neufürsten" in der ersten Hälfte des 17. Jahrhunderts (FRA III. Abt. 19, Wien 2008).

Jakob Wührer–Martin Scheutz, Zu Diensten Ihrer Majestät. Hofordnungen und Instruktionsbücher am frühneuzeitlichen Wiener Hof (QIÖG 6, München–Wien 2011).

Johann Heinrich Zedler, Großes vollständiges Universal Lexikon Aller Wissenschaften und Künste [...], 64 Bde. und 2 Supplemente (Halle–Leipzig 1732–1754; http://www.zedler-lexikon.de).

Literatur und Hilfsmittel

Johann Christoph Adelung, Grammatisch-kritisches Wörterbuch der hochdeutschen Mundart (Wien 1811).

Jean Bérenger, Finances et absolutisme autrichien dans la seconde moitié du XVIIe siècle (Paris 1975).

Ders., Les Habsbourg et l'argent de la Renaissance aux Lumières (Paris 2014).

Ders., A propos d'un ouvrage récent: Les finances de l'Autriche à l'époque baroque (1650–1740). *Histoire,* économie *et société* 3 (1984).

Ders., Public Loans and Austrian Policy in the Second half of the Seventeenth Century. *The Journal of European Economic History* 2 (1973) 657–669.

Ludwig Bittner–Lothar Gross, Repertorium der diplomatischen Vertreter aller Länder seit dem Westfälischen Frieden (1648) I (Oldenburg i. O.–Berlin 1936; Nachdr. Graz–Köln u. a. 1976).

Karlheinz Blaschke (Hg.), Moritz von Sachsen – ein Fürst der Reformationszeit zwischen Territorium und Reich. Internationales wissenschaftliches Kolloquium vom 26. bis 28. Juni 2003 in Freiberg/Sachsen (Leipzig 2007).

Richard Bonney (Hg.), The Rise of the Fiscal State in Europe: c. 1200–1815 (Oxford 1999).

Arndt Brendecke–Markus Friedrich–Susanne Friedrich (Hg.), Information in der Frühen Neuzeit. Status, Bestände, Strategien (Pluralisierung und Autorität 16, Münster 2008).

John Brewer, The sinews of power. War, money and the English state, 1688–1783 (London 1989).

Erik Brännman, Frälseköpen under Gustav II Adolfs regiring (Lund 1950).

Sebastian Brunner, Ein Chorherrenbuch. Geschichte und Beschreibung der bestehenden und Anführung der aufgehobenen Chorherrenstifte: Augustiner und Prämonstratenser in Österreich-Ungarn, Deutschland und der Schweiz (Würzburg 1883).

Werner Buchholz, Vom Adelsregiment zum Absolutismus. Finanzwirtschaft und Herrschaft in Schweden im 17. Jahrhundert, in: Rauscher–Serles–Winkelbauer (Hg.), Blut des Staatskörpers, 129–181.

Ders., Öffentliche Finanzen und Finanzverwaltung im entwickelten frühmodernen Staat. Landesherr und Landstände in Schwedisch-Pommern 1720 – 1806 (Veröffentlichung der historischen Kommission für Pommern, Reihe V: Forschungen zur Pommerschen Geschichte, Heft 25, Köln–Wien 1992).

Ders., Geschichte der öffentlichen Finanzen in Europa in Spätmittelalter und Neuzeit. Darstellung, Analyse, Bibliographie (Berlin 1996).

Bronislaw Chocholáč–Tomáš Sterneck, Die landesfürstlichen Finanzen in Mähren in der zweiten Hälfte des 16. Jahrhunderts, in: Edelmayer–Lanzinner–Rauscher (Hg.), Finanzen und Herrschaft, 125–142.

Michael Cramer-Fürtig, Finanzkontrolle durch Rechnungsprüfung im Herzogtum Bayern. Zur Normierung der amtlichen Buchführung in der Frühen Neuzeit, in: Edelmayer–Lanzinner–Rauscher (Hg.), Finanzen und Herrschaft, 270–290.

Krisztian Csaplar-Degovics–István Fazekas (Hg.), Geteilt – Vereinigt: Beiträge zur Geschichte des Königreichs Ungarn in der Frühneuzeit (16. – 18. Jh) (Ungarische Geschichte, Studien 1, Berlin 2011).

Johannn Csaplovics, Topographisch-statistisches Archiv des Königreichs Ungarn, 1. Bd. (Wien 1821).

Ignacio Czeguhn, Art. Grundrente, [2]HRG 2 599–602.

Felix Czeike, Historisches Lexikon Wien, 6 Bde., (Wien 1992–2004); https://www.digital.wienbibliothek.at/wbrobv/content/titleinfo/1112764.

Ders., Art. Kaltmaut, Historisches Lexikon 3 438.

Peter G. M. Dickson, Finance and Government under Maria Theresia 1740–1780, 2 Bde. (Oxford 1987).

Drw: Deutsches Rechtswörterbuch (Weimar–Stuttgart 1914–2015; http://drw-www.adw.uni-heidelberg.de/drw-cgi/zeige).

Günter Dippold, Kloster Banz. Natur–Kultur–Architektur (Staffelstein 1991).

Heinz Duchhardt (Hg.), Jahrbuch für europäische Geschichte, Bd. 3 (München 2002).

Friedrich Edelmayer–Maximilian Lanzinner–Peter Rauscher (Hg.), Finanzen und Herrschaft. Materielle Grundlagen fürstlicher Politik in den habsburgischen Ländern und im Heiligen Römischen Reich im 16. Jahrhundert (VIÖG 38, Wien 2003).

Christian d'Elvert, Zur Oesterreichischen Finanz-Geschichte, mit besonderer Rücksicht auf die böhmischen Länder (Schriften der Historisch-Statistischen Section der K.K. Mähr.-Schles. Gesellschaft zur Beförderung des Ackerbaues, der Natur- und Landeskunde 25, Brünn 1881).

Győző Ember, Einnahmen und Ausgaben der Ungarischen Königlichen Kammer in den Jahren 1555–1562. *AHASH* 28 (1982) 1–35.

Adalbert Erler, Art. Ungeld, [1]HRG 5 481–482.

Ders.–Katharina Falkson, Art. Hansgraf, [2]HRG 2 773–774.

Zoltán Fallenbüchl, Die Ofner Kameraladministration. Eine Kriegswirtschaftsverwaltung in Ungarn (1683) 1685–1709. *Verwaltung* 16 (1963) 487–505.

Heinrich Fasching, Die Chorherrenstifte von Wiener Neustadt. Eine rechtsgeschichtliche Untersuchung (Wien 1966).

Helmuth Feigl, Die niederösterreichische Grundherrschaft vom ausgehenden Mittelalter bis zu den theresianisch-josephinischen Reformen (Forschungen zur Landeskunde von Niederösterreich 16, St. Pölten [2]1998).

Alexius von Fényes, Statistik des Königreichs Ungarn, 3 Teile (Pest 1843–1849).

Franz Fischer, Die blauen Sensen. Sozial- und Wirtschaftsgeschichte der Sensenschmiedezunft zu Kirchberg-Micheldorf bis zur Mitte des 18. Jahrhunderts (Forschungen zur Geschichte Oberösterreichs 9, Linz 1966).

Gerhard FOUQUET–Jan HIRSCHBIEGEL–Werner PARAVICINI (Hg.), Hofwirtschaft. Ein ökonomischer Blick auf Hof und Residenz in Spätmittelalter und Früher Neuzeit (Residenzenforschung 21, Ostfildern 2008).

Karl Friedrich von FRANK, Standeserhebungen und Gnadenakte für das Deutsche Reich und die österreichischen Erblande bis 1806 sowie kaiserlich österreichische bis 1823, 5 Bde. (Senftenegg 1967–1974).

Martina FUCHS–Teréz OBORNI–Gábor UJVÁRY (Hg.), Kaiser Ferdinand I. Ein mitteleuropäischer Herrscher (Geschichte in der Epoche Karls V. 5, Münster 2005).

Erwin GATZ (Hg.), Die Bischöfe des Heiligen Römischen Reichs 1648–1803. Ein biographisches Lexikon (Berlin 1990).

Jan GLETE, War and the State in early modern Europe: Spain, the Dutch Republic and Sweden as Fiscal-Military States (London 2002).

Karl Ernst GEORGES, Ausführliches Lateinisch-Deutsches Handwörterbuch, 2 Bde. (Hannover–Leipzig 1913–1918).

Anton GINDELY, Geschichte der böhmischen Finanzen von 1526 bis 1618 (Sonderdruck aus den Denkschriften der Philosophisch-Historischen Classe der Kaiserlichen Akademie der Wissenschaften 18, Wien 1868).

DERS., Geschichte der Gegenreformation in Böhmen (Leipzig 1894).

William D. GODSEY, The Sinews of Habsburg Power. Lower Austria in a Fiscal-Military State 1650–1820 (Oxford 2018).

Ulrich GÖBEL (Hg.)–Oskar REICHMANN (bearb.), Frühneuhochdeutsches Wörterbuch, Bd. 3 (Berlin–New York 2002).

Werner GÖTZ–Karl-Heinz SPIESS, Art. Beutellehen, ²HRG 2 558–559.

Johannes GÖTZENAUER, Prioren und Prälaten der Kartause Mauerbach, in: Kartause Mauerbach 1314 bis heute. *ÖZKD* 53 (1999) 385–386.

Jakob GRIMM–Wilhelm GRIMM, Deutsches Wörterbuch,16 Bde. in 32 Halbbde. (Leipzig 1854–1960; http://woerterbuchnetz.de/cgi-bin/WBNetz/wbgui_py?sigle=DWB).

Oswald GSCHLIESSER, Der Reichshofrat. Bedeutung und Verfassung, Schicksal und Besetzung einer obersten Reichsbehörde von 1559–1806 (Veröffentlichungen der Kommission für Neuere Geschichte des Ehemaligen Österreich 33, Wien 1942).

Friedrich HARTL (Hg.)–Jürgen BUSCH–Erwin REISINGER (Mitarb.), Niederösterreich in der Mitte des 18. Jahrhunderts, dargestellt in den Kronprinzenvorträgen für Joseph (II.) über Österreich Unter und Ob der Enns. *JbLkNÖ* 79 (2013) 1–185.

Wolfgang HÄUSLER (Hg.), Geld. 800 Jahre Münzstätte Wien (Wien 1994).

²HRG: Handwörterbuch zur deutschen Rechtsgeschichte, hg. von Albrecht CORDES–Heiner LÜCK–Dieter WERKMÜLLER, Bd. 1–2 (Berlin ²2012; https://www.hrgdigital.de/).

¹HRG: Handwörterbuch zur deutschen Rechtsgeschichte, hg. von Adalbert ERLER–Ekkehard KAUFMANN, Bd. 3–5 (Berlin ¹1971–1998).

Brigitte HAMANN (Hg.), Die Habsburger. Ein biographisches Lexikon (Wien 1988).

Paul HARRER-LUCIENFELD, Wien, seine Häuser, Menschen und Kultur, 8 Bde. (ungedrucktes Typoskript im WStLA, o.O., ²1951–1958).

Herbert HAUPT, Das Hof- und hofbefreite Handwerk im barocken Wien 1620 bis 1770. Ein Handbuch (Forschungen und Beiträge zur Wiener Stadtgeschichte 46, Innsbruck 2007).

Gernot HEISS, Die ungarischen, böhmischen und österreichischen Besitzungen der Königin Maria (1505–1558) und ihre Verwaltung, 1. Teil *MÖStA* 27 (1974) 61–100; 2. Teil *MÖStA* 29 (1976) 52–121.

Mark HENGERER, Kaiserhof und Adel in der Mitte des 17. Jahrhunderts. Eine Kommunikationsgeschichte der Macht in der Vormoderne (Historische Kulturwissenschaft 3, Konstanz 2004).

DERS., Instruktion, Praxis, Reform: Zum kommunikativen Gefüge struktureller Dynamik der kaiserlichen Finanzverwaltung, in: Stefan HAAS–DERS (Hg.), Im Schatten der Macht. Kommunikationskulturen in Politik und Verwaltung 1600–1950 (Frankfurt/Main–New York 2008) 75–104.

DERS., Prozesse des Informierens in der habsburgischen Finanzverwaltung im 16. und 17. Jahrhundert, in: BRENDECKE–FRIEDRICH–FRIEDRICH (Hg.), Information, 165–199.
Michael HOCHEDLINGER–Petr MAT'A–Thomas WINKELBAUER (Hg.), Verwaltungsgeschichte der Habsburgermonarchie in der Frühen Neuzeit. Band 1: Hof und Dynastie, Kaiser und Reich, Zentralverwaltungen, Kriegswesen und landesfürstliches Finanzwesen (*MIÖG Ergänzungsband* 62) Wien 2019.
Eduard HOLZMAIR, Geld und Münze unter Kaiser Leopold I. *MIÖG* 60 (1952) 238–250.
DERS., Die Münzstätte Wien unter Andrea Cetto (1660–1665). *NumZ* 67 (1934) 82–92.
Franz HUFNAGL, Die Maut zu Gmunden. Entwicklungsgeschichte des Salzkammerguts (Wien 2008).
Volker JARREN, Europäische Diplomatie im Zeitalter Ludwigs XIV. Das Beispiel Johann Daniel Kramprich von Kronenfeld (1622–1693), in: DUCHHARDT (Hg.), Jahrbuch, 101–131.
Uwe JOHN (Hg.), Landesgeschichte als Herausforderung und Programm. Festschrift für Karlheinz Blaschke (Leipzig 1997).
Helga KIRCHBERGER (Hg.), Vertrauliche Briefe Kaiser Leopolds I. an P. Emerich Sinelli 1668–1685 (Typoskript hinterlegt im HHStA, Hausarchiv, „Manuskript Kirchberger", Wien 1988).
Kamil Kıvanç KARAMAN–Şevket PAMUK, Die osmanischen Staatsfinanzen in europäischer Perspektive, in: RAUSCHER–SERLES–WINKELBAUER (Hg.), Blut des Staatskörpers, 183–208.
Katrin KELLER, Hofdamen. Amtsträgerinnen im Wiener Hofstaat des 17. Jahrhunderts (Wien–Köln–Weimar 2005).
István KENYERES, Die Einkünfte und Reformen der Finanzverwaltung Ferdinands I. in Ungarn, in: FUCHS–OBORNI–UJVÁRY (Hg.), Ferdinand I., 111–146.
DERS., Die Finanzen des Königreichs Ungarn in der zweiten Hälfte des 16. Jahrhunderts, in: EDELMAYER–LANZINNER–RAUSCHER (Hg.), Finanzen und Herrschaft, 84–122.
DERS., Die Kriegsausgaben der Habsburgermonarchie von der Mitte des 16. Jahrhunderts bis zum ersten Drittel des 17. Jahrhunderts, in: RAUSCHER (Hg.), Kriegführung, 41–80.
DERS., Die Kosten der Türkenabwehr und des Langen Türkenkrieges (1593–1606) im Kontext der ungarischen Finanzen des 16. und 17. Jahrhunderts, in: RAUSCHER–SERLES–WINKELBAUER (Hg.), Blut des Staatskörpers 19–41.
Carl KOEHNE, Das Hansgrafenamt. Ein Beitrag zur Geschichte der Kaufmannsgenossenschaften und Behördenorganisation (Berlin 1893).
Elfriede KÖCK, Das Schlüsselamt Krems von den Anfängen bis zum Jahr 1700 (Diss. Wien 1965).
Hansdieter KÖRBL, Die Familie Bartholotti – Kaufleute, Beamte und Adelige. Eine Familiengeschichte aus dem frühneuzeitlichen Wien. *WGBll* 68/4 (2013) 317–344
DERS., Die Hofkammer und ihr ungetreuer Präsident. Eine Finanzbehörde zur Zeit Leopolds I. (VIÖG 54, Wien–München 2009).
DERS., Neue Funde zum Prozess Sinzendorf. *UH* 81 (2010) 109–115.
DERS., Landesfürstliche Politik und private Interessen. Johann Baptist Kunitz (1613–1686) und das Scheitern eines innovativen Mautprojekts. *FNZInfo* 26 (2015) 188–201.
DERS., „Wenden Sie sich an das Salzamt". Die lange Geschiche des Salzamts in Wien (Studien zur Wiener Geschichte 74, Wien 2018, 49–110).
Martin KÖRNER, Luzerner Staatsfinanzen 1415–1798. Strukturen, Wachstum, Konjunkturen (Luzern 1981).
Ferdinand KRACKOWIZER, Geschichte der Stadt Gmunden in Ober-Oesterreich, 3 Bde. (Gmunden 1898-1900).
Dieter KREIL, Der Stadthaushalt von Schwäbisch Hall im 15./16. Jahrhundert. Eine finanzgeschichtliche Untersuchung (Forschungen aus Württembergisch-Franken 1, Schwäbisch Hall 1967).
Kersten KRÜGER, Finanzstaat Hessen 1500–1567. Staatsbildung im Übergang vom Domänenstaat zum Steuerstaat (Veröffentlichungen der Historischen Kommission für Hessen 24, 5, Marburg 1980).
DERS., Formung der Moderne. Ausgewählte Aufsätze (Geschichte: Forschung und Wissenschaft 14, Münster 2005).

DERS., Gerhard Oestreich und der Finanzstaat. Entstehung und Deutung eines Epochenbegriffs der frühneuzeitlichen Verfassungs- und Sozialgeschichte, in: DERS., Formung der Moderne, 15–29.

DERS., Die Staatsfinanzen Dänemarks und Schwedens im 16. Jahrhundert. Ein Strukturvergleich, in: DERS., Formung der Moderne, 53–71.

Christian LIPPELT–Gerhard SCHILDT (Hg.), Braunschweig-Wolfenbüttel in der frühen Neuzeit. Neue historische Forschungen (Quellen und Forschungen zur Braunschweigischen Landesgeschichte 41, Braunschweig 2003).

Petr MAT'A–Thomas WINKELBAUER, Die Habsburgermonarchie 1620 bis 1740. Leistungen und Grenzen des Absolutismusparadigmas (Forschungen zur Geschichte und Kultur des östlichen Mitteleuropa 24, Stuttgart 2008).

Petr MAT'A, Landstände und Landtage in den böhmischen und österreichischen Ländern (1620–1740). Von der Niedergangsgeschichte zur Interaktionsanalyse, in: MAT'A–WINKELBAUER, Habsburgermonarchie, 345–400.

Mark MERSIOWSKY, Finanzverwaltung und Finanzkontrolle am spätmittelalterlichen Hofe, in: FOUQUET–HIRSCHBIEGEL–PARAVICINI (Hg.), Hofwirtschaft 171–190.

DERS., Die Anfänge territorialer Rechnungslegung im deutschen Nordwesten. Spätmittelalterliche Rechnungen, Verwaltungspraxis, Hof und Territorium (Residenzenforschung 9, Stuttgart 2000).

Margret MIHM–Arend MIHM, Mittelalterliche Stadtrechnungen im historischen Prozess. Die älteste Duisburger Überlieferung (1348–1449), Bd. 1: Untersuchungen und Texte, Bd. 2: Register, Materialien, Glossar (Wien–Köln–Weimar 2007).

István NAGY, Die ungarische Kammer und die Wiener zentrale Finanzverwaltung 1686–1848. *AHASH* 22 (1976) 291–326.

Friedrich Albert NIEMANN, Vollständiges Handbuch aller Münzen, Maße und Gewichte aller Länder der Erde (Quedlingburg und Leipzig 1835).

Eva ONDRUŠOVÁ, Staatswirtschaftslehre des Kameralismus. Theorie und Praxis am Beispiel von den Kameralherrschaften im mittelslowakischen Bergbaugebiet. Einführung in das Thema, in: Daniel DUMITRAN–Valer MOGA (Ed.), Economy and Societey in Central and Eastern Europe. Territory, Population, Consumption. Papers of the International Conference held in Alba Iulia, April 25th–27th, 2013 (Münster 2013) 63–76.

András OROSS, Die für Ungarn zuständigen Kammern und die Kriegsfinanzierung der Habsburgermonarchie an der Wende vom 17. zum 18. Jahrhundert, in: RAUSCHER (Hg.), Kriegführung, 289–312.

Gustav ORTUBA, Zur Geschichte des neuzeitlichen Verkehrswesens in Österreich vor den Eisenbahnen (Linzer Schriften zur Sozial- und Wirtschaftsgeschichte 21, Linz 1988).

Géza PÁLFFY, Die Entstehung und Entwicklung der Türkenabwehr in Ungarn 1526–1699, in: Kaiser und König. Eine historische Reise: Österreich und Ungarn 1526–1918 (Ausstellungskatalog der Österreichischen Nationalbibliothek, Wien 2001) 37–46.

DERS., Gemeinsam gegen die Osmanen. Ausbau und Funktion der Grenzfestungen in Ungarn im 16. und 17. Jahrhundert (Katalog der Ausstellung im Österreichischen Staatsarchiv, Wien–Budapest 2001).

Anton PANTZ, Die Innerberger Hauptgewerkschaft 1625–1778 (Forschungen zur Verfassungs- und Verwaltungsgeschichte der Steiermark VI/2, Graz 1906).

Richard PERGER, Straßen, Türme und Basteien. Das Straßennetz der Wiener City in seiner Entwicklung und seinen Namen. Ein Handbuch (Forschungen und Beiträge zur Wiener Stadtgeschichte 22, Wien 1991).

Robert PICHLER, Die Hofkammer im Dreißigjährigen Krieg (Dipl. Wien 2013); http://othes.univie.ac.at/26714/.

Renate PIEPER, Financing an empire: the Austrian composite monarchy,1650–1848, in: YUAN-CASALILLA–O'BRIEN (Hg.), Fiscal States, 164–190.

Benedikt Pillwein, Geschichte, Geographie, und Statistik des Erzherzogthums Oesterreich ob der Enns und des Herzogthums Salzburg, 2. Teil: Der Traunkreis (Linz 1843).

Alfred Francis Pribram, Materialien zur Geschichte der Preise und Löhne in Österreich (Veröffentlichungen des Internationalen Wissenschaftlichen Komitees für die Geschichte der Preise und Löhne 1, Wien 1938).

Günther Probszt, Die alten niederungarischen Bergstädte im Slowakischen Erzgebirge (Wien 1960).

Ders., Königin Maria und die niederungarischen Bergstädte. *ZfO* 15 (1966) 621–703.

Ders., Österreichische Münz- und Geldgeschichte. Von den Anfängen bis 1918, 2 Teile (Wien–Köln–Weimar ^{3}1994).

Ders., Der Neusohler „Kupferkauf". *VSWG* 40 (1953) 289–326.

Georg Gottlieb Pusch, Geognostisch-bergmännische Reise durch einen Theil der Karpathen, Ober- und Niederungarn [...] (Leipzig 1824).

Peter Rauscher (Hg.), Kriegführung und Staatsfinanzen.Die Habsburgermonarchie und das Heilige Römische Reich vom Dreißigjährigen Krieg bis zum Ende des Kaisertums (Geschichte in der Epoche Karls V. 10, Münster 2010).

Ders., Die Finanzierung des Kaiserhofs von der Mitte des 16. bis zu Beginn des 18. Jahrhunderts. Eine Analyse der Hofzahlamtsbücher, in: Fouquet–Hirschbiegel–Paravicini (Hg.), Hofwirtschaft, 405–441.

Ders., Reichssachen. Die finanziellen Beziehungen zwischen Kaiser und Heiligem Römischen Reich (1600–1740), in: Ders.–Serles–Winkelbauer (Hg.), Blut des Staatskörpers, 319–354.

Ders., Zwischen Ständen und Gläubigern. Die kaiserlichen Finanzen unter Ferdinand I. und Maximilian II. (1556–1576), (VIÖG 41, Wien–München 2004).

Ders., Nach den Türkenkriegen. Die Steuerbewilligungen des Heiligen Römischen Reichs im 17. und frühen 18. Jahrhundert, in: Ders. (Hg.), Kriegführung, 433–485.

Peter Rauscher–Andrea Serles–Thomas Winkelbauer (Hg.), Das „Blut des Staatskörpers". Forschungen zur Finanzgeschichte der Frühen Neuzeit. *HZ Beihefte* NF 56 (2012).

Oskar Reichmann, Art. Beutellehen, Frühneuhochdeutsches Wörterbuch 3, Sp. 2195–2196.

Friedrich A. Riemann: Vollständiges Handbuch der Münzen, Maße und Gewichte aller Länder der Erde (Quedlinburg und Leipzig 1830).

Wilhelm Rottleuthner, Alte lokale und nichtmetrische Gewichte und Maße und ihre Größen nach metrischen System. Ein Beitrag in Übersichten und Tabellen (Innsbruck 1985).

Romuald Ruhietl, Geschichte des Stifts Geras, in: Brunner, Chorherrenbuch, 91–143.

Franz Satzinger, Vöcklabruck. Stadtgeschichte – Von den Anfängen bis 1850 (Vöcklabruck 2006; http://www.voecklabruck.at/die-stadt/geschichte.html [Jänner 2016]).

Anton Schachinger, Das kaiserliche Waldamt und die Herrschaft Purkersdorf im letzten Viertel des 17. Jahrhunderts unter besonderer Berücksichtigung der Auswirkungen der Türkeninvasion des Jahres 1683. *JbLkNÖ NF* 29 (1944–1948) 167–273.

Kurt Schaefer, Nassern, Tschaiken, Canonierbarquen (Wien 2008).

Karl Schalk, Beiträge zur Geschichte des österreichischen Münzwesens unter Leopold I. (mit besonderer Berücksichtigung der Münzstätte Wien). Nach den Akten des Hofkammerarchivs Faszikel Nr. 17326 bis 17329 und den Gedenkbüchern daselbst. *NumZ* 41 bzw. NF 1 (1908) 188–233.

Uwe Schirmer., Die Finanzen im Kurfürstentum Sachsen (1553–1586), in: Edelmayer–Lanzinner–Rauscher (Hg.), Finanzen und Herrschaft, 143–184.

Ders., Die Finanzen der Kurfürsten und Herzöge von Sachsen zwischen 1485 und 1547, in: John (Hg.), Landesgeschichte, 259–283.

Ders., Kursächsische Staatsfinanzen (1456–1656): Strukturen – Verfassung – Funktionseliten (Quellen und Forschungen zur sächsischen Geschichte 28, Stuttgart 2006).

Ders., Öffentliches Wirtschaften in Kursachsen (1553–1631). Motive, Strategien, Strukturen, in: Schneider (Hg.), Wirtschaften, 121–157.

DERS., Umfang, Strukturen und Funktionen der albertinischen Staatsfinanzen. Untersuchungen zum Haushaltsjahr 1549/50, in: BLASCHKE (Hg.), Moritz von Sachsen, 133–162.

Franz Anton SCHMIDT, Chronologisch-systematische Sammlung der Berggesetze der Königsreiche Ungarn, Kroatien, Dalmatien, Slavonien und des Großfürstenthums Siebenbürgen, 2. Abteilung, 5. Band 1658–1708 (Wien 1835).

Jürgen SCHNEIDER (Hg.), Öffentliches und privates Wirtschaften in sich wandelnden Wirtschaftsordnungen. Referate der 18. Arbeitstagung der Gesellschaft für Sozial- und Wirtschaftsgeschichte vom 7. bis 9. April 1999 in Innsbruck (Stuttgart 2001).

Josef A. SCHUMPETER, Die Krise des Steuerstaats (Zeitfragen aus dem Gebiete der Soziologie 4, Graz–Leipzig 1918).

Franz Xaver Joseph SCHWEICKHARDT, Darstellung des Erzherzogthums Österreich unter der Ens, durch umfassende Beschreibung aller Burgen, Schlösser, Herrschaften, Städte, Märkte, Dörfer, Rotten etc. etc., topographisch-statistisch-genealogisch-historisch bearbeitet und nach den bestehenden vier Kreis-Vierteln [alphabetisch] gereiht (Wien 1831–1841).

SIEBMACHERS Großes allgemeines Wappenbuch [...], Bd: IV, 4. Abt. Niederoesterreichischer Adel, bearb. von Johann Evang. KIRNBAUER VON ERZSTÄTT–Johann Baptist WITTING, 2 Teilbde. (Nürnberg 1918/19); Bd. IV, 5. Abt. Der Adel Oberoesterreichs, bearb. von Alois Frhrn. WEISS VON STARKENFELS–Johann Evang. KIRNBAUER VON ERZSTÄTT (Nürnberg 1904); Bd. IV, 9. Abt. Der Böhmische Adel, bearb. von Rudolf Johann Graf MERAVIGLIA-CRIVELLI (Nürnberg 1886); Bd. IV, 10. Abt. Der Mährische Adel, bearb. von Heinrich von KADICH–Conrad BLAŽEK (Nürnberg 1899); Bd. IV, 15. Abt. Der Adel von Ungarn sammt den Nebenländern der St. Stephans-Krone, bearb. von Géza von CSERGHEŐ (Nürnberg 1885–1894).

Stefan SIENELL, Die Geheime Konferenz unter Kaiser Leopold I. Personelle Strukturen und Methoden zur politischen Entscheidungsfindung am Wiener Hof (Beiträge zur Neuern Geschichte Österreich 17, Frankfurt/M u. a. 2001).

Manuela SISSAKIS, Territoriale Rechnungslegung in der frühen Neuzeit. Quellenkritische Anmerkungen an Hand der Kammerrechnungen des 16. Jahrhunderts im Fürstentum Braunschweig-Wolfenbüttel, in: LIPPELT–SCHILDT (Hg.), Braunschweig-Wolfenbüttel, 93–108.

Heinrich Ritter von SRBIK, Der staatliche Exporthandel Österreichs von Leopold I. bis Maria Theresia. Untersuchungen zur Wirtschaftsgeschichte Österreichs im Zeitalter des Merkantilismus (Wien–Leipzig 1907; Nachdr. Frankfurt/Main 1969).

DERS., Studien zur Geschichte des österreichischen Salzwesens (Forschungen zur inneren Geschichte Österreichs 12, Innsbruck 1917).

Albert STARZER, Beiträge zur Geschichte der niederösterreichischen Statthalterei. Die Landeschefs und Räthe dieser Behörde von 1509 bis 1896 (Wien 1897).

Erich STROHMER, Mondsee und das Mondseeland (Wien o.J.).

Wilhelm TWERDY, Beiträge zur Geschichte des Wienerwaldes, 2 Bde. (Budapest–Schwarzach–Bruck an der Leitha 1998–1999).

Helfried VALENTINITSCH, Ein halbes Jahrhundert im Dienste des Hauses Habsburg. Der Hofkammerrat Andreas Eder von Kainbach (1576–1652) und seine Familie. *Historisches Jahrbuch der Stadt Graz* 26 (1996) 267–289.

Heinrich VEITH, Deutsches Bergwörterbuch (Breslau 1871).

Alois VELTZE, Die Wiener Stadtguardia (1531–1741) (Berichte und Mittheilungen des Alterthums-Vereines zu Wien 36, 1902).

Andrea WIESFLECKER, Die „oberösterreichischen“ Kammerraitbücher zu Innsbruck 1493–1519. Ein Beitrag zur Wirtschafts-, Finanz- und Kulturgeschichte der oberösterreichischen Ländergruppe (Graz 1987).

Thomas WINKELBAUER, Fürst und Fürstendiener. Gundaker von Liechtenstein, ein österreichischer Aristokrat des konfessionellen Zeitalters (Wien 1999).

DERS., Nervus Rerum Austriacarum. Zur Finanzgeschichte der Habsburgermonarchie um 1700, in: MAT'A–WINKELBAUER (Hg.), Habsburgermonarchie, 179–215.

DERS., Ständefreiheit, und Fürstenmacht. Länder und Untertanen des Hauses Habsburg im konfessionellen Zeitalter, 2 Bde. (Österreichische Geschichte 1522–1699, Wien 2003).

Franz Karl WISSGRILL, Schauplatz des landsässigen Nieder-Oesterreichischen Adels vom Herren und Ritterstande vom XI. Jahrhundert bis aus jetzige Zeiten, 5 Bde. (Wien 1794–1824).

Josef WODKA, Personalgeschichtliche Studien über das ehemalige Chorherrenstift St. Pölten. *JbLkNÖ* 28 (1943) 148–206.

Alfons WREDE, Geschichte der k. und k. Wehrmacht. Die Regimenter, Corps, Branchen und Anstalten von 1618 bis Ende des XIX. Jahrhunderts, 5 Bde. (Wien 1898–1905).

Heinrich WURM, Die Jörger von Tollet (Forschungen zur Geschichte Oberösterreichs 4, Linz 1955).

Constant von WURZBACH, Biographisches Lexikon des Kaisertums Österreich, 60 Bde. (Wien 1865–1891); http://www.literature.at/collection.alo?objid=11104&from=1&to=50&orderby=-date&sortorder=d.

Bartolomé YUN-CASALILLA–Patrick K. O'BRIEN mit Francisco COMÍN (Hg.), The Rise of Fiscal States: A Global History 1500–1914 (Cambridge 2012).

Walter ZIEGLER, Der Hof- und Staatshaushalt der Reichen Herzöge von Niederbayern, in: FOUQUET–HIRSCHBIEGEL–PARAVICINI (Hg.), Hofwirtschaft, 277–302.

DERS., Studien zum Staatshaushalt Bayern in der zweiten Hälfte des 15. Jahrhunderts. Die regulären Kammereinkünfte des Herzogtums Niederbayern 1450–1500 (München 1981).

Internet Ressourcen

http://www.30jaehrigerkrieg.de/ = Bernd WARLICH (bearb.), Der Dreißigjährige Krieg in Selbstzeugnissen, Chroniken und Berichten.

genealogy.euweb.cz/ = Miroslav MAREK (Hg.), GENEAOLOGY.EU […] with royal and noble family trees.

http://www.oesta.gv.at/site/6662/default.aspx = Leopold AUER (Projektleitung), Die Wiener Hofgesellschaft während der Regierungszeit Kaiser Leopolds I. (1657–1705).

http:/www.neulatein.de/neulateinische_wortliste.htm = Johann RAMMINGER, Neulateinische Wortliste. Ein Wörterbuch des Lateinischen von Petrarca bis 1700 (NLW).

https://de.wikipedia.org/wiki/S%C3%A4umer = Art. Säumer

https://de.wikipedia.org/wiki/P%C3%A1tek = Art. Pátek

http://www.rzuser.uni-heidelberg.de/~cd2/drw/e/sc/hatz/steu/schatzsteuer.htm = Schatzsteuer

Abkürzungen und Siglen

AHASH	*Acta Hungarica Academiae Scientiarum Hungaricae*
AHK	Alte Hofkammer, Bestandsgruppe des FHKA
Anm.	Anmerkung, Fußnote
AVA	Österreichisches Staatsarchiv, Allgemeines Verwaltungsarchiv
Bd., Bde.	Band, Bände
bearb.	bearbeitet
böhm.	böhmisch
d	Pfennig
Dipl.	ungedruckte (philosophische oder geisteswissenschaftliche) Diplomarbeit
Diss.	ungedruckte (philosophische oder geisteswissenschaftliche) Dissertation
DRW	Deutsches Rechtswörterbuch
dt.	deutsch
DWB	Deutscher Wörterbuch, hg. von Jakob und Wilhelm Grimm
Ed., ed.	Editor(s), edited
FamA	Familienakten, Bestandsgruppe des FHKA
FamKorr	Familienkorrespondenz, Bestandsgruppe des HHStA
Faszikel Sinzendorf	FHKA, AHK, HFÖ, Akten K 1257
FHKA	Österreichisches Staatsarchiv, Finanz- und Hofkammerarchiv
fl; m fl	Gulden; tausend Gulden
FNZInfo	*Frühneuzeit Info*
fol.	folium, folia
FRA	Fontes Rerum Austriacarum
Gutachten Jörger	FHKA, AHK, HFÖ, Akten, K 1257, 280^{r}–357^{v}
Gutachten Pötting	FHKA, AHK, HFÖ, Akten, K 1257, 373^{r}–415^{v}
Gutachten Selb	FHKA, SUS, HS 0204
HA	Hausarchiv, Bestandsgruppe des HHStA
HFÖ	Hoffinanz Österreich, Bestandsgruppe des FHKA
HHStA	Österreichisches Staatsarchiv, Haus-, Hof- und Staatsarchiv
Hg., hg.	Herausgeber, herausgegeben
HRG	Handwörterbuch zur deutschen Rechtsgeschichte
Hs	Handschrift
HZ	*Historische Zeitschrift*
HZAB	Hofzahlamtsbücher, Bestandsgruppe des FHKA
inneröst.	innerösterreichisch
ital.	italienisch
JbLkNÖ	*Jahrbuch für Landeskunde von Niederösterreich*
K	Karton
kr	Kreuzer

kroat.	kroatisch
mähr.	mährisch
MIÖG (MÖIG)	*Mitteilungen des Instituts für Österreichische Geschichtsforschung* (1923–1942: *des Österreichischen Instituts für Geschichtsforschung;* 1944: *des Instituts für Geschichtsforschung und Archivwissenschaft in Wien)*
Mitarb.	Mitarbeiter, -in.
MÖStA	*Mitteilungen des Österreichischen Staatsarchivs*
Nachdr.	Nachdruck/Neudruck
NB	Note bene (beachte, merke wohl)
NF	Neue Fassung
n.ö.	niederösterreichisch
NumZ	*Numismatische Zeitschrift* (ab 1908 auch NF)
OLMA	Oberstlandmarschallamt, Bestand des HHStA
o.J.	ohne Jahresangabe
o.O.	ohne Ortsangabe
OÖLA	Oberösterreichisches Landesarchiv
OMaA	Obersthofmarschallamt, Bestandsgruppe des HHStA
ÖNB	Österreichische Nationalbibliothek, Sammlung von Handschriften und alten Drucken
ÖodE	Österreich ob der Enns
ÖudE	Österreich unter der Enns
ÖStA	Österreichisches Staatsarchiv
ÖZKD	*Österreichische Zeitschrift für Kunst und Denkmalpflege*
pag.	pagina, paginae
poln.	polnisch
QIÖG	Quelleneditionen des Instituts für österreichische Geschichtsforschung
RA	Reichsakten, Bestandsgruppe des FHKA
reg.	regiert
RHR	Reichshofrat, Bestandsgruppe des HHStA
rthlr, rthler	Reichstaler
rumän.	rumänisch
ß	Schilling
Sch	Schachtel
schles.	schlesisch
slowak.	slowakisch
Sp.	Spalte
srb.	serbisch
SUS	Sammlungsen und Selekte, Bestandsgruppe des FHKA
tschech.	tschechisch
UH	*Unsere Heimat*

ung.	ungarisch
Verwaltung	*Die Verwaltung. Zeitschrift für Verwaltungsrecht und Verwaltungswissenschaften*
VIÖG	Veröffentlichungen des Instituts für Österreichische Geschichtsforschung
VKNGÖ	Veröffentlichungen der Kommission für Neuer Geschichte Österreichs
WGBll	*Wiener Geschichtsblätter*
WStLA	Wiener Stadt- und Landesarchiv
ZfO	*Zeitschrift für Ostforschung (ab 1995: Zeitschrift für Ostmitteleuopa-Forschung)*
xr, x	Kreuzer

Glossar

Dieses Glossar kann nicht die Aufgaben aller Ämter und Einrichtungen des Hofes und der Länder beschreiben, es stellt dafür lediglich einige ausgewählte Kurzinformationen zur Verfügung. Weitere Informationen bieten WÜHRER–SCHEUTZ, Zu Diensten, und HOCHEDLINGER–MAT'A–WINKELBAUER (Hg.), Verwaltungsgeschichte.

☾*erzt*: Silbererz; im 17. Jahrhundert wurden vielfach Symbole aus der Alchemie verwendet. Der Mond ist das Symbol für Silber.[1]

Accidentia, -ien: Zusatzeinkommen; in der Edition wird es auch in der Bedeutung von Umstand, Verhältnisse verwendet.

Accise: siehe Aufschlag.

Adjuta, -en: Besoldungszulagen; auch in der Bedeutung von Unterstützung, Beihilfe, Zusatzeinkommen.

Anticipation: kurzfristige Finanzierung, eigentlich Vorauszahlung von Einkünften des Landesherrn. In dieser Edition wird darunter vielfach eine offene Schuld verstanden, für die eine Einkunftsquelle verpfändet ist. *anticipiren*: mittels Antizipation finanzieren.

Anweisung: ein Zahlungsauftrag.

Appalt: Verpachtung von Einnahmequellen, insbesondere von Ämtern, Abgaben, Handel mit Monopolprodukten. Im letzteren Fall wurde vielfach ein fester Preis für die Abnahme des Monopolprodukts vereinbart, wenn dieses vom Landesfürsten benötigt wurde (z. B. Kupfer). Der Vorteil des Appalts war ein fixes (statt schwankendes) Einkommen und die Vermeidung der Kosten der Eigenwirtschaft.

appliciren: einsetzen, verwenden für einen bestimmten Zweck; sich applizieren – sich widmen, sich beschäftigen.

Aufschlag, Accise: indirekte Steuer, Verbrauchssteuer, eine Vorform der heutigen Umsatzsteuer (Mehrwertsteuer).

Bergstädte: Zu den sieben freien ‚niederungarischen' Bergstädten gehörten Kremnitz, Schemnitz, Neusohl, Pukanz, Königsberg, Libethen, Dilln. Zusätzlich gab es ‚oberungarische' Bergstädte. Die Bezeichnung ‚niederungarisch' oder ‚oberungarisch' bezieht sich in beiden Fällen auf das Gebiet des Slowakischen Erzgebirges, das in Nordungarn lag.

Bestand, Bstand: Vermietung, Verpachtung; der Begriff ist in dieser Edition weitgehend ident mit Appalt. Gegen pauschale Zahlungen wurden Einkunftsquellen (Ämter, Güter, Herrschaften) überlassen; die Einhebung erfolgte durch den Bestandnehmer auf eigene Rechnung. *In bestand verlassen* = verpachten, vermieten.

Beutellehen (*beutllehen, peuthlehen*): Lehen, das ein Rustikalgut (untertäniges Gut) zum Gegenstand hat, daher auch von Nichtadeligen besessen werden kann. Diese Güter wurden in Form von Lehen vergeben, verpflichteten aber nicht zu Kriegsdiensten, sondern nur zu Geld- und Naturalleistungen. Siehe dazu auch GÖTZ–SPIESS, Beutellehen, 558–559 und REICHMANN, beutellehen, 2195–2196.

billig, billich: hier: angemessen.

Blicksilber (*ungeschmeidiges plikhlsilber*): der Zustand des Silbers in der Silberverhüttung nach dem Ausscheiden von Blei. Blicksilber ist bis zu 14 und 15 Lot fein (KRÜNITZ, 97, 337). Das entspricht nach Wiener Maß einem Feinheitsgrad von 875–938 von 1000.

Brandsilber (*prandtsilber*): der Zustand des Silbers im Zuge der Raffinierung. Brandsilber ist Feinsilber mit einem Silbergehalt von 15 Lot 15 Grän, es wird zur Münzprägung verwendet (KRÜNITZ, 97, 337) und hat nach Wiener Maß einen Feinheitsgrad von 958 von 1000.

[1] Für den Hinweis danke ich Dr. Schedl, Geologische Bundesanstalt Wien

Buchhalterei: eine Abteilung, die Aufgaben eines modernen Controllers wahrzunehmen hatte. Dazu zählten die Überprüfung der eingereichten Berichte der untergebenen Dienststellen sowie die Beurteilung von Eingaben und Gutachten für den Hofkammerrat. Daher hatten deren Beamte Zugang zur Registratur. Außerdem hatte sie verschiedene Amtsbücher zu führen. Es gab in der Hofkammer neben der Hofbuchhalterei noch die Niederösterreichische Buchhalterei (die aus der vormals gesonderten Niederösterreichischen Kammer stammte). Auch die Buchhaltereien waren Kollegialorgane unter der Leitung eines Buchhalters.

Calada (auch Münzcalada, Münzfall): die Herabsetzung des Nominalwerts von Münzen. Siehe dazu auch die von Probszt (Geldgeschichte, 436) geschilderte Münzcalada des Jahres 1623 und die Darstellung von Holzmair (Geld, 241).

Camerale: die Einkünfte des Landesfürsten und Kaisers für den Zivilhaushalt, dessen Finanzierung aus dem Kammergut erfolgen sollte.

Contrabande: Schmuggelware, Ware, die „geschwärzt" wurde.

Contributionen, Contributionale: in erster Linie die von den Landständen genehmigten Beträge, die für das Militär verwendet werden sollten. Diese wurden teilweise in das Hofkriegszahlamt einbezahlt, teilweise auch (als Naturalleistung) in den Ländern verbraucht. In Ungarn wird in den Quellen statt *contributiones* auch der Begriff *dica* oder *taxa* (bei Leistungen der königlichen Städte) verwendet, die von der Forschung oft als Kriegssteuer bezeichnet werden. Zum Contributionale siehe auch Hochedlinger–Mat'a–Winkelbauer (Hg.), Verwaltungsgeschichte, 786–788.

Hingegen werden unter *contributiones coronali* die für die Bewachung der ungarischen Krone bewilligten Abgaben verstanden.

defalciren: abrechnen, abziehen.

deliberiren; deliberirung: beraten, überlegen; Beratung, Überlegung.

Deputat: (1) Naturalleistungen und -zuwendungen, wie Holz, Salz; (2) finanzielle Geldzuwendungen, auch *deputatgelder* genannt, wie z. B. durch Stiftungen oder zur Versorgung; (3) Apanage (regelmäßige Zahlungen zur Sicherstellung eines standesgemäßgen Lebens), sofern es die Familie des Kaisers betrifft; (4) pauschale Zahlungen an den Kaiser in die Privatschatulle (*geheime cammer*) für persönliche Ausgaben.

deputiren: etwas widmen, anweisen, bestimmen; auch jemanden abordnen, einteilen.

Deputiertenamt, Deputierte: dieses Amt war der kaiserlichen Hofkammer in Wien unterstellt und für die Einhebung der Getränkeabgaben im Königreich Böhmen zuständig. Es wird hier auch als *tränckhsteuerambt* bezeichnet. Von der Hofkammer wurden zwei Deputierte als Leiter bestellt.

Dreißigster (tricesima): der Einfuhr- und Ausfuhrzoll, der bei den Grenzzollämtern Ungarns vor allem auf Vieh und Wein eingehoben wurde und über den der König ohne Zustimmung der Landstände verfügen konnte. Er entwickelte sich aus einer Marktabgabe zu einem Regal. Der Begriff stammt von seiner ursprünglichen Höhe und wurde auch nach Änderungen des Steuersatzes (zur Zeit Ferdinands I. meist 5 % des Werts) beibehalten. Ab 1635 wurde zur Erhaltung der Grenzfestungen noch ein Zuschlag von 50% („Halbdreißigster") eingehoben.

Eisenobmann: ein landesfürstlicher Beamter, zuständig für die Kleineisenindustrie des ober- und niederösterreichischen Grenzgebietes. Zu seinen Aufgaben zählten die Überwachung der Legstätten des Eisenhandels, die Kontrolle der Rohstoffversorgung (nur aus Innerberg) und die Proviantversorgung (Panz, Hauptgewerkschaft, 32).

Emer (Eimer): Hohlmaß für Flüssigkeiten; ein niederösterreichischer Eimer = 41 Maß = 58 l.

Expedit: Abteilung der Hofkammer unter Leitung eines Expeditors, der für die Ausfertigung und Zustellung der Schriften zuständig war. Der Zugang zu deren Unterlagen war den Hofkammerräten verwehrt.

Expeditionen: (1) nach sachlichen Gesichtspunkten organisierte Abteilungen der Hofkammer, die durch Sekretäre geleitet wurden; (2) Erledigungen.

Extraordinari mitlen: (spezielle) Einkünfte, zu diesen zählten beispielsweise Strafen, beschlagnahmte Schmuggelware, aber auch Sonderzuwendungen.

Fideikommiss und Majorat: eine Zusammenfassung von (adeligem) Vermögen zu einem ungeteilten und unveräußerlichen Familiengut und dessen Bindung in der Hand des Ältesten, der es alleinig nutzen kann. Solche Regelungen bedurften der Bestätigung durch den Kaiser.

Fischmeisteramt: der Fischmeister hatte die landesfürstlichen Fischteiche zu besichtigen und den Fischereibetrieb zu beaufsichtigen, um den Ertrag des Regals richtig erfassen zu können.

Fuder (*fueder*): hier als Maß für Salz verwendet, auch Salzstock genannt, siehe Kufe.

Gefälle (*geföhle, gefelle*): Abgaben.

Gülten: Einkünfte von Feudalherren, Bemessungsgrundlage für landesfürstliche Abgaben. Siehe dazu Adelung, Wörterbuch 2, 845–846.

Handgraf (Hansgraf): ein landesfürstlicher Beamter, der mit der Handels- und Marktaufsicht (vornehmlich im Bereich des Viehhandels) sowie mit der Einhebung von damit verbundenen Mauten, Zöllen und Verbrauchsabgaben betraut war (Koehne, Hansgrafenamt; Erler–Falkson, Hansgraf, 773−774).

Heumeisteramt: dessen Aufgabe war es, für die ausreichende Heuversorgung der Pferde des Hofes zu sorgen. Da Pferde entscheidend für das Transportwesen waren, hatte die Versorgung mit Heu eine große Bedeutung.

Hofbuchhalterei: siehe Buchhalterei.

Hofkammerrat *(hoffkammerrat)*: das kollektive Leitungsgremium der Hofkammer, bestehend aus Räten der Hofkammer *(hoffkammer rat)* unter dem Vorsitz eines Präsidenten. Gelegentlich konnten Sekretäre beigezogen werden. Die Entscheidungen erfolgten nicht nach einer Diskussion, sondern nach einer Stellungnahme in der Reihenfolge des Dienstalters. Bedeutendere Entscheidung mussten dem Kaiser (meist im Geheimen Rat) zur Ratifizierung vorgelegt werden.

Inspektion: die einem Hofkammerrat übertragene Aufgabe der Aufsicht und Kontrolle eines Fachbereichs.

Interessen: in dieser Edition überwiegend im Sinne von Zinsen verwendet; verinteressieren = verzinsen. Fällige Zinsen werden als verfallen bezeichnet.

Intertenimente: siehe das Stichwort Provisionen.

Kalte Maut: eine Gebühr, die nach der Neuordnung des Wiener Mautwesens durch Ferdinand I. 1524 zwischen 13. Oktober und 6. Jänner (also in der kalten Jahreszeit) als Zuschlag zur Wassermaut beim Roten Turm (pro Schiff), zur Tabormaut bei der großen Donaubrücke (vom Warenwert) sowie auf dem Getreidemarkt vor dem Widmertor eingehoben wurde. Ein genauer Tarif wurde den „Kaltmautnern" 1534 zugestellt. Die Kaltmaut verschwand erst anlässlich des Aufgehens aller Wiener Mauten in der Hauptmaut 1762 (Czeike, Lexikon 3, 438). Siehe zur Kalten Maut auch Codex Austriacus 3, 434.

Kastenamt: es handelt sich dabei um ein Amt unter dem Vizedom, dem einige Dörfer untertan waren. Diese leisteten ihre Abgaben in Form von Getreide.

Klafter (*claffter*): als Raummaß für Holz entspricht ein Klafter nicht einem Würfel mit den Seitenlängen eines Klafters. Der Klafter Brennholz hängt von der Scheitlänge ab. Pribram setzt für einen Klafter Holz einen Holzstapel mit der Länge und Höhe von je 1 Klafter (d. s. je 6 Fuß) und der Tiefe der Scheitlänge an. Bei einer Scheitlänge von 3 Fuß ergibt sich ein Rauminhalt von 3,41 m^3 (das ist ein halber Kubikklafter) bzw. 2,53 m^3 Festmeter (Pribram, Materialien, 119).

Kleine Maut: Maut auf lokale Produkte für den Detailhandel oder örtlichen Bedarf. Sie wurde von den Mautnern vielfach auf eigene Rechnung als Ausgleich für geringe Besoldung kassiert; dies wurde in einem geringen Umfang toleriert, aber mehrmals verboten (siehe auch Codex Austriacus 3, 431).

Klufftenholz: Kluffholz, Scheitholz. Als Kluffholz wird auch ein langes dünnes Holzscheit im Bergwesen bezeichnet (DWB 11, 1267, 8.).

Küfel (*küefl*): Salz für den Detailhandel in hölzernen Kleingebinden in der Form eines Kegelstumpfs, ca. 30 cm hoch, unten 20 cm, oben 12 cm Durchmesser und etwa 6–7 kg schwer (Hufnagl, Maut, 183). Aus einer Kufe konnten etwa 8 bis 10 Küfel erzeugt werden.

Kufen (*großkueffen*): Salz für den Großhandel in hölzerne Gebinden in der Form eines Kegelstumpfes, ca. 1 m hoch, unten 46 cm, oben 25 cm Durchmesser und ca. 80 kg schwer (Hufnagl, Maut, 176–177). Kufen wurden vor allem nach Böhmen geliefert.

Kührnkupfer, khürent: Eine Kühr ist eine Genossenschaft von sechs bis 16 Kumpel, die von der Kammer zusätzlich zur Stammbesetzung im Gruppenakkord aufgenommen wurde. Diese Kumpel arbeiteten auf gemeinsame Rechnung und mussten das gewonnene Erz selbst (nach Qualitäten) scheiden. Dann wurde es von der Kammer übernommen. Siehe dazu Delius, Bergbaukunst § 191 und § 664—665 und Schmidt, Berggesetze passim.

Laggio, lagio: Agio, Aufgeld durch unterschiedliche Wechselkurse von Währungen oder Münzqualitäten, auch Wechselspesen. Siehe dazu Zedler 1, 782.

Legstatt; Ladstatt (*leegstätt; laadtstät*): Lager- und Verkaufsort für den Großhandel von Monopolprodukten wie Salz oder Eisen.

Lehrenbecheramt (*lähre pöcher*): ein Amt, das für den Handel mit Zillen und in Wien anlandenden Schiffen, die nicht mehr verwendet werden, zuständig war und das Schuhgeld (siehe unten Schuhmaße) sowie Stegrecht (Landegebühr) kassierte (Codex Austriacus 3, 434–437).

Lichtkammeramt: Lichtkämmerer hatten die Aufgabe, immer für ausreichende Beleuchtung am Hof zu sorgen; dazu mussten sie täglich abends anwesend sein.

Liefergelder: Reisespesen, Ausgaben im Zusammenhang mit Dienstreisen.

Massel (*mässl*): Hohlmaß für Trockenprodukte. Ein Metzen enthält 16 Massel; ein Futtermassel entspricht einem Viertel des Massels (Niemann, Handbuch, 185).

Maut: eine Weggebühr (auch für Wasserwege), Transitabgabe, auch Marktabgabe, um eingeführte Waren verkaufen zu dürfen (DRW 9, 380–384). Der Begriff Maut ist weitgehend ident mit dem Begriff Zoll. Die landesfürstliche Maut wurde beim Passieren bestimmter Punkte im Verkehrssystem von Mautämtern eingehoben. Neben den landesfürstlichen Mauten gab es auch Privatmauten auf Grund von landesfürstlichen Privilegien. Siehe dazu auch Hochedlinger–Mat'a–Winkelbauer, Verwaltungsgeschichte, 785–786 und Feigl, Grundherrschaft, 187–190.

Mehlgrube: die Mehlgrube am Neuen Markt (Mehlmarkt) in Wien war das städtische Mehldepot, von dem auch geeichte Getreide- und Mehlmaße geliehen werden konnten. Dort wurden bestimmte Abgaben eingehoben.

Metzen: Hohlmaß für Trockenprodukte. Es gibt in der Zeit Kaiser Leopolds I. sehr unterschiedlich große Metzen allein im Bereich von Niederösterreich und Wien. Sie bewegen sich von 42 bis 46 l (Wiener Maß) und 59,25 bis 61 l (Landmetzen Niederösterreich).

Militare: der Militärhaushalt. Die Finanzierung sollte aus den *Contributionen* erfolgen, aber ebenso durch Subsidien verbündeter Mächte oder Beiträge des Reiches.

Münzamt: Münzämter waren für den Handel mit Edelmetall und die Prägung von Münzen zuständig. Sie unterlagen der Aufsicht der Hofkammer, wobei Johann Gabriel Selb als Münzinspektor eine wichtige Rolle spielte.

Muth: Hohlmaß für Trockenprodukte. Ein Muth enthält 30 Metzen.

Notturfften: allgemein ein Begriff für Bedarf, wie beispielsweise *canzley notturfften* (Bürobedarf)

Ordinari mitlen: gewöhnliche, regelmäßige, aus der Natur der Stelle resultierende Einkünfte, zum Unterschied von *extraordinari mitlen.*

Pensionen, Provisionen, Intertenimente: Versorgungszahlungen ohne aktive Dienstleistung. Provisionen und Intertenimente haben die gleiche Bedeutung und stehen im Zusammenhang mit bereits geleisteten Diensten. Pensionen können auch unabhängig davon bezahlt werden, beispielsweise um sich wichtige Persönlichkeiten fremder Mächte gewogen zu machen.

Praetensionen: (finanzielle) Forderungen, Schuldforderungen; in dieser Edition handelt es sich in erster Linie um Forderungen gegen den Kaiser.

Proviantamt: dieses Amt war für die Organisation der Verpflegung des Militärs zuständig.

Relation: Bericht.

Rentamt: Rentämter sorgten für das Inkasso von Einkünften größerer Herrschaftsbereiche. Im Königreich Böhmen gab es Rentämter für Böhmen, Mähren und Schlesien.

Rescript: eine Entscheidung des Kaisers im Einzelfall.

Recompens: (freiwillige) Entschädigung, Ausgleichzahlung; meist im Zusammenhang mit *adjuta* und *verehrungen* genannt.

Registratur: Ablage, Archiv (oftmals als *alte registratur* bezeichnet) unter der Leitung eines Registrators. Der Zugang war den Hofkammerräten verwehrt.

rösten: im Bergwesen „die erste Bearbeitung der Erze vermittelst des Feuers, um die räuberischen wilden Unarten vermittelst des Kohlen- oder Holzfeuers aus dem Erze zu treiben, worauf dann erst das eigentliche Schmelzen folgt" (Krünitz, 126, 183–134).

saigern: ein Arbeitsprozess in der Metallurgie, bei dem ein leichtflüssiges Metall von einem zähflüssigen getrennt wird. Dieser Prozess wird vor allem bei der Trennung von Kupfer, Silber von Blei und anderen Metallen verwendet (Krünitz, 130, 622–625).

Salzamt: ein Salzamt unter Leitung eines Salzamtmanns befand sich in Gmunden, das für das Salinenwesen und einen Teil des Absatzes, einschließlich des Exports nach Böhmen, zuständig war. Das Salzamt in Wien war für den Detailhandel verantwortlich, aber auch für die Lieferungen nach Mähren. Beide Salzämter waren der Hofkammer unterstellt.

Salzversilberer: (behördlicher) Salzverkäufer.

Sämer: Säumer, Transporteure über die Berge mit Saumtieren, meist auf nicht befahrbaren Saumpfaden. Jahrhundertelang beförderten sie auf dem Rücken von Saumtieren vor allem Salz und Wein auf Saumpfaden über die Pässe. Als Säumer musste man ein Pferd, einen Maulesel, ein Maultier oder einen Ochsen besitzen. Der Säumer arbeitete auf eigene Rechnung im Auftrag fremder Kaufleute oder Kunden. Gelegentlich wurde auch selbst gehandelt. Zum Teil waren die Säumer auch in Säumergenossenschaften organisiert (https://de.wikipedia.org/wiki/S%C3%A4umer [28.6.2015]). Die Säumerei wurde als Nebengewerbe der bäuerlichen Bevölkerung, teilweise aber auch durch Großbauern und Wirte betrieben. Ein Saum entspricht dem Gewicht, das ein Lasttier tragen kann (Otruba, Geschichte, 49–52). In Österreich war Saum ein Handelsgewicht, welches 275 Pfund wiegt (Krünitz, 137, 672).

Schiffamt: wie das Proviantamt war das Schiffamt eine militärische Unterstützungseinheit.

Schlagschatz: die Differenz zwischen Metallwert plus Herstellungskosten und Nennwert der betreffenden Münze, der Münzgewinn.

Schlüsselamt: ein Amt bei Krems, das ursprünglich zur Verwaltung der landesfürstlichen Weingärten geschaffen worden war (mit Untertanen in Langenlois, Weinzierl und Hadersdorf), dem aber später das Kastenamt sowie eine Zoll- und Mautstelle eingegliedert wurden. Siehe dazu Köck, Schlüsselamt.

Schnallenspärr: Schnallensperre, ein Kontrollposten zur Überwachung der mautpflichtigen Transporte. Siehe dazu auch Panz, Montanwesen, 36.

Schock: hier eine (nicht ausgeprägte) Rechnungsmünze in Böhmen, die zwei Gulden entsprach (das neue/kleine böhmische Schock). Siehe dazu Riemann, Handbuch, 304–305.

Schuechmaßen: eine Abgabe, die nach der in Schuh gemessenen Größe der Schiffe und Zillen eingehoben wird. Siehe dazu Codex Austriacus 3, 436 § 8.

schwärzen, Schwärzung (auch verschwärzen, Verschwärzung): schmuggeln, Schmuggel.

Sekretär: höchste Hierarchiestufe der Beamten der Hofkammer unter dem Hofkammerrat. Sekretäre waren für die Behandlung der Geschäftsfälle (im Rahmen einer Expedition) zuständig.

Sengsenappalt: eine Abgabe auf exportierte Sensen, die mit dem ausschließlichen Exportrecht im Appalt verbunden war.

spleissen: ein Vorgang im Hüttenwesen, bei dem das noch ziemlich rohe Edelmetall durch Schmelzen von Unreinheiten befreit und damit gereinigt wird. Oft wird das Spleissen als Vorbereitung zum Saigern vorgenommen (Krünitz, 159, 578).

Subsidien: Unterstützungszahlungen ausländischer Mächte zur Kriegsführung.

Tscheuken: Czaiken sind mit Segeln und Rudern ausgerüstete Kriegsschiffe in den Türkenkriegen auf der Donau.

Taxa: ein mit verschiedener Bedeutung verwendeter Begriff. So werden *contributionen* der königlichen Städte als *taxa* bezeichet, aber auch das Geld für die Verpfändung des Zehenen.

Taxamt: Taxen wurden für bestimmte Erledigungen eingehoben, wie beispielsweise für die Gewährung von Privilegien. In den damit befassten Ämtern gab es Taxatoren, die für die Vorschreibung und Verrechnung der Taxen zuständig waren.

Taz/Täz: eine Form der Verbrauchsabgabe auf ausgeschenkte alkoholische Getränke. Die Taz entspricht dem doppelten Zapfenmaß und wurde unabhängig vom Ungeld eingehoben (Codex Austriacus 2, 329–332). Siehe dazu ausführlicher Hochedlinger–Mat'a–Winkelbauer, Verwaltungsgeschichte, 790.

Überreiter (überreuther): Finanzwacheorgan, das mit Pferd, zwei Pistolen und einem Karabiner versehen sein sollte (Codex Austriacus 3, 5 § 1).

Ungeld: seit dem 13. Jahrhundert als eine Form der Umsatzsteuer bekannt. In der Frühen Neuzeit wurde es eine landesfürstliche Verbrauchsabgabe auf ausgeschenkte alkoholische Getränke, die der Landesherr ohne Bewilligung der Stände einheben konnte (ERLER, Ungeld, 481482). Siehe dazu auch die Ungeldordnung in Codex Austriacus 2, 384–385.

Uncosten: Kosten, Ausgaben, Aufwendungen.

Urbar: Verzeichnis der Besitzrechte einer Herrschaft und der von den Untertanen zu erbringenden Leistungen (*dienste*).

Vectigal: Tarif für Abgaben, insbesondere für Mauten.

veralieniren: ein Sammelbegriff für die Entfremdung von Kammergut unter verschiedenen Titeln.

Verlag: wird im Bergwesen „der den Gewerken erstattete Ueberschuß genannt, welchen sie statt ihrer angewandten Unkosten und erlegten Zubußen erhalten, ehe die Zeche zur wirklichen Ausbeute gelangt" (Krünitz, 210, 608). Damit werden die Aufschließungs- und Investitionskosten vor dem Betrieb einer neuen Grube den Gewerken ersetzt.

Allgemein ist der Verlag eine Vorfinanzierung einer Aktivität oder eines Geschäfts, heute vor allem im Buchhandel gebräuchlich. In dieser Edition wird der Begriff auch in einem anderen Zusammenhang als dem Bergwesen verwendet: Postverlag (Finanzierung des Postwesens), im Münzwesen eine Vorausfinanzierung, Studienverlag (Stipendium?). Als Verlag nannte man auch die Finanzierung von hauswirtschaftlichen Kleinbetrieben durch Händler, verbunden mit der Abnahme des Produktes.

versichern: Die (pfandrechtliche) Sicherstellung einer Forderung auf einer bestimmte Einkunftsquelle. Sehr oft ist dies mit der Vereinbarung der Zinszahlung und/oder Rückzahlung der Schuld aus dieser Quelle verbunden. Ein Spezialfall ist die Verwendung der zur Sicherstellung übertragenen (Netto-)Einkünfte in erster Linie für die Zinsenzahlung und die Anrechnung des Überschusses zur Tilgung der Schuld.

versilbern, Versilberung: verkaufen, d. h. in Silber (= Geld) umtauschen.

verweisen: eine Zahlungsverpflichtung auf eine bestimmte Stelle übertragen, meist durch das Hofzahlamt auf liquide Ämter.

Victualien: Lebensmittel.

Vizedom: das Vizedomamt war die finanzielle Zentralstelle der nicht „exemten" Ämter und Herrschaften des Kammerguts in seinem Amtsbereich. Der Vizedom handelte als Kammermeister und Generaleinnehmer für Einnahmen und Ausgaben, da die niederösterreichische Kammer kein eigenes Zahlamt hatte.

Waldamt: ein Amt zur Versorgung des Landesfürsten mit Holz. Holz war das einzige Heizmittel und auch Brennstoff für die Küche; es wurde weiters für den Schiffbau, die Errichtung von Palisaden vor dem Stadtgraben und für das Bauwesen benötigt. Das Waldamt umfasste etwa den Bereich des heutigen Wienerwaldes. Es war der Hofkammer direkt unterstellt (Schachinger, Waldamt).

Weinzeiger: ausgestecktes Kennzeichen, wie ein grüner Busch, zum Zeichen, dass Wein zum Verkauf angeboten wird. Dadurch wurde dem Finanzorgan die Feststellung der Verpflichtung zur Bezahlung von Getränkeabgaben erleichtert (Codex Austriacus 2, 330, § 3 und 2, 384, § 6).

Wurzen: dieser Begriff entstand aus der Vorstellung, dass die Bodenschätze im Berg wachsen; er wird in den österreichischen Ländern für die Bergbaugebiete von Salz und Eisen verwendet: Salzwurzen, Eisenwurzen.

Wurzenverlag: Finanzierung der Aufschließung eines Bergbaugebietes. Siehe dazu auch unter Verlag.

Zahlamt: das Zahlungswesen war dezentral organisiert; Einnahmen wurden an den dezentralen Stellen für die an der Quelle vorzunehmenden Zahlungen verwendet und nur der Überschuss ging an das Hofzahlamt. Das Hofkriegszahlamt sollte die das Militär betreffenden Zahlungen verwalten. Siehe dazu Körbl, Hofkammer.

Zapfenmaß: eine Verbrauchsabgabe auf ausgeschenkte alkoholische Getränke, die neben dem Ungeld eingehoben wurde (Codex Austriacus 2, 329–332). Siehe dazu ausführlicher Hochedlinger–Mat'a–Winkelbauer, Verwaltungsgeschichte, 790.

Zehent: eine ursprüngliche Abgabe für die Kirche, sie wurde zu einer selbständig gehandelten Einkunftsquelle. Siehe dazu ausführlich Feigl, Grundherrschaft, 179–185.

Personen- und Ortsregister

Adelsprädikate als Namensbestandteil werden im Register neben dem Namen in eckiger Klammer ausgewiesen. Adel ohne Prädikat wird nicht gesondert gekennzeichnet.